# 体育训练教学与发展

潘文文 李静 鲍宇 · 著

吉林科学技术出版社

图书在版编目（CIP）数据

体育训练教学与发展 / 潘文文，李静，鲍宇著. --
长春 : 吉林科学技术出版社，2023.8
ISBN 978-7-5744-0895-1

Ⅰ. ①体… Ⅱ. ①潘… ②李… ③鲍… Ⅲ. ①大学生
—运动训练—研究 Ⅳ. ①G808.17

中国国家版本馆CIP数据核字(2023)第182702号

# 体育训练教学与发展

著　潘文文　李　静　鲍　宇
出 版 人　宛　霞
责任编辑　刘　畅
封面设计　长春美印图文设计有限公司
制　　版　长春美印图文设计有限公司
幅面尺寸　185mm×260mm
开　　本　16
字　　数　332 千字
印　　张　21.75
印　　数　1–1500 册
版　　次　2023年8月第1版
印　　次　2024年2月第1次印刷

出　　版　吉林科学技术出版社
发　　行　吉林科学技术出版社
地　　址　长春市福祉大路5788号
邮　　编　130118
发行部电话/传真　0431-81629529 81629530 81629531
81629532 81629533 81629534
储运部电话　0431-86059116
编辑部电话　0431-81629518
印　　刷　三河市嵩川印刷有限公司

书　　号　ISBN 978-7-5744-0895-1
定　　价　78.00元

# 前　言

“少年强则国强”，广大青少年身心健康、体魄强健、意志坚强、充满活力，是一个民族生命力旺盛的体现，是社会文明进步的标志，是国家综合实力的重要方面。大学生作为最具活力的青少年群体，他们的身心健康与否关系着国家的未来和民族的命运。加强高校体育教学，增强大学生体质，对于提高他们的综合素质，实现教育现代化，建设人力资源强国，培养德智体美全面发展的社会主义建设者和接班人，具有重要战略意义。

本书从大学体育教育和大学生实际情况出发，多角度阐述运动的原理及方法，深入分析了大学生体能训练的发展情况、科学基础、相关基本理论，以及如何评价与测定的标准。并重点阐述了大学生的力量、速度、耐力、柔韧性以及灵敏度素质的训练理论与方法。全书以帮助大学生全面了解科学的训练方法为前提，通过球类、田径、有氧及塑身运动训练技能的介绍，力求体现现代体育教学的科学性、创新性、实用性等特点，也展示了运动训练学的发展趋势。全书在力求体现科学性、系统性的基础上，突出通俗性和实用性。通过教学使学生更好地了解科学的训练方法，掌握及提高专项技能。本书重视知识结构的系统性和先进性。在撰写上突出以下特点：第一，内容丰富、详尽、系统、科学。第二，实践操作与理论探讨齐头并进，结构严谨，条理清晰，层次分明，重点突出，通俗易懂，具有较强的科学性、系统性和指导性。

在本书的策划和编写过程中，曾参阅了国内外有关的大量文献和资料，从其中得到启示；同时也得到了有关领导、同事、朋友及学生的大力支持与帮助。在此致以衷心的感谢！本书的选材和编写还有一些不尽如人意的地方，加上编者学识水平和时间所限，书中难免存在缺点和谬误，敬请同行专家及读者指正，以便进一步完善提高。

本书第一章至第七章内容由潘文文同志负责编写，编写文字约14.5万字，第八章至第十章第二节内容由李静同志负责编写，编写文字约9.55万字，第十章第三节至第十二章内容由鲍宇同志负责编写，编写文字约9.55万字。

编　者

2023年4月

# 目　录

# 第一章　体育课程教学概述

# 第一节　体育教学的概念和性质

## 一、体育教学的概念

在当代学校系统内，体育教学是一个人尽皆知的术语，目前的定义有很多种，对这个术语的理解，全国体育学院通用教材上已有明确定义。然而，体育教学究竟是怎样的一种教学活动或教育过程，却众说纷纭，存在歧义，概念理解上的问题，一直在体育教学的许多环节中有所表现，而且每当一种新的教学思想被提出或引入，体育教学的概念都会以一种新的说法呈现出来。体育教学是众多学科教学的一种具体形式，为了更深入地认识体育教学的概念，就需要首先了解教学的相关知识，对教学的基本含义进行分析是认识体育教学的重要前提。

### （一）教学的基本含义

“教学”是一种动态行为，是教学工作者对具体的学科或技能组合进行的一种有组织、有计划的教学行为，可以从宏观和微观两个方面对教学的含义进行分析，具体分析如下。

首先，从宏观角度分析教学是一种特殊的教育活动，它是指教学者就一种或多种文化为对象，对受教者进行教育，以期让受教者获得这种文化的活动。其中的教学者是掌握某种知识或技能的人，他与接受教育的人共同构成教学的主体。

其次，从微观意义上讲，教学是一种直观的教师进行教授和学生进行学习的活动，在这个活动中，教师是教学的引导者，是教学活动的组织者和知识传授者；学生是教学的“受众”和主体，简而言之，教学是一种以特定文化为对象的“教”与“学”的活动。

综上所述，可以认识到，教学是一种教育活动，这种活动需要教师和学生的共同参与，并为了实现某一具体的教学目标而相互协作。

### （二）体育教学的概念分析

体育教学是学校体育的重要组成部分，是实现学校体育目标的基本组成形式，体育教学是教师的教与学生的学的统一活动。与其他形式的教学一样，体育教学同样需要系统的组织与管理，但是，与其他学科教学不同的是，体育教学对教学环境的要求更高，所需器材和教学场地更加严苛。因此，体育教学并不是一种随意的、随心而行的教学活动，更不能将其等同于一种课余的休闲娱乐活动，它需要很多要素的构成才可以正常、合理、科学地开展。

不能把目的、任务放在概念之中，因为“概念”是人们对客观事物认识的总结，只有

概念明确，又能进行正确的思维和判断，进行合乎逻辑的推理，从而获得正确的认识。概念应具有简洁性、科学性。

如果把事物的目的、功能、价值等问题放在概念之中，就会把概念的内容变得很冗长，以上教材中就有这样的表述，这是不合理的。

从本质上来讲，体育教学主要在学校环境中进行，主要参与者是体育教师和学生，具体的活动内容为学生在教师的组织和指导下，对体育相关的基本知识、体育运动技能、体育运动素养进行了解、掌握和提高，教学的目的在于促进学生的身心健康发展、完善学生的个性心理特征，提高学生的社会适应能力，使之成为社会需要的人才。

## 二、体育教学性质

性质是指一种事物区别于其他事物的根本属性、本质属性。按此理解，性质即是事物的本质，性质的确定是形成概念的基础，那么什么是体育教学的本质呢。即体育教学与其他学科教学之间（如语文教学、数学教学、英语教学、生物教学、社会教学、物理教学、美术教学、音乐教学、劳动教学等）有怎样的本质区别呢？

体育教学和其他学科的教学的最根本的区别就在于它本身所具有的体育教学性质。这种体育性质使其具有以下特征。

（1）体育教学的教学地点多为户外，但现代体育教学场所通常在室内的场馆。（2）教学中师生都要承受一定运动负荷与心理负荷。（3）教学过程是身体活动与思维活动的结合，并且还有比较频繁的人际交往。（4）体育教学侧重于发展学生身体时空感觉以及运动智力。（5）教学更加关注学生自我操作与体验等。

现代体育教学最重要的教学形式就是体育运动技能的教学，它是体育育人的主要方式。而对于运动技能的传授也是体育教学与其他学科教学的主要区别之一。在体育教学中，学生全面掌握体育运动技能，需要经过几个教学阶段（认知阶段、联系阶段与完善阶段）才能实现。具体来说，在体育运动技能的认知阶段中，学生与体育运动技能之间的联系最为密切，该阶段教学的主要目的就是学生对所学技能的结构、要素、关系、力量、速度等要素进行表象化的认识，从这一角度来看，体育运动技能仅仅是学生提高身体素质、完成技术动作的一种方法，因此可以认为运动技术不具有人的特性，而只是一种“操作性知识”。

通过以上论述，我们可以认识到，体育教学的本质就是“一种针对运动技术和知识的教学”。在体育教学中，学生学会了运动知识并将之转化为运动技能，体育教学的本质就达成了。

# 第二节　体育教学的原则和规律

## 一、体育教学的原则

### （一）“身心发展”教学原则

“身心发展”教学原则是指在体育教学中，不仅要发展学生的身体，而且要发展学生的心理品质和社会适应能力。因为学生在体育活动中身心发展是合一的、统一的、和谐的、一元的。体育教学体现了学生身体活动的特殊性，因此，身体活动对学生的身体必然有一定的刺激作用，对学生的身体会产生一定的影响。但同时，体育教学活动也对学生的心理产生较大的影响，其中主要的影响包括两个方面：一是对学生的个体心理产生影响，如兴趣、爱好、思维、记忆、情绪、意志等。二是对学生的团体心理产生影响，如集体意识、班级纪律、合作意识、协助态度等。人是一个完整的有机体，不仅具有生物性，还具有社会性，只有身体与心理相互协调，全面发展，人体才能正常运行。

贯彻“身心发展”教学原则的基本要求如下。

第一，在制订学段、水平、全年、学期、单元、课时等各种体育教学工作计划时应注意各类教材的选择与合理搭配，要结合青少年生长发育的特点，在不同学段与水平上有所侧重。要切实关注学生体能的发展，遵循体能发展的规律，使学生在运动过程中有足够的运动量，对人体产生良好的作用。因此，在体育教学实践过程中，要特别注意教材对学生身体的作用。如果某教材本身具有较大的运动负荷，那么可以针对不同年龄的学生进行适量安排，如果某教材本身的运动强度不够，那么可以在体育课教学中搭配一些身体素质的练习，做好“课课练”，促进学生体能的发展。

第二，体育教师在实施体育实践课教学的过程中，要加强对学生有关身体健康知识、科学锻炼身体知识的教育，积极引导学生正确认识身体健康的重要性，养成科学锻炼、经常锻炼身体的习惯与爱好，并促使学生在学习较为广泛的运动技术的基础上逐渐形成某些运动特长。

第三，体育教师在制定教学目标、安排教学任务、选择内容和方法时要注意体育教学育人的作用，不要轻易放过一个运动技术传习活动、一个竞赛过程的教育机会，因为这些活动本身隐含着体育道德的规范、体育精神的内涵、人际关系的功用等。我们在体育教学过程中不仅要培养身体健壮的社会人才，更为重要的是培养心理健康、人际关系良好、愿意为国家发展做贡献的合格人才。而要实现培育身心和谐发展人才的目标，仅靠其他学科

是不够的，只有把各个学科的育人优势都淋漓尽致地发挥出来，才能产生最大的功效。

第四，在体育教学过程中，特别是体育课上，体育教师要充分研究学生的心理，了解学生的心理特点，激发学生的主动性与积极性，并在教法与手段上实现多样化、灵活化，使学生愉快地学习体育、锻炼身体，从而纠正“喜欢体育活动而不喜欢上体育课”的现象。因此，作为一名合格的体育教师，不仅要分析教材内容、关注学生身体发展特点，更为重要的是深入研究学生学习体育的心理，研究学生的个人心理特征，这样才能有的放矢，促进学生身心和谐发展。

第五，由于教学评价具有教学导向性功能，因此，在进行体育教学评价时要注意学生身心发展的全面性，不仅要研究与确定学生身体健康方面的评价指标、运动技能方面的评价指标，而且要注意其体育学习态度、人格形成、体育道德与人际发展、社会适应能力的评价指标，把教学预设与结果评价合理地结合起来，使体育教学的身心全面发展、和谐发展的理念得到落实。

### （二）“直观启发”教学原则

“直观启发”教学原则是指教师通过多样化的、具有启发价值的直观手段，使学生产生清晰的运动表象，发展学生分析、综合、概括等方面的思维能力。常用的直观手段包括体育教师的动作示范、优秀学生的动作示范、挂图、人体模型、教具、保护与帮助、阻力与助力、媒体等，这些直观的手段有利于促使学生产生视觉、听觉、本体感觉等多种感觉器官的综合作用。在其他学科中，我们也使用各种直观的手段，有些手段是共性的，如挂图、教具、媒体等，这反映了认识活动中感知与理解、具体与概括、形象与抽象的关系。感性认识是认识一切事物的基础。但在体育教学中有些手段具有一定的特殊性，如体育教师的动作示范、优秀学生的动作示范、人体模型演示、保护与帮助、阻力与助力等。

因此，体育教师除了传授体育与运动的认知知识外，还必须使自己与学生亲力亲为，进行身体操作与练习，才能掌握运动技能。如果仅仅停留在理论知识的传习上，那么运动技能的掌握将永远成为一句空话。

贯彻“直观启发”教学原则的基本要求如下。

**1. 体育教师要完善自身的运动技能，尽量做到“多能一专”**

同时还要在熟练掌握各种运动技能的基础上，掌握运动技术的示范技能，以避免“只会练、不会教”。运动技术示范技能不同于运动技能，它是在运动技能的基础上发展起来的一种较为熟练的教学行为方式，如在动作示范过程中要注意教师示范的位置、距离、角度、方向、速度、示范面等。

**2. 着力培养优秀学生骨干**

根据班杜拉的观察学习原理，很多的行为与动作是在观察他人的过程中学会的。体育教学过程也不例外，学生之间的相互学习与观察是很普遍的，教师只有一个，学生则有

30～60 人，因此，教师的示范是有限的，只有发挥优秀学生的示范作用，才能加强直观教学的效果。但目前有关榜样示范、观察学习的实验研究还很少，有待于开发与深入研究。

**3. 灵活运用其他各种直观教学手段**

其他直观教学手段包括各类器械、标志线、标志物、保护与帮助等。这些直观教学手段有的已经被开发，有的还有待开发，这就需要广大的体育教师勇于实践，敢于探索，根据教学目标、学生的具体情况，在不同的动作与教学的不同阶段灵活运用与开发多种直观教学手段。但在开发与运用直观手段的过程中，要认清一个道理：直观是教学手段，不是目的，教学的目的在于通过直观手段更好地完成教学目标。

**4. 在直观教学过程中，注重启发性**

直观是教学手段，最终的目的是掌握运动技能，但掌握运动技能的过程并不是一蹴而就的，需要教师激发学生的主动性。因此，体育教师在展示直观教学时要注意和学生既有的生活经验结合起来或已学的动作联系起来，引导学生正确认识和理解所学的运动技能，有目的地引导、过渡、设疑、提问、对比，使学生不仅知其然，而且知其所以然。

**5. 正确处理直观、思维与练习的关系**

直观、思维与练习是紧密相连的。“直观”是基础、是前提，没有直观教学，学生难以理解所学的运动操作知识或技术；“思维”是核心、是关键，只有教学的直观，没有教师的启发性、学生积极思维的参与，那么直观也是一句空话，因此“思维”是把教师有效指导与学生积极参与连接起来的桥梁；“练习”是必需、是需要，因为仅有直观的数学、学生敏锐的思维与理解，没有身体的直接参与练习，那还是停留在理论思维的层面上，距离熟练掌握运动技能还相差很远，这就像坐在电视机旁看篮球赛，只能是欣赏，而不可能学会打篮球。

### （三）“精讲多练”教学原则

“精讲多练”教学原则是体育教学的基本原则，也是一个特殊原则。“精讲”就是体育教师在吃透教材、了解学生的基础上，用精练的语言、较少的时间，将教材的主要内容、特点、动作技术要领和技能向学生讲解清楚。“多练”是指学生在体育教师的指导下，充分利用各种机会与时间更多地参与身体运动。“精讲多练”是一个完整的概念，它要求既重视讲的作用，又保证练的需要，把讲和练的作用结合起来，发挥师生双方面的积极性。就讲和练的关系说“精讲”既为了给“多练”腾出时间，更为了给“多练”提供指导。“精讲”是基础和前提，只有体育教师“精讲”，学生才能在最短的时间内理解所学的内容、原理与方法，才能留给学生更多的时间，实现“多练”的目的，因此，在体育教学中要全面认识“精讲多练”的要领：“讲”要避免注入式、满堂灌、烦琐讲解，但并不是单纯追求讲得越少越好，要讲得简要、核心、易理解；其次在“多练”环节上，要尽量减少

不必要的队伍调动和其他的时间浪费，多给学生强化练习的时间，这样才能真正实现“多练”的目的，进而更有效地达到体育教学的目的。

贯彻“精讲多练”教学原则的基本要求如下。

**1. “精讲”内容精要**

在体育教学过程中，教师的讲解是必要的，但在讲解过程中必须紧扣教学的目的与要求，突出运动技术的重点与难点，做到少而精而不要滔滔不绝、长篇大论。年轻的教师往往很难控制自己，主要原因有：一是年轻体育教师往往背诵书本的知识，而书本中有关运动技术的讲解要领是比较复杂的，如果照样画葫芦，势必会浪费很多时间，学生也难以理解；二是年轻教师没有教学经验因此在讲解时不知道什么该说、什么不该说，什么需要详细说、什么需要简略说，这就容易造成讲解的无目的性、内容的繁杂性，学生听了教师的讲解也是云里雾里，不知所云。

**2. “精讲”方法恰当**

在体育教学过程中，教师的讲解要做到既能体现教学要求，又符合学生实际水平。教师的讲解首先要针对教材内容的特性，有的教材内容很难、有的教材很容易。其次，要针对学生的特点，不同层次的学生，讲解的方法是不同的。还要面向单元教学的学习基础，若是新授课，那么讲解的内容、时间、方法都要尽量符合新授课的特点；如果是复习课，那么就要对讲解的内容时间、方法做必要的调整。

**3. “精讲”语言精练**

在体育教学过程中，教师的讲解要做到明白生动，要言不烦，起点拨作用，启发学生的思考和想象。对于语言运用的技巧来说，体育教师往往比其他学科的教师难以控制，有的教师口头禅很多，在教学中反复运用此类口头禅，说者无意，听者就会辨别得十分清晰。因此，体育教师要特别注意语言的各种运用技巧，口诀化讲解可以帮助教师实现这一目标，这也是体育教师运用较多的一种方法。讲解的口诀化不仅有助于学生理解运动原理，更为重要的是可以帮助教师“精讲”。体育教师在实现语言精练的同时，还要注意语言运用的其他技巧，如语调、语气、语速等，这些内容有助于调节课堂气氛，达到讲解的最佳效果。

**4. “多练”质量兼顾**

“多练”即要求充足的数量，这是由体育教学的特殊性决定的，没有足够的身体练习，运动技能是不可能完全掌握的。所以在体育教学过程中，体育教师要尽可能地利用一切时间让学生多练。“多练”也要保证一定的质量，如果仅有数量，没有质量，这样的“多练”也是无效的。因此，体育教师要根据不同阶段的教学目的和不同的教学对象，运用最有效的练习方式，实施“多练”环节，以求最佳的练习效果。

**5. “多练”方式多样化**

学生进行身体练习的方式很多，关键是体育教师要通过多样化的练习方式，使学生达到掌握运动技能的目标。练习方式的多样化有重复练习法、间隙练习法、变换练习法、游戏练习法、改变条件练习法、循环练习法、帮助练习法等。这些练习方法不一定适合所有学生，实施“多练”的方式应该因人而异，区别对待。

**6. “多练”与动脑相结合**

“多练”是基础，但不动脑的“多练”也是低效的。因为在学生练习的过程中，每一次练习的条件、练习的时机、练习的目的、练习的方式、练习的基础等都可能有所不同，这就需要学生经常动脑，分析每一次练习的情况，学会思维、学会反馈、学会总结，这样才能提高每一次练习的效果，而不是仅有重复的练习，没有实质性的提高。

**7. 在教师有效指导下进行“多练”**

仅有学生的开动脑筋的练习有时也不能马上奏效，还需要教师的点拨与指导。有时，教师的点拨可以帮助学生节约很多时间，因为教师毕竟是先学者、引导者。因此，作为学生，要在“多练”环节积极动脑，开展反思性思维，提高每一次练习的效果；而作为教师，要发挥巡回指导的作用，对于不同的学生、不同的问题要区别对待，不断给予学生正确的反馈信息。只有教师与学生实现互动，学生的“多练”才能产生最佳效果。

（四）“循序渐进”教学原则

“循序渐进”教学原则是指在体育教学过程中有关教学目标、教学内容、教学方法、教学手段、运动量与运动负荷的安排要有一定的系统性和连贯性，符合学生年龄、性别、学习基础等方面的特征，体现学生的个体差异，使教学目标得到逐步提高与发展。制定“循序渐进”教学原则的主要依据是人们认识事物的规律、动作技能形成的规律和知识、技术的系统性和连贯性、教学目标的层次性等。在体育教学中，必须遵循由易到难、由简到繁，逐渐深入、逐步深化，才能使学生的知识、技术、技能、体能等得到稳步发展。

贯彻“循序渐进”教学原则的基本要求如下。

**1. 深入了解学生身心发展的一般规律和特点**

学生是教学的对象，学生的各方面的特点是开展教学的基础，因此，作为一名优秀的教师，必须实际分析各个阶段的学生身心发展特点，不仅要分析他们的身体发展的阶段性特征，还要分析学生的心理发展特征，这些特点为体育教学实施“循序渐进”教学原则提供了基础和条件。

**2. 认真钻研教材，了解教材的内外部系统性**

教材是教学的中介，因此，教师必须认真钻研教材。首先要善于了解教材外部之间的关系，分析它们的相通之处与不同之处，这样有助于在安排教学计划时关注教材之间的搭配。其次要善于分析教材内部的特点，即教材单元的课次、重难点等问题。

**3. 教学设计体现层次性、连贯性**

教师在教学预设过程中，可以根据学生的特点与教材内外部特点来进行合理的教学设

计。这里的教学设计不仅是教案，也指包含教案在内的单元教学计划、学期教学计划、学年教学计划、水平教学计划、学段教学计划。因此，体育教师不仅要关注各类教学计划之间的关联性，还要注意某项教学计划的层次性，保证各类教学文件的连贯性、系统性、层次性，使运动项目的安排由易到难、由简到繁，符合循序渐进的要求，使每个学段、每个水平、每个学年、每个学期、每个单元、每节课的目标、内容、教法、手段等都做到前后衔接，逐步提高。

**4. 安排运动负荷与运动量要有一定的节奏**

人体身心发展的特点呈现出各类波浪形，学生的身体体能的发展更是如此。因此，体育教师在安排各课的运动负荷与运动量时，一定要注意节奏。首先，课内的运动负荷与量要有一定的节奏，要根据学生在45分钟内身心变化的规律安排好他们的节奏；其次，要关注课与课之间的运动负荷与运动量安排的节奏性，一方面使学生的机体得到足够的刺激量，另一方面又要防止过度疲劳对人体造成伤害。

### （五）“区别对待”教学原则

“区别对待”教学原则是指在体育教学过程中，根据学生的不同特征，如性别、兴趣爱好、体质、智力、个性、学习基础等，分别给予不同的教学，使每个学生都能得到相应的提高与发展。“区别对待”教学原则性理论依据是不同性别与阶段的学生在其生理与心理、学习能力成效方面存在差异。

贯彻“区别对待”教学原则的基本要求如下。

**1. 深入了解班级课堂教学氛围**

班级的课堂氛围对于教学效果会产生很大的作用。有的班级组织纪律性很好，学习气氛很浓，学生善于与教师配合，教师上课就会感觉比较轻松，效果也就比较好；但有些班级学生集体意识不强，纪律比较差，缺乏学习动力与积极性，那么教师的教学意图就难以很好地得到贯彻，教学的效果也就相对较差。对于一个教师来说，对新接手的班级可能不太了解，这时应多与班主任联系，了解整个班级的各种情况，如学生的纪律、身体、学习、体检情况等，在教学之初应仔细观察学生的语言与行为反应，哪些学生比较调皮，哪些学生个性与自尊心很强，哪些学生有身体痼疾，哪些学生体弱多病等。充分了解这些状况对于形成班级良好的集体气氛具有很大的作用，而对于已经在班级上课多时的教师来说，班级的氛围已经相对固定，这时也要深入了解学生对教师、对教学的各种反馈意见，及时调整自己的行为，处事做到公正、公平，才能以理服人，让学生喜欢。这样的师生关系更有助于改善原有的课堂气氛，产生更好的教学效果。

**2. 根据不同学生的特点进行差异性教学**

每一个教学班中的学生都有一定的差异性，但我们也不可能对50个学生施以50种教法。作为一名优秀的教师，应善于分析其中的共性，并在此基础上分别对待处于“两极”

的学生，可以让能力较好的学生挑战新的目标与任务，也可以安排他们指导水平较差的学生；对于能力与水平较差的学生，可以安排特殊的教法与手段，或降低要求，让他们在相对较低的条件下体验成功的快感。

**3. 教师应给予特殊学生以特殊指导**

对于个别基础较差的学生采取一些特殊的教法步骤和辅助练习，特别是屡学不会的学生，尤应进行个别指导，提出改进意见，使他们达到教学要求。因为我们的教学向全体学生的教学，并不是个别化教学，放弃那些学习能力较差的学生的做法是违背当今教育理念的，是不可取的。

**4. 根据教材的性质、具体教学条件、季节气候等特点安排不同的教学内容**

同一教材，可因人而施以不同的方法和教学要求。如在教学中使用不同高度的跳高架、跳箱等。对于场地、器材、器械等教学条件的不同，教学目标、方法与手段也应各有不同。另外还要考虑地区、季节气候的特点，如夏季酷暑不要安排过大的运动负荷，否则容易中暑；冬季严寒，要注重运动前的准备活动，否则容易使机体受伤。

### （六）“负荷适量”教学原则

“负荷适量”教学原则是指在体育教学过程中，根据学生的特点合理安排生理和心理负荷，并使练习与间歇合理交替，以达到增进身心健康的目的。运动负荷是一个调节运动效果的常见指标。因为学生在生长发育、逐渐成熟的每个阶段，生理机能都有相对的负荷极限，因此，学生在练习过程中如果其生理负荷和心理负荷超越了极限，就会有害于机体健康。如果负荷刺激量不足，机体的机能不能发生变化，则不能发展体能，在负荷过程中还要伴有间歇。间歇也是体育教学的必要因素，它对于调节课的节奏、消除疲劳、提高学习效率、活跃课堂教学气氛具有重要作用。所以，负荷与休息是体育教学的两个基本方面，安排得越合理越有利于提高教学效果。

贯彻“负荷适宜”教学原则的基本要求如下。

**1. 认真研究与掌握运动负荷与身心发展的原理**

作为一名合格的体育教师，首先要在职前教育过程中认真学习有关体育生理学、心理学的基本理论知识与原理，并在职后的教学实践中不断地加以体会与运用，才能更好地促进学生身心健康发展。

**2. 合理地安排各类教学计划中的运动负荷**

在制订各类体育教学计划时，要通盘考虑运动负荷与量的安排。在制订学段的教学计划时，要考虑到不同年龄学生的身体特点，合理安排教材与运动负荷；在制订学年的教学计划时，要注意季节性特点，合理安排教材与运动负荷；在制订学期的教学计划时，要根据教材单元教学的特点，合理安排各单元教材的运动负荷；在制订单元的教学计划时，要根据各课次的特点，合理安排运动负荷；在制订教案时。要合理搭配各个教材，使运动负

荷与休息合理交替，同时还要考虑季节、场地、器材、教材等因素。

**3. 根据适应性规律有节奏地加大运动负荷**

运动负荷不能总是停留在一个水平，如果今天跑 50 米，明天也跑 50 米，一周或一个月之后还跑 50 米，那么学生的体能发展就会成为一句空话。就体能发展的规律而言，运动负荷是需要逐渐提高的。因此，体育教师在制订各类教学计划时既要注意安排合理的运动负荷，也要关注运动负荷在各个时期的节奏，这样才能对学生的机体产生足够的刺激，达到逐渐发展体能的目标。

**4. 根据不同的课型、教材、学生，合理安排运动负荷**

例如，复习课是以提高技术、技能和身体素质为主的，运动负荷的安排就要比新授课大；高年级和体育基础较好的数学班，运动负荷的安排就要比低年级和体育基础差的教学班大；运动负荷较低的教材要搭配运动负荷较大的教材等。另外，生活条件、营养条件，气候条件等因素也要在安排运动负荷时加以考虑。由于学生身体机能不同，同样的负荷可能产生不同的效果，因此，在体育教学中不能只根据某些表面数据来衡量运动负荷的大小，还要看机体内部的变化情况，这就要求对教学工作加强医务学监督。

**5. 合理安排积极性休息的方式和时间**

学生体能的发展不仅取决于运动负荷的量和强度，还取决于合理的作息的时间、方式与次数应根据学生身体的状况而定，还要考虑学生的心理和生理特点。例如，同样的负荷，身体素质好的学生比身体素质差的学生恢复得快。休息的方式包括积极性休息和消极性休息，积极性休息方式更有助于学生身体的恢复，因此，要合理安排各种不同的积极性休息方式，如慢跑、热水浴、按摩推拿等。

### （七）“安全卫生”教学原则

有关“安全卫生”教学原则，在有关教材中没有涉及，基于体育教学活动安全与卫生问题的特殊性和体育教学实践中安全问题的困境，我们认为有必要增设“安全卫生”教学原则。这个教学原则意味着我们在体育教学设计与实践过程中，必须结合体育教学教材的性质与特点、学生的年龄特点，时刻关注学生的运动安全与卫生问题，做好各种预防措施，以减少不必要的身体伤害，保证学生在安全卫生的条件下有效地进行各种体育活动。

贯彻“安全卫生”教学原则的基本要求如下。

**1. 建立“健康第一”“安全第一”的思想**

“健康第一”的思想已深入人心，也是政府导向性理念，但是，体育课的安全问题始终是一个学校体育和体育教学中的大问题。近年来虽然受到了政府、学校领导、教师、家长的高度重视，但体育课的身体伤害事故还时有发生。因此，我们在进行体育教学过程中一定要做好各种预防工作，切实贯彻“安全第一”的教学理念，把学生的安全问题、健康问题放在体育教学工作的首位。

2. 做好体育教学的各种安全措施

“凡事预则立、不预则废”。首先，体育教师在课前要提前10～15分钟到上课地点（遇到特殊性教材需准备更多的器材时，还要更早到达），将上课的场地器材提前布置好，打扫干净，创造优美的育人环境，这是衡量体育教师工作态度、责任心、事业心的一个很重要的方面。其次，体育教师要根据上课内容，提前仔细检查每一件器材，特别是双杠、单杠、跳马等器材。再次，体育课前应做好准备活动，这是防止损伤必不可少的环节。体育教师要培养学生体育课前认真充分做好准备活动的好习惯，在做好一般准备活动的基础上，突出强调能结合主教材内容的专项准备活动，使学生身体各关节、肌肉充分活动开，为学练主教材做好身体准备。最后，体育教师要在体育课中安排并教会学生各种体育运动技术的保护、自我保护与帮助方法，引导学生根据自己水平与能力参加运动，要防止有些学生因为逞强好胜，而教师又没有及时制止而造成的伤害事故等。以上这些做法只是做好各种安全防范措施的一个很小的部分，关键在于每一个体育教师要有一份责任心，为学生的安全着想，这样才能做好各种预防举措，减少伤害事故的发生。

3. 实施“安全第一”原则不能违背体育教学规律

如果只选择难度很小的教材进行教学，那么体育文化在学生中的传承就会遭遇极大的障碍，学生也就体验不到难度较大运动项目带来的快乐。因此，体育教师不能受“安全第一”观念的影响，在选择运动项目时不要弃难求易。

4. 关注体育教学过程中的运动卫生

日常生活中要经常注意卫生，这是预防外源性疾病的重要措施，在体育教学的运动过程中也是如此，只是我们很少提倡与关注罢了。昔日的体育教学，由于条件较差，学生往往在泥土地里上体育课，运动过程把整个场地搞得尘土飞扬，这是典型的运动卫生反面例子。当然，由于社会的进步与发展，人民生活水平的提高，除了在少数偏远的贫困山区学校还存在此类现象之外，现在大多数学校的运动场所已今非昔比，基本比较干净整洁，那么体育课的卫生问题就不重要了吗？非也，卫生问题不仅限于看得见的尘土，同时还要注意各种自然的环境变化，如冷环境、热环境。在冷环境下参与体育活动，如果不注意运动的时间、强度、衣服的增减等问题，同样也会造成学生身体的伤害；在高于40摄氏度的热环境下参加体育活动也是如此，容易出现中暑、晕厥等现象。因此，冬天的体育课准备活动的运动负荷显然要大些，时间要长些，运动刺激要高些，以身体微微发热、身体各关节和肌肉都活动开为目的，为主教材的学习做好准备。夏天的体育课准备活动的运动负荷要适当小些，运动时间要短些，运动强度要低些。其次，在运动建筑设备等方面也有相关的卫生问题，如室内建筑的通风、采暖、降温、采光、照明等，游泳池池水的卫生，这些都直接影响学生的健康。最后，在运动过程中也要注意运动卫生，如运动之前不要吃得过饱，吃完饭半小时以后才能运动，运动中不要过量饮水，运动结束不要马上饮水，长跑之后不要躺下休息，等等，这些问题也是有关青少年的卫生健康问题，同样应引起注意。

## 二、体育教学的规律

体育教学规律可分为一般教学规律和特殊教学规律。一般教学规律包括教和学相互依存、辩证统一的规律，认识事物的规律，在教学过程中教育、教养、发展任务相统一的规律；特殊教学规律包括体育教学过程的特殊规律，人体生理机能活动能力变化的规律，人体机能适应性规律，青少年身心发展的规律，动作技能形成的规律。综上所述体育教学规律划分为一般教学规律与特殊教学规律。我们认为，体育教学首先应该是教学，应符合一般教学规律，这是大家的共识，我们重点要讨论的是体育教学的特殊规律，它是否符合体育教学的性质和特点。

### （一）“人体机能适应性”规律

“人体机能适应性”规律虽对体育训练具有很强的指导作用，但对体育教学的影响却相对较小。针对这一现象，我们对“人体机能适应性”教学规律进行了深入研究。“人体机能适应性”规律是现代运动生理学对于人体运动过程中有机体能量储备等发生一系列变化的一种规律性总结，对于运动训练实践具有重要的指导意义。但是它是否同样适用于体育教学过程？是否也是体育教学过程中的客观规律？对于这个问题，我们持否定态度。

在体育教学过程中，以上运动训练中的各种条件是很难达到的。第一，缺乏检测学生的各种仪器与设备，因此，要测试学生的各种生理、心理变化的指标基本是不可能的。第二，每节体育课的运动负荷、间歇时间安排不可能像运动训练那样达到科学化。第三，体育教学的运动负荷安排一般达不到极限，因为体育教学是以锻炼身体、发展身心健康为目的。学生心率上升的时期短而快，最高阶段的延续时间较短，承受急剧变化的负担量的能力较低。第四，在课的安排方面，一般每周有 2～3 节体育课，课的安排是间断的，不像运动训练有周密的训练计划。第五，在教学内容方面课的内容是多样的，既有三大球，又有田径、体操、校本课程内容等，而运动训练则是专项化的训练。基于以上分析，我们认为在体育教学过程中不可能达到运动训练中的“超量恢复”。

综上所述，体育教学中学生“人体机能适应性”规律的确存在，但需要细化为几个基本的规律。一是体育教学中学生人体生理机能活动变化规律，这个规律为制定体育课的目标、各阶段的任务提供依据。二是体育教学与学生身体发展非线性关系的规律，这个规律不存在“运动与身体健康的因果关系”，不存在人体机能“超量恢复”原理因为这是由体育教学的实践特点所决定的。三是体育教学内容对不同学生具有不同的身体刺激规律。具体阐述如下。

#### 1. 体育教学中学生人体生理机能活动变化规律

人的机体进行身体练习时，其机能状况的特点是：开始练习时人体克服生理机能的惰性，体内各器官系统的机能从相对较低的水平逐渐上升（上升阶段），以后在一段时间内，机能活动的能力稳定在较高的波浪式变化不大的范围（稳定阶段）人体产生疲劳后机体机能活动能力下降（下降阶段），随后恢复到安静时的机能状态（恢复阶段）。人体的机能活动能力是从上升阶段到稳定阶段，再到恢复阶段的。只有单节体育课才符合人体生理机能活动能力变化规律，因此，体育教学中应根据学生人体生理机能活动变化规律，合理安排教学内容、教法、负荷等。

**2. 体育教学与学生身体发展非线性关系的规律**

学生的身体发展本身有一定的规律，这是由学生的先天遗传因素所致，因此，学生即使不参加体育活动，生长发育也在进行之中，运动只是影响学生身体发展的一个外界因素，掌握得好，会促进学生身体的发展，掌握得不好，则会损害学生的身体。运动对学生的身体会产生一定的影响，这是个不争的事实，但是，从结果来看，这个影响到底是运动造成的还是学生本身的生长发育所形成的，是无法测量的。因此，可以认为运动过程中给予学生的负荷与学生身体的变化不是相对应的关系，即非线性关系，而只有指向性关系。即给予学生适宜的运动负荷，对学生的身体发展会有一定的促进作用，但具体的数量则还不明确。

**3. 体育教学内容对不同学生具有不同的身体刺激规律**

教学内容与运动负荷有内在的本质联系。所谓运动负荷（又称生理负荷），是指人做练习时所承受的生理负荷。运动负荷包括运动量和运动强度两个方面。在教学过程中只有保持适宜的运动负荷，才能收到较好的教学效果。教学内容与运动负荷是直接相关的，教学内容与运动负荷的相关性规律是体育教学所特有的规律。在体育教学过程中，运动负荷较大的教学内容有跑、跳、攀登等，而走、爬、投掷等的运动负荷则相对较小。所以，在体育教学过程中应高度重视教学内容与运动负荷的相关性，在教学内容的安排上，可以交替安排运动负荷大和运动负荷小的练习。通常把正常学生取得最佳健身效果的心率区间确定为每分钟120～140次，而一节课上，可将此心率保持的时间控制在10分钟以上，并以中等强度和中等量结合的运动负荷为主，兼顾学生的课后恢复。因此，应根据不同教学内容的特点科学地安排教学内容，以更好地促进学生身体的发展。

### （二）运动技能形成规律

运动技术教学是体育教学的本质之一，它不同于一般的知识教学，必须实施有效的实践与操作。运动技术教学也不同于一般的操作技能，体育教学直指“身体运动”，因此，我们必须了解运动技能形成的规律。关于运动技能形成规律各类教材中涉及较多，其观点也基本趋于一致，因此，本书主要以陈述前人观点为主。

**1. 粗略学习运动技术阶段**

从生理学角度来看，此阶段由于新的运动技术所引起的内外刺激对学生身体来说都是

新异刺激，并通过各种感受器（特别是本体感受器）传到大脑，引起大脑皮层有关中枢神经细胞的强烈兴奋，但因大脑皮层内抑制过程尚未建立起来，但是，大脑皮层的兴奋与抑制过程都依照大脑皮层本身的运动规律趋于扩散，使条件反射暂时联系很不稳定，出现了泛化现象。具体表现为动作僵硬，动作不协调、不准确，多余动作、错误动作很多，动作时机掌握不准确，节奏紊乱。从心理学角度而言，此阶段学生的视觉起到了主导作用，学生主要通过观察教师、优秀学生、教学媒体的各种运动技术演示，在头脑中建立比较正确的运动表象，但由于学生在初学时缺乏感性的认识与直接的经验，因此，虽然注意力高度集中，但情绪紧张，心理能量消耗大，在大脑中建立的运动表象或隐或显，直接表现为动作吃力、不协调。

2. 掌握分解动作、改进与提高完整运动技术阶段

从生理学角度来看，随着学生学习的深入，学生大脑皮层运动区的兴奋与抑制过程在时空上的分化开始发展，大脑皮层运动中枢的兴奋和抑制过程逐渐集中，由于抑制过程加强，特别是分化抑制得到发展，由泛化进入分化。第一、第二信号系统的相互作用开始得到加强，具体表现为逐渐学会各个分解动作，多余动作开始减少，动作的时机与节奏开始符合要求等。从心理学角度来看，学生的注意力的分配能力开始增强，感知觉开始分化，视觉、听觉、动觉开始同时发挥作用。但此时条件反射还很不稳定，易受新异或强烈刺激干扰，精神依然较为紧张，注意力范围还很小，动作较为忙乱，连贯动作不协调、呆板，出现的错误动作很多等。因此，这一阶段的教学任务是在粗略学习运动技术的基础上，进一步消除紧张情绪，熟练各个分解动作，并加深理解各个动作结构的内在联系，在掌握各个分解动作的同时，建立完整动作的概念与连接。根据这一阶段的特点和任务，教师应运用多种教法，增加重复练习的次数与时间，在不割裂完整动作的基础上，比较各个分解动作，帮助学生纠正各种错误动作，领会技术动作的关键，根据完整动作的要求，有节奏地进行各个分解动作的组合练习，从分解动作过渡到完整动作。

3. 掌握完整运动技能阶段

从生理学角度来看，通过完整运动技术的反复练习，运动技能逐渐形成，运动动力定型趋向巩固，大脑皮层运动区内兴奋与抑制过程不论在空间和时间上都更加集中，有时可以在脱离意识控制下完成动作，在不利环境与条件下，运动形式不会遭到破坏，植物性神经功能与躯体性神经功能开始协调配合。从心理学角度来看，学生的精神紧张不断降低注意力范围不断扩大，语言的作用开始加强。具体表现为：完整动作完成情况较好，动作协调、省力，基本没有错误动作，动作的相互矛盾与干扰逐渐减少，完整动作比较连贯，节奏性较好。

这一过程运动动力定型虽已基本巩固，但仍然要经常加以练习，否则动力定型还会消退，对于复杂、难度大的运动技术，如果缺乏经常的练习，不仅其运动技能难以进一步巩固，而且很容易消退。因此，此阶段的任务是要求学生在各种条件、环境下经常练习，关

注运动技术的各个细节，加深动作技术的理论和原理的理解与消化，并配合运动实践，从而促进完整运动技能达到自动化程度。

**4. 运动技能自动化阶段**

从生理学角度来看，随着运动技能的巩固与发展，学生掌握的运动技能开始出现自动化现象。所谓自动化，就是指在练习某套动作时可以在脱离意识的情况下自动完成。所谓下意识或无意识完成动作不是真正意义上的没有意识地去完成动作，只是指在大脑皮层兴奋性很低的情况下可以完成一些活动或动作。例如，在骑车过程中人完全不需要意识控制，如车把的稳定、重心的移动、踏车的动作等，都能下意识地加以调整，注意力可以转移到观看周围的情况。从心理学角度来看，这一阶段精神紧张完全消除，注意力范围扩大到最大程度，运动感觉对动作的控制调节占据主导地位等。具体表现为能高度准确、熟练和省力地完成动作，动作娴熟、准确、漂亮、省力，并能体现运动技能的个性化特征。可以表现为运动技巧和运动能力，并能随机应变地、灵活自如地运用。但是运动技能的自动化是在下意识情况下完成的，一时的动作误差往往不易被察觉，如果重复多次而被巩固下来，也会使已形成的动作技能变质。因此，这一阶段的教学任务主要是巩固发展已形成的动力定型，使学生熟练、省力、轻快地完成动作，并能在各种变化的条件下自如地运用。根据这一阶段的特点和任务，教师应继续要求学生进行强化练习，并注意运动技术的细节问题，使学生参与各种条件、环境下的练习，特别是运动比赛，不断地巩固已形成的动力定型。

动作技能形成的四个阶段是有机联系的。由于学生的学习基础、学习条件、教学的组织和教法水平以及其他有关条件不同，四个阶段的具体特点和所需的时间也有所不同。

## 第三节　体院教学的内容体系构建

### 一、高校体育教学内容体系构建

#### （一）体育教学内容的结构特征

体育教学内容的结构是指体育教学中特定的内容之间的分工配合。它必须既能满足社会的需要，又能满足作为教学主体的学生的需要。换句话说，就是学生对能满足自己需要的教学内容才能产生兴趣。因此，教学内容的优化组合是体育教学内容结构中的关键，而社会需要是社会对教育目标的要求。社会需要和学生主体需要具有统一性，但它们在满足的层次上、时间顺序上是不一致的，我们必须把握体育教学内容结构的基本特征。

**1. 体育教学内容结构的目的性**

体育教学内容结构具有明显的主观目的性：当客观的需要和主观目的相一致时，所建立的体育教学内容结构才是合理的。首先，在不同的学习阶段，学生对体育教学内容的需要是不一致的。其次，体育教学的内容结构要有利于学生形成合理的认识结构、技术技能结构、能力结构和体育方法结构。

**2. 体育教学内容结构的联系性**

体育知识和运动技能的种类是极其丰富的，任何体育教学内容结构都只能包含其中的一部分。通过这些内容的教学，可以有效地扩大知识范围，打下良好的体育运动技术技能基础并建立良好的能力结构，为学生进一步的发展创造条件。体育教学内容结构的联系性表现在以下方面：

（1）具有横向特点的广泛性

身心的发展要求是全方位的，既包括保健、营养、卫生、锻炼原理、竞赛规则等基本知识，又包括促进身体发展的各种运动技术技能和练习方法。

（2）具有纵向特点的复合性

体育教学内容要随着学习的进行逐步深化，这是教学的基本规律。但是体育教学目标是多元化的，它的实现依赖于多种教学内容的综合效应。复合性和广泛性的结合，可以提高体育教学内容结构的全面性和协同性，教学内容的广博性和教学内容之间的联系性对于学生创造性的发展也是非常有利的。

**3. 体育教学内容结构的相容性**

体育教学内容结构的相容性表现在体育教学内容结构内部相互渗透、彼此贯通作为一个知识结构，体育教学内容结构应该是纵向联系、横向相关的，这种结构内部互相关联的特性，必然要求不同的内容之间彼此相容。体育教学内容结构的相容性使教学内容的选择具有更大的灵活性，体育知识技能具有更强的综合性。

**4. 体育教学内容结构的动态性**

体育教学内容结构要跟上体育科学的发展步伐，符合社会发展的需要，就必须具有动态性。这些新的知识必然要及时在体育内容结构中反映出来。社会对人才素质的要求是不断变化的，例如，现代社会的快节奏、高竞争性的特点，对人才的竞争力、创造力和良好的心理素质有了更高的要求。因此，体育内容结构总是处在一个动态的变化之中。

**5. 体育教学内容结构的实践性**

体育教学内容以实践为主，这是体育的本质属性所决定的。活动性内容应以在实践过程中对身心健康水平的良性影响为依据，换句话说，就是要考虑它对体育教学目标的贡献。使之既能产生教学内容体制改革具有的个别优势，又能形成多种内容结合而成的结构优势。

## （二）体育教学内容选择的原则

体育教学内容非常丰富，而真正作为教学内容的，仅仅是其中的一部分。我们应该遵循以下原则：

### 1. 实践性和知识性相结合的原则

实践性和知识性相结合是由体育的本质属性所决定的。通过实践，要使身体的大肌肉群得到活动，各内脏器官系统得到锻炼，同时体验到体育的乐趣，这些都是以体育教学内容作为媒介来实现的。知识性主要体现在为什么做、怎么做和为什么要这样做上，这固然要通过基础理论内容来讲授，但更多的是在实践中体验、理解，通过运用来强化。体育教学内容发挥的作用就是将实践与知识连接起来。

### 2. 健身性和文化性相结合的原则

健身性是体育教学区别于其他教学的显著特点。文化是人类认识世界、改造世界和适应环境的产物。健身性和文化性相结合，就是体育教学内容既具有良好的健身价值，又具有丰富的体育文化内涵。

### 3. 民族性和世界性相结合

体育的形式和内容总是与一些国家或地区的民族文化传统和民族习俗有关的。例如，我国的武术、日本的柔道、希腊的马拉松、欧洲的击剑等，无不具有鲜明的民族色彩。体育教学内容仅强调民族性是不够的，任何民族，无论多么优秀，在发展过程中总会受到来自方方面面、形形色色因素的约束，总会具有一定的片面性。因此，体育教学内容必须体现出民族性和世界性相结合，既要在保留优秀的民族体育内容的基础上，又要充分吸取来自世界各民族的优秀体育内容，将它们融合在一起，使之形成一个优势互补、功能齐全的体育教学内容体系。

### 4. 继承性和发展性相结合

继承优秀的传统文化是教学的重要功能。体育教学内容的选择无疑是要吸收我国历史悠久的传统体育内容，这就是体育教学内容的继承性特点。文化的继承是有选择的、批判性的，对于传统体育内容，我们在有选择继承的基础上进一步丰富其内涵，在保留其原有特点和精华的前提下剔除那些不健康的东西，使其更具有时代气息，这就是体育的发展性特点。

### 5. 统一性和灵活性相结合

体育教学内容要面向全体学生，它必须有基本的要求，有一个相对统一的标准，使体育教学有一个较为规范的目标。我国地域辽阔，各个地区的条件不一致、发展不平衡，教学的相关基础不在同一起点。即使是处于同一个教学阶段的学生，都会表现出明显的不同特点，因此，教学内容必须根据教学条件和学生特点，兼顾统一性和灵活性，才能有利于促进学生身心全面发展。

## 二、教学内容的特性发展与变革

### （一）体育教学内容的特性

**1. 体育教学内容与教育内容的共性**

（1）教育性

体育教学内容的教育性体现在：对学生的身心发展有好处；摒弃了落后的东西（如赌博、伤害性搏斗等；既有冒险性又比较安全；适合于大多数学生；避免过于功利性等五方面的原因。

（2）科学性

由于体育教学内容是在学校进行的有目的有计划的系统的教学内容，因此，需具有很强的科学性。体育教学内容的科学性主要体现在：具有丰富内涵，是人类文化和科学的结晶；科学和文化含量高；内容的编制和教学遵循有关教学内容编制；系统性。体育教学内容的系统性表现在：体育教学内容本身的系统性，以及根据教育的目标、学生不同年龄阶段的生长发育特点、教学环境和教学条件，认识体育教学内容的内在规律性特点，逻辑地安排各个学校、各个年级的教学内容，并处理好他们之间的相互关系。

**2. 体育教学内容的特性**

体育教学内容除了在上述三点与其他教育内容具有共性外，还具有它的特性。体育教学内容的特性有：

（1）运动实践性

运动实践性是体育教学内容的最突出的一个特点。体育教学内容与体育实践活动密切相连，受教育者本人必须在从事这种以大肌肉群运动为特点的运动时才可能真正学好这些内容。当然体育教学内容中也有知识和道德培养的内容，但是体育内容中的知识学习和道德培养，也必须是通过运动学习和实践体验，这一点与其他学科的教育内容形成鲜明的对比。

（2）娱乐性

体育教学内容来自各种身体活动，而这些身体活动的绝大部分又是来自人的娱乐性运动，所以体育教学内容自然内含着运动的乐趣和娱乐性。体育教学的效果也受到体育教学内容娱乐性的影响，这也是体育教学内容与其他文化课内容的重要区别。

（3）健身性

由于体育教学内容中的很大一部分是以大肌肉群的运动为形式的技能学习与练习，体育教学内容的学习就必然会对身体形成一定的运动负荷，参加体育教学内容的学习和练习时，都会对身体产生锻炼的作用。针对这样的情况，在教学实践中有很多追求体育教学内容健身性的努力，如在编制体育教学内容时根据受教育者不同的身心特点将这些健身作用进行科学化的设计和控制、在教学过程中对运动负荷大小进行合理安排等，可以说，体育教学内容的健身性特点是其他教育内容所不具备的。

（4）人际交流的开放性

由于体育教学内容多是以集体活动的形式来进行的运动的学习和竞赛，而运动是以位置的变动方式来进行的，因此体育教学内容与其他教育内容相比具有更明显的人际交流的开放性。体育教学内容以这种人际交流的开放性为基础，使得体育教育内容的学习过程中的师生、生生之间的关系更加密切、开放。体育学习中的各种角色变化远远多于其他学科的学习。

（5）空间的约定性

体育教学内容还有一个“空间约定性”的特点。这是因为有很多运动是在固定的场地上进行的，甚至是以场地来命名的。由于体育教学内容的空间制约性，使得体育教学内容对场地器材具有很大的依赖性，使得场地、器材、规则本身也成为体育教学内容的重要组成部分。

### （二）体育教学内容的发展与变革

#### 1. 体育教学内容的变迁与改革的课题

我们从 100 年以来的几个历史阶段来看体育教学内容的变迁，可以看出体育教学内容有以下的变化趋势：首先，随着现代竞技体育运动的兴起和普及，正规的竞技体育运动正逐渐代替乡土性的体育教学内容；其次，体育教学内容的数量在减少，但难度有所增加；再次，体育教学内容中的娱乐因素逐渐减少；最后，体育教学内容所需要的运动器材越来越正规化。

由于上述这些变化，使得体育教学内容出现了单调、锻炼性强、要求教学规范化和场地器材条件高的趋势。由此而形成体育教学内容改革与发展的课题是：（1）改变体育教学内容趋于平纯的锻炼和达标相统一的趋势；（2）解决体育教学内容与学生社会体育活动之间的差距；（3）要解决学生因体育教学内容缺乏娱乐因素而不喜欢体育课的问题；（4）要解决与体育教学内容难度有关联的问题；（5）要解决乡土教学内容的开发不足和体育教学内容民族化的问题。

#### 2. 学生对体育教学内容改革的呼唤

现在，许多学生对体育教学内容有所不满。学生对体育教学内容的意见，概括起来有以下几点：（1）总体上感觉体育教学内容枯燥。（2）对生理感受很痛苦的某些教学内容，有强烈的惧怕和反感。（3）对一些还不能理解教学内容意义，教学形式上又比较枯燥的内容比较反感。（4）学生对体育教学内容被达标项目所替代的现象很反感。（5）透过教学内容的单调和平庸学生形成对体育教师的不良印象。（6）学生对一些运动希望有一个较长时

间的学习过程。

3. **体育教学内容改革的方向**

从上面的分析可以看出：现在体育教学内容的改革已是体育教学改革的一个最重要的方面，也是当务之急。教学改革应如何进行，朝着哪个方向进行，可以从对过去教学内容的缺陷和新的体育教学理念上来寻求答案。有学者认为今后体育教学内容的改进有以下几个方面：首先，以学生为本；其次，教学内容弹性更大；再次，明显淡化了竞技技术体系；再次，教学内容更加概括，给教师和学生留出广阔的空间；再次，基本体操删去了大部分体育教学中不常使用的队形和队形变化的内容；最后，增加女生喜爱的韵律体操和舞蹈内容。在过去的体育教学中，体育锻炼的手段和方法限制得比较死，我们选择了一些锻炼手段，让所有的学生都围绕规定的手段进行锻炼。现在的内容设置更多地考虑以学生为主体，进行了弹性的设计。当然，由于场地设施、师资等条件的限制，目前还不可能做到适应每一个学生的需要。“放开”是可供选择，给一个“菜单”进行选择，但菜单再大，也有一个基本范围。

关于预测未来的体育教学内容改革：体育教学内容会更加多样，学生和教师选择体育教学内容的权限更宽，教学内容总体丰富多彩。

4. **体育课程与教材的选用**

课程问题是任何一种学校教育的核心问题。这是因为课程集中体现了教育的要求、具体反映了教学内容，而且还是教育质量评估、教学水平评价的重要依据之一。仅从一个角度去评价体育课程，选择体育教材显然是不可取的。我们还应该看到，教材有一个合理的排列组合问题，即纵向组织原则和横行组织原则。教材的选择具有多样性。这种多样性不仅来自学生身心需要的多样性，也来自身体练习的多样性，那种“唯一”或“最好”是不存在的。而且体育对于健康教育内容的科学性、灵活性和多样性，给了体育教师在选用教材时更多的自主权、更大的余地。教材要多样化和具有开放性，要突出重点，不求面面俱到。处理好各水平阶段的纵向衔接与其他学科的横向联系，避免重复，同时注意在继承优秀传统体育文化的基础上吸收现代体育文化。体育教材应突出如下特点。体育与健康教材应突出健身性。健身性是体育的本质属性。体育教材的选择要突出健身性，表现在以下几个方面：(1) 要考虑教材的健身价值不同的教材，练习的效果往往是不一样的，同样的教材对不同的对象在效果上也会不同。教材的选用要根据特定对象进行。(2) 要考虑教材对心理的影响。选用的教材要有利于培养学生顽强的意志、健康的个性和积极向上的心理品质。(3) 要考虑教材的优化功能。一般情况下，只要合理运用，体育教材都有健身的作用。运用时要争取优选出最具健身效果的教材。有两层含义：其一，要注意教材本身的健康价值；其二，要注意教材搭配所产生的最佳效果。

体育与健康教材要注意文化性。体育是人类所特有的一种社会活动，它具有继承性、民族性、时代性、世界性等文化特征。注意教材的文化性也就是要考虑体育教材的文化特征，即要注意对优秀传统教材的继承，使教材体系更具有时代气息、更加完整；使学生能形成正确的体育价值观念、良好的体育道德和符合时代要求的体育行为规范，实现身心的健康发展。

体育与健康教材要增强娱乐性。体育教学的主要目标是树立终身体育意识和形成终身体育能力。第一，体育教材的娱乐性是引起学生体育兴趣的重要因素。第二，体育教材的娱乐性有利于学生体验到体育运动的乐趣，领略到体育魅力。第三，通过参加具有娱乐性的体育运动，能使学生精神愉悦，有利于缓冲学生的紧张情绪，更好地提高学习效果。

体育与健康教材要具有典型性。体育教学的内容非常丰富，教材不但类别多，同类教材项目也多。因此，我们选择的体育教材应具有典型性。典型性表现在以下三个方面：(1) 在能满足达成同一教学目标的各类教材中，选择最有代表性的教材。(2) 在达成同一目标的同类教材中，要选择最具代表性的教材。(3) 选用的教材在同类教材中，在技术结构或身心发展上具有代表意义。体育教材是学生学习体育知识、提高健康水平、培养终身体育意识和能力的载体。体育教材的实用性表现在以下几个方面：(1) 体育教材对于激发学生的体育兴趣、掌握体育知识、培养体育能力、体育方法的训练和身心发展有积极的促进作用。(2) 选用的教材在教学中要有适宜的教学条件作保证。使他们乐意将教材内容作为终身锻炼的手段，为其树立终身体育意识和培养终身体育能力奠定良好的基础。(3) 选用的教材对于体育教学目标的实现有较高的价值。

体育教材要体现时代性。体育是一种社会活动，它是随着人类社会的发展而发展的。以现代奥运会为标志的竞技体育，每四年都要展示一些新的项目就是证明。

# 第二章 体育训练教学的理念与特征

# 第一节　体育教学理念及其发展

## 一、“以人为本”教学理念

### （一）“以人为本”教学理念概述

**1. “以人为本”的基本内涵**

“以人为本”思想在古今中外均有所提及，只是一直到近现代才发展成为一个系统的思想，在教育教学领域成为一个固定的名词。

（1）我国古代“以人为本”思想

在我国古代有着最早的学校和体育教育，一些思想家所提出的教学思想与现代“以人为本”教学理念有着相通的思想内涵，只是，当时的各种教育教学思想并没有形成一个系统化的理论体系。

早在商周时期，先人就提出了“民本”思想，指出人民国家的基础，这是我国古代教育家和思想家重视“人”的重要体现。

春秋时期，儒家倡导“仁者爱人”“以民为国家之本”等思想。都与“以人为本”教学理念有着密切联系，只是，当时的对人的关注更多的是政治意义的体现，在教育方面并没有系统地显现出来。

（2）现代“以人为本”思想内涵解析

人本主义思想引起社会家和思想家的重视，并不断有思想家提出新的“人本”观点，对“人本主义”学说进行丰富。

在我国体育教育教学领域，“以人为本”教学理念指出，教育应落实到“育人”和“促进人发展”上面，这对我国传统体育过度重视竞技体育成绩取得、用体能训练和技能训练代替体育教学、体育教学重视竞技体育人才培养和为竞技体育运动发展服务等错误的教学思想进行了否定。

新时期的体育教育坚持“以人为本”教学理念，教育的出发点、中心以及最终归宿都是“人”，教育的目的是“人的发展”，教育以人为基础和根本的。“以人为本”的发展观要求在教育过程中将人的自由、幸福、和谐全面发展以及终极价值实现重视起来，要求体育教育突破机器的教育模式，真正转变为人的教育。教育是人的自我实现、自我理解以及自我确认的过程。而不是用金钱标准衡量现代人的自我价值和自我尊严。

新时期，将“以人为本”的基本发展理念融入体育教育，是人类社会协调和可持续发

展的基本要求和重要内容。21世纪的竞争的根本是“人才”之间的竞争，而人才的培养是依靠教育来实现的，新时期，各级学校贯彻落实科学发展观，坚持“以人为本”，是学校体育教学发展的必然趋势与必然要求。

**2. “以人为本”的理论基础**

“以人为本”教学理念的提出是在现代人本主义教育思想的基础上发展起来的。人本主义教育思想的产生，源于对现代科学发展中人对科学产品的使用和在智能化时代发展过程中的人的价值的丧失的思考。

进入20世纪后，随着科学技术的快速发展，科学主义成为当代教育发展的主流。20世纪50年代的教育改革中，各种教学思想、教学观点层出不穷，其中，认知心理学和行为主义种对人性的认识分析带来困惑。教育工具化，接受教育、获取知识的兴趣的快乐体验无法得到重视，教育单纯成为人们获得更高技能与认可的一个途径。

也正是在科学技术不断发展的影响下，人类社会的生产生活方式和模式发生了很大的变化，科学改变生活，对人们启发很大，人们依赖科技，也会越来越受制于科技。因此在教育层面，人们也越来越强调“人本主义”，旨在将人从“器物”中解放出来。现代人本主义强调，应将人类从依赖科技中解放出来，恢复人在世界中的本体地位，而非依附于科技发展。

从社会发展中人的主体地位的体现到教育领域中对作为学习者、施教者的教学活动参与主体的“人”的重视，“以人为本”思想在包括教育在内的各个领域得到重视。

教育教学中的“以人为本”教学理念旨在将教学活动参与者从传统教学中的非人性化的状态中解脱出来，恢复人的教学主体地位，强调了“人”的重要性，在教学中，真正关注教师、学生的自我的健康、可持续发展。

“人本主义”理论具有以下几个基本观点。

第一，学习者是学习的主体，应受到尊重。

第二，学习是丰满人性的过程，根本目的是人的“自我实现”。强调教育应促进教学参与者（尤其是学生）人格的完整，促进人的认知与情感的丰富、提高。

第三，人际关系是最有效的学习条件。

第四，“意义学习”是最有效的学习。

**3. “以人为本”的教学解析**

关于“以人为本”教学理念的含义，中外教学者有不少研究，并指出了自己的看法。

第一，“以人为本”教学理念，“人”是指学生，也指教师。教学应把学生和教师作为教育的主体。“以人为本”包括“以学生为本”和“以教师为本”两方面内容。

第二，“以人为本”教学理念是一种尊重和关怀他人为核心的教学理念，倡导以人为主体；以教育为主体。

综上所述，在“以人为本”教学理念中，广义的“人”是指学生，教师和教育管理者，狭义的“人”是指学生，教育是“培养人”的一种活动，“以人为本”中的“人”的最大内涵是“学生”，教育应以学生的身心健康、全面发展为“本”。

**4. “以人为本”的教学观点**

“以人为本”肯定了人在教育中的重要作用，在教育教学实践的广泛应用过程中，体育教育工作者和许多学者逐渐总结概括出了以下几个观点。

（1）教育的目的是促进师生自我实现

首先，在体育教学中，学生的自我实现是要促进学生的身体、心理、智能、社会性等全方面的自我发展，让每一个学生都能通过体育教学有所进步，体育具有多元教育价值，通过体育教学能促进学生的各种素质的综合发展。在“以人为本”的基础性理论人本理论的支持下，体育教育强调了在体育教学中不仅要重视健康知识和运动技能的学习，还要通过科学的体育教学环境创设和教学过程安排来促进学生的心理、情感、智慧、社会性发展，使学生情感和智力有机结合。体育教育的一个重要教学任务就是在体育教学中促进学生的认知与情感的共同进步与发展，通过体育教学，发掘和发挥每一个学生的学习潜能，培养学生在各个方面的创造性，最终所培养出来的学生应具有创新、创造意识与能力，这样的人才才是社会真正所需要的人才。

其次，在体育教学中，教师的自我实现最基本地就是能创造性地完成体育教学任务，在教学中实现作为教师的这一角色的价值，通过体育教学培养出适合社会发展的合格人才，促进学生的发展与进步。同时，在体育教学中，通过对体育教学的科学设计与各种丰富多彩的体育教学活动的开展和教学媒体媒介的应用来提高自己的教学能力、组织能力、社交能力、科研能力、创造力等，促进自我综合教学能力和体育素养的不断提高，实现自我职业生涯的不断发展，并能在日常工作和生活中身体力行地从事体育健身锻炼，不断提高自身的身体健康水平，并能对学生和周围的人形成一种潜移默化的影响。

（2）课程安排应尊重学生的自由发展

在人本教育理念产生之前，传统的教育侧重社会价值和工具价值，人本位的思想和观念使得人们认识到了传统工具化教育是对其本质属性的违背，必须认识到，人是教育的出发点，人本教育将教育的重点落实到人身上，关注人的健康成长。在人本教育基础上我国所提出的素质教育也正是关注人的以学生为本的一种教育，我国国务院曾指出，素质教育的实施方针是坚持实现自身价值与服务祖国人民的统一，学生是教育活动的主体，素质教育背景下的教育应关注学生的个性发展，独立人格发展，在体育教学中，教学应关注学生群体与个体的统一性、个性化发展，通过体育教学，调动每一个学生的积极性，促进每一个学生的自我进步。

体育教学所面对的教学对象是人，每一个人都与其他人存在个体差异，教育不是为了“批量生产人才”，而是旨在促进每一个人健康全面发展的基础上的个性化发展，因此，体育教学应在统一要求的基础上做到因材施教，教师必须要尽可能实现多种多样、侧重点不

同的教学课程设计，使每一个学生都能在体育教学中有所进步与城镇，通过科学体育教学活动组织与引导学生的正确、充分参与培养个性化的人才。

（3）教学方法选用应重视学生情感体验

人本主义教学理论强调“以人为本”，主张教学以学生为中心，实现个性化发展，而学生的这种发展都是从学习经验中体悟和实现的，因此，这就要求体育教学中应重视科学化体育教学方法的选择，激发学生的体育学习兴趣，为学生创造良好的学习体验。

在“弘扬人的个性，强调以人为中心，尊重人的情感体验”的现代体育教学中，体育教师应全面了解学生、充分尊重学生、真正理解和信任学生，在此基础上，教师与学生之间的“高高在上”“师命不可违”的关系才能彻底改变，才有助于教师与学生构建和谐的师生关系。而良好的师生关系的建立对于体育教学活动的顺利开展具有非常重要的意义。可以说，学生对体育学习的态度个人爱好、获得学分是重要动机，来自教师的个人魅力因素也具有重要影响。此外，师生的和谐关系建立也有助于教学活动中师生能够更好地配合，从而提高体育教学的质量。

## （二）“以人为本”教学理念的高校体育教学指导

### 1. 重新定位体育教育价值

传统体育教学在对“育人”的认识上存在不少误区。长期以来，人们总是在理解体育科学化的基础上，常常采用生物学的观点来对学校体育的价值做出判断，并且过多地关注学校体育“增强体质”的功能。此外，在对体育运动的本质理解上，一些教师存在一定的偏差，以足球运动教学为例，我国体育教材普遍将体育运动确定为是以脚支配球为主，两个队在同一场地内进行攻守的体育运动项目，针对此概念，有教师认为，“球”是活动争夺的目标，自然应该处于主体地位，因此也就忽视了“球”要受制于人，“人”才是整个体育活动中的活动主体。

在全球化的发展背景下，各种思想文化处在不断的发展和融合之中，教育思想也呈现出这一发展趋势，人本理论和“以人为本”教育理念的提出体现了当代社会对人的发展的重视，在体育教育教学领域，当前的学校体育更加强调人性的回归，学校体育的根本出发点和落脚点应是“育人”。

现代高校体育教学中，“以人为本”教学理念是负荷当前时代的发展要求的，当前社会，人的发展在社会的各个领域受到了重视，即使是在智能时代，很多机器生产代替了人工生产，但是发明机器、操控机器的还是人，人在人类社会的发展中是起到关键作用的，任何时候都不能忽视人的作用。

人本主义教学理念与思想指导下的体育教学，就是要求教育者在体育教学活动开展过程中关注作为教学对象的学生这一因素，教师的教学活动开展需要学生的参与、配合，如果没有学生的参与，则教学活动就没有开展的意义了。

必须提出的是，教师也是教学活动中非常重要的参与一方，也是应该受到关注的人这一要素。体育教师在教学活动中所发挥的作用也不容忽视。

现阶段，我国的体育教学思想呈现出多元化的发展趋势，诸多教学思想都围绕“人”的教育展开论述，讨论了体育教学中如何更好地促进和实现“人”的发展。

**2. 体育教学目标的重构**

在我国，传统的学校体育教学目标为增强学生体质、掌握“三基”和德育，体育数学过于功利化，过于追求竞技成绩和金牌数量，这些都严重忽视了学生的健康发展，不利于学生的健康可持续发展的同时也不利于整个教学的可持续发展。

随着体育教学的不断发展，新的科学化的教学理论、教学理念给了体育教育工作者更多的教育启发与指导，体育教学的育人作用被不断丰富和发展，多元化的学校体育价值体系对体育教学目标重构提出了要求。

新时期，“以人为本”教育理念在学校不同学科的教学中广泛应用并渗透，也有越来越多的学者认识到传统的体育教育体制不再适合当前的体育教育教学，不能单纯地追求学生的外在技能水平，而应该重视学生的全面、健康、可持续发展。新时期的体育教学的重点转移到“以人为主”上，在体育教学中，教师必须认识到，人是运动的参与者、是运动的主体，体育运动的教学和训练也必须以促进人的全面发展为根本目标。

**3. 学生教学主体观的建立**

现阶段，“以人为本”教学理念成为我国体育教学的重要教学理念，我国的体育教学实践活动开展过程中，越来越多的教师开始关注学生，从学生的特点、条件、基础和学习需要出发来选择教学内容、选择教学方法、选择教学组织形式与教学模式。高校体育更多以选修课形式设置。不同教师之间也正是通过个人教学能力和对学生的“因材施教”和关心关爱学生、研究学生获得学生喜欢，以此来促进更多的学生来选修自己的体育课程。

总之，学生是教学的主体，没有学生，教学也就不复存在。

### （四）体育课程内容的优选

传统体育教学对学生的全面健康发展关注不够，体育教学课程内容主要是竞技体育运动技能，体育教学课通常被体能训练课、技能训练课代替，新时期的“以人为本”教学理念重视学生的全面、健康、个性化发展，在体育教学内容选择上，也更加科学。

在“以人为本”教学理念指导下，我国的体育教学有了很大的进步与发展，为了进一步促进我国体育教学的改革，教育部门先后修订各级学校体育教学大纲，强调在体育教学中要不断丰富体育教学内容，通过多样化教学内容旨在促进学生的身心健康与全面发展。高校体育教学中，教学活动开展也建立在落实“健康第一”的教学理念的基础上进行，通过丰富的体育教学内容来吸引学生参与体育锻炼，通过体育教学促进学生身心健康发展，而非传统体育教学中只关注竞技能力提高，有时为达到这“竞技力提高的目的”甚至安排

不合理教学内容，超负荷的揠苗助长，可能对学生身心健康造成损害，这种行为是“健康第一”教学理念坚决禁止的。

此外，在丰富高校体育教学内容的同时，“以人为本”教学理念还强调体育教学内容与不同大学生的发展需求的相适应，在体育教学内容优选中应注意以下几点要求。

第一，突出体育教学内容的趣味性，在课程改革过程中，激发学生学习的兴趣。

第二，强调体育教学内容的健身性，过度强调竞技技术提高的体育教学内容予以摒弃或改编，使之能更好地为促进高校大学生的身体健康服务。

第三，重视体育教学内容的适用性，体育教学内容的教学实施应有利于学生的当前身体健康发展，并能为高校大学生的终身体育意识和体育能力的培养奠定基础。

第四，关注体育教学内容的创新性，高校体育教学内容还应适应现代化社会发展潮流，应具有启发性、创新性，促进高校大学生的创新意识和能力培养。

## 二、“健康第一”教学理念

### （一）“健康第一”教学理念概述

#### 1.“健康第一”的提出背景

在我国，“健康第一”的教学理念的提出最早可以追溯到 1950 年，旨在改变当时学生负担太重、健康水平日益下降的现状，各校要注意健康第一、学习第二。

新中国成立后，我国各方面的恢复与发展都逐渐走向正规，由于缺乏经验，各项事业的发展过程中都或多或少地走了一些弯路。在高校体育教学的发展过程中，我国先后开展了体育教育领域改革的思考与讨论，提出了许多创新教学理念、思想、形式，如国民素质教育、国民体质教育、青少年健康教育，这些教育问题都在当时得到了不同程度的热议，随后不久，我国在体育教育领域就确定了“健康第一”的体育教育教学理念，否定了之前的“以劳动代替体育教育”“追求金牌数量”的体育教育。

改革开放以后，我国“健康第一”教学理念更加受到肯定。

随着我国体育教育研究不断加深，20 世纪 90 年代，“健康第一”教学理念的内涵得到了进一步的丰富，这一时期的“健康第一”主要是对“素质教育”的诉求，它与“以学生为本”的教学理念有机结合，旨在培养高素质全面发展人才，实现学生个人发展需要与社会发展需要的有机统一。

21 世纪以来，关注人的健康教育成为新时期高校体育教育的教育重点，我国更加重视学生在体育教学中的健康全面发展。目前，“健康第一”是现阶段体育教学的一个重要教学理念，我国学校体育的指导思想是“健身育人”，“健身”与“育人”的结合，体育运动教学应将促进学生的身体健康发展放在首位，突显了体育教育本质。学生体质健康水平仍是学生素质的明显短板。同年，国务院进一步提倡要加强学校健康教育力度。高校体育作为体育教育的一个重要教育构成，在促进我国学生体育健康教育方面、加强健康中国建设方面发挥着重要的作用。“健康第一”教育理念在高校体育教学中发挥着重要的影响作用。

2.“健康第一”的理论依据

从世界范围来看，“健康第一”教学理念的提出是符合世界教育发展趋势和社会对人才的发展要求的。

（1）世界范围内对人类健康发展的重视

在人类社会的发展历程中，健康始终是一个备受关注的课题。人类健康是推动人类社会发展的一个必要条件。

世界范围内各国开始普遍性地关注社会健康、大众健康是在20世纪50年代，各国社会经济逐渐恢复，各方面的发展促进了各个国家和地区对本国家和地区的人们健康的重视，大众健康逐渐走入公众视野，同时，教育领域关注学生健康也成为国际体育教育的发展潮流。

20世纪50年代，公众健康问题在世界范围内广受重视，世界卫生组织提出健康现代健康新理念，为适应世界发展趋势，我国也开始关注社会大众健康教育、学校体育教育、提出“健康第一”的探讨教育教学指导思想。

随着国际间的大众健康交流日益增多，各国和地区都非常重视本国和地区的大众健康发展，整个社会已对体育的功能、价值等方面形成了全新的认识，在教育领域，重视学生的健康发展，成为各个国家和地区重视本国体育事业和教育事业发展的一个重中之重，体育健康教育对增强青少年体质健康水平和通过青少年群体影响周围群众健康、实现青少年进入社会成为社会体育人口间接增进社会大众健康具有重要而深远的影响。

（2）社会发展对人才健康发展的客观要求

随着科学科技的不断进步、经济的发展迅速、社会生活节奏日益加快，人类的体力劳动越来越少了，长时间伏案工作所造成的“运动不足”“肌肉饥饿”严重影响了人们的身体健康。基于社会压力所产生的各种心理疾病严重影响了人们的心理健康；社会功利化发展，过多地利益争夺对人们的社会性发展也产生了不良影响。诸多健康问题困扰着个人的发展和整个社会的健康发展。

20世纪90年代开始，疾病死亡原因发生了本质的变化，生活方式发生率急剧转变成为疾病死亡高发的重要诱因。健康问题成为一个社会发展问题，人们充分认识到健康的重要性，在教育领域，学生的健康问题同样引起关注。

进入21世纪以后，“全民健身”和“青少年体质健康”问题更大范围地走进我国国民的生活视野，大众体育健身参与、体育健康教育成为我国阻挡“现代文明病”“办公室疾病”“肌肉饥饿与运动不足病”的重要良方和强大武器。

在当前和未来社会的发展过程中，健康问题将始终是影响个人和社会发展的一个首要问题，社会的快速发展与激烈竞争要求现代人才不仅要有正确的政治思想，具备扎实的科学知识和能力，还必须具备强健的体魄，“身体健康是其他一切健康的基础”，“身体是革命的本钱”，身体健康是个体生活、学习、工作的基础，如果没有一个健康的身体，则还难在社会劳动力竞争中占据优势，社会竞争对劳动力的基本要求就是身体健康。要想在这个竞争中立于不败之地，必须首先拥有一个健康的体魄。

教育的最终目的是促进个人的健康发展、培养符合社会发展的合格人才，对学生群体的身体健康教育是体育健康教育的重中之重。

**3. “建康第一”的教育特点**

“健康第一”教育理念内涵丰富，其在体育教学实践中表现出以下特点。

（1）强调身体健康是健康的基础

“健康第一”，其中所提到的“健康”是全面的健康，是包括身体健康、心理健康、社会健康、生殖健康等在内的多维健康，健康的基础是身体健康。健康的体魄是人类发展的基本标志。教育应首先关注健康教育。

（2）强调多元健康发展的素质教育

“健康第一”作为一个现阶段的重要的先进教育理念的提出，强调体育教育应重视学生的健康发展，指出学校教育教学的首要目标是促进学生的健康成长，学生的身心健康比“卷面分数”“升学率”更为重要。

（3）强调健康教育的全面性

①学生身体健康教育

在“健康第一”指导思想指导下，高校体育教学应时刻关注学生的各方面健康的综合发展，通过体育教学，关注和促进学生的身体健康发展，也促进学生的心理和社会性的发展，以为学生奠定良好的身体基础、心理基础，并能在走出校园走进社会之后能有良好的身心健康状态和水平应对生活、工作、再教育中的各种挑战。

②学生心理健康教育

现代社会竞争日益加剧，各种社会竞争要求社会生活中的每一个成员都应具备良好的心理素质，如此才能正确地看待、应付学习、生活、升学、就业、恋爱、婚姻等过程中的各种问题。当前，就我国高校大学生群体而言，许多大学生都深受学业、就业、生活中的各种问题的困扰，都存在不同程度的心理问题。因此，教育关注学生心理健康非常必要。体育具有促进运动者健康心理形成和发展的重要作用，现代大学生压力大，也容易受不良因素影响，高校体育教育应关注大学生的心理健康发展，通过体育教学活动开展，促进大学生心理健康发展。

③学生社会性发展教育

体育是一种独特的教育形式，学校体育教育可促进学生的社会性良好发展，应该在教学中有意识地培养学生的人际关系建立、竞争与合作能力。

因此，在高校体育教学活动开展中，深入挖掘体育的教育价值，在体育教学实践中充分贯彻“健康第一”的教育理念，切实促进学生身心健康、全面发展。

### （二）“健康第一”教学理念的高校体育教学指导

#### 1. 树立体育教育新观念

“健康第一”教学理念对我国的体育教育的最重要的影响就是教育重点和方向的转变，新时期，贯彻“健康第一”教学理念，就必须转变体育教育观念，改变竞技化体育教育，关注学生身心健康发展。应该把教育的重心从单纯地追求学生的外在技能水平向追求学生的全面协调发展转移。

新时期，不断强化高校体育教育教学改革，必须落实健康教育，每一个高校、每一个高校体育教育工作者，都应该形成正确的体育价值观、培养良好的意志品质，不断完善性格特征。总之，现代科学化的体育教育应该将体育教育工作理念从以往单纯的“增强体质”为主转移到“健康第一”的新型教育观、发展观。

现阶段，社会发展对人才的要求是全面化的，一名合格的社会人才应该是健康发展的人才，身体健康、心理健康、社会性健康等，缺一不可。

#### 2. 明确体育健康教学目标

在当前的体育教育教学实践中，“育人”是学校体育教学工作的最根本目标。技术教育和体制教育并不能完全作为学校体育实践的重心，“健康第一”的教育理念为促进我国高校体育目标多样性、多层次的建构提出了新的要求。具体如下。

第一，高校体育教育应重视加强学生的体育文化知识教育，提高学生体育文化素养。

第二，高校体育教育应充分融合健康、卫生、保健、美育等多种教育内容，通过内容全面的体育教育来培养学生健康的体育意识、健康的娱乐休闲习惯，远离可能影响个人身体健康的一切不健康因素和事件的影响。

第三，高校的体育教育工作的开展应紧密结合学生生长发育与生活实际开展健康教育，使学生会自我保护，预防疾病发生。

第四，高校体育教育应重视大学生青春期教育和心理健康教育，作为健康教育的重要内容来抓好，为学生在特殊时期的健康成长提供科学指导。

#### 3. 完善体育教学课程体系

深化高校体育教学课程体系改革是促进高校体育教学发展的一个重要和有效途径，新时期要贯彻落实“健康第一”体育教学理念，就必须在体育教学课程体系建设方面做好工作，不断丰富体育教学课程体系内容，以更好地满足当前高校大学生的多元化、个性化的体育健康发展需求。

在“健康第一”教育理念影响下，我国的高校体育教学课程现状发生了很大的改变，

如体育课程内容的增加，教学方法的不断丰富、学校体育课内与课外活动的有机结合，体育选修课越来越考虑大学生的学习爱好与需要，体育课程与内容设置针对不同专业学生凸显出了专业特点等。

现阶段，要继续贯穿“健康第一”教学理念，建设更加完善的体育教学课程体系，应持续做好以下工作。

第一，在高校体育教学中，应始终坚持以学生为主体，将学生的身心健康发展放在首位，所有教学活动的开展都应围绕促进学生的健康发展服务。

第二，调整体育教学内容，充分了解学生的特点和需求，对体育教学大纲所规定的教学内容进行科学选择，对与本校实际教学情况和本校学生不适合的教学内容进行调整，使体育教学内容能更好地从理论落实到教学活动实践中。

第三，丰富体育教学内容。通过丰富的体育教学内容吸引高校大学生的体育学习与体育参与兴趣，通过丰富的体育教学内容满足大学生的不同体育学习需求。

第四，重视教学内容的因地制宜，根据本地区气候、资源以及学校自身教学特点来进行特色化的体育教学课程设置，并研究推出更能反映本校学生健康发展的健康检测内容与标准。

第五，重视高校大学生课内体育教育与课外体育活动的有机结合，加强体育课对学生的教育意义和提高学生对体育课的兴趣，并使学生养成科学合理的作息习惯、健身习惯，在课余时间也能科学健身，保持健康的生活方式。

**4. 重视体育教学方法优化**

良好的体育教学效果的开展受到体育教学方法是否正确的影响，在高校体育教学中，有很多体育教学方法可以供教师进行选择，不同的体育教学方法有不同的特点，同一种体育教学内容的展现可通过多种教学方法来展现给学生，体育教师应该判断出哪一种教学方法是最合适的，这样可以促进教学方法应用的最优化，进而促进体育教学效果的最优化。重视体育教学方法优化，要求体育教师具有良好的体育教学能力，有能科学选择各种教学方法、有效应用各种教学方法的能力。

**5. 教学评价体系的完善**

在“健康第一”思想的影响下，体育教学的评价应以学生的体质增强、身心健康发展为重要评价指标，完善体育教学评价体系。

“健康第一”教学理念指导下的高校体育教学评价体系的科学化构建与完善，具体要求如下。

第一，对学生的全面评价中，要重视对多方面的教学效果进行量化分析，并且将定性评价和定量评价相结合，提高教学评价的科学性，促进学生能更好地认识自身的不足以及获得学习的动力。

第二，对学生的全面评价中，要做到评价内容的全面、评价指标的全面、评价方法的全面，还有尽量做到邀请不同的评价主体进行评价。

第三，体育教学不仅注重对学生进行全面的评价，还注重对教师教学的方面评价。

## 三、坚持体育教学理念创新

### （一）综合加强体育、卫生、美育、心理健康教育

体育教育是一种以体育为主的全面教育，在体育教学中，应加强体育、卫生、美育等教育的充分结合，加强学生的多元和多方面的体育教育，注意以下几点

第一，学生参与体育活动，必须注重营养，养成讲卫生的好习惯，高校体育教育教学应将学生的多方面体育教育综合起来施教。

第二，高校体育教学中，应加强对学生的营养指导，让学生了解有关营养、卫生保健的知识。

第三，高校体育教学中，应加强对学生的美育教育。美育不仅能陶冶和提高学生的修养，而且有助于开发他们的智力。体育是健与美的有机结合，寓美育于体育之中，提高学生对体育的兴趣，增强学生的体育学习情感体验，提高学生的审美、创造美的能力。

第四，高校体育教学中，应加强对学生的卫生保健教育，并应紧密结合学生的生长发育与生活实际来开展健康教育，使学生会自我保护，促进自我健康成长发育。

第五，高校体育教学中，应加强对学生的学生的心理健康教育，把学生青春期教育和心理健康教育作为健康教育的重要内容来抓。

### （二）综合培养学生的体育健康意识、行为、能力

健康的意识、知识、方法、技能对每一个参与体育锻炼的人来说都非常重要，开展高校体育教学活动，要真正促进学生的健康，就必须将体育教学活动与学生当前和日后的日常生活与工作密切结合起来，使体育意识演变成体育习惯，并落实成体育行为，在以后的发展过程中，都能通过体育运动参与来更好地促进生活和工作的发展，如此就将体育知识、技能、转化为学生自觉的行动基础。通过体育教学中对学生的体育健康知识、锻炼方法、运动技能等的传授，使学生能自主参与体育锻炼，并对自我体育锻炼效果进行正确评价，进而不断改进与完善体育锻炼。

具体来说在体育教学中，学校和体育教师应做好以下几方面的工作。

第一，结合学生实际选择体育教材。

第二，活动适量，不应矫枉过正。

第三，加强学生体育课外活动指导。

第四，组织开展多种体育比赛。

第五，展开与体育相关的各学科的教育，如运动学、心理学、营养学、保健学等。

第六，坚持以运动技术为主，注重一专多能。

第七，体育运动项目的开展要和社会体育资源相结合，不断提高学生参与体育的运动能力。

### （三）实现“以人为本”“健康第一”多元教学理念的相互促进

在教育教学的发展过程中，出现了许多的先进的体育教学理论和教学思想。这些教学理论和教学思想在不同的历史时期，对教育教学实践具有重要的促进和推动作用，而且在同一时期可能会有几个教学理论和教学思想同时对教育教学实践发挥着影响作用，只是一些教学理论和教学思想起着主导影响作用，另一些则起着次要的影响作用。

体育方面的教学思想有很多，各种不同的体育教学理念具有其优点，也有不足之处，不同的体育教学理念相互影响，不同的体育教学思想可能相互补充，也可能存在有冲突的地方，教师在体育教学活动开展中，应注重对具体的体育教学实际进行分析，在坚持“以人为本”“健康第一”“终身体育”的三个主要教学理念的指导下，各种教学活动安排都应该充分体现出这三个教学理念中的一个或几个，如此才能切实促进学生的身心健康全面发展。各种不同体育教学理念也可相互借鉴，取进步内容丰富完善自我教育理念内涵，对不足之处予以改正，或者用其他更加与体育教学实践贴近的体育教学理论和思想予以补充，例如，有利于人性发展的观点值得吸取，但可能放任教学内容泛滥应坚决摒弃；运动技术技能教学思想的落实可有效促进学生对体育运动技能的掌握，但容易过分强调技能水平而忽视学生身心发展规律，对此教师应格外重视。

在当前体育教育教学的发展过程中，“以人为本”“健康第一”“终身体育”都是先进的体育教学理念，对体育教学实践具有重要的指导和发展促进作用。

现代体育教育教学实践中，新的体育教学理念要求体育教学应关注学生发展、充分重视学生的体验，让学生在愉悦的体育教学氛围中能积极主动地参与体育活动、进行体育学习，同时，新的体育教学理念还重视对学生终身锻炼的习惯进行培养，使学生在体育中养成积极健康的生活方式，进而促进学生的全面、长期、持续发展。新的教学理念中的“以人为本”“健康第一”“终身体育”是相互促进，互为补充的，通过这些体育教学理念对体育教学实践的共同的教学指导，能真正实现体育教育对学生的全面健康发展的促进。

新时期，要实现体育的多元教育功能，促进学生、教师、体育教育的科学发展，就必须综合实现“以人为本”“健康第一”“终身体育”的相互促进和对体育教学实践的共同启发与指导价值，以不断完善体育教学。通过体育活动最终实现人的可持续发展。

### （四）提高高校体育教师队伍的综合素质

在体育教学实践中。体育教师发挥着重要主导作用，体育教学理念在体育教学实践中的贯彻实施需要体育教师去执行，提高高校体育教师队伍人员的综合素质有利于更好地在体育教学中发挥先进的体育教学理念的作用。

新时期，要促进先进体育教学理念对体育教学实践的指导，提升体育教师素质，应注意做好以下工作。

**1. 一名合格的体育教师应具备良好的体育文化素养，掌握丰富的体育文化知识、理论知识**

教师要丰富自我文化素养，不仅要重视对体育学科知识与理论的学习，还要重视对体育相关学科的知识的学习，以不断丰富自我知识结构。

**2. 重视体育教师的综合教学素质、体育素养的提高**

通过培训、学术交流、体育文化活动参与等不断促进体育教师熟知信息科学，通过对多方面的科学发展规律，如生命科学，环境科学、教育科学、传播学等知识学习，掌握不同活动发展的规律，来为体育教学活动开展提供理论指导。

**3. 加强树立终身学习意识**

体育教师要落实终身体育，自己要先有足够的体育学习与参与意识，并形成体育健身习惯，教师必须为人师表，做出表率，才能为学生积极参与体育健身锻炼树立一个良好的形象与榜样。

**4. 鼓励体育教师积极参与体育科研**

体育教学实践活动的开展离不开具体理论的指导，体育教师提高科研能力，有利于更敏锐地在体育教学中发现问题、分析问题、解决问题，从而促进体育教学的不断完善。

**5. 加强对体育教师的教学监控**

督促教师不断完善自我、促进自我可持续发展。教师作为人，也有人的一般惰性缺点，因此，有必要通过客观的教学监督指导来促进体育教师对自我工作的不断改进与完善。

### （五）建设良好的高校体育教学条件与环境

先进体育教学理念的实施需要学校的全方位的支持，需要学校教学工作者、领导等的支持，为整个高校体育教学创造一个良好的体育教学条件、环境与氛围，提高高校的体育教学软件、硬件、文化等方面的条件与环境创设水平，为高校师生更加主动、积极、顺利地参与高校体育“教”与“学”奠定良好的基础。

# 第二节　体育训练的教学特征

## 一、充分的教学准备

教学准备是指教师在课堂教学前处理问题和解决问题的行为，也就是教师在制订教学

方案（如教案）时所要做的工作，是教师为课堂教学做准备的一个动态过程。充分的准备是教师为确保一门课程或一堂课有计划地进行而对教学活动的精心策划，其具有以下四方面的意义。

第一，由于教师认真研究了教学内容，对教学中的重、难点了然在心，就有可能制订出合理的教学计划并按照计划完成教学任务；第二，教师如果在教学前考虑了学生的体育学习基础、运动基础、家庭背景、体能状况、身体素质状况、学习需要等，就更可能有针对性地引发其学习兴趣，满足其学习需要，激发其学习动机，并选择适合的针对性强的，体现区别对待原则的教学方法；第三，如果教师制订了合理的教学计划，对教学环境和教学过程进行了通盘考虑，能尽量减少教学中的盲目性，提高针对性，产生高度的自信心，增强自身教学效能感；第四，如果教师对教学中的突发事件或教学以外情况有充足的估计和预测并考虑和设计了应对方式和措施，就可能减少课堂的时间浪费，保证教学在一定程度上按照原计划进行。具体而言，充分的准备包括以下内容。

### （一）制订清晰合理的教学目标

制订恰当的教学目标或教学任务是实现教学最优化的第一个工作。制订明确具体的体育教学目标是体育课堂教学设计的关键步骤，是顺利完成教学任务所要达到的要求和标准，是教学活动的出发点和逻辑起点。

教学目标在体育课堂教学有效性标准中占据了核心的位置，起着统领全局的作用。从关于教学有效性的研究文献来看，大部分文献都把教学目标放在了首要的位置。可以说教学目标是教学的方向标，课堂上所进行的一切活动都是为了实现教学目标，如果缺失了教学目标，体育课堂教学将会变得盲目和无效。新课程标准下，体育课堂教学目标的本质应包含价值性、是否符合学生需要、能否真正促进学生的发展。若使学生在校所学对其个人生活或社会大众不具价值，甚至反而危害个人和社会，则教学将不具意义。

一些不符合学生真正需要的体育教学目标将使体育课变成“表演课”。公开课上，体育教师为了能够取得好的“成绩”，不考虑学生的需求而进行的讲课的课堂便说明了这一点。所以，教学目标的制订应充分考虑学生的适应性。新课程标准的理念要求教师选择的教学目标应促进学生的发展。

体育教学目标的确定与叙述清晰明了，操作性强，至少包含三层含义。第一，在内容上，教学目标要体现身体、心理、社会适应三维健康观，也要体现体育课程的特点，体现体育与健康课程与其他文化课程的区别。体育与健康课程是一门以身体练习为主要手段的学科课程，它的主要教学目标应是掌握体育运动技能、发展体能、增进学生身体健康。而“提高心理健康水平”和“增强社会适应能力”当属次要目标。第二，在可操作性上，教学目标要围绕学生的实际并体现出操作性（教学目标的表述要尽量落到学生行为上，学生能理解，能观察、能言传、能训练）和可评价性（学生能够自评、互评，也利于教师评价）。第三，在表现形式上，确定体育教学目标用语要精确、明白、清楚、简单明了、一目了然，不要含糊其词、混沌啰唆，既要便于学生理解，也要有利于教师自己掌握和操作。

（二）因地制宜地选取教学材料

有效体育教学能以“大体育教学”的观点和视野来选取教学材料，包括所需教学器材。首先，一切有利于实现体育教学目标的内容且容易获取或通过一定的努力能够解决的教学材料，都可以选作体育教学的教材。选择教材不能仅依据教师个人的兴趣，而应注重学生的发展和终身体育意识的养成以及体育文化素养的提高。教师可以围绕教学目标对现有竞技体育运动项目进行精选、优选和必要的改造。其次，教师可以根据教学目标及本地、本校的实际情况，在教学中适当选用新兴运动项目。当然，由于我国民族体育文化源远流长，随着社会的进步与发展以及各民族交往的进一步深入，民族体育运动项目的互相融合和借鉴已是大势所趋。各地可根据教学目标整合民族体育项目，充分发扬民族体育的魅力和文化底蕴，开展踢毽子、跳绳、滚铁环、珍珠球、跳皮筋、抽陀螺等传统体育运动项目。

（三）充分了解学生的初始特征

比较全面地了解学生，掌握学生的个性、体能、技能、体育与健康知识等方面的基本情况，从学生实际出发，调动学生学习的主动性、积极性和自觉性是进行有效体育教学的基础。做好教学准备必须了解学生的两种初始特征：第一，初始的认知能力，包括体育基础知识、技术、技能、对体育和体育课的认识，对教学内容的理解和智能等；第二，初始的情感特征，包括体育学习动机、体育学习的态度、对体育课的兴趣、对体育教师的态度等。此外，教师还要知道学生是否明白体育教学的一般规律和掌握技能、提高体能、改善身体素质的基本规律，是否明白学什么、练什么、怎么学、怎么练等问题。

充分的准备是指体育教师要具备良好的教学设计能力，为确保一节体育课（或单元教学）的有计划进行而筹划教学活动。良好的教学设计要求体育教师既要“设计内容”，又要“设计学生”。“设计内容”是指教师在认真研究体育教学内容特点的基础上，在吃透弄懂教材的基础上，明确教学目的、目标、重点、难点，筹划开展教学的组织方式，如体育课程内容的结构、采取的教学方法适应不同的教学环境、师生的互动以及对突发事件处理的设想。有效的体育教师往往会花费大量时间做教学准备，一节课的准备时间可能比上课时间要多几倍。

当然，从某种程度上来看，教学设计更多的是“设计学生”。因为体育教学内容相对固定，特别是有多年教学经验的熟手教师，其对体育教学内容已经掌握得比较娴熟，运用起来相对得心应手。但是学生的构成却在很大程度上具有差异性、个别性、其思想具有时代性，体育教师不能以传统的眼光来对待他们，不能以过多的“预设”来看待他们，而要

以动态的、生成的视野对待学生。所以，“设计学生”在教学设计中具有更重要的地位。因此，教学设计时一定要考虑学生的实际情况，包括了解学生的现实体能、技能、身体素质、体育与健康知识水平、心理状态、兴趣、体育态度等。

（四）认真准备教学用具

从课程资源开发的角度来说，教具的准备也是课程开发范畴。教具准备的目的是更好地进行教学或辅助教学，更好地呈现教学内容，创造良好的教学情境，帮助学生理解体育教学内容，有效地掌握体育知识、技术和技能，提高社会适应能力，又能使学生直接参与到体育教学中，提高参与率，提高教学效率，更好地完成教学任务。

体育课中，教学用具的准备起码包括两层含义：第一，必要的体育场地器材，如运动场、体育馆、球、跳绳、体操垫、各种球类等和体育课直接相关的器材的准备，这是让学生从事运动技能学习，参与练习和实践的必备工具；第二，教师的教学媒介，如多媒体设备、挂图等，这是体育教师教学的中介物，是连接师生体育知识交流的“桥梁”之一。如果这些方面准备得充分、有序，不致上课时匆促马虎，或蜻蜓点水般地走过场，能够提高体育教学的整体效果。

（五）丰富教学方法

教学有法，教无定法，贵在得法，重在创法。任何一种教学方法都不是万能的，具有应用的情境性。对体育教学方法而言，也不存在任何“放之四海而皆准”的教学方法。不同的教学方法可能适合不同层次的学生、适合不同性质的教材内容，教师不能机械地根据教学方法来选择教学内容。从理论上说，只要是能实现教学目标，有利于发展学生主体性的方法都可以采用，而不必拘泥于某一种教学模式或方法。教师可以借鉴“一切皆行”的理念作为指导思想，本着挖掘潜力，因材施教的原则，最大可能地提高学生的体能、技能、社会适应能力、心理健康水平；可以根据体育课程目标、根据课的结构和类型、根据不同教学对象的特点、根据教学场地设备，有针对性地采取灵活多样的教学方法；还可以从提高学生自练、自学的能力，给学生营造合作学习的氛围、培养学生创造力和竞争意识、运用多媒体等方面加以考虑。

## 二、恰当的教学内容

（一）教学内容简介

教学内容是学校为了实现培养目标所开设的教学科目和范围体系，或是教学大纲、教科书的知识，它是学生的智慧、心理机能发展的主要依据。一般来说，教学的有效性不仅取决于教学内容是否正确、是否丰富和教学时间的长短，更取决于有效的知识量，主要表现为以下两个方面。第一，学生的知识增长取决于有效知识量。教学首要的、根本的任务是给学生以基本的方法、系统的知识，但教师教学内容（知识）的数量和学生知识增长的数量并不一定相等。也就是教学内容的总量可能不等于学生知识的增长量。第二，学生的智慧发展取决于有效知识量。发展是教学的主要任务，知识不是智慧，知识的迁移才是智慧。在个体的知识总量中并不是所有的知识都具有同样的迁移性，只有其中内化的、熟练的、编码合理的知识才是迁移性强的知识，这一部分知识称为个体知识总量中的有效知识，是智慧的象征。从另一角度看，教学内容是学习的一个具体条件，它能把学习提高到一个具体水平，但如果在较短的时间里教了过多的内容也会降低学习水平。

从知识本身的属性讲，知识是人的智慧活动的物化，是客观存在的，其内部蕴藏一定的智慧含量。但并非所有的知识都具有同等的智慧含量，不同知识中的智慧含量也不一样。那么，哪些知识中的智慧含量高，迁移性强？按照心理学的研究结果，某种知识的共性越强，普适性越强，越抽象，其迁移性就越强。而基本知识是概括力最强、最抽象、最有普遍意义的知识，所以最能产生迁移效果。

体育教学内容是指为实现教学目标而选用的体育卫生保健基本知识以及各项运动动作，既包括体育卫生保健基础理论知识，又包括可以不断重复和交叉组合的、丰富的锻炼身体的实践内容。体育教学内容的选择要符合学生的特点，学生不同，其选用的内容也应不同，这样才能有效激发学生的兴趣，产生较好的体育教学效果。体育教学内容的科学性既要反映在它能有效地为学生的身体健康增进服务，能有助于培养学生的体育锻炼能力，又要保证其在体育教学环境和条件下实施时是安全的。我国很多体育教学文献或文件中把教学内容的科学性看作体育教学效果的决定因素之一，如体育教学内容的编选要遵循科学性、思想性、适用性、娱乐性、民族性等基本要求。体育教学内容的科学性主要体现在其具有丰富内涵，是人类文化和科学的结晶，如身体科学原理、锻炼科学原理、训练科学原理以及相关的社会科学原理等；科学和文化含量高；内容的编制和教学遵循有关教学内容编制和教学的科学规律与原则。

体育教学内容的客观性、科学性与教学效果相关，但并不存在必然联系，即有了科学的体育教学内容，其效果不一定好。例如，给小学生上急行三级跳远，上排球课的梯次进攻等内容，给大学生讲跳绳、立定跳远、老鹰抓小鸡的游戏等，虽然内容是科学的，但却没有好的效果。

由此可见，体育教学效果和教学内容有关，但并不完全取决于教学内容，而取决于教学内容对学生而言，符合学生特点，具有良好的促进学生运动参与、技能掌握、增进健康和心理水平、提高社会适应能力等效果的，学生能真真切切受益的，能促进发展的内容量，姑且谓之为体育教学中的“有效内容量”。

### （二）确定教学内容的方法

#### 1. 把握好教学的难度

体育教学的难度是指达成体育课教学目标的容易程度，是决定教学效果的关键因素之

一，这一点不管是大学还是中小学都是如此。根据维果茨基（Vygotsky）的“最近发展区”理论，当教学内容的难度略高于学生的现有水平和发展速度时，教学最为有效。如果多数学生通过一定的努力（而不是不付出任何努力）能够圆满完成，则教学难度合适；如果多数学生通过很大努力也不能完成学习任务，或者不需要任何努力就能完成任务，都是难度不合适的教学。

有研究者在研究了高校体育教学内容后认为：高校体育课程内容安排上的问题是学生厌学的原因之一。长期以来，竞技运动一整套的项目、规则和办法规范了学校体育教学和课外体育活动，这些规则严密、技术要求高的项目，使天性好动的大学生望而生畏，主动锻炼的学生有减无增。研究者认为让学生去学习难深的竞技技术，效果自然不好。同样，让小学生学习投标枪，让大学生学习立定跳远，虽然教学内容本身“没有错”，但相对于学生而言，难度都不是合适的。所以，教师必须教学生一定难度的新内容，或者即使是复习旧内容，也必须不断提高技术上的要求，或提高身体素质的合格标准，让每一次教学都是在学生原有基础上有提高，而不是原地踏步。因此，有效体育教学要求教师充分掌握学生的现有发展水平，确定教学起点，确定教学目标时充分考虑学生的“最近发展区”，让学生“跳一跳能摘到桃子”，而非“完全不跳就能摘到桃子”或“跳得再高也摘不到桃子”。

**2. 掌握好教学内容的量**

体育教学内容是联系教师和学生的中介物，是客观存在。教学内容的量是教学内容的广度。教学内容不同，其增强学生体能、技能的效果，提升身体素质的效果，提升学生社会适应能力的效果以及相关的迁移性也各不一样。从教学效果的角度看，体育教学内容可以分为有效内容和无效内容（当然，“有效”和“无效”内容更多的是学生对教学内容的价值感受和判断，具有主观性）。体育教学的效果取决于教学的有效内容量。

一般而言，体育教学中的有效内容是教学内容总量中能对学生实实在在产生效果的，能为学生真正理解和掌握，并能促进正迁移的内容，包括体育知识、技能、素质等，其余则为无效内容。体育教学能够促进学生的身体素质、心理健康、社会适应能力、运动技能等方面的发展，但取决于什么样的内容以及何种教学方法。人们常听学生说：学生喜欢体育，但是不喜欢体育课。这个问题出现的原因固然很多，但其中一条可能出在教学内容的选择上，在于教学中的有效内容量过低。

所以，要提高体育教学的有效性，不是说教学内容没有科学性，也不是增加教学内容，更非延长教学时间，而是提高体育教学中的有效内容量。

**3. 处理好教学内容的量和难度的关系**

有适当难度的教学内容可有效地激发学生的运动兴趣和参与热情，使学生产生跃跃欲试的积极情绪。现代心理学研究表明，知识的难度系数稍高于学生的接受能力系数，教学才有感召力。教学难度过小，学生会觉得兴趣索然，注意力很容易涣散，从而放松警惕，诱发伤害事故；难度过大，脱离学生的实际水平，学生又会望尘莫及，望而却步，打退堂鼓，无法体验到体育所带来的情趣。从体育教学实践可以知道，学生有时对体育课不感兴趣，除了认识的原因外，常常和教材内容量过多或过少、难度过小或偏大、不能满足他们的运动欲望有关。

其一，学生对于自己完全熟悉、太容易掌握和学会的东西不感兴趣，也激发不起积极的思考，激发不起运动的兴趣和欲望。当然，对于难度特别大，很难掌握甚至基本上不能掌握的内容，也难以激起运动兴趣和参与热情。学生感兴趣的、能激发起他们积极参与的是“新颖”的、有一定难度的教学内容，是他们虽然暂时没有掌握但是经过一定努力可以掌握的东西。所以，教学内容的选择应有一定的挑战性。

其二，学生体能、运动技能和身体素质等方面的发展，需要一定的运动负荷的刺激，包括适当的运动量和运动强度。当然，适当的运动负荷的安排也和教学内容的难度的安排有关系。适当的运动负荷、有适当难度的教学内容能够给学生以积极的刺激，提高教学效果。

其三，教学内容具有一定的难度，会使学生的已学知识和新学知识处于对立统一的矛盾中，从而产生强大的学习动力和运动热情。体育教学内容的价值（包括身体、心理和社会适应能力等方面的价值），不仅取决于教学内容的数量，更重要的是取决于它的质量。体育教学中必须有新的刺激，有难度，有量度，每堂课都应该有一定的运动量。教师要根据学生的发展水平，恰当地调节教学内容，使之接近于学生的最近发展区。

为了科学地选择教学内容，合理确定教学内容的量，把握好教学的难度，教师起码应做到：第一，了解学生现有发展水平，包括运动能力背景、身体素质水平；第二，对学生的身心发展特点有全面细致的了解；第三，熟悉教材的内容以及教学要达到的目标；第四，有较强的教学能力，能够针对不同层次的学生因材施教，呈现恰当教学内容，不断提高体育教学的质量。

## 三、科学的教学过程

教学过程，即学生在教师有目的、有计划的指导下，有计划地掌握系统的文化科学基础知识和基本技能、发展能力、增强体质，并形成一定的思想品德的过程。体育教学过程是教师根据社会的需要和学生身心发展的特点，有组织、有计划地指导学生主动积极地学习体育知识、掌握技术和技能，提高心理健康和社会适应能力的双边活动的过程。体育教学不但要使学生掌握一定的体育科学知识和体育锻炼的技术、技能，还要通过各种身体练习，发展身体、增强体质、提高心理健康水平和社会适应能力。体育教学过程的特点包括教学环境的开放性、运动技能学习的重复性、承受身心负荷的双重性、人际关系的多边性和教学效果的综合性。这些特点决定了在体育教学中，教师除了遵循一般的认识规律和学

生的生理、心理特点外，还应遵循动作技能形成的规律、人体机能活动的规律，遵循人际交往的原则。

要想提高体育教学效果，必须通盘考虑影响教学效果的各种因素，发挥“整体大于部分之和”的功效。从大量的事实和经验中可以总结出影响体育教学过程及其效果的相关因素至少应包括体育教师、学生、教材、媒介手段、教学环境、教学评估等方面。其中，体育教师是教学的主导者，他们既是教育者，又是管理者；学生是体育教学的主体，是教育的对象，是教学信息的接受者；体育教材既是教学的基本内容，又是健身健心的重要手段方法；媒介手段的主要职能是传递信息，促进学生的学习；评估既能揭示体育教学过程及其结果的有效程度，为教师和学生提供教学活动中学生所取得的成就，便于做出鉴定、区分等级、预测其未来发展，又为选用有关教学策略、手段方法提供效能资料，以指导调整具体教学目标计划、实施手段方法及评估过程本身，确保体育教学沿着目标方向发展；环境泛指为体育教学活动提供的背景，包括物化环境和人文环境。无论是客观存在的，还是可以由教师操纵的，它支撑着整个教学过程，直接影响到学生的学习活动及其结果。有效体育教学重视提高以上因素共同组成的教学过程。

教学过程是人的一种特殊活动，它实质上是教师组织引导学生主动作用于教学内容的过程及其方式。教学活动是学生获取信息、锻炼提高多种能力和养成一定思想观念的主渠道，因此教学过程的效果直接关系到教学的质量和学生培养的实际价值。教师在教学过程占有主导地位，教师的责任也决定了其在教学过程中的向导和组织作用。学生是认识活动和学习活动的主体，要靠教师的引导和培养来更好地完成学习。教学是教师主导作用、学生主体作用结合的过程，教师主导作用时不能忽视学生的主体作用。现代教学论认为，多向交流强调较大程度地发挥相互作用的潜能，因为教师与学生之间，学生与学生之间的多项互动形成了一个信息交流的立体网络，可以极大地调动学生参与教学的积极性，提高学生的参与度。因此，教与学是相互作用的关系，教学过程是教师与学生，学生与学生多向的互动过程。如果教学过程实现了师生之间、学生之间的互动，那么教学过程就不再是简单的知识传递的过程，而是学生积极主动富有创造性的参与的过程，这完全符合体育新课程对体育教学的要求，也是实现体育课堂教学有效性的必要条件之一。

教学准备是上好课的前提，而教学组织是将教学准备具体实施的过程。科学的组织能保证教学内容、教学活动、教学策略、教学秩序等方面的合理性、科学性，特别是教师对教学活动的有效安排是体现体育教师教学技巧、教学机制以及对体育课堂整体把握和调控能力的一个重要方面。体育教学过程看似简单，实则复杂，教学内容也丰富多彩，教师所要完成的任务又是多维的。因此，教师应当有科学的组织。特别是因为不同地区、不同层次的不同学校中教学条件与环境不同，目标各异，在组织教学上也应有适应性和多样性，否则，单一的教学模式不仅抹杀了体育教学的复杂性，也不能反映出教学的本质规律，得不到良好的教学效果。

体育课的科学组织体现在以下七方面：第一，按计划或将教材内容灵活处理，有条不紊地安排教学和学习活动。第二，合理分配体育课中教师和学生的时间。教师的时间包括教师的讲解、示范、纠正错误、巡回指导、评价等方面花费的时间，学生的时间包括学生的听讲、观察、练习、等待、相互帮助等方面的时间；要将教师的时间和学生的时间分配在一个适度的范围内（这是以后章节具体论述的问题）。第三，引导学生专注于教学内容，尽量减少学生的分心行为；第四，及时解决学生的疑问；第五，处理好课堂中的突发事件或意外情况；第六，课堂管理有序、协调。第七，选取多种教学组织形式。按照教学环境、教学目标、教学内容、学生情况、教学设施等实际情况，选取多种组织形式，形式为内容服务，可以采用班级制、分组制、合班制、模块制等形式。

体育教学要灵活、多样、因需而设，反对传统、呆板、统一、封闭。在体育教学中，教师要有提问、有对话、有沉思、有争议、有笑声和汗水、有高潮。教师应根据学生特点，使教学有速度、有量度、有强度，教学安排有节奏、有弹性、有人性。在教学过程中，教师可以采用游戏法、比赛法、通过分组轮换或分组不轮换等组织形式，充分利用场地器材，使整个体育课堂气氛活跃、热烈，增加学生对体育课的兴趣。

## 四、高效的教学效果

### （一）教学清晰明了

教学清楚明了就是“教学清楚和便于理解”，具体而言，是教师清楚地讲解、示范教学内容，从而使学生达到正确的理解、牢固的掌握和顺利的应用和迁移；能够促进学生更好地学习，提高和改善学生的学习成绩。体育教学清晰明了是指体育教师在教学的各个环节上都能够明白清晰，让学生能够以最直观、最便捷、最经济的方式接受和掌握教学内容。具体而言，体育教学清晰明了的特点包括以下四个方面。

第一，体育教学目的明确，提出了具体明确的学习任务和要求，学生知道在体育课中自己应该掌握的内容和学习的重点，这是有效体育教学的重要特征。第二，教学内容的讲授系统有条理，结构清楚，重难点突出，对有关技术技能以及动作方法的阐述简明，准确而不含糊。第三，教学过程明朗直接。体育教师能够综合运用各种教学方法，清楚有条理地讲解、直接清晰地示范、有针对性地提出各种问题或组织讨论。第四，学生对教学内容的理解和把握，对技术环节和技术要领的理解和掌握都要清楚明白。

体育教学是向学生传授体育技能、技术、知识，培养学生全面发展的教学，有效的体育教学必须清晰明了。在教学过程中，教师要运用多种教学方法，进行多种教学设计来具体实施教学行为。而每一个教学过程又要学生的参与，包括学生的观察、思考、模仿、操练等才能完成。这些方面要求体育教师以清晰的示范、讲解、组织等环节实施教学，这样

才能使学生能够高质量地掌握知识，即体育教师清晰地教授，学生清晰明了地学习和练习。

### （二）高效利用时间

早在20世纪初，国外学者就提出了课堂中的教学时间问题，并将时间作为影响课堂教学成效的重要变量。而把时间作为课堂上的一种心理学习变量可回溯到学校学习模式，对教学时间与教学成效之间的关系进行了深入的研究，创造性地把时间因素作为影响学生学业成绩的独立变量，建立了学习成效与时间因素的函数关系，并将教学时间开辟为专门的研究领域。把时间作为学校学习中的中心变量，提出了一个包含五要素的模式，其中三个要素都和时间相关，这三个要素分别是所需时间、所许可时间和所用时间。就某一特定的学习任务来说，学生学习程度是学生所用时间和所需时间之比值。学习程度＝所用时间/所需时间。

学生在学校的时间一般被分为五个方面：第一，名义时间，指由教育主管部门规定的学生在校时间，如每年在校时间180～190天，每天在校7小时左右，名义时间包括用于教学的时间和午餐、短暂休息、课间转换等其他非教学的时间；第二，分配时间，指适宜于名义时间的每种活动的时间，如每天45分钟用于午餐，50分钟用于课的转换等；第三，教学时间，指教师将课堂活动的时间转换成建设性的学习活动的时间；第四，专心时间，指学生个体专注于指定活动的实际时间。在该时间内，学生在身体和精神上都积极参与到学习中，如听教师解释、阅读、书写或解决问题，它取决于课堂实践、学生动机、教学质量等因素；第五，从事学术学习时间（简称ALT），所谓学术学习时间，是指学生专注于适合自己水平的教学活动并达到较高掌握程度所用的时间。

学生在课堂上有效的学习时间依赖于两个因素：一是教师在教学中实际所用的时间是否充分；二是学生专注的时间量。如果教师所用的时间充分恰当，学生注意力集中时间长，效果就会比较好。反之，如果上课时干扰太多，肯定会影响教学效果。高效利用教学时间是指教学时间利用的高效率。在单位时间内教学收到了最大的教学效果。诸多研究证明，教师在教学中高效利用时间是有效体育教学的一个关键特征，也是区分有效学校和无效学校的标志之一。

体育教学中，教师高效利用时间表现在三个方面：第一，培养学生的时间意识和高效利用时间的观念；第二，体育教学活动最大限度地指向教学内容，教师花在维持课堂纪律方面的时间尽量减少，而调控、偏离教学内容的谈话，过多的讲解与示范，过多的纠正学生错误等行为都是不当的时间花费甚至是时间的浪费；第三，将更多的时间花费在与教学内容相关的师生互动的过程中，花费在和学生从事学习直接相关的活动上，如增加学生的练习时间，合理安排练习站点和路线，减少学生的练习等待时间；增加学生的比赛时间，减少维持学生秩序、讲解规则、队伍调动方面的时间以及与学习无关的活动上的时间。

（三）教学管理有效

课堂管理或管理课堂是指为顺利开展课堂活动进行的计划、组织、控制、监督过程。课堂教学有两个主要任务：一是维持秩序，二是促进学习。我们这里的课堂管理即指维持秩序（课堂常规管理和违规管理），建立规则程序监控课堂。通过教师对课堂常规的要求和在课堂教学中不断根据教学情境的变化，调整课堂管理措施及手段，适时解决新问题，使师生关系始终处于一种稳定状态，从而使教学活动长期处于一种良好的心理环境之中，由此促使教学目标的高效达成，以提高教学质量和效果。体育课堂的课堂常规，如：上课师生问好，下课师生再见。体育委员集合整队等要求学生做到遵守并良好的执行，这样既保证了课堂的秩序，也锻炼了学生的遵守规则和纪律的意识。课堂违规行为，如不按照教师的提醒去做对自己和他人危险性较大的活动，尤其像单、双杠，铅球等器械类运动，教师应及时发现并指导纠正，避免伤害事故的发生。课堂管理对教学起着核心作用，常被看作实现教学目标和完成教学任务的关键。学者们还通过实验研究证明，课堂管理中，教师认真执行纪律，平等对待每个学生能够通过课堂的有效管理，减少课堂问题的出现，增加学生学习时间，更好地达到课堂的互动，提高学生课堂参与的热情和建立对学生的高期望，最终促使学生的有效学习。

（四）关注学生身心成长的全面性

有效体育教学整体上关注学生身心成长的全面性。体育教学对象是学生整体，但教学的具体行为倾向指对学生个体。它通过个体而达到整体，通过整体而回归个体。体育教学在横向上应与其他学科教育相匹配，即全面关照学生身心的成长与发展。虽然体育学科的教学行为、课程性质、具体培养目标和其他学科有很大差异，但是应该成为全部学科教育体系中“全面关照学生身心成长”的有机部分。体育教学的作用和功能在服从学校教育培养目标的整体完成中，应突出每个体育教师的专项，以教师的专项来组织体育课程，并借此使体育教学在不同个性的学生眼中具有多彩的面貌和丰富的意义，发展学生不同兴趣的选择，并尽量为从事终身体育奠定基础。唯此才能吸引和满足学生对体育的深入学习，解决体育教学内容泛而浅，体育教育“外在化”的弊端。

在体育教学实践中，教师要重视教学手段的娱乐性，除了提高身体素质、培养运动技能以外，还要扩大身体活动的心理效果、加强教学中交往的互助性、促进学生的

心理健康；强调教学中形式的集体性，促进学生的心理健康；注意教学中动作的规范性，让学生体验到严守规则、遵守规范的重要意义；调整教学中活动的竞争性，使学生个体能力能适应任务挑战，增加其社会适应能力，使其产生愉悦感。

（五）有效促进学生的体能、技能、身体素质等多元发展

体育教学的目的是多元的，按照新课程的理念，包括运动参与、运动技能掌握、身体健康、心理健康、社会适应能力等方面的多维发展。体育教学既然和其他学科的教学有区

别，那么在对学生的发展方面，更应体现出体育教学的独特之处。或者说，在对学生体能的提高、技能的促进和身体素质的发展等方面，体育教学应该在所有学科教学中起到的作用是最大的。通过有效的体育教学，学生能够较好地掌握有关身体健康的知识和科学健身方法，提高自我保健意识；能够坚持锻炼，增强体能，促进身体健康，养成健康的生活方式；能够掌握体育与健康的基本知识和运动技能，学会学习体育的基本方法，形成终身锻炼的意识和习惯。

# 第三章 体育教学中教育思想的应用

# 第一节　人文教育思想在高校体育教学中的应用

## 一、人文教育思想

培养优秀、合格的人才是现代人文教育的主要目的，也是现代教育的重要使命之一。人文素养是作为人本身最基本的修养，它主要体现在一个人对自己、社会和他人的认知行为当中。只有把人文理论教育和人文实践活动有机地结合起来，才能达到人文教育的目的。让学生亲近自然、善待自然是人文教育实现的有效途径。社会、学校、家庭应该为人文教育的开展创造更好的外部环境和氛围，尤其是学校。

### （一）人文教育思想是未来发展方向

#### 1. 人文教育思想是和谐社会发展的必然趋势

人文教育主张以人的和谐发展为目标，最终目的是通过教育促使人的尊严、人的本性、人的潜能得到最大程度的发展。它批判现今主流教育的思想意识，建议发展人的天性、解放人的个性、激发人的潜能，最终促进学生全面综合发展新课改重视对学生人文素养的教育，它主张学生自身的和谐发展。新课改明确指出，要使“学生具有强健的体魄和良好的心理素质，养成健康的审美情趣和生活方式”。新课改一改以往只关注学生身体健康的做法，还主张让学生富有兴趣地成长。当然，最重要的是它体现了当今社会特有的人文精神。

#### 2. 人文思想在体育中的体现

受奥林匹克运动的影响，学校体育也应该在健康的基础目标之上，把人的全面发展作为基本着眼点，对学生进行适时的人文关怀。从这点来看，体育与人文的内涵是一致的。这就要求学校体育教学的目的设定为培养德、智、体、美全面发展的新型人才。

#### 3. 人文教育思想在传统体育教学工作中的缺失

我国早期的学校体育教育的主要目的是“增强体质”和“传授技能”。学校体育兼有身体属性和社会属性，在道德教育、修身养性等方面，有着特殊的意义和价值。学校体育必须改革自己的方针，响应人文教育的号召，摆脱传统技能教育的束缚，释放学生的天性和人文性。

#### 4. 人文教育思想成为“体育与健康”课程改革的核心理念

我国“体育与健康”课程改革的根本指导思想是“健康第一”，学生在学校的体育学习中能够通过各种学习方式、锻炼方式达到身体健康。“体育与健康”课程改革进行了价

值本位的转移，即由学科为本位转向以人的发展为本位，学科教学以人的发展为本。

如今，我国正处在由应试教育向素质教育、由传统教学理念向新课改理念变革的时期，在这一变革的过程中，理念需要不断地与时俱进，人文精神需要融入其中。这向体育教师提出了新的要求，它要求教师对学生的实践能力和创新精神进行塑造，要求教师重视发展学生的个性，并注重对学生人文素养的培养。在新课改的要求下，“体育与健康”课程注重培养学生的人文主义精神。只有人文精神渗透于体育教育之中，才能实现教育观念的推陈出新、与时俱进，使教师更好地认知和理解新课改，并把新课改深入具体的体育教学实践中。

### （二）人文思想在高校体育教学中的渗透

**1. 树立富有“人文精神”的教学观念，设置新的教学目标**

“终身体育”“全民体育”的口号在我国相继提出。体育与健康教育，主张“健康第一”；素质教育，主张发展学生的创造力，培养学生的体育能力。因此，体育教师必须既抓眼前，又要兼顾长远，在增强学生体质之余，也大力发展学生的体育素养、体育习惯和体育能力。

**2. 设置符合大学生兴趣，可使其终身参与的教学内容**

在人文体育理念的影响下，高校体育教学内容必须与时俱进、推陈出新。经历九年义务教育和高中体育教育之后，大学生在技能与体能方面，水平往往较高，个性特征也比较鲜明。体育教学应该为学生提供更广阔的选择空间，帮助其拓宽视野，激发身上的体育因子，调动其参与体育运动的积极性，为其“终身教育”思想奠定基础。

**3. 采用适宜的教学方法**

适宜的教学方法，将会大大提高教学的效率。体育教师在一次次教学方法的尝试中，找到最适宜的那种方法，进而提高大学生体育锻炼的兴趣，培养大学生体育锻炼的情感，积累体育锻炼过程中的经验，使其体育价值观日趋成熟。

**4. 体育教学单一评价体系向复合型评价体系转移**

体育教学评价若要体现人文精神，就必须做到：第一，不能为“评价”而评价。第二，评价的形式应该更客观。第三，评价的内容应全面，既包括学生的自我评价和相互之间的评价，又包括对学生自身技能的考核，还应包括对教师的评价。“以人为本”是现代教育的发展趋势，也是体育教学发展的必然结果，我们应该及时更新体育教育观念，进一步认识体育教育工作的内涵。在新型教学模式的创新以及教学评价体系的更新等方面积极探索，将人文主义精神真正渗透到具体的体育教学实践之中。

## 二、人文教育思想在篮球教学中的运用

篮球基本技术是对篮球比赛中各种进攻与防守的专门动作、方法的总称。因此，在篮

球基本技术教学中，教师首先要保证学生能够灵活掌握基本技术，其次是启发学生对各项基本技术重新进行排列组合，并应用到实际的比赛中。

（一）篮球基本技术教学中人文教育的主要内容

“从基础做起，从小事做起”的做事态度。篮球运动专项中的走、跑、跳、投等系列基本技术动作的训练比较枯燥乏味，教师要充分利用这一过程培养学生“从基础做起，从小事做起”的做事态度。创新意识和能力：无论是在个人战术还是在全队战术中，篮球基本技术的应用不是单一的、独立的。

篮球基本技术教学中人文教育的要求：①练习方法和手段的多样化。教师要利用有球和无球、有防守和无防守、个体和集体等形式上的变化来变换练习的方式，激发学生从事基本技术练习的兴趣。②评价要因人而异。基本技术的练习从内容上看是比较单一和枯燥的，特别是针对一些基础比较好的学生，这就要求教师在课堂上对学生的评价要有区别。

（二）“中锋”技术教学中人文教育的体现

“中锋”主要活动区域是在离篮板 5 米以内的位置，而且往往站位在场上 5 名队员的中心。其是决定全队攻守转换速度的关键人物，是影响和决定全队战术意志的核心，是场上身体能量和心理能量消耗最多的队员。下面将就中锋技术教学和训练中人文教育的问题进行阐述。

首先，“中锋”技术教学中人文教育的主要内容。“中锋”的位置特点和“中锋”所特有的技术决定了它所处的是进攻和防守方竞争最激烈的区域。这对“中锋”队员不仅在技术上，同时在自信心和作风上也提出了更高的要求。其次，“中锋”技术教学中人文教育的要求。“中锋”技术练习中，教师要穿插一定量的身体练习，这不仅可以提高“中锋”队员的身体对抗能力，同时，还可以提高“中锋”队员在对抗当中的自信心和敢于拼搏的勇气。

（三）篮球基础配合教学中人文教育的体现

篮球基础配合指的是篮球赛场上两三名运动员之间组织的小规模的简单攻守配合方法，它为全队战术配合奠定基础。篮球基础配合教学中人文教育的主要内容：①团结协作的精神。比赛战场上的基础配合需要队员与队员之间的默契和大力协作，因此，在教学和训练中，培养队员的团队协作精神尤为重要。②全局观念。基础配合是全队战术的基础。③创新意识。全队战术是由多个基础配合组合而成，队员熟悉掌握基础配合的目的，就是要将各种基础配合合理组合成全队的复杂战术。

（四）快攻战术教学中人文教育的体现

快攻是果断地进行攻击，利用最短时间创造人数、时间和空间优势的一种进攻战术。它对培养篮球运动员积极主动、勇猛顽强的作风，提高身体素质水平，形成迅速、全面、灵活、准确的技术等都起着重要的促进作用。快攻战术教学中人文教育的主要内容：快攻

技战术的特点决定了其在比赛和训练中对培养运动员的意志品质、协作意识、顽强拼搏的精神等方面具有独特的作用。

在要求方面：①快攻的理论讲授有利于增强学生的协作意识和奉献精神。②快攻的战术教学。快攻的战术教学要按照发动与接应、推进、结束三个阶段来分解教学，使学生明确不同位置所应承担的使命和任务。

### （五）全队战术中人文教育的体现

篮球比赛中的全队战术是指在正常比赛的篮球战术活动中，全体队员共同遵守的战术行为准则，它能体现出全队的实力和风格。全队战术还要求队员之间在比赛过程中要团结协作、互相配合，及时灵活地根据赛场的变化而变换对策，充分展示出团队战术配合的针对性、组织性和实效性。

全队战术教学中人文教育的主要内容：与个人战术和区域战术不同的是，全队战术要求全场队员都要参与其中，这要求全队上下不仅要有心力、物力，同时还要具有外力。对全队战术教学中学生人文教育的培养就有利于这种外力的生成。全队战术中人文教育的要求：①优化全局意识的思想教育。青少年的表现欲比较强烈，特别是在比赛中，喜欢单打独斗，缺乏配合意识。②发挥积极评价的导向作用。在全队战术配合的演练以及比赛过程中，教师对合理的，甚至是不合理的全队配合都要给予积极的评价。

### （六）身体训练教学中人文教育的体现

身体训练，又称体能训练，是指在训练过程中教师运用各种练习有效地影响运动员身体形态、提高有机体技能和运动素质的特殊训练，是对运动员的走、跑、跳、投等基本能力的极限的一次次超越。这就决定了体能训练的功能不仅仅是提高学生的体力和综合运动能力，同时也能够加强对学生的顽强拼搏、吃苦耐劳、勇于挑战的人文精神的培养。

身体训练中人文教育的主要内容：身体训练不仅有提高运动员的走、跑、跳、投的基本能力的作用，还能够改变其身体形态。身体训练中人文教育的要求：①强化训练育人的意识。人文教育最重要的教育形式应当是隐性的、潜移默化的。要在体能训练过程中将人文教育贯穿其中。②强化环境育人的意识。营造舒适安全的自然环境和和谐的人文环境是训练质量和有效进行人文教育的重要保障。和谐的人文环境是指在训练过程中师生之间、生生之间要相互保护，相互鼓励，以使学生在训练中保持积极、乐观的心理状态，增强人文关怀。③坚持一般体能训练与专项体能训练相结合。在合理安排一般体能训练的同时要合理安排专项训练，任何专项体能训练对身体都有特殊的要求，一般体能训练并不能代替专项体能训练。④强化思想政治教育。体能训练的一些方法往往比较枯燥，因此，在训练中加强学生的思想政治教育，可提高他们对身体训练的重要性的认识。在身体训练过程中要尽量将人文教育融入身体素质训练中，使学生的情感在隐性的教学形式中得到潜移默化的熏陶和影响，从而达到培育其人文精神的目的。

## 第二节　科学教育思想在高校体育教学中的应用

### 一、科学发展观下高校体育教学

#### （一）科学发展观体育教学新发展

以科学发展观为指导，顺应时代发展的潮流是高校体育教学发展的必然趋势，体育教学只有顺应这个趋势，才能实现可持续发展。

**1. 学校体育教学应重视培养学生的自觉能动性**

激发学生的体育兴趣：在学校体育教学中，如果体育教师能够充分尊重学生的体育兴趣、满足学生的体育需要，将为学生终身的体育学习打下坚实的基础。因此，体育教学应激发学生学习体育的热情和兴趣。使学生在掌握体育与健康的基本知识和运动技能的同时，学习体育的基本方法。

教师的体育活动设计科学化：教师对学生参与活动的先行设计，在一定程度上决定了学生能否积极、主动地参与体育教学过程。基于此种情况，体育教师应抓住这一契机，让学生在繁重的文化课后卸下包袱，释放自己，轻装上阵。通过以上这些措施，学生就会切实地感受到运动的乐趣和价值，从而更加主动地参与体育运动锻炼，并把体育运动锻炼发展为自己的终身爱好。

**2. 有效实施“阳光体育”**

在内容决定形式的前提条件下，“校园阳光体育”的活动形式选择，应根据不同的活动内容和目标任务，紧密结合诸如早操、下午体育活动、运动会、高校联赛等。终身体育是学生步入社会后所面临的一个贯穿一生的自发、自主的教育过程。值得一提的是，终身体育锻炼的内容、形式、时间和地点等方面都具有自发、自主的特点。体育教学中应注重学生兴趣和自觉锻炼的意识培养，最终达到人的全面发展的终极目标。

#### （二）高校网球运动科学示例

**1. 高校网球运动教学工作的科学概念**

网球教学的原则是网球教学过程中客观规律的反映，是网球教学实践中成功经验的总结和概括，它对网球的教学工作具有普遍的指导意义。网球运动的教学工作指导学生掌握网球的理论知识和技术技能，增强体质，培养良好道德和意志品质的教育过程。包括以下三个方面的任务：第一，帮助学生初步掌握网球运动的基本理论知识、基本技术战术和基本技能。第二，提高学生身体素质、增强学生体质。经常参加网球运动可以改善人的中枢

神经系统机能，发展速度、灵敏、耐力和力量等素质。第三，培养良好的思想道德和意志品质。如果教育得当，能使学生的意志品质得到有效的培养。因此，教师应通过教学，培养学生勇敢顽强、吃苦耐劳、坚持不懈、克服困难的思想作风；培养学生团结友爱、集体主义和爱国主义精神；培养学生机智灵活、沉着果断、谦虚谨慎等意志品质，使学生保持积极健康向上的个性心理品质。

在实际教学工作中，学生必然会遇到这样或那样的困难，在克服这些困难的过程中，学生将逐步形成自觉锻炼、坚强果断的意志品质。总之，为了使学生能成为真正符合培养目标的人才，保证网球教学工作的顺利进行，思想教育工作是不容忽视的。提高学生身体素质、增强学生体质需要有一定的方法，而掌握网球的技术、技能离不开必要的身体素质。因此，在强调它们之间的联系时，应防止互相代替；在强调它们的区别时，又要防止绝对化。

**2. 高校网球教学工作需要坚守的科学原则**

（1）培养和提高学生的自觉积极性

在网球教学中要启发学生明确学习目的，调动学习主动性，培养独立思考能力和创造精神，引导学生融会贯通地理解和掌握教学内容，并在实践中加以运用。学生完成学习目标固然是在教师的教导下达到的，但是，教好只是学好的条件，不可能代替学生学好。学生的这种努力来自对学习意义的认识和由此产生的学习兴趣、学习愿望以及正确的学习目的。因此，启发、提高和充分发挥学生学习的自觉积极性是教师教好的重要工作之一，应把它体现在教学工作的各个方面。

发展学生的自觉积极性应注意以下几点：第一，提高学生对学习目的性的认识，端正学习态度。学生的学习行为也是这样。教育中要注意揭示网球的社会意义及与学生自身的发展、完善之间的关系，使其明自学习网球并从事网球锻炼既是自身的需要也是社会发展的需要，将这二者有机地联系起来。这方面的教育可结合每学期开学时动员学习的教育、对具体教学内容的学习意义的教育。第二，确定学生应达到的教学要求。一般来说，网球教学中提出这些要求都是必要的，但过高、过低或过多的教学要求，会影响学生学、练的积极性，因此，所提出的要求应是完成教学任务必不可少的。第三，激发学生学、练的愿望和兴趣。学生的心理特点决定了他们兴趣的广泛性和不稳定性，也决定了他们对网球运动的特有兴趣。第四，合理组织教学活动。教学组织松散，会导致纪律涣散，注意力不集中。课课雷同的教学活动也易使学生生厌。同时，还应使教学过程张弛有道、各有侧重，既严肃紧张又生动活泼。

（2）教学活动的直观性

直观性是指在网球教学中利用学生的感觉器官和已有经验，获得生动的表象，并结合积极思维和反复练习。在网球教学工作中，尽量利用学生的各种器官感知动作形象，使其形成清晰的表象，以达到初步掌握网球理论、技术和战术的目的。任何知识的来源都在于人的感官对客观外界的感觉。因此，网球教学中首先应引导学生通过感觉器官生动地感知教材，建立正确的动作形象和概念。运用教学活动的直观性应注意以下几点：第一，明确直观目的，正确运用直观教学方式。应根据完成教学任务的需要、教材的性质和动作技能形成的不同阶段，有区别、有针对性地加以运用，并根据需要选用各种有效的直观教学方式。同时要选择好运用直观教学方式的位置，把握好使用的适宜时机，这就要求教师在课前做好充分的准备。第二，广泛运用各种直观教学方式。在网球的技术教学中，开始时视觉往往是主要的，听觉是次要的；而概念一经形成，进入通过反复练习达到掌握动作的阶段。第三，联系学生经验，运用语言直观。当教师语言的运用与学生已有的经验联系在一起时，语言就具有作为直观教学方式的显著作用。

网球教学的设计要适合学生身心发展的特点和规律，为学生所能接受，这样才能较好地促进学生身心的协调发展，较好地完成网球教学任务。教学中从实际出发应注意以下几点：第一，全面了解有关网球教学的情况。教学中须了解的有关情况很多，归纳起来主要是学生身体健康状况，体能发展水平，网球运动基础，接受能力，对网球的认识、兴趣、爱好，思想、品德、意志、纪律、作风，以及学习、生活情况，教学的场地、器材、环境和季节气候等。了解情况时，既要了解一般的情况，也要了解个别的和特殊的情况，要实事求是、一丝不苟，忌带主观片面性。第二，一般要求与区别对待相结合。也应看到学生的个体差异是客观存在的，特别是在身体机能、基础、个性特点等方面更是如此。为此，必须在一般要求的基础上进行区别对待。区别对待是指对有显著差异情况的学生提出不同要求。一般要求与区别对待应体现在课程的任务、内容、运动负荷和组织教法等各个方面。又如，对多数学生安排中等水平的运动负荷，对少数体能较强或较差的学生则分别安排较大或较小的运动负荷，或者在练习的重复次数、强度和间歇时间上加以区别对待。

（3）教学中应注意科学总结

在网球教学训练工作中，学生对理论知识和技术技能的掌握以及品德作风的培养，都要及时得到巩固，并在此基础上不断提高。学生能否牢固地掌握并提高已学到的理论知识、技术、技能并在实践中运用，是衡量教学效果的重要标志之一。从条件反射的建立和消退规律看，动作技术是在不断重复学、练的条件下才得以巩固并形成动力定型的。因此，在教学中遵循条件反射的建立与消退规律的要求，对取得良好的教学效果有重要意义。一定的运动负荷作用于身体，获得相应的身体锻炼效果。因此，为了不断发展体能，既要以适量运动负荷反复作用于身体，使发展体能的效果得到不断的积累和巩固，又要在可接受的限度内逐步增大运动负荷，从而使体质得到逐步的增强。教学中运用巩固和提高原则应注意以下几点：第一，使学生的认识正确、清晰，注重理解。理解不仅使认识正确、深入，并且可使学习效果的巩固更为持久。第二，坚持反复练习和经常复习。学生反复练习动作不仅能加深对动作技术的理解和巩固，而且对动作技术的改进、提高也有重要的意义。在反复练习中应逐步提高要求，不断完善动作技术。反复不是简单的机械重复。

第三，采用各种方法，不断重复，达到巩固提高的目的。第四，加强学生对巩固、提高教学效果的认识。

**3. 常用的网球科学教学方法介绍**

教学方法是指在教学过程中完成教学任务的途径和手段。教学方法也是教师的工作方式，也就是说，教师在课堂中使用的教学方法无不体现和渗透教师的经验、知识、技能、口才以及道德风尚等方面的水平。总之，教师要根据项目特点、教学对象的特点以及场地设备条件等诸多因素，经常对教法进行总结和思考，以适应教学的需要。在实施和运用教法时，要注意贯彻循序渐进、个别对待、从实际出发的教学原则。网球运动是一项技术性强、动作细腻的项目，手臂、躯干稍有不规范的动作都会影响正确技术的形成。

（1）直观教学法

在教学中，借助视觉、听觉、肌肉本体感觉等感觉器官来感知动作是一种经常运用的教学方法，它有助于学生了解动作形象、结构、完成方法以及时间和空间的关系。示范要求：进行动作或其他内容的示范，也包括电视录像的播放都要做到：第一，目的明确。第二，注意示范的位置和方向。根据网球运动的技术特点和教学重点及要求，教师在做示范动作时一定要考虑到让学生从任何角度都能看清楚。第三，示范动作要规范。教师的示范动作力求做到准确、熟练、轻快、优美。

（2）语言提示法

正确生动地运用语言，在教学中有着重要作用，也是在每个教学环节中不可缺少、不能替代的重要方法。在网球教学中常用的语言提示法有讲解法、口令和指示法、口头评定法。

①讲解法

讲解法是网球教学工作中运用语言提示法的最普遍的形式。讲解法在理论教学、思想教育和技术教学中都起着重要的作用。具体运用时，应注意以下几点：第一，目的明确、有的放矢。在理论课或专项技术教学时，讲解可以详尽；但在练习课或训练课上，讲解应尽量少一些。第二，内容正确、阐述清晰。语言是人们交流和表达的主要工具，要使语言作用发挥得恰到好处。词不达意，往往会引起学生的误会，致使学生形成错误的概念。其实，用语言来叙述和描绘技术动作并不轻松，因为肌肉的感觉是很难用语言表达清楚的，因此，从这个角度来讲，教师应该在教学语言上多做些功夫。因此，体育教师在进行理论课教学时，可以把重点或提纲提前准备好，以方便后面的体育教学。第三，讲解前要充分准备，语言简明扼要，重点突出，层次分明，口齿清楚，语气稳重而亲切，表达生动、幽默。这也客观地对教师提出了更高的要求。

②口令和指示法

这是在教学中教师用语言命令进行体育教学的一种方式。教师发出的口令和指示要具有权威性，不容学生稍有迟疑和懈怠。口头评定法：在网球课教学中，学生困惑烦躁的时候，教师对其进行及时的肯定、适时的鼓舞，能够帮助学生恢复自信，这就是所谓的口头评定法。

③指标训练法

训练一般都是以时间为界限的，指标训练法是以完成规定指标为界限的。具体方法如下：第一，双方共同完成指标法。需双方共同努力来完成指标的练习。第二，单方完成指标法。要求一方完成规定指标的练习。指标训练法的作用：及时得到定量的反馈，刺激性强，利于调动运动员训练的积极性。

## 二、高校体育教学活动的科学化保障

### （一）“极点”和“第二次呼吸”

在剧烈运动时，特别是中长跑时，人体会产生胸闷、呼吸急促、动作迟缓而不协调甚至恶心等现象，这在运动生理学上称为“极点”。调节呼吸后动作将变得协调有力，呼吸均匀自如，一切不良感觉消失，身体恢复正常，此种现象，运动生理学称之为“第二次呼吸”。

**1. 原因**

产生“极点”的主要原因是人体各器官系统都有生理惰性，而内脏器官惰性大于运动器官，从事剧烈运动时，运动器官能很快达到最高机能水平，而内脏器官跟不上运动器官的需要，造成机体缺氧和酸性代谢产物的堆积。“极点”出现后，如果坚持继续运动，内脏器官惰性将逐渐被克服，改善氧的供应，加上“极点”出现后运动速度减慢，使运动器官和内脏器官的功能关系基本协调，生理过程出现新的平衡，故出现了“第二次呼吸”。

**2. 处置与预防**

“极点”和“第二次呼吸”是长跑运动中常见的生理现象，无须疑惑和恐惧。只要坚持经常锻炼，剧烈运动前做好准备活动，运动中适当增加呼吸深度，稳定情绪，“极点”现象是可以延缓和减轻的，甚至可以不出现。

### （二）肌肉痉挛

肌肉进行不自主地强直性收缩，变得坚硬、疼痛，俗称“抽筋”。

**1. 原因**

在寒冷环境中运动，肌肉受到寒冷刺激易引起肌肉痉挛，这常在游泳或冬季户外锻炼时发生。从事长时间大强度运动，特别是在夏季从事长时间大强度运动时，由于大量排汗，也能使人体内水盐代谢失调而引起痉挛。

**2. 症状**

局部肌肉剧烈挛缩发硬，疼痛难忍，而且一时不易缓解。

**3. 处置**

遇到肌肉痉挛要沉着、冷静。

**4. 预防**

首先应加强进行运动锻炼，提高身体对寒冷的适应能力；运动前做好准备活动，对容易发生痉挛的部位，事先应适当按；夏季进行长时间运动时，应适当补充盐分；在水中停留时间不宜过长；疲劳和饥饿时，不要进行剧烈运动。

（三）运动中腹痛

这是指在运动过程中或运动结束后，由于运动锻炼而引起或诱发的腹部疼痛，它常发生在长跑、马拉松跑等耐力性运动项目中。

**1. 原因**

主要原因是运动前人们的准备活动不充分，开始时运动过于剧烈，内脏器官功能尚未达到竞赛状态，致使脏腑功能失调，引起腹痛；也有的腹部受凉，引起胃肠痉挛；少数人因运动时间过长或过于剧烈，使下腔静脉压力上升，引起血液回流受阻，致使两肋部胀痛；慢性阑尾炎、溃疡病等患者在进行剧烈运动时，病变部位受到震动、牵扯等刺激也可引起腹痛。

**2. 症状**

腹痛的部位主要依发病原因而定，由肝脾疲血引起的腹痛，肝痛在右季肋部，脾痛在左季肋部，疼痛性质为胀痛或牵扯性痛；肠痉挛、肠结核引起的腹痛在腹腔中部；食后运动疼痛常发生在上腹部或中腹部。

**3. 处置**

人们在运动中发生腹痛时，如果没有器质性病变的迹象，一般可采用减慢跑步速度和降低负荷强度，加深呼吸，按压痛部或弯腰跑一段距离等方法处理，疼痛常可减轻或消失。

**4. 预防**

膳食安排要合理，饭后须经过一定时间以后（约 1.5 小时）才可以进行剧烈运动，运动前不宜过饱或过饥，也不要饮用过多的汤水；夏季运动后要适当补充盐分；对于各种慢性疾病引起的腹痛应就医检查，病愈之前，应在医生和教师指导下进行运动。

（四）运动性肌肉酸痛

参加运动锻炼的人，特别是刚开始参加锻炼的人，在运动之后往往感到肌肉有酸痛感觉，这在运动医学中叫作运动性肌肉酸痛。

**1. 原因**

近代运动生理学的研究表明，运动后肌肉酸痛是运动时肌肉活动量大，引起局部肌纤维及结缔组织的细微损伤，以及部分肌纤维的痉挛所致。

2. 症状

由于这种酸痛现象只是局部肌纤维损伤和痉挛，不影响整块肌肉的运动功能，但存在酸痛、发胀、发硬等感觉，所以，酸痛后经过肌肉内部对细微损伤的修复，肌肉组织会变得更加强壮。

3. 处置

运动性肌肉酸痛是经常发生的，当已经出现运动性肌肉酸痛后，采取以下方法有助于酸痛的减轻或缓解：

（1）静力牵拉法

可对酸痛局部进行静力牵拉练习，即将肌肉先慢慢拉长，然后在拉长位置保持 2～3 秒静止状态。注意做时不可用力过猛，以免牵拉时再使肌纤维损伤。

（2）按摩

运动后有条件应进行按摩，使肌肉放松，促进血液循环。

（3）热敷

对酸痛的局部肌肉进行热敷，可促进血液循环及代谢过程，有助于损伤组织的修复及痉挛的缓解。

（4）针灸和电疗

对酸痛的局部肌肉进行针灸和电疗，可起良好的效果。

4. 预防

人们在运动前，应充分做好准备活动，并注意对即将练习时负荷重的局部肌肉进行活动；尽量避免局部肌肉负担过重；运动结束后，也要做好相应的整理活动，应重视肌肉的伸展性练习，等等。

## 第三节 “寓乐与体”教育思想在高校体育教学中的应用

### 一、“寓乐于体”教育思想的意义

#### （一）“寓乐于体”教育思想提出的背景

1. “新课程标准”改革的必然要求

为了响应“新课程标准”改革的号召，体育教师要不断更新教学理念。在教学实施的过程中，体育教师要以学生的需求为根本出发点，抓住一切教学契机，激发学生主动学习体育课程的热情。教师也应充分挖掘自身潜能，真正做到教学相长。在组织教学时，教师

要充当导演和演员的角色，积极引导学生效仿，形成教师与学生、学生与学生之间的多向交流，使学生能够积极主动地参与体育运动的全过程，帮助学生实现身体的全方位发展。体育教师应充分尊重学生主动学习、探究学习的主体地位，只有这样学生才能获得全面的发展。

2.“乐学”成为主旋律

“新课程标准”把“激发学生运动兴趣，培养学生终身体育的意识”作为体育教学的基本理念之一。实践研究表明，从教学目标的可及性、教学活动的主体性、教学评价的激励性和教学管理的艺术性四个方面着手，可以有效地调动学生学习的积极性，提高学生的学习效率，激发学生的潜能。

（1）教学目标的可及性

简而言之，就是针对各位学生的身体素质，结合体育项目的运动特点，设置一些学生通过努力就能够达成的目标。最终的目的是让所有的学生都能达成教学目标，并获得自信和提高体育兴趣。事实表明，如果我们设置的体育目标能让学生通过努力便可达及，那将极大地激发学生学习体育的积极性，并为他们带来自信的体验，进而也调动他们学习体育的热情和主动性。教学活动的主体性：尊重学生的主体地位是实现教师主导地位的前提，也是实现学生乐学的必要保障。在教学过程中，要充分尊重学生的主体地位，提高学生的学习兴趣，调动学生的参与意识，从而提高教学效率。

（2）教学评价的激励性

教学评价的最终目的是为学生正确认知自己提供一个科学的评判标准，让学生能够深知自身存在的优势和不足，进而不断地提升自己，最终促进教学目标的达成。因而，我们应该充分发挥体育教学评价的激励作用。教学管理的艺术性，体育课堂的机动灵活和随意性决定了体育教学课堂上的矛盾冲突的必然性。这就需要体育教师艺术化地管理体育教学。良好的教学氛围可以引发学生愉悦的心情和浓厚的兴趣，激发学习热情，促进身心健康和谐发展。

**3. 学生人本回归的有效途径**

体育运动是一种以肢体的形式玩味着某种精神自由的“游戏”。只有当运动者和观赏者认真、严肃地投入这种“意义”，与其融合为一体时，体育运动才得以展示自身的存在，运动者才进入本真的游戏状态。我们不能不得出这样的结论：处于最初阶段的文明乃是被游戏出来的。游戏所带来的愉悦、自由、公正、体验、和谐，让游戏充满了魅力。

（1）愉悦

愉悦是游戏的初衷。游戏能够让人获得生理和心理上的快感，让人在最轻松、最自由的状态下最大范围地释放自己。

（2）自由

游戏与自由是密不可分的，二者缺一不可。康德在论证艺术和游戏的关系时认为，艺术的精髓在于自由，而自由也是游戏的灵魂，正是自由，使艺术与游戏连在了一起。我们把前者看作好像它只能作为游戏，即一种本身就使人很快适应的事情而得出合乎目的的结果。

（3）规则

当然，尽管游戏是倡导自由的，但是世间万事万物的自由在一定范围内，没有随心所欲的自由存在。因为只有规则，才能确保游戏的顺利进行。它把一种暂时而有限的完美带入不完善的世界和混乱的生活。游戏的规则主要有内隐和外显两种。内隐的规则主要是指隐含在游戏外表之下的规则，它主要是指那些必须要服从的游戏需要。学习者被告知规则，练习应用这个规则。或者规则既不用于教人，也不用于游戏自身，而且也不列在一张规则表上。但我们说，这个游戏是按照某些规则进行的，因为旁观者能够从实际进行着的游戏看出这些规则，就像游戏所服从的一项自然法则。外显的规则，顾名思义，就是表面上大家都看得到和必须遵守的那些规则。当然，自由和规则在游戏中并不矛盾。从某种意义上说，这种外显的规则是易变的，它可以随游戏活动的需要而修订和改正，使游戏规则处于不断的生成过程之中。

（4）体验

有参与者参与的游戏才是真正的游戏，游戏的最终目的就是参与者通过游戏体验获得游戏快感。游戏时，游戏者尽情地遨游在游戏的世界之中。

（5）和谐

游戏活动是人的生理、心理、社会性等要素投入其中的活动。总之，游戏是生命的一种存在状态，是身心达到无拘无束的一种自由状态。没有了外在的功利追求，为游戏而游戏，体验到的只是游戏之趣。游戏心境也是对自身的一种超越。

## （二）“寓乐于体”教育思想意义

### 1. 体育游戏与身体健康

身体的健康包括人体各部位或器官的发育与功能的完善，它包含着身体的形态、功能以及智力等方面的健康。简言之，即具有健康、优美的体形。智力是指人对客观世界的感知，对信息的获取、整理和加工，在感知的基础上进行记忆、思维和想象等。肌体健康是构建人的发展的物质条件，而智力健康则是构建人的发展的精神条件。体育游戏与其他体育活动一样，是以身体运动的形式进行的，活动的内容与形式是经过预先设计的，因而它同样具有其他体育活动所具有的健身作用。为了体验有趣的游戏过程，人们参加体育游戏一般都是一种自觉自愿的行为。

体育游戏与身体形态和功能的发展：体育游戏的内容丰富多彩，形式多样，可以通过多种手段促进青少年的生长发育，培养其正确的身体姿态，发展其基本活动能力，提高身体素质，促进身体的全面发展。

（1）体育游戏与身体形态的健康

良好的身体形态不仅是身体发育完善的标志，而且还能给人以美感。例如，“能看到多高”“金鸡独立”“膝顶下巴”“背后握手”等站姿游戏；以及“小摇车”等卧姿游戏，都可以通过拉伸身体的肌肉、韧带，提高身体的柔韧性和平衡能力。

（2）体育游戏与身体功能的健康

人的基本活动能力包括走、跑、跳、投、攀登、搬运等。少儿时期是人的基本活动能力发展的黄金阶段，而在这一阶段，少儿表现出的特点是年龄小，自制力与理解力差，参加活动多凭兴趣。学生们在兴趣的指引下，主动积极参加各种有益的游戏，在愉悦的氛围中提高了身体的机能。

学校中的体育游戏常与田径、体操、球类等项目密切配合，经常利用各种运动项目中学生比较熟悉并基本掌握的技术动作来编排游戏。一方面，这能大大扩充体育游戏的容量，使游戏的内容更加丰富多彩；另一方面，能在游戏过程中检验学生各种基本运动技术的掌握情况。可见，体育游戏为运动技术的逐步完善、运动能力的健康发展提供了一条切实可行、科学有效的途径。

**2. 体育游戏与健康心理的形成**

体育游戏有助于消除或减缓不良的学习情绪。人的情绪状态是衡量其心理健康的重要指标。“趣味性”是体育游戏最基本的特征。即使像“老鹰抓小鸡”“打鸭子”“两人三足”这样的传统游戏，也常常让人乐此不疲。除此之外，在游戏中获得的胜利，还会使人产生自豪感，增强自尊心与自信心，并在精神上获得一种自我价值得以实现的满足。因此，参加体育游戏可以使人从烦恼和痛苦中解脱出来，并产生成就感和愉快的体验。

体育游戏有利于确立自我概念。自我概念是个体主观上对自己的身体、思想和情感等的整体评价，它是由许多自我认识所组成的。首先，青少年注重自己的外形、姿态。对于身体形态不佳的青少年而言，对自己身体表象的认识，常会伴随不满意、失望甚至自卑等心理体验，以致影响其自我概念的确立。其次，每个人都乐于自己的能力得到表现，让别人了解自己的长处，从而得到别人的赞扬、尊重。摆脱了平时工作学习中的压力与烦恼，在体育游戏紧张而愉快的竞争情境中，人能很自然地表现自己的体力、技能与智慧。体育游戏能培养坚韧的意志品质。意志品质是指人的果断性、柔韧性、自制力以及勇敢顽强和自主独立等精神。体育游戏环境条件丰富多变，组织形式繁多，特别是一些战胜障碍的游戏，都要求参与者在活动中不断克服各种客观困难和主观困难，并在克服困难中培养良好的意志品质。在趣味十足的游戏内容的吸引下，在夺取胜利的愿望的驱使下，以及在同伴的支持与鼓励下，一个人更能克服无论是来自外界环境还是来自个人内心的困难与障碍，更容易塑造坚韧的意志品质。

体育游戏有助于人际交往和沟通。在体育游戏中，一方面学生们通过互相接触、合作和竞争等，个体与个体之间，个体与集体之间，集体与集体之间交流更广泛、更频繁，学生之间可以做到相互包容、尊重信任、团结友爱、鼓励扶持，构建良性的人际关系。体育游戏有助于学生探索精神与创造性的培养。体育游戏为学生的自由探索提供平台，有利于学生探索精神的深层次挖掘，激发创造热情。这也正是体育教学中特别珍贵的因素，有利于为未来社会的发展培养需要的栋梁之材。现代社会对现代教育提出更新的要求，它鼓励开发学生的创造性和探索精神。学会学习、学会生存的核心内容之一是学会发现，学会创造。大量的实验研究表明，游戏有助于培养学生的创造性和探索精神。

**3. 体育游戏对个体社会化的积极作用**

体育游戏可以规范道德行为方式，促进价值观内化，培养竞争合作意识。游戏规则绝不是游戏制定者随心所欲而定的，它一定是建立在公正和道德判断的基础之上的，它需要符合大多数民族公认的伦理标准和共性特征。游戏规则的制定有助于学生良好行为规范的形成。由此可见，学生对体育游戏规则的遵守与秉承，在一定程度上可以影响其现实生活中的行为规范，因此，我们要注重发挥体育游戏塑造和培养道德行为的价值。

体育游戏可以满足合群需求，促进人际交往，完善个性特征。体育游戏主要以群体性活动为主。学生参加体育游戏活动，增进沟通和了解，不仅可以扩大交友范围，增进学生之间的感情，还有助于拓宽自己的视野，从别的游戏者身上发现另外一个世界。同时，他们比较自然地了解并逐渐形成了尊重、理解、谦让、协商、竞争、合作、共处、信任、宽容、忍让、荣誉、责任、和谐、公平、公正、自尊、自重、自信、自强等优秀品质和健康的个性特征。体育游戏可以促进社会角色的体验，形成自我意识，培养社会化品质。在体育游戏活动过程之中，游戏参与者中的每一个人都扮演着一定的角色，这些角色虽然看似很虚幻，其实，有的时候也是对现实生活中某些角色的模拟。社会角色是完成社会活动必要的社会形式和个人的行为方式，通过游戏群体活动中不同角色的扮演，学生懂得了社会角色是与人们的某种社会地位、身份相一致的一系列权利、义务、职责的规范与行为模式。同时，他们的社会适应性和个性品质在此过程中也可以得到高度发展。

**4. 体育游戏的艺术价值**

艺术产生于游戏。体育游戏是游戏的一种重要的表现内容。体育游戏像艺术一样，把所欣赏的意象加以客观化，使它成为具体的情境。体育游戏像艺术一样，带有移情作用，把死板的物质看成活跃的生灵。尽管当时的真实世界并不乐观，但是游戏时候的忘我精神，使得每个学生仿佛都看见了天堂。游戏带给我们的不仅仅只是物质享受，还有实实在在的精神享受。体育游戏像艺术一样，是用现实世界之外的另一个理想世界来安慰情感。疾病、老朽之所以被人厌恶，其最大的原因就是它限制了人们动的自由。但是，人们不能接受这一痛苦的事实，非要在有限的活动里创造无限的可能，于是体育游戏诞生了。所以，体育游戏在人们闲散时需求最大，从这个意义上讲，它确实是一种“消遣”，是一种艺术化了的活动。

## 二、运用“寓乐于体”教育思想的分析

### （一）青年的生理、心理特点与体育游戏教学

17 岁至 25 岁这个年龄段正是人的青年时期，生理机能均已接近或达到成人水平。骨膜中的成骨细胞不断增生，使骨骼增粗。20 岁至 25 岁骨化完成，身高不再增长。这一时期由于骨头的纵向生长速度减慢，所以肌肉开始横向发展，肌纤维增粗，肌肉横断面增大，肌收缩的有效成分增加，肌力大幅度提高。青年期心脏重量和容积基本达到了成年人的水平。在承受较大负荷的运动时，不会对心肌及心血管系统产生不良的影响。呼吸肌的肌力明显增强，呼吸深度增加，呼吸频率减慢，植物性神经发育完善，肺活量增大。青年期的身体素质基本处在缓慢增长和稳定阶段，一些身体素质可达到一生中的最高水平。

在体育游戏教学中，应采用有一定难度、竞争性较强的游戏，加大学生的运动负荷，提高他们心血管系统的功能。可适当增加静力性及力量性练习，使有氧活动与无氧活动交替进行，全面发展运动能力。青年阶段的记忆力为人一生的关键时期，抽象逻辑思维获得较大发展，思维的独立性、批判性、敏捷性和深刻性都进一步增强。造成情感不稳定的原因主要有两点，一方面是由于认识的片面性；另一方面是由于内部需要的突然改变。因此，体育教师在进行体育游戏教学中，要广泛运用开动脑筋、复杂多变的游戏，以力量性和耐力性游戏为主，全面提高学生的综合身体素质。

### （二）体育游戏在室外教学中的运用

#### 1. 提升力量素质类游戏

拉杠比劲：教学目的为提高学生的力量素质。

练习准备：教师准备体操棒若干根。

练习方法：教师将练习者分成人数相等的两队，以中线为界分别站在限制线后。教师发令后，各自用力向后拉，设法将对方拉起。将对方拉起者得 1 分，回到原位。依此类推，最后以累积分多的队为胜。

教学建议：此练习最好在垫子上或草地上做。

#### 2. 压臂对抗

教学目的为发展学生的上肢力量，培养其持久性。练习方法：教师将练习者分成人数相等的甲、乙两队，甲队在前，乙队在后。乙队练习者两臂伸直，压住甲队练习者的上臂，教师发出“对抗”的口令后，乙队练习者直臂用力向下压住对方，甲队练习者尽力将对方两臂抬起。最后以得分多的队为胜。

练习规则：①练习者肘关节均不得弯曲。②被压者双臂抬到水平部位，算获胜。教学建议：此练习男、女要分开进行，也可以在室内做。

# 第四节 终身教育思想在高校体育教学中的应用

## 一、终身教育思想

### （一）终身教育思想阐释

所谓终身教育是指一系列非常特殊的观念、实验与成就；换言之，就其最完整的意义而言，教育包含各个层面与方向，从出生到临终未曾间断的发展，以及各个不同的点与发展阶段之间非常密切且有机的关系。终身教育思想并不是现代体育思想的一个新名词，它发源于古代，并在人类历史长河中不断积淀、丰富、发展和完善，并在现代得到提倡。终身教育思想的观点主要包括以下几点：第一，从教育历程来看，人从出生直至生命终结都是受教育的过程；第二，从学习方式来看，不再一味地被动接受学习，而是自我主动地学习；第三，从教育目标来看，终身教育重在发展完善的人和和谐的社会。终身教育思想有利于变革社会中主流的教育思想观念，使之朝科学化的方向发展。

### （二）终身体育思想下高校体育教学的改革研究

当今的学校体育教育已经慢慢跨越了学校的围墙，时间上由学生时期延伸到工作后，空间上由学校延伸到社区。就纵向而言，学校体育分为学前体育、学中体育、学后体育，或幼儿体育、中学体育、大学体育以及就业以后的体育。就横向而言，学校体育体系是终身体育体系中的一个重要构成，它并列于家庭体育、社会体育，使得学校体育与社会体育、家庭体育统一发展，三者密切配合、相互协调，形成一个由幼儿体育、青少年体育、中老年体育有机贯穿的以全民为对象的终身体育教育体系。高校终身体育教学主要可以从以下几个方面入手。

#### 1. 延伸教学范围

事实表明，体育课堂教学毕竟是有限的，只有把体育课堂向外拓展，才是真正培养学生的体育兴趣、激发学生的体育动机、提高技能的有效途径。基于此，学校应该结合自己的实际情况，经常开展如年级联赛、俱乐部赛等丰富多样的课外竞赛活动，以便学生有选择、参与和展示自己的机会。此外，还可以通过开展一些知识竞赛，来提高学生对体育文化理论知识的理解和掌握。他们能在实践中感受到学有所用，更加懂得保护自己，更加有成就感，从而激发他们的运动热情。

#### 2. 完善教学方法

多种教学方法并用：在过去传统的体育教学中，教学方法一成不变，单一乏味，吸引

不了学生的兴趣，激发不了学生的参与热情。只有教师经常向学生提出新要求、新任务，才能不断吸引学生的练习兴趣，保持神秘感，一直牵动学生那颗好奇的心。这样一来，学生就会对所学的内容产生浓厚的兴趣，进而积极主动地参与学习过程。用体育游戏激发学生兴趣。体育游戏的外在表现形式为游戏，但它实际上属于身体锻炼活动的一种。体育游戏也是一种有意识的、创造性的活动。由于体育游戏对设施要求不高，简单易行，而且难度低，趣味性强，因此它适合各类身体素质的学生共同参与。体育游戏必须符合课程内容和学生的特点。高校体育教学过程中选取的游戏的动作、情节、规则和组织方法都要与大学生的身体素质和教学目标相适应。除此之外，游戏还有利于学生提高基本运动技能、提高身体素质、养成团队合作意识。

游戏的设计也应当把教学场所和教学设备等实际情况考虑进去，要从学校的实际硬件设施出发，安排一些切实可操作的游戏活动。所以，体育教师在设计游戏之初，就应该把简便性原则作为游戏选择的首要原则。既要选择那些能够提高学生运动技能、发展学生身体素质的游戏，也要选择那些能够活跃教学氛围、增强团队精神的游戏。

**3. 培养学生的学习能力**

终身体育思想的树立，应该同素质教育和现代体育教育结合起来，不可割裂来看。体育教师应注意增强学生的体育意识、培养学生锻炼身体的习惯、增强学生体育学习的能力。其次，体育教学的方法和各个实施环节都要建立在学生综合素质提高的基础之上，体育教师要变革传统的体育教学方式和体育教学内容，发展学生的创造性思维、培养学生自主学习的教授过程。最后，“以学生为中心”，让学生当自己学习的主人，使学生养成学会学习的习惯，培养学生自我摸索、自我发展、自我形成终身体育的态度和行为。

在现代社会，只有不断创新才能吸引人们的眼球。这就要求体育教师要不断更新、与时俱进、把握时代的脉搏，丰富教学内容，采用创新的教学方法，并将其很好地融合到具体的体育教学实践当中，吸引学生参与体育活动过程，提升学生自我学习的能力。

## 二、激发学生的体育兴趣，为终身体育奠基

### （一）兴趣的重要性

心理学认为，人力求认识某种事物或进行某种活动的心理倾向就是“兴趣”。兴趣体现在教学活动中，具体表现为学生强烈的积极性和兴奋状态，一旦教学内容吸引了学生，学生就会对学习充满兴趣，引发前所未有的求知欲，进而表现出对所学内容想要理解和掌握的强烈需求。培养身心健康的学生才是体育教学的最终宿命，因为大学生身心发展直接关系着祖国的现代化建设，直接关系着科学技术的发展，直接影响着综合国力的提升。体育锻炼之所以特殊，就在于它需要人们亲力亲为，不可代替，而且收益最大的永远是人自

身。如果体育教师不注重对学生体育活动兴趣和锻炼的习惯的培养，那么终身体育也就如同无源之水、无本之木，遥不可及。学校体育改革应该侧重培养学生的体育能力，让学生体育在课内外有个很好的衔接过程，最终培养学生终身体育锻炼的好习惯。

### （二）培养学生的体育兴趣

#### 1. 树立体育重要的观点

受传统观念的影响，体育课长期得不到学校与家长的重视，甚至很多学生和教师也都觉得体育课程不重要。使学生明确体育的重要性如同经济、政治、科技一样，都是国家、民族的综合实力的体现和主要构成部分。良好的身体是为祖国提供有用之才最基本的保障。

#### 2. 确立教师的主导地位

体育教师在体育课程教学中占据着主导地位，同时也是体育课堂的指导者。此外，体育教师作为人民教师，还应该为人师表，为学生起到表率作用，用自己特有的精神风貌去感染身边的每一个学生，让他们受到熏陶和感染。学生会因为爱上体育老师，而爱上体育课程的学习，这也是体育教师的魅力所在。

#### 3. 让学生体验成功的快乐

“成就感”能增强人的自信和兴趣，在教学过程中，体育教师要细分教学目标，让学生尽可能通过努力便能达成目标，获得成功的体验。欣赏他们身上的每一处发光点，进而增加学生的自信心和学习体育的兴趣。

#### 4. 通过组织竞赛激发学生的兴趣

每个学生都想获得大家的赞美和认可，都想把自己最好的一面展示在大家面前，这就需要体育教师为学生提供一些可以尽情展示自己的平台。在竞赛中，每个学生都有获胜的机会，每个学生都可以尽情地展示自己，每个学生都能在竞赛中获得快乐体验。

#### 5. 鼓励大胆创新，勇于实践

“创新”是国家兴旺发达的不竭动力，是推动民族进步的灵魂，是素质教育的核心目标。因此，在教学过程中，体育教师要竭尽所能为学生创设民主和谐的良好氛围，鼓励学生敢于创新、善于创新，不断超越过去，促进学生创新精神的培养。

#### 6. 教学方法的采用

体育教学需要场地、运动器材等，教师在安排场地、器材时要以激发学生学习兴趣、营造快乐氛围为前提，这样有利于学生更好地学习和掌握运动技能。体育教师可以在教学过程中广泛运用风趣、诙谐的语言，使学生在教学过程中得以放松和愉悦。学校体育教育为终身体育意识奠基，它能够潜移默化地影响人的一生。学生在进行体育锻炼的过程中，形成一技之长，并发展自己进行体育锻炼的积极性和主动性，为将来终身体育意识和行为的形成奠定坚实的基础。

# 第四章　体育教学与运动训练模式

# 第一节　体育教学与运动训练异同互补

## 一、体育教学原则

### （一）体育教学原则

体育教学原则是人们在长期的体育教学过程中，经过不断地反思、总结体育教学中的成功与失败，由此探索出来的规律，是体育教学客观规律的反映。因此，在体育教学过程中，它应贯穿到体育教学的全过程，指导体育教学过程的各个方面。如体育计划的制定，教学内容、方法的选择与安排，教学组织形式的运用，课的负荷的安排，教学质量的评估等。随着人们对体育教学原则的进一步认识和不断深入的研究，体育教学原则不是一成不变的，它应与社会的进步、发展而有所改变，不断得到发展与完善。本文着重对快乐体育原则与合理安排运动生理负荷和心理负荷原则的理论进行分析与论述，为体育教学提供科学的理论依据。

### （二）快乐体育教学原则

快乐，指的是人在深层的心理快感或成功感。快乐体育教学原则是经过多年的理论研究与实践探索，形成从学生兴趣入手，丰富学生体育情感，提高学生身体素质，健全学生运动人格，形成学生体育爱好，养成学生稳定的体育行为习惯的快乐体育教育思想。它以学生的浓厚兴趣为基础，依托持久的意志力来掌握一两种终身享用的运动技能，从中保持良好的情绪，获得快乐的成功体验。

**1. 以人为本，因材施教**

快乐体育教学原则的根本指导思想是通过培养学生良好的心理素质，力求使其将外部的要求变为内驱力，从而以“乐学”做为支撑点，实现自身健康而富有个性的发展。要求以全面育人为出发点和归宿，让学生真正成为课堂的主人，做到教师的主导和学生的主体相结合。同时注重以情感教学入手，乐学、好学。教师要最大限度地适应学生的需要，因材施教，积极地鼓励、引导学生，锻炼身体、磨炼意志、陶冶情操，使他们的身心得到全面和谐的发展。

**2. 灵活多变，快乐教学**

快乐体育教学原则，要求教师在日常的体育教学中，注意灵活多变，采用多种方法，帮助学生体验运动的乐趣。比如：趣味融合法，将体育教学内容与学生喜闻乐见的游戏有机地结合在一起；民族传统体育法，将民族传统体育融于体育教学中；分层次教学法，根

据不同层次的学生，分小组进行教学：创新式教学法，比如，武术教学、健美操教学等，教给学生基本的动作，让学生自编自创一套自己喜爱的组合拳或舞蹈；此外还有分组合作法、挑战竞赛法、游戏法、主题教学法等等。

3. **辩证统一，有机结合**

运动乐趣和运动技能在体育教学中是辩证统一的关系，要注意加强两者的有机结合。因此，在体育教学中，既要让学生掌握好运动技能，又要让学生享受到体育教学和体育锻炼的乐趣。在实际的体育教学中，肯定有一些趣味性不强、学生又比较难掌握的运动技术，此时，应注意挖掘或加上一些有乐趣的内容，增添教学的兴趣。但是，也不要因为一味追求趣味性而降低了运动技能的教学要求，影响了教学质量。只有学会了运动技能，才能更好地体会到运动的乐趣。反过来，熟练的运动技能又能进一步的激发学生学习的热情。两者有机结合，就能相辅相成。因此，对掌握运动技能与体验运动乐趣不能顾此失彼或厚此薄彼，要正确地处理好两者之间的关系。

### （三）合理安排生理负荷和心理负荷原则

负荷包括生理负荷和心理负荷两个方面，合理安排生理负荷和心理负荷就是在体育教学中要使学生承受适当的生理负荷和心理负荷，以促进学生身心全面协调的发展。贯彻和运用合理安排负荷原则的基本要求：

1. **根据教学目标、学生特点、教材性质等合理安排课的生理负荷**

新授课和复习课在安排生理负荷时应有不同的要求。学生的性别、年龄、健康状况有差别，而且教学比赛主要是比专项，不能适应专项比赛的训练，在比赛中是难以夺得桂冠的。在安排生理负荷时，要注意区别对待。不同性质的教材，应考虑它们对身体机能的不同作用和影响，做出科学安排。此外，学生的生活制度，营养条件和其他体力活动的负担，所在地区的气候因素及作业场所的环境条件等，在安排生理负荷时也应给予全面考虑。

2. **正确处理生理负荷的量和强度的关系**

正确处理生理负荷的量和强度的关系，负荷量和负荷强度应互相配合，逐步增加。在体育教学中通常是先增加负荷量，待适应以后，再增加强度。在增加量时，强度宜适当下降。在强度再增加时，量则应适当减少，这样，量和强度交替的增加和下降，密切配合，才能使学生承担负荷能力，逐步得到提高。

3. **正确处理生理负荷的表面数据和内部数据的关系**

表面数据是指运动动作练习的量和强度。内部数据是指负荷量和强度所引起的一系列的生理、生化变化。生理负荷的表面数据与内部数据在通常的情况下是一致的。但因学生的体质强弱和身体训练水平不同，一定负荷的表面数据作用于不同的学生，可以产生不同的内部数据。因此，在分析生理负荷时，应把表面数据和内部数据结合起来，加以判断和评价。

**4. 做好生理和心理负荷的测量、统计和分析工作**

在评价体育课的质量时，既要安排生理负荷的测量，又要安排心理负荷的测量。以便从生理和心理两个方面进行全面的客观评价。同时，对负荷量的控制要有科学依据，把训练中的每一次练习、每一组的负荷都设计为尽可能适宜，并且使运动员训练效果达到最佳的限度。

## 二、体育运动训练原则

运动训练原则，虽有许多不同的解释和文字表述的方法，但其中一个共同的认识，就是运动训练过程客观规律的反映，是组织与进行训练工作必须遵循的准则，对一切训练过程具有普遍的指导意义。通俗地讲，教学中有训练因素，训练中有教学因素。教学和训练是在同一个过程中实现的。两者有着密不可分的关系。一般训练指提高的过程，而教学是指从不会到会的过程，科学的运动训练过程不能离开和违背教学原则。下文就一般训练与专项训练相结合的原则和区别对待原则进行分析与论述。

### （一）一般训练与专项训练相结合原则

**1. 为提高运动员的专项能力，为获得专项运动的优异成绩，我们必须遵循一般训练与专项训练相结合的原则**

一般训练是指在运动训练中以多种多样的身体练习、方法和手段，提高运动员各器官系统的机能，全面发展运动员素质，改进身体形态，掌握一些非专项的运动技术和理论知识。从而打好身体基础，提高专项技术、战术及理论水平。在专项训练中，根据专项训练的特点，必须有先进的手段和明确的目的。比如对艺术体操、球类、田径等技术较复杂的项目，应较多地选择发展灵巧、协调和柔韧性的练习手段。

**2. 一般训练和专项训练两者的主要区别在于，采用的训练内容、手段，主要完成的任务和所起的作用不同**

两者的主要联系在于，一般训练为专项训练打下坚实的基础；专项训练创造优异的成绩。它们在训练过程中总的目标是一致的，但又相互促进、相互制约，不可分割，有时在训练实践中往往难以截然分开。

（1）促进各器官的互相作用

在运动训练过程中，运动负荷给有机体带来的刺激，使各器官系统产生的适应性变化也是相互联系，相互作用的。进行一般训练采用多种练习内容和手段，可补充专项训练的不足，促进身体各器官系统的全面提高，从而为运动员创造优异运动成绩打下良好的基础，保证专项训练的顺利进行。

（2）动作技能的相互转移

运动员掌握动作技能的实质是条件反射的形成，是在大脑皮质建立的一种暂时性神经联系，这种暂时性神经联系建立得越多、越牢固，越利于建立新的暂时性神经联系，也就是运动员掌握的动作技能越多，越牢固，学习掌握新的动作技能也就越快，越容易，尤其是在动作结构、性质相近似的一些练习中，更容易产生动作技能的积极转移作用。

（3）各运动素质的发展是相互影响，相互制约的

某一运动素质的发展对其他素质的发展会产生不同的影响，例如腿部力量差的运动员就会影响他速度素质的提高，这就要通过发展下肢力量去发展速度。而速度素质差的运动员，力量，尤其是爆发力就能得到高水平的发展。而且专项素质的提高在某种限度上又有赖于一般素质的全面发展。

（4）一般训练对专项训练的调节作用

专项训练的内容和手段主要是专项运动的动作本身，只进行专项训练，特别是在青少年的训练中，反复进行专项练习比较枯燥，并容易产生机体的局部负担过重和中枢神经系统的疲劳，这在一些周期性项目，如跑、游泳、速度滑冰等的训练中尤其明显。而配以适当的一般训练内容，则能起到积极的调节作用，更好地提高专项训练的效果。

### （二）区别对待原则

运动训练过程中，区别对待原则是指对于不同专项、不同的运动员和不同的训练状态、不同的训练任务及不同的训练条件都应该有区别的组织安排各自相应的训练过程，选择相应的训练内容，给予相应训练负荷。

**1. 共性与个性和谐发展**

各运动专项都有自己的决定因素及不同的发展规律，但各专项的特点又能反映出所有运动项目的共同规律。因此，在集体项目中，个人训练作为集体训练的补充不能忽视。例如：排球队中，某些队员扣球技术较差，而另一些队员，接发球到位率较低，在集体训练过程中，有针对性地安排必要的个人训练。安排个人训练要注意处理好与集体训练的关系。

**2. 有的放矢，保证重点**

学校课余运动训练，项目多、训练人数多，教练员相对较少。如田赛训练中的各小项都分布有不同年级、不同性别的运动员，一个教练员对付这种复杂的局面，可考虑平时训练多用小群组合，赛前重点考虑报名队员的训练。在径赛训练中，如：短跑取决于快速力量和步频，中长跑要的是速度耐力，马拉松跑要的是耐力。运动训练时，要根据自己的专项，如全程、半程、十公里等，来确定自己重点发展的专项素质。对于跑马拉松来说，最需要的是耐力，一个是腿部肌肉、关节坚持长时间运动的耐力，另一个就是心肺耐力。这两种耐力，相辅相成，互相影响互相制约，缺一不可。在训练中，要有针对性的对耐力不

足的专项来进行训练。对于腿部耐力不足的情况，可以通过要求时间的长距离跑、山地跑、越野跑来锻炼，控制跑时的心率和呼吸，要求尽量跑得时间长。对于心肺功能耐力可以用间歇跑，要求速度的山地跑和越野跑来进行强化，训练时要控制跑的速度，让心率尽量拉高。这两种训练方法也是互相渗透的，各有侧重点，长时间长距离的耐力跑，既能锻炼心肺功能，也能锻炼腿部肌肉耐力。不同项目的运动训练在不同课次或同一次课的先后部分，可将身体训练和技术训练穿插进行，一般来说，前期着重于身体训练，后期着重于技术训练。

## 三、分析高校体育教学和运动训练之间的不同

### （一）体育教学和运动训练具有不同的概念界定

运动训练属于一种竞技体育，它是一种进行运动训练以最大限度激发运动员的体育潜力为基础，让运动员参加体育竞赛，获得优异成绩的过程。它体现的是一种竞争概念，是想要通过运动训练，激发运动员的运动潜力，战胜对手。运动训练包含三方面的意义，第一，是通过运动训练，使运动员取得最高成绩的活动；第二，运动训练需要在严格的竞赛制度和竞赛规则指导下进行；第三，运动训练过程中，运动员取得最高运动成绩的过程也是其运动潜力最大限度得到激发的过程。而体育教学的概念就比较简单，它是学校教学的一个部分，是一种提高学生身体素质，提高学生理解力、想象力、自主学习能力的过程。进行体育教学的目的是为学生树立终身体育的观念，为学生传授基础的体育技能，进而增强学生的身体体质，促进学生身体健康发展。

### （二）高校体育教学和运动训练具有不同的特征

运动训练的特征主要从三个方面体现，首先，运动训练使用的方法比较多，使用的仪器设备都具有专业性和科学性。借助专业的场地，体育器材进行训练，以最大限度激发运动员的运动潜力。运用高强度、高负荷的运动训练提高运动员成绩；然后，不同的运动项目具有不同的运动训练形式，其中涉及的比赛形式和比赛规则都会不同，这些不同就决定了训练方式的不同；最后，运动训练面对的仅仅是学校通过层层选拔，选定的具有运动潜力的运动员。

体育教学的特征主要表现也有三个方面，与运动训练截然不同。首先，体育教学面对的是全体学生，所有参与高校教学的学生都有权利参与体育教学，不同身体素质的学生通过体育教学，可以得到同等限度的身体锻炼；然后，体育教学具有全面性的特点。体育教学除了需要锻炼学生的身体，提高学生的身体素质之外，还需要为学生树立终身体育的意识，还需要借助体育教学，培养学生健康的心理，提高学生的思想道德素质等；最后，体育教学体现学生的主体性。通过多样的教学方式，学生成功从理论知识接收到体育实践进

行转变。在体育实践中，学生的主体性得以体现，并在不断实践中形成体育意识和体育锻炼习惯。

### （三）高校体育教学和运动训练的目标不同

运动训练的目标比较简单，就是通过运动训练，使运动员获得运动名次，不断突破自己，获得竞赛冠军。体育教学的教学目标则是让学生通过参与体育教学活动，进行强身健体，提高身体素养，获得美好的身心体验。由于两者的目标不同，组织的教学活动，采用的教学方式自然不同。运动训练相比体育教学，具有更高的教学要求，进行运动训练的运动员几乎都具备足够的身体素质，都拥有基本的体育技能。

## 四、分析高校体育教学和运动训练的相同之处

### （一）体育教学和运动训练都是一个教育过程

尽管体育教学和运动训练具有很多不同的地方，但是从根本上讲，它们都是一个教育过程，由教育者与被教育者互动的教育过程，在这个过程中，学生或者运动员是主体，教练或者教师发挥主导作用。针对运动训练，教练需要多方面考虑，制定科学合理的训练计划，体育教学则需要根据相关的教学目标和课程标准做好课程安排工作。

### （二）体育教学和运动训练都对学生的身体健康非常重视

不管是体育教学还是运动训练，都十分注重培养学生健康的身体，都十分重视提高学生的身体素质。学生身体健康是体育教学的重要教学目标，学生身体健康是进行运动训练的基础，所以两者对学生身体健康都比较重视。

### （三）高校体育教学和运动训练中的项目内容是具有共通性的

运动训练中涉及的项目很可能在体育教学中传播，运动训练中的项目也可能作为体育教学中的教学项目，例如田径。而体育教学中的项目体现出了人与人之间的差别，那么这种项目就可能成为运动训练中会涉及的项目。只有当体育活动单纯地体现人的健康培养的时候，才是单纯的体育教学。

### （四）不管是高校体育教学还是运动训练都需要人体进行运动

运动训练，顾名思义，很显然是需要运动员在过程中进行运动的，运动训练就是一个高强度的运动过程。体育教学虽然与运动训练不同，但也需要学生积累一定的运动量。体育教学涉及理论教学和体育技能培养两个板块，学生接受体育理论知识，形成体育技能的过程，就是体育运动的过程。只有在不断运动，练习体育技能的情况下，学生的身体健康才有保障，学生的身体素质才能够提升。

## 五、高校体育教学和运动训练实现互补的有效策略

### （一）借助运动训练手段，培养学生的自然素质

自然素质相比于其他素质，处于降低的素质结构层次，但是对其他素质形成发挥重要作用，自然素质中最重要的成分就是身体素质。借助体育教学，就是为了培养学生的身体素质，进而发展学生的自然素质。提高学生身体素质的重要手段就是要强化学生体质，增加训练强度。运动训练涉及更多专业的训练技能，在训过程中运用科学的手段，在保证运动员不受损害的情况下，不断增加运动员的生理负荷，提高运动员的体育项目能力，从而在竞赛中有良好的表现，为我们展现出优美风景线。体育教学中，培养学生的身体素质，可以借助运动训练的手段，在必要的情况下，采取科学的训练手段，增加学生的运动负荷学生只有具备一定的运动负荷量，才更有可能实现身体素质的提升，才能够更好地发展自然素质。

### （二）体育教学和运动训练教学内容上的互补

运动训练主要是通过为运动员安排大量的运动来提升运动员的身体素质，强化运动员的项目技巧，运动训练偏向于反映机械运动的特点，对运动员来说，只能够在其中体会训练压力，很难从中感受到乐趣。体育教学的教学内容选择更简单、实用，更容易激发学生兴趣。因此，在运动训练中，也应该适当地引进体育教学理论，借鉴体育教学内容，丰富运动训练内容，提高运动员的训练兴趣，使运动员在高强度的训练中也能适当放松自己。另外，体育教学过程中，如果只是简单地以锻炼学生身体为主，不考虑其他教学目标也不行，还需要进行一定的体育项目训练，而这些体育项目训练又需要借助运动训练的相关技巧进行指导，又需要根据学生的体育学习情况，适当的增设运动训练内容，强化学生的身体锻炼。结合运动训练的教学内容和手段，更符合新时代下对体育教学提出的要求，更有利于学生形成良好的体育意识和身体素质。

### （三）体育教学和运动训练的教学方式互补

体育教学相比于运动训练，更倾向于理论知识的传授，也就导致很多教学方法和教学理论没有办法通过实践进行验证，使得教学理论和教学方法失去指导意义。如果将体育教学中的相关教学理论和教学方法运用到运动训练中，在高强度的运动训练下，相关教学理论必然得以验证，多样的教学方法必然在运动训练中发挥作用。而运动训练中虽然缺乏教学方法，但是使用的教学方法都比较有效，都是在无数次实践中验证的教学方法，针对运动强度不大的体育教学，使用运动训练的教学方法指导体育教学中的某些项目训练，必然会带来满意的结果，必然不会因为过多进行教学实验，浪费教学时间。因此，体育教学和运动训练要想实现双赢，共同促进高校的体育工作发展，还需要从教学方法上进行互补。

综上所述，针对高校体育教学和运动训练进行了简单的研究分析。体育教学和运动训练作为高校体育工作中的重要组成成分，两者之间存在差异，也存在共通之处。两者之间都为提高学生身体素质，促进高校体育工作顺利进行发挥作用。高校需要针对校内运动训练和体育教学的异同进行分析，把握两者的特征，寻找教学共通之处，实现教学上的有效互补。不管是体育教学还是运动训练，它们之所以会成为高校体育教学工作中的重要成分，必然有其独特的意义，相关工作者必须在日常实践中，把握好体育教学和运动训练工作，相关教学人员互相交流沟通，实现体育教学和运动训练上的教学完善。

## 第二节　体育教学与运动训练互动模式

### 一、体育教学与运动训练互动模式

#### （一）高校应当对体育设施进行全面的建设

体育教学在教学任务中是很重要的一部分，体育教学的好坏直接影响到一所高校的整个教学活动的开展，同时一所学校的发展也是离不开体育活动的开展。我国很注重青少年的全面发展，而青少年也处于身体成长阶段，所以高校应当重视起来。由于高校对体育教学的忽视，在体育设施方面投入的很少，在这方面也有所欠缺。所以，为了青少年的全面发展应当从体育设施方面开始建设。而体育设施的建设也需要大量的资金，学校可以通过国家的资金支持，同时也可与社会相关体育企业进行合作。与此同时，还可以为体育企业输送优秀的体育人才。学校体育设施的建设当然也需要政府的支持，政府不但要支持还要监督学校是否把资金投入到体育建设上，同时还要杜绝学校在体育设施上乱收费。如果出现乱收费情况会严重地影响到学生们的积极性，这就与初衷相悖。

#### （二）体育教学应当与运动训练相结合

虽然两者的方式不一样，但是在实施过程中缺一不可。体育教学是给学生传授理论知识，让他们了解到体育训练的重要性以及体育项目方面的相关知识。体育训练应当坚持理论与实践相结合。因为，实践要通过理论来指导，理论通过实践来实现，只有二者相结合才能达到好的效益，才能更好地发展体育精神。运动训练可以通过开设篮球、足球、排球、健美操等项目对学生进行体能训练。同时学校应当增加体育方面的师资力量和严格要求学生的运动训练。可以通过学分来要求学生，这样既可对他们起到监督的作用，同时还可以严格要求学生养成体育运动的好习惯。

（三）增强学生们的体育意识

一切为了学生，那么应当如何提升学生们的身体素质便极为重要。首要的目的就是要加强学生们的体育运动意识，首先学校应当为学生制定一个完善的体育课程教学计划。教师在对学生素质的培养过程中，要善于创新，通过新颖的方式激发学生积极主动地参与进来。很多高校会有体育特训生，而且这些体训生都是带着目的性去争夺利益赢得奖励，这就导致非体训生的积极性受挫，这就需要老师合理、高效、健康、鼓励的方式去引导学生树立正确的体育观念。秉着老师要对学生的健康发展负责，促使学生们养成一个良好的体育锻炼的好习惯。学校可以通过举办运动会、社团活动得奖励的方式增强学生们体育锻炼意识。

## 二、体育教学同运动训练互动发展

体育教学同运动训练互动发展的前提条件需要建立互动发展的理念。随着社会对青少年的发展要求，强壮的身体是步入社会的前提条件。高校应当在教师中和学生们中建立互动发展的理念。首先，老师对于学生来说是执行者、实施者和组织者，老师的一举一动能对学生产生影响，所以老师要掌握二者互动发展的理念才能更好地带领学生。其次，高校是围绕学生开展的教学计划，反之学生占主导地位，所以要培养学生们的体育理念，让他们明白两者之间的关系。学会把两者结合起来共同发展继承体育精神。

综上所述，高校对青少年的培养过程中，既要注重学生们的文化教育，也要重视学生们的身体素质的训练。通过体育教学和运动训练互动模式来增强青少年的对体育运动的积极性。同时高校应该采取科学、合理的教学手段促使学生们全面发展，使得身体素质和学习能力得到提升。最终，全面推动体育教学和运动训练模式，使高校体育教学水平得到提高。

# 第三节　运动训练专业学生“体教结合”培养模式

## 一、运动训练专业实施“体教结合”培养模式的基础

（一）高校运动训练专业学生的生源情况

根据国家的有关规定，运动训练专业录取一级运动员（含）以上技术等级资格的新生人数不能低于该专业当年招生计划15%。从目前我国的基本情况看，运动过训练专业招收

的具有一级及以上运动技术等级的学生大多是体育运动学校、运动技术学院等体育系统培养出来的高水平运动员，这些人是运动训练专业学生的重要组成部分，是实施“体教结合”培养模式的重点人群。此外，一些从体育传统学校和普通中学招收进来的具有二级运动员及以上称号的学生，是运动训练专业的主要组成部分。这些具有高水平运动等级的运动员入学后，即纳入教育的体系中，体育和教育的结合将使他们的人生进入一个新的阶段。

### （二）学生身份的显微差别是运动训练专业实施“体教结合”培养模式的基础

由于运动训练专业招生过程中生源的不同，入学后这些学生又分为“运动员学生”和“学生运动员”。“运动员学生”是指第一身份是专业运动员又有学籍的学生。他们从小被选进专业队，脱离学校进行专门的运动训练，一般具有较高的运动技术等级，并以此为职业（拿工资）。其特征是文化学习不系统，学习过程有长期的间断或连续性较差，实际文化限度与在普通学校接受教育的同龄学生相比差距较大。“学生运动员”是指第一身份是普通中学和大学的学生、一直参加训练竞赛的运动员。他们首先是学生，其次才是运动员。学生运动员的基本特征是，相对于“运动员学生”而言运动技术等级偏低，他们在学校不间断地进行系统的文化学习，而且能达到所在学校对学生在学业上的基本要求。运动训练专业学生群体的这一特殊性，是体育部门和教育部门结合进而实施“体教结合”培养模式的基础。

## 二、实施“横向合作”和“纵向发展”相结合的“体教结合”模式

“体教结合”的培养模式尽管在实施中存在问题，但这些问题不是“体教结合”自身的问题，而是我们在实施过程中体育和教育两个系统中的部门制度融合方面的缺陷问题，这些问题是可以通过制度的改革创新加以完善的。鉴于此，当前运动训练专业学生的培养应坚持“体教结合”模式，采用“横向合作”和“纵向发展”相结合的培养模式。所谓“横向合作”即教育系统应加强与体育系统的全面、深度合作，实行联合培养机制，加强沟通了解，明确职责分工，共同制定培养计划，合理安排训练比赛和学习时间，通过常设联络员进行沟通，派遣教师授课和运动员学生到校集中学习等方式，突出解决管理障碍、学训矛盾和教学安排等难题。而“纵向发展”是指教育系统应该运用自身的资源优势，通过体育部门和教育部门师资定期互换交流，加强在体育部门的实习实训基地建设，改革培养体系，改良培养方法，加大资金支持力度和加强场馆设施建设等，继续发展学生运动员的竞技体育能力、提高学生的竞技体育水平和文化水平。通过“横向合作”和“纵向发展”相结合，实现高水平竞技体育人才的联合培养和独立培养兼容，校内培养和校外培训互补、文化学习和竞技训练协同等方式，拓宽运动训练专业高水平竞技体育人才的培养

思路。

## 三、运动训练专业学生“体教结合”培养模式的具体措施

### （一）运动训练专业学生培养目标的合理定位

“体教结合”的培养模式必须以正确的人才培养目标定位为前提。当前以培养教练员和专项教师为目标的单一目标体系已经不能适应社会对人才多样化的需求，而以培养体育专门人才和复合型人才为目标的多目标体系以及以培养高级专门人才为目标的高目标体系却又因为运动训练专业学生的生源质量无从保证而落空。为此，高校探索“体教结合”的培养模式，客体上高校应提供“体”“教”结合的土壤，将既有高级别运动等级又有一定文化素养的运动员学生培养成高级专门人才为目标，做到运动训练水平和文化教育同步提高和发展；主体上高校应提供既“体”又“教”的培养空间，将不同文化层次和竞技水平的学生运动员培养成竞技体育专门人才和复合型人才为目标，做到分层次设置培养目标，使高校成为既能实现联合培养又能实施独立培养综合性人才培养基地。

### （二）加强合作，优势互补，全面实施“体教结合”培养模式

在“体教结合”教学模式中，体育系统优势主要在于训练、比赛经验丰富，对运动员运动成绩提高和经验积累具有重要作用。而教育系统，具有浓厚的学习文化知识氛围、系统的知识体系和丰富的学习资源等优势，能为运动员学生获得较强的专业理论知识提供客观条件。因此，在当前阶段，体育系统和教育系统在“体教结合”教育模式中都应该发挥各自作用，加强合作，实现优势互补，从而实现“体教结合”这一教学模式目标。为此，在提出的体育系统和教育系统“横向合作”的思路中，首先，高校要建立与体育系统运动员主管部门的“链条”机制，加强各个环节的沟通合作。如共同参与制定运动员的培养方案，合理设计运动员学生专业训练和理论学习时间，避免出现训练和学习时间的冲突，而使得训练和学习时间相互牵扯，各自时间都无法保证的情况。其次，在对运动员学生进行成绩评价方面，设立切实可行的运动员成绩考评体系，规划设计“体教结合”紧密的综合性考评手册，走出单纯以运动成绩考评或单纯以文化成绩考评学生的模式，建立灵活、可行的评价体系；如在学业完成达标标准方面，实行学分制的方式对学生进行考核。当然，这其中涉及具体问题需要具体考虑。因为运动员学生在一定时间段中，可能会因训练比赛等情况而导致文化学习的落后，这就需要给予他们灵活的学习方式和考核时间。第三，在理论学习组织形式上，应该灵活多样，充分考虑学生自身文化素质情况和他们丰富的训练和比赛经验。把理论文化知识融入实践当中去，从而便于学生运动员接受学习，以促进自身综合素质的提高。

从“纵向发展”的思路出发，首先要根据生源的项目特点制定分级、分层、分专业的

多样化培养目标，始终遵循竞技体育人才运动训练和文化教育两方面的规律，注重学生思想道德素质的培养，充分利用高校良好的育人环境，培养既有文化素养，又有高水平运动成绩的综合性人才。总之，要充分利用高校教学、科研等方面的优势，建立适合高校办学特色的运动训练专业高水平学生运动员“体教结合”的培养模式。

### （三）整合资源，合理布局，优化教练队伍，不断改善办学条件

“横向合作”和“纵向发展”相结合的“体教结合”培养模式，强调的是合作培养和独立培养相结合。因此，在横向合作培养方面，要拓宽运动训练专业运动员学生的培养途径，最大限度发挥体育系统和教育系统的资源优势，形成多层次奖励、资助机制，如学校可以考虑对在一线负责运动员训练的教练员和文化课教师给予一定的课时补贴，对取得优异成绩的学生运动员及教练员给予适当的物质和精神奖励，当然作为回报，运动员取得优异成绩的同时，应该为提升学校在社会上的知名度和影响力而尽一份义务。对于纵向发展方面，要积极动员学校领导，加强内部资源的有效利用，对运动项目进行合理布局，培训与引进高水平的师资队伍相结合，加大资金投入力度，不断改善办学条件，充分调动教师和学生运动员的积极性和创造性，将学生运动员专项技能的提高作为培养的基础，为探索适应高校运动训练专业的“体教结合”培养模式创造条件。

### （四）重视“学训”矛盾，合理规划，加强管理

加大对于长期困扰体教结合的学训矛盾的研究，并且努力解决这对矛盾。

学训矛盾不仅仅是“运动员学生”文化学习与训练之间的矛盾，而且还有“学生运动员”专项训练和文化学习之间的矛盾。通过实践探索，优化现有的培养体制，提高学生的“学训结合”效果，使体育部门和教育部门有效融合后所培养的人才适应社会需求。加强对运动员的日常生活管理、训练管理、文化学习管理及考试考评管理，强调多部门“链条”衔接、统筹运转，既承认单个部门单独培养的成果，又注重两个部门联合培养的效果，形成两个部门学生管理方面的有效结合机制。在这当中，可以充分利用现代多媒体教学手段和网络对运动员学生文化知识教育，以尽可能解决运动员学生在训练比赛时间和文化学习时间相互冲突。当然，仅仅这样是不够的，还需要运动员学生所在专业队相关负责人和学校之间形成有效配合机制，以保证上述学习模式落到实处。此外，如果条件允许，可以加强两个部门的经验交流，互派专业教师或者教练员上门指导，从而确保学生的训练和学习效果。

### （五）以人为本、统筹兼顾，加强“体教结合”培养模式的研究力度

应紧紧围绕“体教结合”内涵，运用以人为本、统筹兼顾的科学发展观审视其目的、意义、体系、内涵、培养模式等。加强运动训练专业学生入学资格管理，以严把“进口”关为基点，有计划的逐步提高学生文化课入学标准和专项技术标准。建立科学的目标导向，强化文化教育管理，建立“学训兼容”的培养机制，尝试校内培养和校外培养结合的

模式，从真正意义上做到体教融合，逐步走向体教结合的理想目标，实现竞技体育回归教育，教育效果不断优化。

总之，运动训练专业培养的学生，既是高校竞技体育运动的宝贵资源，又是国家竞技体育人才的基地。因此，体育系统和教育系统应共同参与学生培养方案的制定，高校应根据现实条件制定分级别、分层次、分专业的多样化培养目标，以“体教结合”培养模式为基础，采用“横向合作”和“纵向发展”相结合的思路，整合体育系统和教育系统的资源优势，实现优势互补、资源共享。当然，当前“体教结合”培养竞技体育人才的模式固然存在问题，但是我们相信，只要通过不断的深化改革、广泛的开展研究，并不断地进行实践探索，“体教结合”培养模式必将会发挥培养人才的效能。

## 第四节　运动训练和体育教学的协调发展模式

### 一、高校运动训练与体育教学的概念

在体育教学过程中，运动训练是将其教学内容进行展示的一种有效方法和途径，通过学员和教练双方互动和相互交流，实现提升学生运动能力和素质的目的。体育教学不仅是为了完成相关的教学任务，同时也是一种比较普遍的工作状态，在其工作过程中，教学工作者有特定的任务和指标，有一定的计划目的和组织性，有专门的使用技巧和方法。运动训练的最终目的，是针对学生的自身心智、自身身体素质以及相关的运动技巧进行训练。

### 二、高校运动训练与体育教学的差异性和共同点

#### （一）运动训练和体育教学在形式和内容上的相互联系

从二者的内容上进行分析和研究，可以发现其都是以体育学科作为基础，进而开展的一系列活动和教学过程。不论是在运动训练过程中，还是体育教学过程中，两者都是相互补充、相互融合进行发展的。另外，两者在教学器材和场地方面的要求都十分严格，并且学生最终取得的成效也都是通过相应的考核成绩加以评定的。

#### （二）运动训练和体育教学之间的不同

运动训练是对学生的专项练习，学生通过运动训练参加各类型的比赛，而如果想要在比赛中取得良好的成绩，在训练过程中要求就会比较严格，因此运动训练也具有较强的目的性和针对性，并且主要针对的都是专业人才或运动员；从体育教学角度来看，只是教育

工作者通过多角度、全方位的教学方法，指导学生进行体育练习，并教授学生相关的运动知识，学生在学习的过程中会相对轻松，比较大众化和广泛。

### （三）运动训练和体育教学的目的和任务

从长远角度进行分析，两者在各自的教学阶段必须将各自的方针掌握好。在体育教学中，学生通过教师的讲解和指导，能够进行简单的运动，并掌握多种体育技能，使自身在某一项运动上可以有进一步提高。不仅如此，学生通过长时间的体育运动，可以提升自身的综合素质，在心理和身体上都能得到一定限度的放松。运动训练则不同，它的目的和任务是通过长时间的专业性练习，使学生的运动水平进一步提高，增强专业能力，以此让学生在参加体育竞技时能够取得更好地成绩，可见，体育教学和运动训练的最终目的是不一样的。

## 三、高校体育教学和运动训练协调发展的措施

### （一）提高学校重视限度，加强相应管理措施

要想使高校的运动训练和体育教学实现协调发展，学校必须提高对此项工作的关注和重视限度。首先，在高校的管理层面，管理人员应该对体育教育有正确认知，充分认识到其重要性；其次，还要加强高校内部其他教职员工的思想观念，通过在整个学校教学层面形成全员管理，将体育教学与运动训练的协调发展概念融入，进而让全校师生能够认知到运动训练和体育教学协调发展的重要性。

### （二）优化教学方法，合理开展体育运动

学生在学习知识的过程中，都应该注重实践和理论知识的结合。在传统的高校体育教学中，主要以理论讲授为主，不能将学生们真正的运动需求和兴趣考虑在内。而随着时间变长，体育教学没有足够的吸引力，教师不能将其具有的趣味和优势发挥出来，这也就让很多学生失去了体育运动的积极性和兴趣。想要将这种情况改善，让学生重新提高对体育运动的兴趣，体育教师就应该改版传统的教学方法，可以通过一些有挑战新的体育训练项目让学生们集中注意力，还可以通过有趣的活动进一步激发学生们的体育学习兴趣，使其真正参与进教师的教学中来，还可以举办不同系别、不同年级之间的友谊比赛，不仅可以带动学生们参加体育运动的主动性和热情，还能加强学生之间的相互合作。与此同时，教师应该与学生进行充分、积极的沟通，尽量满足学生的需求，提升其主动性。这也是协调运动训练和体育教学的基础。

### （三）加强师资队伍建设，提高学生安全意识

体育教师的综合素质在体育教学中无疑是非常重要的。想要将体育教学的效果进一步提升，就必须培养体育教师的整体素养。体育教师不仅要足够了解运动训练和体育教学，

也可以结合相关的安全标准，制定出符合实际的教学目标。在教学过程中，体育教师不仅是一个教授者，也是一个引导者，通过对学生的充分引导帮助学生掌握相关运动训练的动作重点，并告知学生们可能发生危险的行为和动作，确保学生能够在十分安全的环境中进行各种体育活动和运动训练。此外，体育教师还应该教学学生们处理一些身体损伤或其他紧急状况的方法，提高学生面对危险时的处理能力。

在进行运动训练和体育教学时，学生应该重视安全。从实际请看来说，如果学生们拥有充足的安全意识，那么在体育运动过程中，可能发生危险事件的概率也会大大降低。想要实现这个目的，就要求在进行体育教学和运动训练之前，应举办有关安全意识的教育活动，在教师的教学过程中，也要讲安全放在首位，进而优化体育教学活动。不仅如此，高校也应该制定相关的安全规章制度，指导学生对安全风险进行防范。

从目前的情况来看，部分高校在体育教学过程中依然存在很多问题，体育教育观念不强、体育教师能力不足、体育教学缺乏完善的教育资源和安全教育等，都对运动训练和体育教学的协调发展造成阻碍。而想要改善这种状况，不仅需要高校提高体育教育的教学观念，增强体育教师的教学能力，也要讲相关的管理制度进行完善，并提高学生的安全意识，进而促进二者的协调发展。

# 第五章　体育训练教学的影响因素

## 第一节　教师因素

### 一、体育教师的教学观念

观念是思想认识，属于主观意识的范畴，是社会主体在实践中产生的对客观事物本体或本原的认知方式，如哲学的唯物观、唯物史观。教学观念是人们对教学主客体或过程的本质或本原的见解或认识，也是教师对教学要追求什么样的理想目标和为什么要追求这样的目标的认识。教师的教学观念对其教学效果有内在的影响，有什么样的内在教学观念就有相应的外显教学行为。目前正在进行的体育课程改革以及体育教学改革在很大程度上实质是教学观念、教学思想的转变。

有效体育教学在很大程度上凸显了教师教学观念的现代化意识——敬业素质、文化素质、进取精神、科学创新意识等。教师观念的现代化意识水平的高低实际上决定着教师自身能力资源，包括智力、知识和想象力等发挥的有效性，也决定着教师对教材的选择、解释，决定着教师对现有教学设施条件的利用程度、教学方法的丰富性和对学校体育事业的崇敬、奉献程度，也决定了学生终身体育意识生成与否的可能性。教学活动必然受到诸多非教学因素的影响，某些传统的心理活动、习惯及功利因素的负面效应深刻地影响着教师的意识和行为，教师自身的现代化水平决定了这些因素与教师的工作是否协调一致以及协调一致的程度。体育教师既要与学生建立平等互尊的师生关系，也要关心学生的身心健康水平的全面提高，促进学生的良好发展。

从内容的角度看，体育教师的教学观念是一个知识系统，不仅包括用言语表达的部分，如体育教师学习并接受的用以解释体育教学现象的概念和理论、体育教师在运动经历和日常教学中有意识地总结和积累起来的教学经验等，也包括他们通过无意识的内在学习所形成的关于体育教学的隐匿知识。体育教师的教育观念直接影响着体育教学的有效性。教师能否全面理解国家的教育方针并贯彻到日常教学中，是否具有了主体性教育教学观念、素质教育观念、终身教育和终身体育观念、创造教育教学观念，是否具备改革创新意识、竞争意识、挑战意识、合作意识、效益意识，是否面向全体学生，是否关注学生的全面发展等观念，是否深刻认识体育教学的重要性，在教学中是否注意培养学生的创新思维能力等，对其教学具有深刻的影响，特别是体育教师观念的现代化对体育教学的效果具有举足轻重的影响。体育教师观念现代化意识水平的成分决定着教师自身能力资源，即智力、知识和想象力发挥的有效性。具体来看，其决定着教师对教材的选择、解释，决定着教师对现有教学设施条件的利用程度、教学方法的丰富性和对学校体育事业的崇敬、奉献

程度，也决定着学生终身体育意识生成与否的可能性。

如果体育教师成功地实现了以下教学观念的转变，则对体育教学有效性的提高更具有积极意义。第一，体育课堂不仅是为社会完成“共性”教育的任务而存在，也是学生的个性得以充分健康发展的空间；第二，体育教学工作的价值是教师生命价值的一部分，它不应当是功利性的，而应当体现在教学工作中创造性的劳动和对学生的热爱；第三，培养学生的终身体育观应当成为每一位体育教师的重要职责；第四，从以教师为中心转变成以学生为本、以学生为中心，树立新的教育主体观；第五，从传统的“师道尊严”向新型的伙伴、朋友关系转变，树立体育教师是“平等中的首席”的师生观；第六，从为学习成绩负责向为终生育人负责转变，树立新的教师责任观；第七，树立正确的教学效果观，将追求长远效果与当前效果相结合，将追求实效与完善组织形式相结合，实现体育课的“预设”与“生成”的有机结合。

## 二、体育教师的学科教学知识

教师的“学科教学知识”（简称 PCK）是在 20 世纪 80 年代西方教师专业化运动中，为强化教师行业标准，PCK 是有别于学科知识与一般教学知识的另一种知识体系，是学科知识与一般教学知识交互作用的产物，并且两者作用的最终形式是一种“特殊的混合物”。它融合了学科知识和一般教学知识的知识体系，包括特定的学科知识以及如何传递这些知识的方法、原则，涉及实际教学活动的设计、实施、评鉴和改进等知识，也被称为“实践的知识”。

通俗地讲，教师学科教学知识是教师关于如何将自己所知道的学科内容以学生容易理解的方式进行加工并转化给学生的知识。学科教学知识是学科知识与一般教学法知识的整合，是一种独特的教师知识类型，是一种在真实教学中使用的、有别于纯粹的体育知识和一般教学知识的知识，是影响教师专业成长、影响教学效果的关键因素之一。其具有以下特点：依赖教材内容和学生等具体的情境，具有情境性；常采用案例分析或示范教学；是一种跨学科的综合知识；是一种反复练习、熟练之后自动化的知识；许多 PCK 的相关知识，产生于教师个体的经验之上。

体育教师的学科教学知识是体育教师在特定的课堂教学情境中，在指导学生掌握系统的体育与健康基础知识、技术与技能、锻炼身体、增强体质、促进健康水平、提高社会适应能力、形成良好的思想品德的学习与实践活动统一的过程中，是将所教的体育学科内容和教育学原理以及其他相关学科知识有机融合的过程中所建构地对体育教学的认识、体验和行为的策略。体育教师的学科教学知识一般包括体育教学信念、体育教学内容、体育专业知识、体育教学策略、体育教学经验知识、体育教学评价和体育教学反思以及教育学和心理学等方面的知识。

体育教师的学科教学知识是在真实教学中使用的、有别于纯粹的学科知识和一般教学知识的知识，是体育教师在面对特定单元与特定学生时，其学科知识的表征方式与概念改变的教学策略等内涵之知识，是体育教师特有的体现教师职业特殊性的一种专业知识，也是理解教师专业知识的新视角，具有建构性、整合性等特点，即特定的教学法知识与学科内容的融合。体育教师的学科教学知识强调教师如何将学科知识“内化”，用学生易理解的方式表达出来，包括教师讲解某一运动技术所用的语速与语调、动作示范的方法与时机、与学生进行交往的特点等，以适合不同学段的学生的思维能力、注意力等方面的特点来重新表现与演绎体育学科知识。体育教学知识体现了教师的教学独特性，正所谓教学有法，教无定法，贵在得法，重在创法。

就效果而言，具体来说，体育教师的学科教学知识可以对教学效果产生如下影响。第一，学科教学知识可以大大提高特定知识教学的功效。学科教学知识是以关于体育学科内容的“个案型”的知识，遇到特定教学情况可以采用特定的“即插即用”的教学“模式”，可以减少体育教师的准备时间，使其从容地面对和完成各种情况的教学；第二，学科教学知识会有效地促进学生对教材的理解。具有有效学科教学知识的教师为了对学生的“非常规”问题做出反应，或者为了对不曾预料的事件做出反应，可以改变其“预设”，增加教学中的“生成”成分，因时而教，以有利于学生理解。另外，教师的学科教学知识中还包括学生兴趣偏爱的信息，为教师向学生呈现何种教学内容和知识点以及如何呈现提供依据；第三，学科教学知识影响教师对体育运动技术、技能的概念、锻炼方法、锻炼中的注意事项等方面的表述方式。相对而言，具有丰富学科教学知识的教师比较容易根据自己的理解，以独特的方式演绎、诠释和表达与教学内容相关的知识，增强教学的效果。

## 三、体育教师的责任感

责任感是指个体在自身和社会自我发展中对所承担的责任的一种意识，是对自己在道德活动中完成道德任务的情况是否满足其道德需要而产生的情感体验，是人类生存和发展的动力之一。教师责任是社会及群体对教师个人职业角色的期望，教师对这种期望的认同与承担就是教师责任感。教师责任感也是指个体将国家、社会对教师的外在要求内化，积淀于个体身上，形成巩固而稳定的一种道德义务。教师责任感是从教师的义务中引申出来的，它包括三个方面的内容：教师对国家、社会的责任，教师对学生的责任以及教师对自己的责任。教师的责任感也是教师职业道德与规范中的重要问题。

教师应履行下列责任与义务：遵守宪法、法律和职业道德，为人师表；贯彻国家的教育方针，遵守规章制度，执行学校的教学计划，履行教师聘约，完成教育教学任务；对学生进行宪法所确定的基本原则和爱国主义、民族团结的教育，法制教育以及思想品德、文化、科学技术教育，组织、带领学生开展有益的社会活动；关心爱护学生，尊重学生人

格，促进学生在品德、智力、体质等方面全面发展；制止有害于学生的行为或其他侵犯学生合法权益的行为，批评和制止有害于学生健康成长的现象；不断提高思想政治觉悟和教育教学业务水平。这些都是对体育教师的义务，或者说是责任的明确规定，应当成为体育教师严格遵循的要求。

而体育与健康新课程的实施也给体育教师带来了新的挑战。体育教师应该迅速地由原来知识的灌输者转变为学生学习的促进者、合作者和人格发展的指导者。教师不但要让学生学会学习，还要教他们如何学会遵守社会和公共规范，如何与人相处，如何竞争与合作，如何适应快速变化的环境，如何在紧张的社会环境中保持情绪和情感的稳定等。这就要求教师必须具有神圣的使命感、高度的责任感，这也是新世纪对教师的要求。

体育教师有了高度的责任感，他就会把教育作为一种目标，一种方向，一种动力，一种使命。为了顺利完成教学任务，教师会以更大的动力去钻研业务、深造学习。有了责任感，教师会根据教学对象和教学内容来确定教学目标，充分发挥自己的想象力和创造性，巧妙地设计教学活动，进行有序、优化的安排并进行有效的实施，使学生在愉快的教学过程中牢固地掌握体育基本知识，提高体育技术技能，增进身体健康水平。

## 四、体育教师的教学效能感

教师教学效能感的概念来源于班杜拉的自我效能感概念，是教师对自己影响学生学习行为和学习成绩的能力的主观判断。教师教学效能感是学生学习成绩好坏的重要预测变量。从广义的工作范围角度，从课堂和学校管理的背景来认识教师的自我效能感。

教师可以观测的、有助于学生认知发展和功能促进的教学效能感主要通过四个过程发挥功效，即认知过程、动机过程、情感过程和选择过程。教师的教学效能感可以激发学生学习动机，提高学习效果，其创造的学习环境类型和学生获得的学术进步水平都是可观的。此外，教师的教学效能感的作用还体现在：第一，影响工作积极性和教学效果。教学效能感高的教师相信自己的教学活动能使学生进步，所以会投入更多精力努力工作，能正视教学中的困难，经常反思、总结经验教训、加强学习，因而能提高教学质量。第二，影响学生的学业成就。教师的教学效能感对学生的学习成绩有很大的预测力，这是因为教师通过其行为表现影响学生，影响学生的学习效能感，进而支配学生的学习行为，从而影响其成绩。

体育教师的自我效能感是指体育教师对体育教育教学价值、对自己做好教学工作与积极影响学生发展的教育能力的自我判断、感受与信念，是一个多层面的整体性概念。体育教师的自我效能感既包括认知成分，也包括情感成分；既是一种能力，也是一种信念，反映了体育教师在教学中的主体性、积极性和创造性。从体育教师教学实践中不难发现，同等水平的体育教师，其教学效果可能会有较大差异。造成这种情况的原因可能多样，但其中之一即是教师的教学效能感使然，自我效能感高者比自我效能感低者能够更有效地解决问题，提高教学效果。

一般而言，体育教师自我教学效能感的作用主要体现在：是体育教师增强专业承诺（教师自身由于对所从事专业的自觉认同和情感依赖，是对专业的投入和对社会规范的内化而产生的不愿变更专业的程度）的重要内驱力；是体育教师产生自主工作动机的内在原动力；是影响体育教师教学行为和教学有效性的重要中介；是体育教师身心健康和个人幸福的重要影响源。

具体而言，合适的教学效能感首先能够影响教师的认知和行为。体育教师教学效能感越强，就越能够自觉及时总结经验，经常反思，加强学习，汲取相关理论知识和提高实践技能，不断提高自己的教学水平和教学能力。同时，教师所设定的教学目标也就富有一定的挑战性，对教学活动的投入也会比较深，能够认真研究教学方法、设计教学过程、选择不同的教学策略，致力于每位学生的良好发展。其次，合适的教学效能感能够影响到体育教师的教学意志，会影响到教师在教学活动中的努力程度，影响到教师面对教学困难和失败时对教学活动的持久力，而这种持久力是保证有效教学的必要条件。第三，影响体育教师的情绪及心理健康。在一定的教学情境中，当教师面对来自教学方面的困难时，教学效能感将决定个体的应激状态、焦虑等情绪反应，逐步推进形成个体的心理结构和链条。教学效能感高的教师面对困难依然会充满信心、精神饱满、心情愉悦，相信自己能对教学中的问题施以有效的控制，通过努力可以取得良好的教学效果。第四，教学效能感影响体育教师对教学成效的正确归因。教师的教学效能感会使教师将教学成败的原因都归咎于教师方面：如果教学成功了，他们会继续努力；如果教学失败了，他们会认为自己努力不够或教学不当，从而总结经验，吸取教训，力求改进。第五，教师教学效能感影响教师的创新行为。体育教师的教学效能感会让体育教师确信自己能够影响教学效果，他们在教学中会倾向于创新。

## 五、体育教师的教学能力

教学能力主要是指各科教师应当普遍具有的运用特定教材从事教学活动、完成教学任务、实现教学目标的才能和本领。教学能力具体包括掌握和运用教学大纲的能力、掌握和运用教材的能力、掌握和运用教学参考书的能力、编写教案的能力、选择和运用教学方法的能力、因材施教的能力、实施目标教学的能力、组织课堂教学的能力、教学测试能力、制作和使用教具的能力等。

体育教师的教学能力是指教师根据体育教学对象和教学条件，合理选择和恰当运用教学方法，有效地把知识、技术、技能，甚至个性传授和感染给学生的一种本领。体育教师的教学能力是教师工作中最基本、最重要的能力，是直接影响体育教育活动顺利进行的重

要因素之一，也是提高学生综合素质的关键因素。体育教师如果仅有精深的体育专业知识而不能运用恰当合适的方法来引导学生学习和锻炼，则很难引起学生的学习兴趣和积极性，教学效果也难以保证。

体育教师的教学能力是一个由多种因素构成的结构系统，依据不同的划分标准，从不同的角度出发，可以有多种分类方法。有研究者将教师的教学能力划分为教学设计能力、实施能力和评价能力三种能力。因为体育教学按照先后顺序，其基本阶段包括准备阶段、实施阶段和评价阶段三个有序且相互联系的主要部分，根据教学的先后阶段，结合体育教学的实际情况，将把体育教师的教学能力划分为教学准备能力、教学实施能力和教学检查评价能力三大部分。

### （一）教学准备能力

教学准备能力也称备课能力或教学设计能力，是指教师在一定教学理论的指导下，在教学实践中经过反复练习而逐步形成的迅速、准确、熟练地运用教育理论知识和学科专业知识等为课堂教学做好准备，及时、有效地完成备课任务的一系列备课活动方式的能力的总称。教学准备能力是以对教学内容和学生的理解为基础来设计总体的教学进程、教学方法和教学组织形式的才能和本领。

简言之，教学准备能力就是教师在上课前对教学过程中的各要素进行最优化组合的能力，包括处理教材的能力、选择教学方法的能力以及编写教案的能力。其中，处理教材的能力包括依据教学大纲制订单元教学目标；利用教学参考资料调整和充实教材内容，包括对校本教材的研制和选用，对地方性传统体育项目的选用；根据教学目标、教材内容和学生的体能、技能、身体素质等实际情况，确定教材的难点、重点、讲解和示范的方法、顺序。选择教学方法方面，由于学生体能、技能、身体素质等实际情况有差异，不能对所有的学生都套用同一种教学方法，教师要了解学生的身体情况、文化素质、运动基础以及个性特点；准确地把握每一次教学的内容、重点、难点以及教材的特色；掌握本专业现代先进的教学理论、规律和原则；了解各科教法的内在联系和运用时机，以便区别对待，因材施教。教师可以酌情选用讲解法、示范法，预防和纠正错误法，且这几种方法的选用也还可以进一步细分。同时，教学实际中应动静结合，始终让学生处于松紧、动静之间适当的张力之中，这样既体现了教学过程的共性特征，又培养了学生的自由个性。教案编写方面应包括以上内容的具体安排，争取以最富条理化的形式将教学组织起来。

### （二）教学实施能力

教学实施能力是教师在一般教学情况下有效实施所设计的教学计划，并能根据实际情况控制教学情境的才能和本领。体育教师的教学实施能力是教师在实现教学目标过程中解决教学问题、控制教学情境的能力，其可以划分为组织教学能力、讲解示范能力和使用教学手段和方法的能力。

**1. 教学组织能力**

教学组织能力即安排教学步骤、整顿纪律、建立良好教学秩序的能力。体育课一般在室外进行，外界环境干扰较大，学生人数多，学生兴趣和爱好不一致。因此，体育教师较好的组织管理能力对体育教学取得良好的效果具有积极意义。教师应充分发挥教学过程本身的组织作用，应用生动活泼、丰富多彩的教学技巧把学生的注意力吸引到教学内容上来，把学生的积极性调动到教学上来。

**2. 讲解示范能力**

讲解示范能力包括讲解能力和较高水平的动作示范能力。讲解应该准确简练并和动作示范有机结合，或先讲解后示范，或先示范后讲解，或一边讲解一边示范。同时，教师还可以运用各种眼神、手势等，创造丰富多彩的教学环境。

**3. 使用教学手段和方法的能力**

在体育教学中，运用教学手段的变化，激发、培养学生的体育学习兴趣可以减少教学过程的单调性，增强趣味性，增强直观性和形象化，提高整体教学效果。例如徒手操练习，教师可以喊口令或吹哨子，也可由师生轮换喊，还可以音乐伴奏；可以采用横队、圆形、弧形等队形；做操的形式可以是原地或行进间，分组或统一进行，做操的节奏可快可慢等。因此，体育教师运用教学手段的变化，创设和谐的学、练环境和良好氛围，既体现了体育课组织形式的多样性、灵活性，也提高了学生求知欲和培养学生兴趣的有效途径。

### （三）教学检查评价能力

教学检查评价的能力是指教师根据教学目标，在教学过程中收集资料和信息，运用各种评价方法了解学生的学习状况，以判定教师是否完成了预定的教学目标，学生是否达到了预定的学习目标，从而根据反馈的信息来补救或改进教学工作的能力。检查、评定是一个复杂的过程，而且是很重要的过程。教学过程、教学内容、教学方法、教学效果等方面质量的检验皆依赖于教学的检查和评定。因此，该能力是教师应具备的最重要的教学能力之一。

教学评价能力包括对学生学习状况诊断的能力和自我评价教学效果的能力。其中，对学生学习状况的诊断包括教学前和教学中的诊断以及课后小结。教学前的诊断可以确定学生的实际学习水平，了解实际体能、技能、身体素质等现状，了解其学习的可能性和潜能；教学中的诊断可以判断学生对教学内容和教学方法的适应程度，从而有针对性地调整教学内容或改选教学方法，也可以判断某些学习困难的学生其学习方面和非学习方面的各种原因，如了解学生跳高成绩不理想是由于身体素质原因还是对所学习的运动技能概念不清楚。课后小结主要是对课堂上的组织教法，课的实施状况及教学效果进行全面的分析和总结，总结教学经验，找出存在的问题，并提出改进意见和方法。教学评价的各个方面都对教学效果产生着不可忽视的影响。

## 六、体育教师的教学策略与方法

关于教学策略的概念，似乎至今也没有统一的界定，而体育教学策略的研究则更少。体育教学策略是为了实现既定的教学目标，完成教学任务，教师在体育教学实施过程中根据教材内容、教学设施、教学环节、学生状况等实际的教学情境，对体育教学活动进行调节和控制的一系列的有效教学的方法、举措、程序、机智等。体育教师运用正确、合理的教学策略能够有机地组织教材内容，合理配置教学设施，整体宏观地把握各个教学环节，针对学生的实际情况，制订出合理的教学方案，运用合理的教学措施，适时发挥教学机制，提高教学效果。体育教学策略的内涵至少包括两层含义，具体如下。

第一，对教与学的方法的优选，即在主客观条件可能与可行的情况下，力图从诸多体育的教与学的方法中，找到科学的、更富实效的教学方法。第二，对体育教学方法的调节和监控。体育教学过程是预设与生成相互贯穿的过程，任何教学方法在体育教学活动中的应用都可能会遇到计划外的情况，特别是突发事件更会引发教学过程的生成性，应随时注意已选定并在应用中的方法可能出现的不协调，并及时给予纠正和补充，乃至创新。

体育教学方法是教学过程中体育教师和学生为实现体育教学目标，完成教学任务而采取的教与学相互作用的活动方式、途径、手段的总称，其在很大程度上关系着体育教学工作的成败与教学效率的高低，是能否实现教学目的，完成教学任务的关键。教学实践表明，体育教师如果不能科学而正确地选用教学方法，可能会导致师生精力消耗大，学生负担重，学习动作技能走弯路，练习技能不得要领，教学效果差，甚至导致学生受伤害。而一个好的教学方法能够促进体育教学整体功能的实现，激发学生学习动机和兴趣；能够有效地把感知、思维与练习紧密结合，强化和调节学生的学习行为，并有利于发展学生的智力，提高学生学习的效率和学习质量。

## 七、体育教师主导作用的发挥

教师的主导作用是指教师在学生学习活动过程中的导向、指导、帮助、调控功能，是指教学的内容、方法、进程、组织和实施通常都是由教师来设计和决定，在于帮助学生树立正确的学习目的，激发学习兴趣，培养科学的思维方法，以利于教师对学生传授系统知识，引导学生不断高效率地完成学习任务。

体育教学过程中，“教”和“学”是一对矛盾，教师是矛盾的主要方面，因为体育教师具有支配作用。一般来说，教师比学生有更为充足和丰富的体育与健康卫生知识，掌握着比较好的运动技能，有较好的思想修养，有较丰富的生活经验，可以起主导作用。

随着体育与健康课程标准的逐步实施和深化，体育教学已由“以教师为中心”转向

“以学生为中心”，“教堂”已经变成“学堂”，学生自主学习、合作学习与探究学习日渐普及，现代教育技术手段逐步普及。在此等背景下，是否意味着体育教师在教学中的地位下降了？体育教师的作用是否不像以前重要？答案是否定的。因为关注学生的主体地位并不意味着要否定和排斥教师的主导作用。体育教学中，学生虽是接受学习，但他们是教育信息的能动接受者，他们在教师的引导和指导下，通过内化，进行的是有意义的学习，所以教师的作用在教学中是不可或缺的。我们可以这么理解：学生主体作用能否得到充分的发挥，关键取决于教师主导作用的发挥；只有充分发挥教与学的积极性，才能达到最佳的教学效果。因此，如果忽视教师的主导作用，一味强调学生的主体地位，是盲目的、不科学的。体育教学活动是在充分发挥教师主导作用的前提下，通过确立学生的主体地位得以实现的。

体育教师的主导作用主要应体现在其对课堂教学的宏观调控上，在整个体育教学的过程中，体育教师主导作用的发挥对会教学效果产生影响。第一，体育教师能够对教学目标的制订进行宏观调控，让所有的教学活动都围绕着目标的实现来实施。第二，体育教师能够对教学计划的制订进行宏观调控，好的计划是实现教学目标的基础。在制订计划这一环节，教师可根据发展的原则和实事求是的原则，充分发挥主导作用。第三，体育教师能够对课堂教学活动组织进行宏观调控。一堂优秀的开放型体育课，追求的外在表现是如何将机械的口令化为某种学生可以接受的方式，使其有效地渗透到课堂里来；追求的实质性目标则是完全与体育与健康课程标准一致的。在课堂上，学生按照自己制订的活动方案进行锻炼，或整班教学，或分小组活动，他们不再拘泥于某种固定的形式。教师则完全作为参与者和指导者，学生成了课堂真正的主人。第四，体育教师能够对课堂评价进行宏观调控。对于课堂教学效果，学生应有自评，有互评，有师评。教师可站在不同于学生的高度，从自主发展、健康发展、充分发展的角度给予课堂教学以全面的概括，对学生的发展做过程性评价。

## 第二节　学生因素

### 一、体能、技能基础

体能是人们在生活、工作和体育运动中所表现的生物学综合能力，由人的身体形态、生理机能、运动素质及心理意志品质共同组成。其中，身体形态是指反映人体生长发育状况的各环节的围度、长度和充实度等外部形态特征，以及心脏的大小和肌肉横断面等身体内部形态特征；身体机能是指人体呼吸、循环、消化、神经、运动各系统的机能工作能

力；运动素质是指人体在中枢神经系统的支配下，在运动中通过肌肉活动所表现出来的各类运动能力。

良好的体能是提高运动技能的基础性保证。体能与运动技能的形成有着密切的关系，因为体能在运动技能的泛化、分化、巩固、自动化阶段都有着重要的影响作用，如在泛化阶段，体能起到唤起动机的作用。例如，在排球技术的学习中，如果学生具有一定的体能基础，加上排球这一新异刺激传人到神经系统，引起中枢神经的兴奋，学生就会对排球产生浓厚的兴趣，有利于技术的学习和掌握。

在技能方面，学生的运动技能基础对其学习新的运动技能有着积极的促进作用，学生已有的良好的运动技能对其学习新的技能具有良性的迁移作用，促使学生学习新的运动技能时，以较短的时间和较少的精力就可以掌握。

## 二、学习策略

关于学习策略的概念，各种研究从不同的角度阐述了其特征。国外研究认为学习策略是内隐的学习规则系统，是具体的学习方法或技能，是学生的学习过程；国内研究认为学习策略是学习者用以提高学习效率为目的的一般性的整体谋划，是在学习情境中学，学习者对学习任务的认识、对学习方法的调用和对学习过程的调控，是学习者为了达到某种学习目标，在实现一定学习任务的过程中，采用促进学习进程和提高学习效果的各种策略，主要是学习认知策略等。

本文认为，学习策略是学生为了达到预期的学习目标，通过某些程序、规则、方法技巧等主动对学习活动所做的自我调控，可以从如下方面加强对学习策略的理解。第一，是用于学习的计策谋略，是学习方法和规则使用中的科学（即方法和规则的使用有一定的可操作程序，是外显的行为）和艺术（对学习规则、学习方法等的灵活运用，是内隐的心智活动）的统一体；第二，是学习主体为实现学习目标而自觉主动使用的，并逐渐习惯化和自动化，甚至是下意识地使用的方法和谋略；第三，是有效学习所需要的，以追求最佳效益为根本；第四，其作用对象是学习活动及其要素（学习主体、学习客体、学习手段和环境等），学习策略旨在将各要素有机结合与合理调控，使之处于动态平衡之中。

体育学习是学生在教师指导下，为了达到特定的学习目标，提高学习效果，有计划、有组织、有系统地学习体育知识、运动技术、形成运动技能、培养品德和发展个性的过程，也是学生获得体育运动经验、提高体育素养、规范和改善体育运动行为而主动采取的对学习活动进行自我调节和控制的一系列程序、方法和技能的过程。体育学习策略是指体育学习者在目标学习过程中依据学习情境而对学习活动进行的有机调控。它是一种在体育学习过程中心理活动的操作过程，是认知策略和心理自我调控在学生体育学习活动中的一种表现形式；它既可是内隐的规则系统，也可是外显的动作操作程序与步骤，是衡量个体体育学习能力的重要尺度，是制约体育学习效果的重要因素，体育学习策略的本质属性是学生对体育学习进行自我调节和控制，一般包括体育学习的认知策略（包括对体育学习方法的一般性知识、程序操作知识以及方法运用的调控，是构成体育学习策略的最根本要素）、执行策略（对具体学习方法、学习程序运作的调控，是体育学习策略的具体执行系统，以相应的运动技能的内化、习惯化与迁移为基础）、元认知策略（在对学习情况综合分析、评价的基础上对体育学习方法、学习程序的整体统合与对执行环节的调节与控制）三个方面。

学生良好的体育学习策略主要有以下作用与意义：第一，良好的体育学习策略有利于培养学生适应日益拓宽的体育教学内容的学习能力，拓展其适应日益丰富的体育教学内容的素质结构。随着终身体育理念的日益深入人心，今天的学校体育只是学生从事终身体育内容的一个方面，学生走上社会以后可能会从事更多体育运动内容的学习和锻炼。学生具备了良好的体育学习策略，可以为进一步学习各种体育运动打好认知能力上的基础。第二，良好的体育学习策略可以使学生在比较短的时间内掌握比较丰富的、系统的体育学习的成功经验。掌握一定的体育学习方法并由此生成有自己特色的学习策略是一切体育学习取得良好效果的重要基础。体育学习策略可以集中他人成功的体育学习经验，增强学习活动的目的性、主动性，避免个体漫长的盲目探索，节约并集中学习者的智慧能量；可以保证学生在较短的时间内提高学习成绩，特别是中等生受益最大。

## 三、学习动机

动机是直接激励或推动人去行动以达到一定目标的内在原因或动力。它是人在各种活动过程中，为了保证自己的生存，满足各种需求而产生的。人的绝大多数动机都是需要的动态表现，需要产生动机，动机激发行动。动机也可以看成从事某种特殊行为的理由，尤其是人的心理与神经方面的行为。这些理由可能包括基本的需要，如食物或渴望的东西、业余爱好、目标、事物或者达到理想的状态。动机是直接推动一个人进行活动的内部动力，其强度的大小取决于三个相互作用的变量。第一，需要的强度，即有机体内的结构与本能的空缺状况；第二，刺激物的激活效应，即外界环境所提供的条件对有机体的激活效能；第三，目标诱惑的大小，即在众多刺激中能够构成行为目标对人的诱引力。其中任何一个变量的变化都会影响动机强度的变化。现实生活中人的行为和动机也是由这三个要素的相互作用来决定的。

学习动机，一般指直接推动学习的内部动力因素。作为学习动机的心理因素，首先是学习的需要。这种需要是社会、学校、家庭的影响在青少年学生头脑中的反映，它可以是学生对于学习的必要性的认识及信念；可以是对学习的兴趣、爱好或习惯、学习目的、学习态度和学习志向水平等；也可以是学生对于未来的一种理想。学习动机至少具有三种重

要的功能：第一，指引方向，指学生按照动机所激发的方向，向前努力，争取成绩；第二，集中注意，指学生排除干扰，克服困难，集中注意于所学习的对象；第三，增加活力，指学生主动积极地努力学习，求达目标，使自己的愿望得以实现。

一般而言，合适的学习动机是促进学生学习取得成效的因素之一，学生学习动机的强弱直接影响其学习效果。学生往往对自己感兴趣的、符合自己需要的、对自己认为有重要价值的学习内容投入更多的时间和精力，并能从中获得较大的满足感。学习动机过弱或过强都会给学习效果带来不利影响。当学习动机很弱时，学习者易被无关因素吸引，导致分心散漫或漫无目的。学习积极性不强且不能持久，学习效果一般也较差。如学生对长跑有畏难、抵制情绪或怨恨时，会影响到其运动成绩或水平。动机很强烈时，学生虽然高度集中于学习内容，很少关注无关刺激，而把注意力集中在与解决问题有关的某些重要特点等因素，但也可能过于紧张、焦虑，心理负荷过大，影响到学习效果。

体育教学中，学生的学习动机是复杂多样、旨趣各异、层次各异的。而因为学习动机与学习效果有着密切的关系（一般情况下，动机好，学习效果好；动机差，学习效果差），所以教师在体育课教学过程中要通过观察、与学生的交谈等方式，直接或间接地了解学生的体育学习动机，将学生动机调控在合适的范围内，以便更好地因材施教，收到好的教学效果。

## 四、学习兴趣

学习兴趣是对学习的一种积极的意识倾向和情绪状态。人的学习兴趣问题历来受到众多教育家的重视。浓厚的学习兴趣会使个体产生积极的学习态度。从教育心理学的角度来说，兴趣是一个人倾向于认识、研究获得某种知识的心理特征，是推动人们求知的一种内在力量。学生对某一学科有兴趣，就会持续地、专心致志地钻研它，从而提高学习效果。从对学习的促进程度上来说，兴趣可以成为学习的原因；从学习产生新的兴趣和提高原有兴趣来看，兴趣又是在学习活动中产生的，可以作为学习的结果。所以，学习兴趣既是学习的原因，又是学习的结果。

体育教学中，学生的兴趣是上好体育课最重要的前提之一。当学生对体育课的内容、形式及教师的教学组织特别有兴趣时，他们会精力集中，情绪高涨，高度自觉、主动地进行练习，能够努力克服体力和心理等方面的困难。一堂课下来，即使体力消耗较大，但仍感觉时间不够，有意犹未尽之感。学生的这种情绪会促使他积极自觉地从事课外体育活动，用以弥补他们体育课之“不足”，还会使学生盼望下次体育课的到来。学生的这种心理和精神状态，对上好体育课是一个极为有利的前提条件。

体育教学中，很多身体练习、技能练习等工作都在较大程度上依赖于兴趣。兴趣是能量的调节者，它的加入动员了储存在内心的力量，使学习具有趣味，使体能、技能练习显得易于完成且能降低疲劳感。因此，学习的兴趣是促成体育学业成功的巨大动力。如果丧失了学习兴趣，把学习看成一种无奈，一种应付，一种苦差事，那么学生练习的主动性和积极性会受到阻遏，效果难以提高。相反，如果对学习感到趣味隽永，就会积极主动，全神贯注，克服困难，激发身心潜能，提高学习效果。

## 五、参与程度

现代研究表明，“学生参与”是行为参与、情感参与和认知参与的组合，其中认知参与和情感参与是以行为参与为载体的，并表达“学生参与”的实质内涵。体育教学的效果是从学生身上体现的，而学生的参与程度是体育教学效果的一个重要体现。学生的参与是体育知识内化的必要条件，学生参与程度的高低是衡量体育教学效果的重要标准。体育教学要面向全体学生，根据学生的实际水平，技能学习、体能练习等基本程序，让学生直接参与整个体育教学过程，让所有学生尽可能达到必学内容的要求。当然，体育课中需要强调的是鼓励学生参与，一是让全体学生达到要求而不是为了应付考试，盲目拔高；二是由于学生在体能、技能、身体素质、运动兴趣等方面的差异，教师不能强求一致，搞一刀切。对体育学习有困难的学生，教师要帮助他们达到基本要求，对学有余力的学生要适当提高要求，让学生都能“吃饱”“吃好”，所以，全体学生参与程度高是教学效果的重要保证。

参与程度高的另一个标志是参与体育教学的全过程，一节课的教学是整个单元教学计划的一部分，是一个按照课程标准有目标地、按教学规律实施的整个过程中的一部分，每个环节都是为了促进学生的进步和发展。如果一节体育课仅仅是少量体育成绩较好的学生在练习，就不是好的教学模式。如果大部分学生都是“出工不出力”，课堂上只是有表面的热闹，也不可能取得好的教学效果。

## 六、参与方式

体育教学过程的主体是学生，如何在教学中调动学生的积极性，如何使学生在多次练习中获得发展和进步？关键在于教师要精心设计和科学安排学生的参与活动和参与方式，确定学生的参与程度。

学生的参与方式是教学过程的基本变量，涉及学生的思想观念、情感态度、认知方式、信息处理的方式等。根据学生参与方式进行针对性的教学是教师开展有效教学活动的前提，参与方式与教学方式互相依存。研究者在研究学生参与方式的概念时，往往会根据自己的研究角度，把学生参与方式作为一个组合概念，看作行为参与、情感参与或认知参与方式及社会化参与的有机结合。其中学生的行为方式是载体，认知和情感因素表达了参

与方式的实质内涵。学生参与方式的改变意味着教师要改革学生的学习态度、学习意识和学习习惯。

参与方式影响学生学习的兴趣，强制的、让学生被动接受和练习的体育学习方式在推行素质教育的今天已明显落伍。传统的被动接受式的学习往往让学生产生厌倦情绪，丧失学习兴趣，也不能获得好的学习效果，而自主的探究式参与学习往往受到学生的欢迎。因为这种参与学习是学生从心底里愿意去进行的，能够调动学生的学习兴趣，激发其学习动机，从而使其取得较好的学习效果。可见，参与方式对学习效果的影响主要是通过影响学生的学习态度而起作用的，积极的学习态度会带来积极的学习效果。

在体育课中，学生的参与方式与程度在很大程度上影响着其学习效果。按照学生的学习积极性大小或参与的主动性或被动性来区分，可以分为主动参与和被动参与。学生的主动参与是优化教学过程、提高学习效率的新型学习方式，它意味着体育教学领域内的学习方式的变革。主动参与教学模式是为改变传统体育教学中以教师为中心，以学生为知识容器，以学生处于被动听从教师调遣的状况而提出的，它既是一种模式，更体现了一种新的教育理念。

一般情况下，学生在主动参与或全身心参与的情况下进行体育课的学习，其学习效果要好于被动参与和非全身心参与。因为在前两种情况下，学生的主动积极性能够得到开发利用，注意力会高度集中，有比较高的自信心，能充分发挥自身潜能，以比较饱满的精神状态投入学习、练习和锻炼中去。听教师讲解、看教师示范、和同伴合作或独立练习时，他们都能抱着认真、积极、乐观的态度。而当学生在学习中遇到疑问或练习有困难时，他们会以积极的态度去应对和克服，其学习效果自然得到提高。

# 第三节　教学内容因素

## 一、体育教学内容简介

体育教师要提高体育教学的有效性，必须保持每堂课的教学信息量，并保持每堂课的有效内容量。课堂信息量过少，环节松懈，势必导致时间的浪费。信息量过大，密度过大，学生就会“吃不了”，导致其产生挫折感，降低努力的动机和取得好成绩的信心，教学效益自然低下。

因此，选择“什么内容”以及“多少内容”是两个重要的因素。体育教学有传授体育知识、增强学生身体素质、提高学生健康水平等功能，但也有浪费时间，压抑学生发展的消极影响。有效体育教学主要研究如何提高传授体育知识，促进学生技能、体能等方面的发展，如何避免或减少给学生造成负面影响等问题。

体育教学内容是指教学大纲和教科书、校本教材、地方教材上的内容，是学生身体素质和健康、心理、社会适应、运动技能等方面发展的主要依据。从某种意义上看，体育教学内容体系的确定是一种价值的判断和选择，应是建立在为实现既定教学目标基础上的理性和逻辑思考的结果。体育教学内容内涵非常丰富，也是体育教学中常用的概念。根据体育教学内容的表现形式，其可以划分为知识性内容（体育运动基本知识和理论的内容，以理论学习为主）、技能型内容（体育运动基本技术能力的内容，以运动技能练习为主）、素质性内容（包括身体健康素质和身体运动素质的内容，以身体练习为主）三个维度。

体育教学内容虽具备上述分类，但是体育教学内容并不都能同等有效地促进学生身体素质、心理、社会适应、运动技能等方面的发展。体育教学内容中促进身体、心理、社会适应、技能发展的含量是不同的，各种教学内容、不同的运动项目在其中起的作用也不一样。体育教学内容中促进身体、心理、社会适应、技能发展的潜在价值转换为促进身体、心理、社会适应、技能发展的实际效果也是有条件的，如集体项目和个体项目在促进学生社会适应能力的效果方面就有差异。并非所有的体育教学内容具有同等的较高的促进身体、心理、社会适应、技能等方面发展的价值，不同的体育教学内容的促进身体、心理、社会适应、技能发展的价值是不同的。

由此可以推断，强调教学内容的重要性并不意味着教学内容越多，促进身体、心理、社会适应、技能等方面的发展的作用就越明显。有时教师讲授了解决某个问题所需要的全部教学内容，但是学生的身体、心理、社会适应、技能还是不能得到有效提高。因此，旨在促进学生身体、心理、社会适应、技能等发展的有效体育教学并非不要体育教学内容，而是要使学生掌握促进身体素质、运动技能、心理水平、社会适应能力发展含量高的、具有较好迁移性的体育教学内容。

那么，究竟哪些教学内容是促进身体、心理、社会适应、技能等发展价值含量高的有效内容？这在很大程度上和教学内容本身的属性、结构，教师讲授内容的程度、方法以及学生群体或个体掌握内容的动机、兴趣及深度和技巧等因素相关。从体育教学内容本身的属性来说，体育教学内容是学生身体、心理、社会适应、技能活动的物化，是客观存在的，本身蕴含着一定的促进身体、心理、社会适应、技能发展的含量。但事实上，并非所有的内容都含有同等的促进身体、心理、社会适应、技能发展的价值。

体育教学中，教师和学生的行为一般围绕着具有某些特征性的主题，如课堂的一般内容、认知教材、活动教材、学生的参与情况等展开。其中，一般内容包括转移、管理、中断、热身；认知教材包括技术、策略、规则、交往、背景等方面；活动教材包括单独练习、分组或例行练习、比赛、体能练习；学生的参与情况又可以分为非动作参与和动作参与两个部分，前者包括过渡时期、等待、分心、专心、认知，后者包括适度活动、非适度活动、支持协助等。教师要区分体育教学中的有效内容，可以从上面的分类中找到思路。

体育教学的效果和很多因素相关，其中之一是有效知识量。教学的有效知识量是促成和提高学生有效学习的基础。学生获得的有效体育知识量是其知识总量中具有迁移性的知识量，是身体、心理、社会适应、技能发展的基础。为了促进迁移，教师必须选择那些具有高度概括性、基础性的内容为教材中心，如一般以发展基本身体素质、基本运动能力的内容为教材。因为其结构不但可简化知识，还可以重组产生新内容，并有利于知识、技术、技能的应用。教师在体育教学中可按迁移规律去选编最佳教材，并使之适合学生的身心特点。同时，选编的每个阶段的教学内容应具有共性、抽象性和“普适性”，能对日后的进一步学习或其他内容的学习起基础作用。

传统的体育教学强调传授学生体育知识，提高身体素质和提高运动技能，而有效体育教学应该考虑什么体育知识最有价值，如何将体育知识内容、社会性发展目标、学生的发展三者有机结合。体育教学内容应强调给学生以身体、心理、社会适应、技能全方位的发展，应该把传授体育知识当成手段，视学生身体、心理、社会适应、技能全方位的发展为目标。手段是现象，目标是实质，目标统领手段，手段为达成目标服务。

## 二、体育教学中的有效内容和无效内容

### （一）教学效果意义上的有效内容和无效内容

从教学效果的角度看，体育教学内容可以分为有效内容和无效内容，体育教学的效果取决于教学的有效内容量。体育教学内容是一堂课中全部的教学内容，是客观存在的，包括体育教学中的有效内容和无效内容两部分（不可否认，在一定程度上有效内容和无效内容是学生对教学内容的价值感受和判断，具有主观性和情境性）。一般而言，体育教学中的有效内容是教学内容总量中能对学生实实在在产生效果的包括身体、心理、社会适应和技能等方面的效果；能为学生真正理解和掌握，并能促进正迁移的内容，包括体育知识，技能、素质等，其余则为无效内容。

体育教学能够促进身体、心理、社会适应、技能发展，但取决于什么样的内容以及何种教学方法。常听说“学生喜欢体育，但是不喜欢体育课”，原因固然很多，但是有一条，就是教学内容的选择上，在于教学中的有效内容量过低。所以，就教学内容而言，影响体育教学的有效性的并非教学内容没有科学性，也不是单纯增加教学内容，更非延长教学时间，而是提高体育教学中的有效内容量。

### （二）信息科学意义上的有效内容量

体育教学理论和实践中尚无有效教学内容和无效教学内容的概念，但可能也是因为这些概念的缺乏，阻碍了对体育教学效果含义的全面、深层、细致的理解。

根据体育知识或教学内容有无信息价值，可以把体育教学内容划分为有效内容和无效

内容。虽然在一般意义上说，所有的体育教学内容都能促成教学的有效性，但是如果从信息学的意义来说，体育知识就其信息的价值，其有效性是暂时的。随着人类认识水平的不断提高，随着新型体育项目的不断涌现，有些体育项目或体育教学内容就其信息意义或应用价值来讲，会逐渐失效、与时代发展不相适应，其有效性会逐渐降低，到趋于零，甚至负效。

按照信息学的理论，体育教学是教师将信息传递给学生，学生将信息收集和内化的过程。传统体育教学关注的是信息传递的总量，有效体育教学关注的是学生通过体育教学能够选择、提取和吸收信息的量，追求信息传递的目标即学生实实在在的收获。因此，本书尝试性地提出了体育教学效果的两个公式。

体育教学有效内容＝教学内容总量×可被接受百分率

体育教学有效内容量＝体育教学内容总量－无效内容量

当然，以上公式只是在一定程度上表明了教学内容中的有效和无效内容的关系，要提高有效内容量并不等于完全排除无效内容，有时无效内容不仅不能少，甚至是必不可少的。比如，体育课的准备活动一般采用慢跑、徒手体操、游戏等方式，这在内容方面来讲是无效的，但是对整个课的完成却是必备环节。重要的问题是要减少课的时间浪费，提高教学的有效内容量。

同时，信息科学中有“信息效用”是指信息消费的效益尺度、问题解决的结果表征和信息用户价值目标的总称，其实现过程是信息用户与信息相互作用的过程和结果，表现出复杂性、多样性、于用户的相对性和可操作性等特点，其意是强调“有效”，把信息科学中的信息、科学信息和有效信息等相关概念加以区分。这也给体育教学内容的研究带来了启示，即体育教学中的内容和有效内容量是相关而不相同的两个范畴，内容量多不等于有效内容量多，即使有效内容量多也不等同于教学有效性高，而内容量多更加不等于教学有效性高。所以，教学的有效内容量是体育教学有效性的第一个衡量标准。

这一点从体育教学实践中也可以体会到，体育教学的成功不是取决于教学内容的总量，而是学生实实在在学到了东西和所学知识的多寡，是增强了身体素质，提高了体能，发展了社会性人格等方面。学生关注的可能会是教学内容是否客观、真实、科学，但是更加关注教学内容是否有新意，是否适合自己的体能、技能、认知能力、身体素质等基础，关注教师的教学方法、组织、时间安排等方面是否能真正调动学生的学习积极性，让学生乐学、乐动。

体育教学内容的客观性、科学性与教学效果相关，但并不存在必然联系，即有了科学的体育教学内容，其效果不一定好。例如，教小学低年级学生急行三级跳远，教排球课的梯次进攻等内容，教大学生跳绳、立定跳远、老鹰抓小鸡的游戏等，虽然内容是科学的、正确的，但却因为不适合教学对象的年龄特征和心理需求，很可能没有好的效果。由此可见，体育教学效果和教学内容有关，但不取决于其本身，而取决于教学内容对学生而言，

是否是他们真真切切受益的，是否是促进发展的内容量，姑且谓之“体育教学中有效内容量”。

## 三、教学内容的数量

体育教学的有效性和教学内容的数量密切相关，数量要保持在一个合适的范围，并不是教学内容数量越多，教学效果就越好；也不是非教学内容越少，教学效果越好。教学内容过多可能导致学生“消化不了”，教学内容过少可能导致学生“吃不饱”。因此，保持合理的教学内容数量是一个重要的课题。确定教学内容的数量要以全班大部分学生能够学习完并比较好地掌握为依据。

教学有效内容量是能够有效地促进学生体能、技能和健康水平以及心理水平提高的内容多少。体育教学有效内容或指新项目且学生在一定的教学时间内能够学好、掌握的内容，或虽然存在较长时期但学生未学习过的而且经过一定的努力能够学好、学后有用的内容。体育知识和有效体育知识是既有区别而又相互联系的两个概念，体育知识并不一定等于有效体育的知识。体育教学内容是否有效和体育知识的属性以及学生的状态有关，如内容虽然是科学正确的，但全是学生已学习过的知识技术和技能，或者是他们听不懂和无法接受（由于自身体育知识基础、体能、技能和身体素质基础不能适应）的内容，这就叫作“正确而无效的知识”。因此，体育教学效果不取决于教学内容是否正确、是否丰富和教学时间的长短，而取决于有效的体育知识量。其主要表现为：学生的体育知识、技术和技能增长取决于有效体育知识和体育运动技术量，教师教学内容（知识）的数量和学生体育知识的增长的数量并非一定相等，即体育教学内容的总量不等于学生体育知识的增长量。如果内容选择不当，则可能导致学生体育知识的增长量少于体育教学内容的总量。

## 四、教学内容的实效性

教学内容的时效性是促进各级各层次学校体育教学取得良好效果的前提之一。教学内容要讲究实效，不能只是追求形式，流于花哨，这样才能真正起到促进学生掌握体育知识、技术和技能、提高身体素质的作用。例如，有研究认为在高校体育教学中，学校应根据学生的特点以及地域、气候、场馆设施等不同情况确定课程内容，课程内容应力求丰富多彩，为学生提供较大的选择空间；要注意课程内容对促进学生健康的实效性。

## 五、教学内容是否符合学生兴趣

学生是体育教学的主体，其年龄特点、性别差异、身体素质特点、兴趣爱好特点等是进行体育教学的基础和前提。体育教学内容是为实现体育教学目标而选用的体育卫生保健知识和各项运动技术。内容的选择必须符合学生的特点，这样才能有效地激发学生的学习兴趣，产生较好的体育教学效果。体育教学内容是灵活的，可以有多种选择，但选择的原则之一是要符合学生的学习兴趣，要精选那些健身效果好、符合学生特点的内容，最大可能地调动学生学习的积极性和主动性，提高教学效果。教师可在全民健身与大众教育相结合的基础上，将学生喜闻乐见、参与度高的项目引入课堂。

众所周知，体育异于竞技，其作为一般水平的大众竞技运动，可以作为体育课的内容甚至主要素材。但不能照搬那些技术过繁、难度过大、规则过严的竞技体育内容进入体育课程范围，这有悖学生特点，也不利于其身心健康。教师可根据学生特点和不同需求、课程目标、办学条件、学生体育基础等条件，尤其是围绕增强体质、增进健康的课程目标，对一般水平的大众竞技体育项目进行精选和科学的加工改造，使其转化为面向全体学生并受其喜欢、在班级授课形式和既定课时的情况下，能让学生基本学会并能收到健身等多种功效的体育教材内容。

## 第四节　教学环境与条件因素

### 一、体育教学环境

#### （一）体育教学的场馆器材

巧妇难为无米之炊，体育教学要取得良好的教学效果，也必须以充足完备的教学场馆器材作为保证条件。器材的准备是体育课堂运动量与运动密度的基本保证，也是上好课必不可少的条件之一。如果场馆设备不充足，大多数教学内容都可能无法顺利实施，教师只能选择对场地器材要求不高的项目进行教学，或者在选择对场地器材要求较高的项目教学时在实施过程中打折扣，影响教学效果。

#### （二）体育教学的人文环境

体育教学活动中的人文环境是能够激发学生主动参加体育教育活动，积极自觉地进行身体锻炼的活动氛围，如体育课堂的合理安排和布局、学校组织的各种体育活动、各种体育竞赛活动、与社会的交往，体育学习风气，社会信息、社会经验及良好的体育校风等。它主要包括人际心理环境、情感环境和文化心理环境三个子环境。其中，人际心理环境是指教学中的人际关系状况，它是由学校内部的各种人际关系，如师师关系、师生关系、生生关系等构成的一种特殊的社会环境。良好的人际关系是创建体育教学心理环境的重要前

提，也是体育教学成功的关键。情感环境是师生个体之间的情感状况，教学过程在很大程度上也是情感交流的过程，良好的情感环境有利于教师顺利完成体育教学任务，达成体育教学目标，提高教学效果。文化心理环境是指师生的道德价值观念和行为准则，在教学过程中主要表现为教育价值观和品德观。良好的文化心理环境能够为体育教学提供正确的导向作用。

（三）同场上课班级数量的多少

同场上课的班级数量对体育教学的效果有重要影响。首先，班级越多，各班分配的场地面积相对减少，活动区域相对减少，这对一些对场地空间要求较大的项目来说，肯定会有不利影响；其次，班级越多，相互活动导致的相互干扰也会越强烈，容易分散学生的注意力，使学生出现分心、走神的现象，影响到最终的教学效果。

## 二、体育教学条件

（一）物质条件

物质条件主要是指现代化的体育教学手段，现代化的体育教学手段主要是利用现代技术条件，靠电声波、电光波、电磁波等传输体育教育信息的教学手段，包括幻灯、投影、录音、广播、电影、电视、唱片、实验室、电子计算机、程序教学机等硬件和软件。在体育教学中，教师必须考虑教学手段对提高教学有效性的贡献。教师有效地利用现代教学媒体有助于实现以下几个方面的目的：使体育教学更有趣；能够更仔细地选择和组织教学内容；教学的陈述能更加标准化；在运用可接受的学习理论时，学习变得更加互动；可以缩短需要用于教学的时间；提高学习质量；在既定的时间或空间里，能够实施好教学（即教学的“即插即用”）；个人针对学习内容和学习过程的态度能够更加积极；教师的作用能够得到加强。

信息时代的到来，计算机的进一步普及，都使得教学手段日益丰富和多元。而随着CAI的运用，实现体育课堂教学手段现代化在环境和条件上均已成为可能，也为体育教学效果的提高提供了基础。现代化的教学手段对提升教学效果的作用主要表现在以下三个方面。

第一，大大提高了传授体育与健康知识、学习运动技术和技能的效率和质量。由于CAI的优秀课件具备动静结合、声像并茂、人机交互等诸多功能，特别是优秀运动员在运动技术上的示范或者是在比赛中的技术发挥，教师可以将某些教学内容以形、声、色等生动活泼的形式直接诉诸学生的多种感官，可以将静态的教学信息动态化、复杂的教学过程形象化、可以吸引学生长久的注意并引起思考，使学生产生跃跃欲试的感觉，使学生的大脑在愉快、身临其境的气氛中处于兴奋状态，达到有效激发学生运动欲望、促进形象思维能力及提高运动技术水平的目的。

第二，与传统教学方法比较，CAI手段加大了体育课堂教学的密度、扩大了教学信息含量、增强了直观性、有效提高了教学效率。现代教学手段使传统的教学手段获得了更新，推动了教学方法的革命。现代化教学手段的应用可以在保证教学质量的条件下，更节约教学时间，提高教学效果。例如，观看教学多媒体可以使学生对运动或动作、技术有一定的直观认识。教师可以运用体育课备课软件、运动会编排软件等达到省时省力，从繁重的任务中摆脱出来的效果。

第三，现代教学手段在增强学生体育与健康知识，提高运动技术与技能的同时，更促进了教师教学水平的提高。为了充分发挥CAI等现代教学手段的优势，使其利用效益最大化，体育教师必须亲自参与课件的设计、制作、调试、运用、反馈的全过程，体育教研组成员可以相互借鉴和学习。要想做到这一点，体育教师必须深刻理解教学内容、准确把握教学重、难点，对教学各环节、步骤及层次了然在心。这对提高教师的备课水平和教学能力具有积极意义，对提高体育教学的有效性也非常重要。

### （二）自然条件

自然条件指一个地区天然的、非人为因素改造成形的基本情况。影响体育教学效果的自然因素主要包括地域和气候因素。

#### 1. 地域因素

地域对于体育教学的效果有较大影响，特别是对于某些地方性项目而言，这种影响可能会更大。南方地区开展北方地区的传统项目，如滑冰；北方地区开展南方传统项目，如游泳。不同地区在师资、场地、设施、对运动项目的认识和理解、在运动氛围的营造方面可能会与原地有较大差异，不是“原汁原味”，甚至“变相走味”，造成“橘生淮南则为橘，淮北为枳”的后果。这就增加了正确掌握技能的难度，影响了教学效果。

#### 2. 气候因素

气候条件是影响体育教学效果的一个重要因素。体育与健康教育是一门比较特殊的学科，体育教学大部分是在室外完成的，体育教学的内容和形式经常受到气候条件的影响和制约。

自然环境中的气温、气压等因素的变化对体育课中学生的生理、心理等因素都有一定的影响，一般学校体育课通常都安排在上午10点以后或下午阳光充足的时间。如果是炎热的季节，阳光中的紫外线辐射也是最强烈的，在这样的环境下上体育课必然受到影响。学生可能会出现注意力不集中、练习疲惫、表情淡漠、练习兴趣下降等问题，甚至可能会导致中暑、痉挛等热伤害。而寒冷的季节也会给学生的训练带来诸多不便，如骨骼肌的黏滞性增大，关节韧带僵硬、伸展性和弹性下降，肌肉、关节、韧带易于受伤。此外，气压的变化对人体也有明显影响。高气压时，容易增加心脏的压力，抑制机体充分有效地活

动；在风速大、沙尘飞扬等恶劣气候环境中运动，容易引起呼吸道疾病等。在室内体育教学场所时，如果上课时班级多、学生多，不可避免地将产生一些灰尘，学生之间会相互干扰，影响了教学效果，也影响到学生健康。如果在炎热的季节中进行运动而且缺乏良好的通风条件，其污染的环境可引起学生心率较快、呼吸短促、易疲劳、耐力差等症状，这不仅有损学生的身心健康，也会影响到教学效果。

# 第六章　体育综合体能训练教学

# 第一节　力量训练的教学方法

## 一、力量训练的方法和手段

最大力量的提高从根本上讲主要取决于肌肉的生理横断面和肌肉内协调能力的发展与改善。增大肌肉生理横断面是铅球运动员提高力量的有效途径。进行增加肌肉生理横断面和发展最大力量的训练，必需科学地确定负荷强度练习的重复次数与组数、练习的持续间和组间间歇时间。

### （一）负荷强度

采用本人最大负荷的60%～85%。100%的极限负荷强度应慎用和少用，减轻运动员的心理负荷和防止受伤。

### （二）重复次数与组数

每组4～8次，可做5～8组。

### （三）组间间歇时间

高水平运动员一分钟即可，一般2～3分钟。

**1. 最大力量训练中练习强度与训练量的设计与控制**

（1）练习强度的设计与控制

在进行增大肌肉生理横断面的最大力量训练中，在训练的最初阶段，力量训练效果几乎不取决于阻力的大小，而是要保证一定强度下的（40%～60%）练习量，然后，再采用大强度进行训练，但不宜过多采用95%以上强度的训练。

最大力量的练习强度有两种基本形式：一种是逐渐变化，另一种是跳跃式的变化。逐渐式适合于一般水平的运动员，跳跃式适合于高水平运动员。此外，练习强度应在一定训练量的基础上逐渐加大，这样可以避免受伤，保证力量素质稳定增长。

（2）训练量的设计与控制

练习次数随强度的增加而减少，一般每增加5%的强度，练习次数减少2次。练习组数以不降低每组练习的重复次数为原则，要保证最后一组的练习能完成所规定的重复次数：增大肌肉横断面的练习持续时间需要30分钟左右，间歇时间可短些，20～60秒。

**2. 最大力量的训练方法**

在铅球运动员的力量训练中，通常采用的方法有重复训练法、极限训练法、强度训练法（塔式）等，在此只介绍最常用的几种。

（1）重复训练法

重复训练法是指运动员在动作和负荷要求不改变的情况下，有间歇地反复进行练习，而每组练习之间的间歇，要在机体基本恢复后再开始下一组的练习的方法。例如：某运动员下蹲最好成绩是200千克，在某次训练课上用80％（160千克）的重量最多做5次，共做5组。这种方法主要是用来增加肌肉的横断面及提高速度力量，适用于初学者和中等水平的运动员。而对于高水平运动员，往往是作为大强度训练的辅助方法。我国女子铅球运动员采用此种方法的训练效果比较理想，如卧推的重量控制在最大重量的75％～80％，一次训练课做5～7组，每组做5次；下蹲的重量控制在最大重量的70％～75％，一次训练课做5组，每组做5次；高翻的重量控制在最大重量的75％～80％，一次训练课做5～7组，每组做5次。这样安排既有利于保证动作速度，又能促进最大力量的提高，并且有利于安排其他训练内容和下次课的练习。

（2）极限训练法

用最高成绩的75％～80％的重量，每组重复做到举不起来为止，使参加工作的部分肌肉产生疲劳，中枢神经系统必须调动另一部分肌纤维来参加工作。采用这种方法时，因中枢神经系统的负担较大，所以恢复的过程较长。强度训练法（塔式训练法）这是一种综合训练的方法，即将一定强度和一定练习次数的力量练习组合在一起，并随着重量的增加而逐渐减少重复次数，这样既有利于负荷调节，又可预防受伤。以极限重量100千克为例，国际上一些著名的投掷力量训练专家认为，为了更好地解决有机体对力量刺激的适应性，建议投掷运动员的力量训练应采用综合练习的方法。实践证明，最佳效果的组合为：50％（克制）；25％（等长）；25％（退让）。快慢动作的组合训练法：慢动作的力量训练效果最好，但将慢动作与快动作结合起来训练，效果更好。

不同强度交叉训练法：利用大、中、小强度的变换组合，改变刺激方式和刺激方法：例如，用本人最大力量的80％的重量与40％的重量交叉进行训练。

**3. 最大力量的训练手段**

目前，国内外优秀运动员最大力量训练中采用的手段主要集中于三个方面：

卧推类：以仰卧推举杠铃为主。向上推举，快速向斜上方推。

下蹲类：全蹲、半蹲。

整体用力类：抓举、挺举、高翻、提铃以及抛重物等。

应采用克制性和退让性相结合的动力性练习。不宜过多采用最大负荷。根据运动员的实际情况，选择相应的训练方法和手段、控制好训练量和训练强度。要把大、小肌群，屈、伸肌群的练习手段结合起来安排。

## 二、速度力量训练的方法与手段

速度力量是指肌肉快速克服阻力的能力。速度力量对铅球运动成绩起着至关重要的作用。速度力量是力量和速度有机结合的一种特殊力量素质。运动员在完成动作时所用力越大，时间越短，则所表现出的速度力量就越大。所以，只有使肌肉的最大力量和收缩速度两方面都提高，才能获得最大的速度力量。

### （一）负重练习法

运动实践中有各式各样通过负重方式发展速度力量的方法。

**1. 负荷重量**

在速度力量训练中，若负重过大，影响完成动作的速度；反之，负重过轻，又难以提高肌肉快速克服阻力的能力。一般多采用本人最大负重的40%～70%的强度，这可兼顾力量和速度两方面的发展。

**2. 练习的次数和组数**

一般每组重复5～10次，完成3～6组。练习组数的确定，应以运动员不降低完成动作的速度为限，如动作速度下降，可停止练习。

**3. 组间间歇时间**

组间间歇时间一般为2～3分钟。间歇时间过长，会导致中枢神经系统兴奋性下降，影响下一组练习。

### （二）不负重练习法

不负重练习法主要是多种形式和要求的克服自身体重的跳跃练习。例如，各种方式的台阶跳、跨步跳、单足跳、纵跳、蛙跳和跳深等练习。上肢训练多采用与专项动作相结合的各种击打、挥摆、投掷和快速鞭打练习。采用较小重量或器械发展动作速度，提高动作力量水平的各种练习也可包括在该类练习内。例如，持轻器械或非标准加重器械的专项比赛动作的快速练习，该类练习除要求动作速度外，还有严格的技术要求。台阶跳、障碍跳或跳深的高度要合理，练习要注意保持动作的连贯性和爆发性用力的特征。这些练习可以用双脚，也可以用单脚跳。练习前要做好充分准备活动，防止肌肉拉伤和踝关节扭伤。徒手的快速专项动作练习，把快速力量训练与专项技术训练相结合，也是发展快速力量素质的有效手段。

**1. 速度力量训练中练习强度与训练量的设计与控制**

（1）练习强度的设计与控制

速度力量训练的负荷强度变化幅度很大，从30%～100%强度的负荷都可安排。克服较大阻力的局部肌肉或肌肉群的快速力量练习，负荷重量可达最大负荷的70%以上；动作

结构和肌肉工作状态与专项比赛动作相似的专门的练习，所负重量是最大重量的 30%～50%。当采用专项比赛动作进行快速力量训练时，阻力大小可采用与比赛一样，或略大于和略小于比赛负荷。

（2）训练量的设计与控制

重复次数和练习组数不宜过多，以不降低练习速度为原则，并与练习采用重量有密切联系。负荷重量大，练习强度大，则重复次数就少，反之，则多。每组练习次数一般 1～5 次。速度力量训练的练习持续时间，一次不宜过长。因为该类练习对动作速度和中枢神经系统的兴奋性要求较高。通常一次练习在 15～20 分钟，组间间歇一般在 2～3 分钟。

**2. 速度力量训练应注意的问题**

（1）训练中应注意把局部速度力量训练与整体速度力量训练相结合

局部速度力量水平的提高，有利于全身速度力量的提高。所以，训练中应注意把单个动作的速度力量练习与多种动作的速度力量练习相结合，将大肌肉群练习与小肌肉群练习相结合。

（2）应重视提高最大力量

肌肉力量是肌肉收缩速度的基础，因此，提高快速力量素质要着重注意提高力量因素，尤其是提高最大力量的水平。应注意完成力量练习中的技术因素和速度要求，且注意力量练习动作的正确性和迅速发挥强大力量的能力，产生最大的速度力量效果。练习动作要连贯自然。速度力量训练中，应注意速度与力量两种训练因素的最优组合。在处理动作速度和负荷重量的组合关系时，有三种方案可选择使用。第一种动作速度不变，增加练习重量，称“力量性”速度力量训练。第二种练习重量不变，提高动作速度称“速度性”速度力量训练。第三种练习重量和动作速度同时增加，称“全面性”速度大量训练。推铅球运动和其他投掷类项目多偏重于“速度性”速度力量训练。

**3. 力量耐力的训练方法和手段**

力量耐力是指运动时肌肉长时间克服阻力的能力。主要取决于无氧代谢的机能能力和工作有效地利用氧的能力，以及血液循环和呼吸系统的机能能力，同时也取决于运动员克服自身疲劳的意志品质。力量耐力与最大力量有密切关系，不同运动员在完成同一负重时的重复次数，主要取决于最大力量。最大力量大，则重复次数多，力量耐力好。力量耐力包括一般力量耐力和专项力量耐力。

（1）专项训练法

该方法主要发展专项力量耐力。各种专项练习和比赛练习，都是发展专项力量耐力的有效手段。在选择专项练习时，要重视那些在用力性质与动作结构上接近比赛的练习。肌肉工作的方式应以克制和退让相结合的动力性工作为主，以及等动用力方式。训练中，可使用电刺激方法，强化薄弱环节的肌肉力量，提高局部或整体功能的有效性和持久性。采用接近比赛的各种专项练习时，其持续时间在很大耗度上取决于运动员所从事的专项运动的时间空间特征。这类练习，大多数持续时间波动在 30 秒至 2 分钟范围内。

（2）循环训练法

此法特点是按一定顺序训练各个肌群。通过变换力量练习的训练学参数，可以把循环训练设计成为集力量、速度、协调能力，以及爆发力、肌肉耐力等综合能力的各种训练。运动实践证明，循环训练法是提高肌肉耐力的主要方法，在制定循环训练计划时应注意以下问题。

一组循环练习的时间可自由选择，采用的练习手段 6～8 个，持续时间在 10～30 分钟；通常循环练习 2～3 组（重复）。但具体的练习组数、重复次数以及间歇休息时间，应根据运动员的训练水平和发展的运动素质来确定。循环练习要循序渐进，因人而异地提高训练负荷。由于循环训练中各“站”部是事先安排好的、固定的，所以可以组织多名运动员同时参加训练，提高练习的兴趣，活跃练习的气氛。循环训练要注意锻炼身体各部分肌群；练习的最好顺序是：下肢—上肢—腹部—背部等。

训练负荷重量可用准确的时间或重复次数表示，也可灵活安排，没有间歇休息或没有练习时间限制，但必须确定一组或三组循环练习的时间要求；提高训练要求的方法是重复次数和负荷不变而减少完成每组循环练习的时间；增加负荷或增加重复次数；可以用计算心率的方法控制间歇休息时间，当心率下降到 120 次/分时，即可开始下一次循环练习。

**4. 力量耐力训练中练习强度和训练量的设计与控制**

（1）练习强度的设计与控制

力量耐力取决于最大力量。一般来说，若是发展克服较大阻力的力量耐力，可以采用本人最大力量的 50%～80%负荷进行重复练习，若是发展克服较小阻力的力量耐力，其最小强度不低于本人负荷强度的 30%，否则练习效果不佳。力量耐力的训练应保持较快的速度。

（2）训练量的设计与控制

练习的重复次数与组数：一般要求达到最高次数，直到因疲劳不能正常完成为止。练习组数也应视具体情况而定，应保证每组都能达到最高重复次数。练习组数一般为 3～5 组。持续时间：若是采用动力性练习，由练习的重复次数和组数确定；若是静力性练习，单个动作的持续时间一般为 10～13 秒，这取决于负重的大小，负重大则持续时间短一些，负重小则持续时间长一些。

**5. 力量耐力训练应注意的问题**

在进行专项肌群的力量耐力训练时的速率与比赛时相接近。应注意练习时组间间歇时间不宜过长，应在未完全恢复的情况下就进行下一组的练习，以达到疲劳积累、发展力量耐力的目的；力量耐力应重点提高绝对力量耐力。因为比赛是比运动员的绝对耐力而不是相对力量耐力；在进行力量耐力训练的同时，应注意培养运动员对抗和克服疲劳反应的意志品质与技能。

# 第二节　灵敏素质训练的教学方法

## 一、灵敏素质练习的主要手段

在跑、跳中做迅速改变方向的各种跑、躲闪、突然起动以及各种快速急停和迅速转体练习等。做各种调整身体方位的练习。做专门设计的各种复杂多变的练习。如用“之字跑”“躲闪跑”“穿梭跑”和“立卧撑”四项组成的综合性练习。以非常规姿势完成的练习。如侧向或倒退跳远、跳深等。限制完成动作的空间练习。如在缩小的球类运动场地进行练习。改变完成动作的速度或速率的练习。如变换动作频率或逐步增加动作的频率。做各种变换方向的追逐性游戏和对各种信号做出应答反应的游戏等。

## 二、灵敏素质练习的途径

发展灵敏素质是提高运动能力的一个非常重要的方面，在发展灵敏素质过程中，应该注意到：提高力量、速度、耐力、柔韧素质等是发展灵敏素质的基础；竞技体操、武术、技巧、滑冰、滑雪、各种球类运动等项目都是提高灵敏素质的有效项目；在专项练习复杂化的条件下反复练习与专项运动性质相似的动作，是提高专项灵敏素质的有效途径。发展灵敏素质的途径主要包括徒手练习、器械练习、组合练习和游戏等。

（一）徒手练习

包括单人练习和双人练习。

**1. 单人练习**

主要有弓箭步转体、立卧撑跳转体、前后滑跳、屈体跳、腾空飞脚、跳起转体、快速后退跑、快速折回跑等练习。

**2. 双人练习**

主要有躲闪摸肩、手触膝、过人、模仿跑、撞拐、巧用力等双人练习。

（二）器械练习

包括单人练习和双人练习。

**1. 单人练习**

主要包括各种形式的个人运球、传球、顶球、颠球、托球等多种练习，单杠悬垂摆动、双杠转体跳下、挂撑前滚翻、翻越肋木、钻栏架、钻山羊以及各种球类运动、技巧运动、体操运动的专项技术动作的个人练习等。

**2. 双人练习**

主要包括各种形式的传、接球、运球中抢球，双杠端支撑跳下换位追逐、肋木穿越追逐等双人练习。

### （三）组合练习

包括两个动作组合、三个动作组合和多个动作组合的练习。

**1. 两个动作组合练习**

主要有交叉步→后退跑，后踢腿跑→圆圈跑，侧手翻→前滚翻，转体俯卧→膝触胸，变换跳转髋→交叉步跑，立卧撑→原地高抬腿跑等。

**2. 三个动作组合练习**

主要有交叉步侧跨步→滑步→障碍跑，旋风脚→侧手翻→前滚翻，弹腿→腾空飞脚→鱼跃前滚翻，滑跳→交叉步跑→转身滑步跑等练习。

**3. 多个动作组合练习**

主要有倒立前滚翻→单肩后滚翻→侧滚→跪跳起，悬垂摆动→双杠跳下→钻山羊→走平衡木，跨栏→钻栏→跳栏→滚翻，摆腿→后退跑→鱼跃前滚翻→立卧撑等练习。

### （四）游戏

发展灵敏素质的游戏具有综合性、趣味性、竞争性的特点，能引起练习者的极大兴趣，使人全力以赴地投入活动，既能集中注意力、积极思维、巧妙对付复杂多变的活动场面，又能锻炼提高神经系统的灵活性和反映过程，有效地发展身体素质和运动技能。发展灵敏素质的游戏很多，主要包括各种应答性游戏、追逐性游戏和集体游戏等。

## 三、发展灵敏素质的具体方法

发展灵敏素质须从专项特点出发，重点综合发展反应、平衡协调等能力。以下根据教学训练体会，提供一些发展灵敏素质的方法，供教学训练时参考。

### （一）提高反应判断的练习

（1）按口令做相反的动作。（2）按有效口令做动作。（3）原地、行进间或跑步中听口令做动作。如：喊数抱团成组。加、减、乘、除简单运算得数抱团组合，看谁最快等。（4）一对一追逐模仿。（5）一对一互看对方背后号码。（6）听信号或看手势急跑、急停、转身、变换方向的练习。（7）听信号的各种姿势起跑。如：站立式、背向、蹲、坐、俯卧撑等姿势。（8）跳绳：两人摇绳，从绳下跑过转身，从绳上跳过等。（9）一对一脚跳动猜拳、手猜拳、打手心手背、摸五官等练习。（10）各种游戏。如：叫号追人、追逃游戏、抢占空位、打野鸭、抢断篮球（一方攻、一方守，攻方运球强行通过，守方积极拦截抢

夺，夺到球变为攻方运动员）等。

（二）发展平衡能力练习

（1）一对一面向站立，双手直臂相触，虚实结合相互推，使对方失去平衡。（2）一对一弓箭步牵手互换面向站立，虚实结合互推互拉使对方失去平衡。（3）各种站立平衡：俯平衡、搬腿平衡、侧平衡等。（4）头手倒立，肩肘倒立、手倒立停一定时间。（5）在肋木上横跳、上下跳练习。（6）做动作或急跑中听信号完成突停动作。（7）在平衡木上做一些简单动作。（8）发展旋转的平衡能力练习。第一，用手扶住体操棒，然后松手转身击掌再扶住体操棒使其不倒。第二，向上抛球转体 2 周、3 周再接住球。第三，跳转 360 度进，保持直线运行。第四，闭目原地连续转 5～8 周，然后闭目沿直线走 10 米，再睁眼看自己走的方向是否准确。第五，绕障碍曲线转体跑。第六，原地跳传 180 度、360 度、720 度落地站稳。

（三）发展协调能力练习

（1）一对一背向互挽臂蹲跳进、跳转。（2）模仿动作练习。（3）各种徒手操练习。（4）双人头上拉手向同方向连续转。（5）脚步移动练习。如：前后、左右、交叉的快速移动。单脚为轴的前后、转体的移动。左右侧滑步、跨跳步的移动。（6）做小腿里盘外拐的练习。（7）跳起体前屈摸脚：（8）选用武术中的“二踢脚”“旋风脚”动作。（9）双人跳绳。（10）做不习惯方向的动作。（11）改变动作的连接方式。（12）选用健美操、体育舞蹈中的一些动作。（13）简单动作组合练习。如：原地跳转 360 度接跳远。前滚翻交叉转体接后滚翻。跪跳起接挺身跳等。（14）双人一手扶对方肩、一手互握对方脚腕，各用单脚左右跳、前后跳、跳转。

（四）选用体操中的一些动作练习

（1）前滚翻、后滚翻、侧滚翻。（2）连续前滚翻或后滚翻。（3）双人前滚翻：一人仰卧，另一人分腿站在仰卧人的头两侧，双方互握对方两脚踝，然后作连续的双人前滚翻或后滚翻。（4）连续侧手翻。（5）双人侧手翻：双人同向重叠站立，后面人抱住前面人的腰，然后共同完成侧手翻。（6）鱼跃前滚翻。（可越过一定高度的障碍物）（7）一人仰卧，两人名抓一只脚，同时用力上提，使其翻转站立。（8）前手翻、头手翻、后手翻，团身后空翻。（9）跳马、跳上、挺身跳下；分腿或屈腿腾越；直接跳越器械；跳起在马上作前滚翻。（10）在低单杠上作翻上、支撑腹回环、支撑后摆跳下、支撑摆动向前侧跳下等简单动作。（11）在低双杠上作肩倒立、前滚翻成分腿坐、向前支撑摆动越杠下，向后摆动越杠下等简单动作。

（五）利用跳绳的方法练习

（1）“扫地”跳跃：练习者将绳握成多段，从下蹲姿势开始，将绳子做扫地动作，两脚不停顿地做跳跃练习。（2）前摇二次或三次，双足跳一次。（3）后摇二次，双足跳一次。（4）交叉摇绳：练习者两手交叉摇绳，每摇一两次，单足或双足跳长绳子一次。（5）集体跳绳：两名练习者摇长绳子，其他练习者连续不断地跳过绳子，每人应在绳子摇到最高点时迅速跟讲，跳过绳子。并快速跑出。谁碰到绳子，与摇绳者交换。（6）双人跳绳：同前，要求两名练习者手拉手跳 3～5 次后快速跑出。（7）走矮子步：教练与一名队员将绳拉直，并把高度适当降低，队员在绳子下走矮子步和滑步与滑步动作。（8）跳波浪绳：教练与一名队员双手握一根长绳子，并把绳子上下抖动成波浪形，队员必须敏捷地从上跳过，谁碰到绳子，与摇绳者交换。（9）跳蛇形绳：教练与一名队员双手握一根长绳，并把绳子左右抖动，使绳子像一条蛇在地上爬行，数个队员在中间跳来跳去 1 分钟内触及绳子最少者为胜。（10）跳粗绳（或竹竿）：教练双手握一根粗绳或竹竿，队员围成一个圆圈站立，当教练握绳或竿做扫圆动作时，队员立即跳起，触及绳索或竹竿者为败。

### （六）利用绷床的练习方法

绷床练习是训练高大队员灵敏素质、提高身体协调性和空中平衡能力的有效方法。

（1）原地向上腾起，两臂上举，使身体在空中伸展，然后下落。连续做 5～10 次。（2）原地腾起，两臂上举，空中转体 180 度、360 度。（3）原地腾起，下落时成俯卧姿势，然后再腾起。（4）原地腾起，体前屈，侧分腿，两手触及脚尖，然后直体双脚落地。（5）原地腾起，在空中模仿挺身式跳远、分腿腾跃、足球守门员救球、排球运动员扣球、拦网、篮球运动员扣篮，跳水运动员的起跳、腾空、入水等动作。（6）原地腾起，后空翻一周，双脚落地。（7）原地腾起，前空翻一周，双脚落地。（8）原地腾起，身体后倒，犹如失去平衡，然后臀部着地成直角坐地再腾起。（9）原地腾起，落地跪立后再腾起。（10）原地腾起，落地时成仰卧姿势，然后再腾起成站立姿势。

### （七）灵敏性游戏

在灵敏性游戏的设计、选择、运用中，要注意把思维判断、快速反应、协调动作、节奏感等内容有机地结合起来：进行游戏时，要严格执行规则，防止投机取巧，遵守纪律，注意安全。

#### 1. 形影不离

两人一组，并肩而站。右侧的人自由变换位置和方向，站在左侧的人必须及时跟进仍站到他的右侧位置。

要求：随机应变，快速移动。

#### 2. 照着样子做

两人一组，其中一人做站立或活动中的各种动作，并不断更换花样，另一人必须照着他的样子做。

要求：领做者随意发挥，照做者模仿逼真。

#### 3. 水、火、雷、电

练习者在直径为 15 米的圆圈内快跑，教练员接连喊“水”“火”“雷”“电”，所有人

必须做出与之相适应的动作。

要求：想象力丰富，变换动作快。

4. 互相拍肩

两人相对 1 米左右站立，既有设法拍到对方的肩膀，又要防止对方拍到自己的肩膀。

要求：伺机而动，身手敏捷。

5. 单、双数互追

练习者按单、双数分成两组迎面相距 1～2 米坐下，当教练喊“单数”时，单数追双数，双数转身向后跑开 20 米；当教练喊“双数”时，双数追单数，单数转身向后跑开。

要求：判断准确，起动迅速。

6. 抓“替身”

成对前后站立围成圈，指定一人抓，另一人逃，逃者通过站到一对人的前面来逃脱被抓，后面的人立即逃开。当抓人者拍打着被抓者时，两人交换继续抓“替身”。

要求：反应快、躲闪灵。

7. 双脚离地

练习者分散在指定的地方任意活动、指定其中几个为抓人者，听到教练的哨音后，谁的双脚离地就不抓他、抓人者勿缠住一人不放。

要求：快速悬垂、倒立、举腿等。

8. 听号接球

练习者围圈报数后向着一个方向跑动，教练持球站在圈中心，将球向空中抛起喊号，被喊号者应声前去接球。

要求：根据时间和空间采取应急行动。

9. 老鹰抓小鸡

“小鸡”跟在“母鸡”背后，用手扶住前面人的髓，“老鹰”站在“母鸡”前面要抓后面的“小鸡”，“母鸡”伸开双臂设法阻止。

要求：斗智斗勇，巧用心计。

10. 围圈打猴

指定几个人当“猴”在圈中活动，余者作为“猎人”手持 2～3 个皮球围在圈外，掷球打圈中的“猴”（只准打腿部），被击中的“猴子”与掷球的“猎人”互换。

要求：眼观六路，耳听八方，掷球准确，躲闪机灵。

11. 跋山涉水

用各种器械和物体设置山、水、沟、洞等，练习者采取相应运动越过去，山要攀登，水要划行，沟要跳跃，洞要匍匐前进，看谁爬山涉水快。此游戏可分成两组计时比赛。

要求：协调灵活，及时改为动作。

12. **传球触人**

队员分散站在篮球场内。两个引导人利用传球不断移动，追逐场上队员并以球触及场内闪躲逃跑的队员，凡被球触及者参加传球，直到场上队员全部被触及为止。

要求：传球者不得运球，走步违例；闪逃者不准踩线或跑出界外。

13. **追逐拍、救人**

队员分散站在场内，指定 4 名引导人为追逐者，其他队员闪躲逃跑。当有人被追着时，需马上原地站立。两手侧平举。此时，同伴者可去拍肩救他，使之复活逃脱。由于在救人时可能被追拍，因此，该游戏可以培养自我牺牲的精神。

要求：判断准确，闪躲敏捷，救人机智。

# 第三节　耐力训练的教学方法

## 一、耐力训练基本原理

### （一）耐力

耐力是指有机体在较长的时间内，保持特定强度负荷或动作质量的能力，是人体基本的运动素质之一，耐力对人的生活能力及运动能力均有重要的影响。人体耐力的提高，总是伴随着内脏器官，首先是心血管系统功能的提高，以及有氧代谢能力的改善。同时，还表现为人体的骨骼肌和关节韧带等运动装置能够承受更长时间的负荷，以及在心理上对于克服长时间工作所产生的疲劳，亦有较为充分的准备。在竞技体育领域中，耐力在不同的竞技运动项目中有着不同的作用，耐力与运动员其他方面的素质有着紧密的联系，它是一个多因素的能力。

1. **运动员的个性心理特征**

运动员的运动动机和兴趣，他对面临的运动活动的心理稳定性、努力程度、刚毅性、自持力，以及其他的意志品质都直接影响到耐力。

2. **有机体活动时能量交换和获得的机能能力**

有机体活动时能量供应以及保证能量交换和获得能量这一体系的机能能力。其中包含对运动员有机体各种能量储备，能量交换过程的动员和进行等，对耐力也有很大影响。

3. **有机体机能的稳定性**

有机体机能稳定性可以使有机体各个系统在疲劳发展、内环境产生变化时，机能积极性仍然保持在必要的水平上。

4. **有机体的机能节省化，协调的完善，力量合理的分配**

机能节省化主要反映在随着训练水平的提高，单位工作时间中能量消耗的减少；身体协调的完善可以减少不必要的能量消耗；力量合理的分配则可提高能量的利用程度和效率。这些都直接决定了有机体能量储备的利用率。

5. **遗传因素**

遗传对有氧耐力影响甚大。VO2max（决定耐力素质的主要因素之一）的 93%取决遗传因素，后天训练只能提高 7%。

6. **CNS（中枢神经系统）的功能**

CNS 长时间保持兴奋-抑制的节律性转换是具体维持长时间工作能力的首要条件；CNS 通过交感神经对肌肉、内脏、各个神经中枢起到适应与协调作用，有助于提高肌肉活动的耐力水平；CNS 通过体液的调节（神经-体液调节）肾上腺素、肾上腺皮质激素分泌增加，心血管系统、肌肉线条工作能力提高耐力水平提高；耐力训练促进神经系统有关功能的提高。

此外，年龄、性别急后天环境因素及运动水平对耐力素质均有不同程度的影响。根据运动中氧代谢的特征，可分为有氧耐力、无氧耐力及有氧—无氧混合耐力。

根据肌肉工作的力学特征，可分为静力性耐力（如立姿步枪射击时臂的用力）及动力性耐力。根据竞赛及体育活动持续的时间，可分为短时间耐力（短于 2 分钟）、中等时间耐力（2～8 分钟）和长时间耐力（长于 8 分钟）。

根据耐力对运动员竞技能力的作用，可分为一般耐力与专项耐力。根据器官系统的机能，可分为肌肉耐力、心血管耐力。根据参加主要工作的肌群数分为局部耐力（如上、下肢等）、全身耐力。

## （二）耐力分类

在上述各个分类体系中，有氧耐力与无氧耐力的分类体系多用在耐力性竞技项目的训练之中；而按一般耐力与专项耐力的分类体系探讨耐力训练的方法，则更适用于大多数运动项目训练实践的需要。因此，在这里，我们只分别对一般耐力、专项耐力作详细介绍。

1. **一般耐力**

一般耐力是运动员有机体各器官系统机能的综合，是在不同项目中表现出专项耐力的基础。不应当把一般耐力与长时间的跑以及有氧代谢练习混为一谈。实质上，一般耐力是各种不同形式的耐力表现的综合，而且对不同的运动专项来说，由于项目特点不同，这种综合也是各不相同的。一般耐力训练的任务就是，要在一般身体训练的过程中有计划地对影响耐力的各个因素进行影响，扩大有机体进行一般工作的机能能力，建立提高负荷量的条件，并利用素质转移的效果为发展专项耐力打下基础。

一般耐力训练与提高心血管、呼吸系统机能有紧密联系。适宜强度，长时间连续工作的能力就是有氧耐力的表现。“有氧耐力”的培养有两个任务：一是建立提高运动负荷的前提条件；二是产生耐力向专项练习转移的效果。对专项成绩很大程度上取决于运动员有氧耐力的项目来说，“有氧耐力”的训练肯定有较大意义。但对那些主要由无氧供能保证的项目来说，发展“有氧耐力”也是必需的。但“有氧耐力”对这些项目成绩的影响往往不是直接的，而是间接的，需要经过有机体内各种间接的适应性联系才发生作用。在进行一般耐力训练时，应当充分考虑到专项中各种影响耐力的因素的比例，运动员实际的训练水平、不同阶段内负荷的内容和量等因素。

2. **专项耐力**

专项耐力是运动员有机体为了获取专项成绩而最大限度动员机能能力克服专项负荷所产生的疲劳的能力。运动员在专项训练和比赛中都要表现出这种能力。由于运动项目的不同，其专项耐力表现具有不同的特点。

长距离、超长距离（如马拉松跑，竞走，30～50 千米的滑雪，100 千米以上的自行车等等）的耐力在相当大的程度上是由运动员的有氧能力所决定的。它们的成绩与运动员有机体的最大需氧量水平以及其他有氧代谢指标有关。这类项目的耐力较之其他类项目的耐力更取决于机能节省化的程度和合理分配体力的能力。从心理角度分析，这类耐力的特点是需要最长时间的、稳定的、连续的意志紧张。

对那些中等距离的项目和比赛强度又区别于那些次极限强度项目（如：200～400 米游泳、1 千米划船等）的其他项目来说，一个重要的特点是，比赛时它们的无氧过程比重（主要是糖酵解过程）可能超过有氧过程或与之相近。此时氧债可达到极限量（即 20 升以上），这类项目的耐力与运动员的速度、力量能力的联系更紧密。但速度、力量的绝对指标并不能保障这类项目的专项耐力和运动成绩的提高。只有针对这类项目耐力的生理特点作专项性的耐力训练才能取得成效。

短距离类项目（田径的短跑、短距离自行车赛及其他类似项目）的耐力特点这类项目耐力的特点首先是要有达到动员最大工作强度的能力，以及力争能在最短时间内保持这种最大工作强度通过比赛距离。这类项目的耐力取决于无氧过程（包括两个阶段——磷酸原供能和糖酵解过程）对能量转化、利用能力的可能程度和效率。这类项目在练习过程中，要求意志高度的集中，神经系统状态的稳定，并在复杂条件下控制动作协调，保证相应神经冲动的能力。而且在练习中会产生很多的氧债以及有机体与之相联系的其他变化，在恢复时期内对植物性神经系统也有相当高的要求。

在周期性的这类项目比赛中，它们的耐力有相似之处，但完全相似是没有的，无论是周期性的这类项目，还是其他的类似项目，对耐力都有专项的要求。例如，在举重、拳击、摔跤等项目中，其耐力具有“力量性”的特点。此类项目，一般来说克服的重量越重，对运动员的力量要求就越大，因而耐力的发展与个人的力量能力的关系就越密切。但此类项目的专项耐力又不能仅仅归结为力量能力，它还包括在比赛中心理紧张时保持用力

的能力和用力强度不断增长的能力。因为比赛时情绪紧张和疲劳同时并存，负荷总量很大，而且技术还不能出现错误，这就要靠耐力来保证。

## 二、耐力跑训练方案

耐力跑是周期性的大强度运动项目，能培养持久奔跑能力和速度耐力。它要求运动者的中枢神经系统具备较高的机能稳定性，心血管机能和运动机能相适应。经过长时间实际锻炼，心脏功能、呼吸功能得到提高。耐力跑既要求有一定的速度，又要求有一定的耐力，因而在教学要紧紧抓住速度、耐力这个主要矛盾来安排教学。采用短跑、中跑和超长段跑（包括野跑）以及其他形式的练习。

其一，学生对耐力跑项目的恐惧远大于其他项目。由于耐力跑需要持续长时间进行运动，体力消耗大，产生极度的疲劳，还会出现头晕、胸闷、呼吸困难、肌肉无力、动作不协调等生理现象。这使学生对耐力跑训练产生恐惧心理。加上学校耐力跑教学多数是在200米跑道（或其他非标准跑道）上进行练习。无论教师以何种内容、形式施教，总离不开跑道这个概念。这样一圈接一圈周而复始地在跑道上进行单调动作的频繁练习，极易使学生产生枯燥无味的感觉，从而在心理上对耐力跑训练产生恐惧与厌烦情绪，影响了学生锻炼的兴趣和积极性，给教师在训练上带来一定的困难。

其二，随着社会物质生活水平的提高，学生吃苦耐劳精神日趋减弱，对耐力跑这样一种枯燥的训练内容必然产生一种畏避心理。加之由于长期不合理、不科学的饮食习惯造成学生群体中“小胖子”“小病包”的日益增多，耐久跑训练成了他们的老大难问题，跑完全程对于他们都是极大的挑战，更不要说达到训练标准。因此，此项训练对于学生来说得到成功的满足是“不可望又不可及”的。学生对耐力跑运动的情感体验得不到心理上的满足，锻炼情绪低落自然难以坚持。针对以上原因，我在课堂教学实践中注重从减轻学生对耐力跑的心理负担和提高学生的理论认识，消除恐惧心理、掌握正确技术，增强自信心、改进训练方法，提高积极性、合理教学程序，提高训练质量入手，激发诱导其训练兴趣，从而达到提高练习效果之目的。

### （一）提高学生的理论认识，消除恐惧心理

学生在进行耐力跑时都有一个体会：当跑了一段距离后，常会感到胸闷、呼吸困难、头晕、呕吐等现象，往往学生误认为是一种病理现象。因此，产生害怕耐力跑的心理。其实是一种正常的生理现象，我们称为“极点”。因开始跑时，速度较快，呼吸循环器官、心脏功能尚未及时动员起来，还不能适应肌肉活动对氧气的需要，体内产生大量的酸性代谢物，从而引起体内环境的暂时失调，引起身体机能下降故此，在出现“极点”现象时，只要坚持跑下去，适当调整速度，加深呼吸，“极点”现象就会逐渐消失，出现第二次呼

吸，运动能力就会增长起来。通过讲述，学生明白这个道理后，就会消除害怕的心理，创造宽松的练习心理环境，减少学生对“跑”概念上的刺激。

（二）掌握正确技术，增强自信心

“合理的技术是成功的一半。”耐力跑技术的重点是途中跑，难点是掌握跑速，合理分配体力，呼吸有节奏，克服“极点”。以往的耐久跑训练，我们大多认为学生经过短跑训练，已基本掌握了跑步的正确姿势。因此，在进行耐久跑训练时，只一带而过地告诉学生，开始跑时速度要稍慢，到达终点时再尽全力冲刺。注意力一般只集中在结果上——是否达到合格的标准（规定的时间），而忽略了耐久跑的过程——如何合理均匀地分配速度和体力，怎样平稳地度过“极点”。因此，在进行耐久跑的前期，教会学生正确的技术至关重要。上体姿势正直或稍向前倾，肘关节自然弯曲，前后自然摆动。步伐均匀，轻松自然，躯干平稳，上下起伏小，节奏感好。呼吸节奏与跑的节奏相配合，三步一吸、三步一呼或两步一吸、两步一呼，用鼻子吸气，用鼻子和半张口同时呼气。跑时一般都用均匀的速度跑，可为内脏器官的工作创造有利条件，推迟疲劳的出现。同时选择轻松、自然、和谐的练习形式减少学生生理疲劳带来的心理压力。学生掌握正确的技术便能信心倍增，更好地完成训练目标。

（三）改进训练方法，提高积极性

耐力跑动作简单，机械重复，影响中枢神经系统的兴奋性，造成学生练习兴趣普遍不高。因此，应注意训练方法要多样化。

**1. 变速跑训练**

在教学变速跑、发展速度耐力时，采用领先跑的方法，会使效果更佳。方法是：按学生性别、体质状况分组，每组 12 人左右，以练习组为单位，按纵队队形向前跑动，每人间隔 1.5 米左右，由排末同学从队伍的右边直线加速跑动到排头同学后，减至排头的速度，并使自己和后面的同学保持 1.5 米左右的距离，而后再轮到一排末的同学照此法向前跑，如此循环，直到跑完规定距离。

**2. 匀速跑动**

在练习匀速跑、发展一般耐力的教学中，改变过去让学生沿跑道一跑就是多少圈的方法，如今改为按学生人数编为若干小组，每组 12～15 人，练习时按纵队队形排列向前跑动前后间隔约 3 米左右。由排末的同学开始按蛇形绕过小组中每一位同学，跑至队伍之前，然后再轮到下一排末的同学照此方法进行，如此循环直到全组跑完规定距离。这样可使学生感到新奇别样，锻炼兴趣就高，效果当然就好。

**3. 重复跑**

在教学重复跑时，可采用接力法来组织教学。方法为：男、女生按体质状况分成各相等的四组（体强、体弱各二组），起点设标志物，终点插上红旗，由教师在起点发令，首

先是体弱组，其次为体强组。各组间隔时间视距离远近而定，哪组先跑完全程到达终点，即为优胜组。失败组也可另增运动负荷，以示惩罚。这种分组多、竞赛性强的教学方法，学生不仅不感到疲倦，而且愈跑劲头愈大，均能圆满完成课的任务。

**4. 全程跑**

在练习全程跑时，可采用追逐跑的方法来组织教学。方法是：将学生按运动能力分成快、中、慢三组，由教师控制各组的出发时间，首先跑的是慢组，其次是中组，最后是快组。各组间隔一定的距离，在规定距离内，哪组追赶上上一组的人数多，即为优胜组。这种带有竞赛性和游戏性的教学方法，不仅会调动学生的情感，而且还能提高其耐力和速度耐力。

锻炼中正确运用想象和自我暗示，使人有意识地调节自己的情绪，抑制中枢神经系统所产生的不良信号，以确保机体更协调地运动。比如：在练习时，想象自己的每一步都踏在美妙的音乐节拍上，你就会感到脚步轻盈自如，使你在愉快的心情中达到锻炼的目的；或想象自己人生最愉快的一件事，达到训练中心情放松的效果。可充分利用校园自然地形环境开展耐力跑练习。根据学生素质情况，编成若干练习小组（10 人左右为宜），由组长或体育骨干负责领跑，在校园内的各条校道上，采用 6′～8′练习时间，在校园内各条校道上随意练习。据教学观察，每次练习学生都能够自觉地完成 1300～1600 米距离的练习，这就达到了训练预定要求。所应注意的是应使学生明确跑的速度、节奏如何选择，练习的安全性。

加速跑、变速跑、定时、定距离跑（集体“定时不定距”的跑、集体“定时定距”、分组“定时不定距”、分组“定距不定时”）、让距跑、追逐跑、接力跑以及变换环境的自然地形地物跑、越野跑等方法不时地渗透、结合起来进行训练，以多变和创新的形式，使学生始终处在兴奋状态下不知不觉地愉快地完成耐力跑训练，更有利于提高竞技水平。

（四）合理教学程序，提高训练质量

与其他体育项目一样，耐力跑的教学也是一个需要合理教学、循序渐进的过程。不能够简单草率，也不能过于复杂；不能够慢，更不能太快。从动作技术形成过程来说：认识、观察—理解、模仿练习—应用、改进技术—巩固提高；从教学过程来说：明确目的和意义—加强技术指导—科学训练形式—自觉锻炼；从心理过程来说：动机—态度—兴趣—习惯。经教学实践证实，这个方法对耐力跑训练收效明显，能有效促进学生耐力跑运动兴趣的提高。这里运用了“注意力转移”原理来解决学生对耐力跑的心理负担，即使学生在练习过程中的视野或注意力范围不仅限于田径场的跑道之内，从而解决了对单纯去跑的思想意识得到分散。同时在运动过程中又得到了心理满足（由校园内的花草、树木、建筑等产生的视觉感）减少了学生对练习的抵触情绪，练习质量和效果得到了保证与提高。

总之，耐力跑作为竞技体育的一个主要项目，在锻炼学生身体、培养意志品质、提高学习工作能力等方面有着很重要的作用。只要我们注意观察研究学生的生理及心理特点，因势利导、循序渐进、合理安排运动负荷、创新教法，在耐力跑训练过程中定会得心应手。

（五）耐力训练方法

**1. 训练原则**

为达到增强肌力的目的，训练时应遵循以下训练原则：

（1）阻力原则

阻力的施加是增强肌力的重要原则。阻力主要来自肌肉本身的重量，肌肉在移动过程中所受到的障碍大小，纯粹的外加阻力等。若在无阻力的情况下训练，则达不到增强肌力的目的。

（2）超常负荷原则

即训练时运动必须超过一定的负荷量和保证超过一定的时间，也称超负荷原理。这是与训练强度有关的原则。这一原则认为，在训练中，除非使肌肉的负荷超过日常的活动，否则就不能改善肌力，也即超长负荷可能引发恢复机制。增强肌力需要在一定负荷下做功，所给的负荷应略高于现有的肌力水平或至少相当于使肌肉产生最大强度收缩所需负荷的60%，并持续训练6周，才可取得明显的效果。训练者要满足一定的运动强度、训练的持续时间、运动频率、一定的运动间期和根据肌肉收缩的形式选择相应的训练方法等5个基本条件，才能达到肌力增强的目的。

（3）肌肉收缩的疲劳原则

即训练时应使肌肉感到疲劳但不应该过度疲劳的原则，也是控制超常负荷不至于过度的一个主观限制指标。如果训练时间足够，又出于患者自愿，训练应持续到感到疲劳为止，在训练的中间最好不要休息，这样训练后的效果最好。训练中一定要注意不要过度疲劳，因过度疲劳对较弱的肌肉是有害的，因此训练中应严密观察，一旦出现过度疲劳就应停止训练。过度疲劳的表现：运动速度减慢、运动速度下降，肢体出现明显的不协调动作，或主诉疲乏劳累。

**2. 发展耐力素质的常用练习方法**

（1）10～15分钟定时跑

在场地上，校园内或树林中，强度为55%～65%。

（2）6～8次变速赶超

在场地上排成两路纵队慢跑，听口令排尾突然加速跑至排头，所有人依次跟进做加速跑，强度55%～65%或加速跑中可进行变向“S”形跑。

（3）5次爬坡跑

在倾斜15°～20°的山坡进行上坡跑，重复5次，距离100～200米，间歇3～5分，强

度 60%～70%。一段耐力训练不要求跑速，用心率指标控制，维持 120～140 次/分，如加大强度，心率指标要求达到 140～160 次/分。

(4) 5 分钟变速跑

在场地内以 50 米分段做变速跑，如 50 快，50 慢，或 50 米慢 100 米快，60%～65% 强度。

(5) 中速往返跑

利用篮球场，沿底线听口令跑至对面底线，每组往返 4～6 次。重复 3～5 组，也可以采用侧身滑步跑，交叉步跑或踢腿跑。

(6) 反复变向跑

在田径场地或足球场内，听口令或看信号做的前后左右变换方向跑。每次进行 2 分钟，重复 3～5 组，组间间隔 3～5 分钟，强度 55%～60%，变向跑的每个段落均为往返跑。跑出后返回起跑位置。每次至少完成 50 米，间歇后心率恢复到 120 次/分以下。

(7) 100 米多人接力跑

在跑道上，将人数分成 5 组，每个直曲段站一组，采用击掌方式，进行接力跑每人总跑量约 400 米，后返回原地。要求速度 14～16 秒，也可采用 200 米接力跑，分成 3 组完成，总跑量约 800 米或 1600 米。

(8) 连续测滑步跑或侧身交叉步跑

前后交叉步跑等方法跑 100～150 米重复 4～8 组，不规定速度，但每次练习后心率指标在 130～150 次/分之间。

(9) 阶梯式变速跑

在场地内，采用阶梯式变速跑的方法，如 50 米快—100 米慢—100 米快—150 米慢等，总跑量可以在 1500 米～2000 米之间。

(10) 原地练习

如做原地高抬腿跑，小步跑，车轮跑等，每组 100～150 次，做 5～6 组，每组间歇 2～3 分钟。

(11) 综合跑

在跑道上做向前跑、后退跑，左右滑步跑，前后交叉步跑等，每种方式 100 米，每次跑完 400 米为一组，重复 3～5 组，每组间歇 4～5 分钟，根据学生具体情况定速度要求。

(12) 正、倒交替跑

在跑道上起跑加速 200 米后接做倒退跑 100 米，不要求速度，至 100 米处做向后转身放松跑 100 米，完成 3～5 组，每组间歇 4～5 分钟，强度 60%～70%。

(13) 蹬冰模仿跑

在场地内模仿滑冰动作，向前做蹬跑练习 100 米，走或慢跑放松 100 米 4～6 次，心率在 130～150 次/分之间。

（14）左右侧交叉步走或连续半蹲走 50～100 步

做交叉步时，左腿向右侧交叉，右腿向左侧交叉。半蹲走时要求两手扶膝或半蹲姿势向前连续走，完成 4～5 组。休息时进行放松跑练习。

（15）长距离后蹬跑

要求前腿高抬，后腿蹬直，不同于跑。要求两腿交换速度要快。

（16）组合练习

小步跑 50 米—高抬腿跑 50 米—后蹬跑 50 米—加速跑 50 米。放松跑 100 米—200 米后做下一组，完成 3～4 组，心率在 130～150 次/分之间。

（17）组合练习

快步走 100 米—弓步走 50 米—左右交叉步走 50 米—快速高抬腿走 50 米—半蹲走 50 米—放松走 100 米。完成 3～4 组，心率在 130 次/分钟左右。

（18）两人追逐跑

两人一组，相距 20 米听口令后起跑，后人追逐前边的人，400～800 米以内追上有效。追上后即停止练习，被追上者要求跑完全程。

（19）竞走追逐

在跑道上两人前后相距 10～15 米，听口令开始做快速走，不能跑，每组 400 米，追后就停止，被追上者要求走完全程。

（20）快速转身追逐跑

在足球场或田径场上将学生分成两人一组，背对跑进方向，相距 5 米听口令后，快速转身追逐跑，100 米以内有效，跑完后走回或慢跑回起点，连续交替完成 4～6 组。

### （六）训练中的注意事项

#### 1. 耐力训练前的饮食

运动训练之前最好提前一小时进食早餐，训练与饮食之间间隔最少不能少于 30 分钟，否则会在运动中增加肠胃负担，身体产生不适感。运动前的食物要求是浓缩，体积小易于消化，不要吃一些含纤维多的不易消化的粗杂粮，以及易产气的食物。根据能量供应的原理，耐力素质训练前可以适当增加蛋白质与脂肪的摄入量，严禁不吃早餐时行耐力训练，这样很容易造成低血糖，出现伤害事故。

#### 2. 耐力训练前的准备活动应当重视

耐力训练前的准备运动最少应持续 20 分钟以上，主要以慢跑为主和比较轻松的游戏及全身运动，不要进行比较剧烈的对抗性游戏。主要以提高体温和逐步提高内脏功能的稳定性和提高植物性神经系统的兴奋性，降低其“惰性”。

#### 3. 耐力训练应当注意选择正确的运动姿势和呼吸方式

耐力训练目前主要以较长距离跑为主，如何在跑的过程中更加省力，可以减少能量的

消耗，跑的动作我们要求大腿前摆较低，身体腾空低，步长较小，但步频要快，脚着地时多采用滚动着地，重心起伏小平稳跑进，双臂的摆幅较小，不超过身体中心线、高度一般不超过肩。

耐力训练中正确的呼吸方式对跑步能力的提高起着决定性作用。在中长跑中为了达到所需的肺通气量，呼吸必须有一定的频率与深度：呼吸过浅，为了满足需氧量，就要加快呼吸频率，这样会加速呼吸肌的疲劳。呼吸过深，不仅呼吸肌工作，在跑的过程中要靠胸腔和腹部的肌肉参加工作，在跑的过程中这些肌肉就疲劳得越快。呼吸适宜的深度约为个人肺活量的三分之一，只要呼吸肌工作就可以了，为了在到必要的通气量，必须用半张的嘴和鼻子同时呼吸，呼吸的节奏以个人的习惯和跑速而定。

**4. 注意训练中合理安排适宜的运动负荷**

学会用脉搏来控制学生的负荷量。因为在负荷，心率，需氧量之间存在着线性关系，心率可以作为各种训练手段对肌体作用的可靠指标，一般来说，达到最大需氧量的心率为180次/分的跑速叫作临界速度，低于这个速度称为临界下速度，高于它则称为临界上速度。心率在150次/分以下的跑是在有氧供能下进行的；心率在160～180次/分的跑是有氧一无氧供能（混合方式）；心率在180次/分以上为无氧供能。心率在160～180次/分的临界下速度练习是组合性的，对发展耐力影响很大。

**5. 注意练习手段的渐进性、多样性和趣味性**

练习手段的渐进性一般是先以健身走，过渡到健身跑，以有氧耐力过渡到有氧和无氧混合代谢训练。练习手段上先以单人练习徒手或持器械，过渡到双人或多人组合性练习，再到多人的对抗性练习。训练方法上，也主要进行低强度的持续性练习（如匀速跑）再到变速跑，最后进行强度较大的不完全休息间歇训练。在变速跑、间歇跑、重复跑过程中距离也应该由短到长，组间间隔时间应由长到短。根据训练内容及要求以心率来控制。运动员主要以有氧训练为主。训练中，心率应控制在无氧代谢临界点以内，大约多以承受

最大强度的70%～80%左右，心率控制在160次/分左右，10秒计时为25～27次。

# 第四节　柔韧性训练教学方法

## 一、柔韧性训练概述

### （一）伸展练习的作用

柔韧性训练主要通过伸展运动进行。肌肉-肌腱的伸展性是最易通过训练而改变的一

个因素。伸展练习时，肌肉一肌腱单元作为一个整体被拉长从而改变长度。肌肉-肌腱单元的长度改变有两种类型，一种是弹性改变，这种改变容易恢复；另外一种是黏滞性改变，这种改变相对持久。研究表明，大力量、短时间的伸展可以改变弹性；而小力量、长持续时间的伸展可改变黏滞性。温度的升高可导致肌肉伸展性的变化，其中包括弹性和黏滞性的变化，但一旦温度回落，这种伸展性的改变将消失。另外，研究表明，在被动伸展与 PNF 中过大的牵拉负荷产生的剧烈的伸展可能损伤肌肉或使肌肉功能变弱。伸展运动对动态柔韧性的影响目前尚不清楚。

### （二）伸展练习的生理学基础

伸展练习的生理学基础主要与肌梭和高尔基腱器有关的反射活动有关。肌肉伸展时，肌梭同时被牵拉并发出传入冲动至脊髓，再由脊髓传到肌肉，使肌肉反射性地收缩以抵抗伸展，如果高尔基腱器被拉伸的时间超过 6 秒，则高尔基腱器会发出冲动使肌肉反射性地放松、从而避免肌纤维因过度伸展而断裂。但在实际伸展过程是肌腹首先出现伸展，然后才是肌肉两端的肌腱，因此，伸展练习中实际出现肌肉反射性放松的时间要长一些。

### （三）什么人应该进行伸展练习

柔韧性训练应该与所从事的活动相适应。大多数形式的身体活动只需要正常水平的静态柔韧性，过高或过低的柔韧性将导致损伤危险性增加。因此，柔韧性练习的安排应该建立在对个体柔韧性的正确评价基础之上。个体是否要进行柔韧性练习、进行什么类型的柔韧性练习，主要取决于个体的柔韧水平、活动类型与练习的目的。

作为准备活动的一部分，应该安排什么样的柔韧性练习、柔韧性练习的效果如何有许多争议。已有许多研究发现将静态伸展运动作为准备活动的一部分可能对运动能力有害。因此，对于柔韧性水平高的个体，进行活动前可能基本不需要进行柔韧性训练，建议只对那些对静态柔韧性水平要求高的运动，如舞蹈、体操、跳水在一般准备活动中安排一些静态伸展练习。柔韧性差的个体，在进行活动前也应该进行 10～15 分钟的柔韧性练习。许多研究已经发现在准备活动中安排动态伸展练习有助于提高运动能力，而且发展这种练习具有动作专门性和速度专门性。但是，运动前，特别是比赛前伸展运动的作用、形式尚待进行更多的研究，作为体适能训练的一部分，任何年龄或体适能水平的人都应该进行有规律的柔韧性练习，从而在自己的一生中保持良好的柔韧性，预防关节僵硬。一些项目的运动员需要特别高的柔韧性，如体操、跳水、跨栏，应该安排专门的柔韧性训练来发展柔韧性练习。如果作为软组织损伤后的康复训练，应该在疼痛和肿胀开始消退时尽早进行柔韧性练习，可加速恢复的过程并避免柔韧性降低。

## 二、伸展练习的方法与技术

目前已发展了许多伸展练习方法与技术，主要可以概括为动态伸展、静态伸展、被动

伸展、本体感受性神经肌肉促进术。选择哪一种方法进行伸展练习，主要取决于练习目的和安全要求。对于体育运动与正常人的体适能练习而言，应用得最多的方法与技术主要是动态伸展与静态伸展。

### （一）动态伸展

动态伸展指在关节活动范围内进行与运动或活动项目相关的专门性伸展动作练习。已有的研究表明，准备活动后，正式运动前的进行相关动作的动态伸展有助于提高运动能力，如原地高抬腿。动态伸展不但具有动作专门性，而且具有速度专门性。因此动态伸展应该包括低节奏动用关节活动范围的伸展练习与高节奏动用关节活动范围的伸展练习。在实际的动态伸展练习中，动态伸展技术要求分为三个阶段，在接近整个关节活动范围的幅度内进行肢体的伸展运动或活动：开始时以慢而安全的速度进行，然后以中速进行，最后以实际运动中所能达到的高节奏进行。

动态伸展与振摆伸展的不同之处在于，动态伸展中活动幅度不会达到关节活动范围极限，因此产生伤害的可能性较低。

### （二）静态伸展

静态伸展是使肌肉在最大伸展位置上维持一定伸展时间的练习。已有许多研究发现，在准备活动中安排静态伸展练习可能削弱肌肉工作能力，从而降低运动能力。静态伸展的另一个主要的缺点是缺乏专门性，不能模拟运动中或活动中用到的动作。由于大多数运动或活动是动态的，因此要将动态和静态伸展结合起来进行，而不是单独用静态伸展。一些专家建议在准备活动后应该紧接着安排动态伸展内容，而在整理活动阶段安排静态伸展与动态伸展技术相似，静态伸展技术也将静态伸展分为轻柔伸展、感受伸展与最终伸展三个阶段。在轻柔伸展阶段，通过缓慢的运动动作进入伸展，伸展时只施加稳定而轻柔的力量。在感受伸展阶段，增加牵拉强度从而进入可感觉到肌肉被拉长的状态。在最终伸展阶段，进一步增加牵拉强度直到开始出现不舒服的感觉，并保持 10～30 秒。实际练习时，每完成一个伸展动作至少需要花费 30 秒时间。练习时，由起始位置开始，在没有振摆运动的情况下，通过缓慢增加拉伸强度而由轻柔伸展进入感受伸展阶段通常需要 10～15 秒的时间。在最终伸展阶段至少要持续 10 秒。在最终伸展阶段，如果有疼痛的感觉，不应该马上放弃伸展，而应该将拉伸状态调整到感受伸展阶段。

在最终伸展位置上保持多少时间最有效，目前还没有一个确定的标准。如果是维持柔韧性，至少要持续 10 秒，如果要提高柔韧性，至少要持续 30 秒，而且 30 秒可能也是最有效的持续时间。一些研究发现，与持续 30 秒相比，30 秒以上至 60 秒之间的持续时间产生的柔韧性改善只略有提高，但由此带来的时间消耗将使伸展练习变得难以实施。

### （三）被动伸展

被动伸展是在外力（人或器械）帮助下在关节活动范围内进行安全的缓慢伸展。被动伸展时要求被伸展肌群尽量放松。被动伸展通常应用在损伤的康复阶段。

（四）本体感受性神经肌肉促进术

PNF是一种在被动伸展基础上发展起来的伸展技术。PNF不但应用了静态伸展中收缩肌因护性抑制而放松肌肉的原理，而且还利用拮抗肌的交互抑制来放松肌肉。在PNF中，首先是目标肌被动伸展至最大伸展位置，然后目标肌进行等长收缩以产生保护性抑制，从而进一步放松肌肉，或目标肌肉的拮抗肌进行向心收缩以产生交互抑制，从而进一步放松目标肌肉。

研究发现，PNF与静态伸展技术均能有效地增加关节的活动范围，但PNF能导致更大的关节活动范围增加。但与静态伸展相比，PNF必须由专业人员或有经验的练习伙伴进行实施，练习过程和练习环境需进行较严格的监控，否则易因过度拉伸而出现伤害。

（五）振摆伸展

振摆伸展是通过反弹力量摆动肢体达到关节活动范围的极限或不适位置的练习。振摆伸展因肌肉伸展幅度太大和伸展速度太快而易引起软组织损伤。振摆式伸展也可能导致延迟性肌肉疼痛。因此它被认为是一种较危险的伸展运动。

## 三、对伸展练习处方的一些建议

（一）什么情况下应进行伸展练习

对柔韧性高低的需要与个体所从事的运动项目和活动类型有关，如体操运动员、跨栏运动员比一般人或其他许多项目的运动员需要更高的柔韧性。为改进关键关节的柔韧性，他们应该进行专门的伸展练习。

伸展活动应该成为准备活动和整理活动的一部分。通常准备活动应该以动态伸展结束，而整理活动应该以静态伸展结束。在损伤后的恢复过程中应尽早进行伸展练习。

（二）伸展练习的方法

对大多数人而言，动态伸展与静态伸展是最好的选择。动态伸展通常安排在准备活动中，静态伸展通常而安排在整理活动中。被动伸展和PNF通常应用于特殊人群。可以在伸展练习中将多种方法结合起来进行。如将动态伸展和静态伸展结合起来进行，静态伸展应该紧接在动态伸展之后。

（三）伸展练习的准备活动

伸展练习也应该进行充分的准备活动，首先应该通过大肌肉群的活动提高机体温度后再进行伸展练习。整理活动中的伸展练习也应该首先通过大肌群的活动提高体温。

（四）伸展练习的强度

伸展练习时的强度应该缓慢增加，没有疼痛或软组织不适。静态伸展时应慢慢地拉伸

并控制在30%～40%最大用力范围内。动态伸展应该由低速、中速逐步过渡到高速。

### （五）练习时间

每次伸展练习需要练习多长时间与练习目的、练习方法、重复次数，每次重复的时间有关。如果主要目的是为剧烈的运动做好身体准备，保持主要关节已有的柔韧性，通常安排10～15分钟；而整理活动中的伸展活动只需4～5分钟。如果要提高关节的柔韧性，每次伸展练习的时间可能需要15～30分钟。

每个伸展练习动作的持续时间也与练习目的与练习方法相关。对于准备活动与整理活动，以及保持柔韧性，在静态伸展的最终伸展阶段只需坚持10秒，而为了改善柔韧性，在最终伸展阶段至少要坚持30秒。最初可从15秒开始，然后逐步过渡到30秒。动态伸展的每个练习动作至少应该进行三组：低速、中速、高速。

### （六）伸展频率也与练习目的有关

为保持柔韧性，每周要进行3～5次伸展练习。要提高柔韧性每周要进行5～7次伸展练习。对于一些对柔韧性有特殊要求项目，运动员每周要进行6～7天，每天要进行2～3次伸展练习。

# 第七章　球类运动技能的教学

# 第一节　篮球运动技能研究

## 一、篮球实践和运用技能问题的提出

现代运动竞技已越来越紧密地与现代科学技术结合在一起，赛场上的优胜者必然会更加依赖于现代科技全方位与全过程的介入。不同学科的科学理论、思想与方法都能在这里得到广泛的应用，发挥着各自的影响和作用。为了提高运动员的整体竞技能力，在很大程度上都要借助多学科的现代科学技术的帮助与支持。中国篮球运动百余年历史充分证明，加强科学研究、注重实践效果是推动中国篮球运动发展的动力。

在运动训练理论和实践中，运动技能的学习与控制是一个非常重要的问题。人们早已从体育运动实践中，认识到掌握运动技能、加速运动技能形成和提高运动技能绩效的重要意义。像所有科学一样，运动技能学的理论也是从实践中产生、在实践中发展起来的。同时，它又服务于运动技能实践的需要，推动运动技能实践的发展。运动技能学习与控制理论及其研究成果，对于参加体育运动的人们，无论是竞技者、健身者还是康复者，无疑都有着重要的现实指导意义，标志着体育科学的内涵更加充实。

关于运动技能学理论与专业实践之间的关系问题还存在着不同的看法。首先，在运动技能学研究中，有学者认为概括性研究要比对特定技能的研究更有价值，认为概括性研究在实践中的应用范围更加广泛。其次，对运动技能学理论的必要性提出质疑。这种疑问主要来源于对运动技能学理论的“实用性”认识不够，不能充分理解理论与专业实践之间的关系。基于这样一种认识，就形成了目前在运动技能学的研究内容和成果中，实验性理论研究发展较快，理论与专项运动技能，特别是特定的某一专项技能的应用研究成果较少。

作为一个独立的理论学科，运动技能学在我国的发展较晚，于 20 世纪 80 年代初才引起我国有关学者的关注。我国一批体育学者在国际交流中，了解到运动技能学对运动训练和体育教学的现实作用，从而将之引进我国。并且，篮球运动技能的重要任务之一，就是向运动员传授正确的运动技术并形成高水平技能，特别是对篮球运动这样以同场对抗性竞技为主导的项目来说尤为重要。运动技能的方法、原则、计划等都应依据篮球运动技能形成规律及其特征而设计。无论是学习者还是指导者，在篮球运动技能的学习与控制过程中，都应研究、掌握篮球运动技能的形成及其变化规律，才能实现对篮球技战术的有效控制，并获得最佳的技能绩效。将运动技能学的理论与篮球运动实践相结合，能够为篮球运动技能提供科学的理论依据，从而帮助教练员更加有效地组织练习，把科学训练落到实处，不断提高训练质量。因此，有关篮球运动的技能学研究将成为人们关注的问题。

## 二、篮球运动技能的组成成分

篮球运动技能的形成过程与三个因素有关，即目标得分或控制得分、操作任务技能、战术行动和操作环境。是否能够达成目标，取决于运动员对特定环境的适应与技战术操作技能绩效水平。因此，篮球技战术操作能力是构成篮球运动技能组成成分的核心，技能绩效取决于环境变化的干扰程度、人对操作环境的认识以及通过自身运动能力对篮球技战术的控制水平。所以，认为篮球运动技能的组成应包括以下三个成分。

### （一）篮球技战术操作能力

篮球技战术操作能力指技战术操作的熟练程度和达到的水平，即对基本技术、组合技术、位置技术、技战术组合技术等掌握的程度，是组成篮球运动技能的核心成分，是区别于其他运动技能的重要标志。

### （二）运动素质

运动素质是运动员体能的重要组成部分，运动员在运动过程中，机体各器官、系统的机能在中枢神经系统的支配下所表现出来的各种基本运动能力，共分为九种。这些基本运动素质因为主要与大肌肉群运动技能操作有关而区别于知觉运动能力。

运动素质包括九种基本运动能力：一是静态性力量，指人能够对外界物体施加的最大力量；二是动态性力量，指反复用力时肌肉的耐力；三是爆发力量，指为肌肉爆发有效动员能量的能力；四是躯干力量，指躯干肌肉的力量；五是伸展柔韧性，指弯曲或伸展躯干和背部肌肉的能力；六是动态柔韧性，指重复快速躯干弯曲动作的能力；七是全身协调性，指运动中身体各部分的协调能力；八是全身平衡能力，指在没有视觉线索的条件下保持身体平衡的能力；九是耐力，指需要心血管系统参与维持最大限度工作的能力。

### （三）心智能力

心智能力包括两个层次：一是初级认知能力，即知觉运动能力；二是高级认知能力，即一般智力和心理技能。

#### 1. 知觉运动能力

知觉运动能力是指对篮球技战术操作环境中的刺激所做的观察和理解，并做出选择、调节和控制的能力。知觉运动能力包括九种：一是多肢体协调性，指协调多个肢体同时运动的能力。二是控制精确性，指单侧手臂或腿在控制器械时做出快速准确动作调整的能力。三是反应定向，指根据自身或操作对象的移动情况快速选择操作模式和方法的能力。四是反应性，指当信号出现时迅速做出反应的能力，包括简单反应性、选择反应性和辨别反应性。在篮球运动技能操作中，反映性的用途是评价运动员在运动情境中，对特定动作形式和开始时间的预判能力和决策速度。五是手臂动作速度，指迅速操作要求最小限度准确性的大的、分立手臂动作的能力。六是速度控制，指根据持续移动的目标、对象的速度、方向的变化调整动作速度的能力。七是手臂灵敏性，指快速条件下用技巧性的手臂动作操作较大对象的能力。八是手臂的稳定性，指在最低限度要求速度和力量的条件下准确控制手臂方位的能力，包括在手臂动作运动过程中或在一个静止的手臂位置时，保持手和臂的相对稳定性的能力。九是准确操作能力，指在快速移动过程中，准确控制动作姿势、获得最佳效果的能力。

**2. 一般智力和心理技能**

一般智力包括认知定向能力和记忆加工能力，如学习、记忆储存、提取、整合、比较记忆信息以及这些认知过程在新背景下的使用。心理技能是通过练习形成的能影响个体心理过程和心理状态的心理操作系统，是一种与提高人体身心潜能相关的在人脑内部进行与形成的内隐技能，它包括一般心理机能和篮球专门化的心理技能。一般心理技能是指适合所有运动技能操作特点的心理技能，如应激控制、唤醒水平控制、目标设置、集中注意力、表象能力等。篮球专门化心理技能是指适合于篮球专项所必须掌握的心理技能，如球感、时间知觉、空间知觉、动觉方位感、节奏感、篮球意识等。例如，在球类比赛中，运动员的运动技能是开放性的，运动员的运动能力取决于对不完整信息或先行信息的加工过程。利用眼动测试器测试冰球守门员眼动的情况，研究结果表明，无论是在大力射门还是小动作射门的情况下，初学者盯球的次数都比优秀守门员要多得多。因为优秀守门员利用球杆的信息，而不是利用冰球的信息来预测球的飞行，而初学者只是当球杆接触球时才能判断出球的运行情况。篮球运动也有同样的情况，并且随着问题的解决和运动员经验水平的不同，其注视的变化情况也不同，视觉搜索并不是看尽赛场上所有的信息，无论是优秀运动员还是新手，都是倾向于选择特定的信息，一旦认为获得了足够的信息，就马上做出反应。但是，优秀运动员倾向于反复成对地注视进攻—防守队员，而初学者则不注视防守队员，只注视同伴队员。这说明优秀运动员的视觉搜索模式与初学者有所不同，优秀运动员能够注视比较重要的信息。

## 三、篮球运动技能的类型特征

提到篮球运动技能的类型，几乎所有的研究都认为篮球运动技能属“开式技能”，罚篮动作技能除外。开式运动技能与闭式运动技能的技能分类方法是由英国实验心理学家波尔顿提出的。他根据环境是否稳定把运动技能分为开式和闭式。当环境稳定、可预测的时候，在这种环境下操作的运动技能称为闭式运动技能；如果环境不稳定、不可预测，动作要因环境的变化而不断改变调整，就称为开式技能。波尔顿的技能分类方法的基本依据就是技能操作环境的稳定性。而把篮球运动技能完全归属于“开式技能”的观点，只注意到了篮球运动技能在比赛环境背景中的技能特征，忽视了篮球基本技战术学习阶段的环境背

景相对稳定的特征。原因是对篮球运动技能形成过程缺乏整体性的认识。因此，篮球运动技能属开式技能还是闭式技能，要依据技能形成过程中不同阶段的操作环境背景特征来确定。技能操作环境背景的可控性与不可控性特征的分析结果，为篮球运动技能的开式、闭式类型的认识提供了理论依据。另外，不同阶段技能操作目标的不同也反映了技能操作环境背景稳定与否的特征。例如，基本技战术学习阶段的技能操作目标是学习准确、规范的基本技术动作，形成动力定型并达到自动化程度。为了实现这一目标，学习者必须在稳定的环境条件下进行反复的重复练习，提高内部本体感受器调节运动操作的能力。教练员或教师也必须依据技能操作目标调节控制环境，尽可能创造最适宜的联系环境提高练习绩效。因此，目标决定了操作环境特征，同时也确定了在此环境中操作的技能类型。

## 四、篮球运动技能的特征

篮球运动技能的组成成分应包括篮球技战术操作能力、运动素质、心智能力。运动素质和心智能力是组成篮球运动技能的一般成分，篮球技战术操作能力是其特殊成分。

篮球技战术学习与控制由基本技术学习、技战术组合学习、技战术应用、技战术自组织创新四个阶段构成。

在基本技学习阶段，其操作环境是在事先安排好的、稳定的，具有高控性特征。而技战术自组织创新阶段的技能操作环境是不断变化、不可预测的，表现出明显的低控性特征。而技战术组合学习和技战术应用阶段中的环境则是两种特征并存。

篮球运动技能属开式还是闭式要依据技能形成过程中不同阶段的操作环境特征来确定，技能操作环境的高控性与低控性特征的分析结果，为篮球运动技能属开式、闭式类型的认识提供了理论依据。

## 五、篮球运动技能培训相关专业词汇解析

### （一）强化基本功

篮球运动员技术比较单调且片面（如会投的不会过，会左手的不会右手等），基本技术掌握得不够全面，特别是脚步动作差，现在会传球的队员不太多。传球的时机、落点、角度、手法掌握不好，往往内线队员抢占了位置，外线运动员却无法将球准确、舒服地交到内线去。

通过专家组对测试队员技术的评定和在现场对她们训练和比赛的观察，队员在基本技术的规范度和熟练程度上有很大的差别，特别是投篮技术，无论是投篮和节奏的把握与世界优秀女篮队相比都有很大不同，基本技术相差比较大，普遍存在基本功不扎实和基本技

术不全面的问题。然而，女篮要重新崛起就必须加强对投篮等基本技术的科学训练。运动员在比赛中技术运用不稳定、发挥不好，防守时跟不上对手的变化、漏人等情况的出现，这一方面说明基本功不扎实，还说明在平时训练中教练员不注重基本功练习，所以才会导致运动员在比赛中出于基本技术的原因而屡屡出现错漏。因此，要加强运动员的基本技术训练。

（二）“快速”风格

**1. “快速”释义**

从世界篮球运动的发展趋势来看，其发展主线是快速和准确，速度快是手段，准确是目的。快速是创造、寻找和掌握、利用战机达到准确完成动作的手段，“以快制胜”的锐利武器更加受到世界强队的重视。对我国篮球运动来说，“快速”这一概念既可以指向技术风格，也可以用来阐释战术风格。体现在技术动作方面，是指运动员在训练、比赛中的脚步移动快、起跳快、起动快、传接球又准又快、推进快、攻防转换快等。当然，运动员在“快”的同时也要“准”。否则，只“快”不“准”会在比赛中造成更多的失误。而体现在战术方面，最具代表性的就是快攻战术。快攻战术在进攻战术中占有重要地位，是当今世界强队克敌制胜的“法宝”。快攻战术不是一个人、两个人的个别行动，而是全队整体的战术配合。因为快攻不仅包括攻击性强、协同配合的防守体系，并且包括有效地拼抢篮板球、抢断球配合，这是为发动快攻创造条件的前提。球队只有掌握全面、系统的快攻战术，才能在比赛时主动地、有意识地发动快攻进攻。“兵贵神速”，在发动快攻时，运动员的一切动作都必须快。用最快的速度、在最短的时间内完成快攻推进，投篮得分，令对方猝不及防。如果一支球队忽视了快攻战术，那么这支球队“积极主动、快速灵活”的运动风格就难以形成了。因为只有快速才能体现运动员在赛场上积极主动的思想作风。

**2. “快速”风格**

一支球队有了坚定的“快速”思想，必然会带动体能、技战术以及思想作风的不断提高。近年来，我国男篮在国际篮球比赛时，因为一些原因导致球队的进攻速度下降，这种现象在联赛中也不罕见。当前最重要的是必须树立我国篮球教练员、运动员的“快速”训练指导思想专有了这个训练指导思想，在技术、战术训练工作方面就会制定明确的、可操作性的指标，这也是我国篮球运动向世界篮球高水平迈进的关键环节。“快、灵、准”是我国篮球运动的传统风格，因此要重新树立我国篮球运动的“快速”风格，就要在篮球训练工作中强化快速战术，即快攻战术。

**3. 快攻战术**

快攻战术是我国篮球运动在 20 世纪五六十年代形成的“三大法宝”之一，是我国男女篮在比赛中强有力的进攻“武器”。因为快攻战术能在短时间内打出进攻高潮并将比分迅速拉开，奠定比赛胜利的基础。

回首我国篮球运动发展的历史，我国女篮之所以能获得世锦赛、奥运会亚军，男篮打入世界八强，其中很重要的原因是当时我国篮球运动有正确的训练指导思想，而主张快速进攻就是其中最重要的组成部分之一。我国篮球运动过程中所提出的明确的训练指导思想是中华人民共和国成立后经几代篮球人努力拼搏、勇于实践、善于总结、不断改进的结果，它们是我国篮球运动的宝贵财富，也是今天应该继承和发扬的篮球运动技战术风格。

### （三）"灵活"风格

对竞技篮球运动的发展趋势来说，高度所带来的优势已经成为各国的共识，但篮球运动强调的高度不仅仅是运动员身体形态的高，它要求运动员高中有壮，壮中有巧（灵活机敏有智慧），使高、壮、快、巧、准结为一体。

**1. "灵活"释义**

运动项目不同，对运动员身体素质的要求也不同。篮球运动所要求的灵活性是传接球的准确、巧妙；在有限场地内的快速起动、急起急停、变速变向的快速、多变；掩护、突分等战术配合的机敏、善变等。因此，我国的篮球运动员应该在加强力量训练的基础上，提高技术动作的细腻性，掌握快速灵活的技术和敏捷的脚步动作，在比赛时才能做到灵活多变，能形成"灵活"的篮球运动风格。

**2. 打造"灵活"风格**

马赫执教我国女篮时，他强调攻防的对抗性，尤其是加强防守的对抗性。这种对抗性并非指队员之间的身体接触，而是指在防守时要给对方强烈的攻击性和压迫性。从进攻的角度说，虽然加强对抗性，特别是加强篮下一对一的对抗性也很重要，但基于我国运动员的身体特点，即便身体对抗性有很大提高，但与身体强壮、力量大的外国高大队员相比，从整体上来看并不占上风。因此，从战术的角度来讲，我国女篮如果与对手拼体能上的对抗，并非上策。因此，我国女篮对付外国强队的策略应该是：全场进攻采取快速攻防转换，利用一切能利用的机会发动快攻反击，打对方立足未稳，让对方的强对抗性无计可施，无用武之地，不让她们发挥优势。

## 六、现代竞技篮球运动的进攻与防守

### （一）进攻与防守的概念

攻，即进攻，是实现篮球竞赛目的的重要手段之一，也是篮球竞赛行为的基本类型之一，它的行为目的是攻击对手、击败对手，获得时间和空间的主动权。它的行为特征是以运动的状态向对手进击，并在进击的运动中求得"争斗"的更大优势和主动地位，进而实现"争斗"的终极目的一通过一切合法的手段把球投入对方的篮筐。守，即防守、防御，它是实现"争斗"目的的重要手段之一，也是"争斗"行为的基本类型之一。它的行为目的是保存和守卫自己的阵地，不让对方得分。它的行为特征是以相对驻止的状态抵御对手的进攻，并求得竞赛过程中的优势和主动地位，进而达到巩固成果的目的。竞技篮球运动中存在着这两种最基本的行为。因为在“争斗”过程中，双方的行为不是出于进攻的目的，就是出于防守的目的，出于进攻和防守目的之外的任何行为都是不存在的。这是由于“争斗”的目的是击败对手和巩固已得成果，而击败对手依靠的是进攻的行为，巩固已得成果依靠的是防守的行为。“争斗”中没有脱离目的的任何盲目行为，一切行为都是为“争斗”目的服务的。因此，除了为“争斗”目的服务的行为外，不可能有任何别的行为。

由此，“争斗”中的一切行为，不是出于进攻击垮对手的需要，就是出于防守保存自己巩固已得成果的需要，出于进攻和防守之外的任何需要都是不存在的。

### （二）进攻与防守的性质

#### 1. 进攻的性质

在“争斗”中，攻的性质和守的性质是完全不同的。从进攻的概念来看，攻是一种对对手的进击，目的是击败对手。它处在一种主动的运动状态，并且在进击运动中追求优势，发挥主动和长处，进而达到攻的目的。由此来看，攻的性质是一种主动进击的行为，是“争斗”行为的发起者，或者说攻击者就是首先挑起“争斗”的人。但是，攻击不仅仅是一种力量的打击，它还包括精神上的攻击、气势上的攻击、使用智谋进行的攻击。攻的行为及其运动状态的过程，只是攻的行为的表象。攻的性质，首先是进攻者具有了这种攻击的强烈欲望、攻击的谋略，然后才有攻击的行动。

#### 2. 防守的性质

从防守的概念来看，守是为了保护自己不被击败，保存自己不淘汰，是相对于对手的进攻而言的，它的特征是以相对驻止状态抵御对手的进攻，并在这种相对驻止状态中求得优势和主动地位。守从形式上来看，它是攻击的承受者，因而守的性质是被动的。但是，攻守双方一旦接触，守方就不再是被动攻击的承受者了，守方的还击，也具有了攻击的性质，也是一种主动进击的行为。这就是双方的斗争。没有还击的防御是根本不可设想的，还击是防御的一个必要组成部分。所以，对进攻的还击就是防御。

总之，防守的性质是承受攻击的被动行为，是相对于进攻而言的，同时防守的手段也是针对进攻手段的一种反应，进攻手段促使防守手段的不断变化，防守手段也反过来促使进攻手段的不断变化。防守建立在相应的还击和对场地或外界事物的利用之上。

### （三）防守与进攻的内在联系

比赛中的进攻和防守是相对而言的。因为有了进攻，必然会出现防守。防守和进攻在竞赛双方中是交替变化的。攻和守是相对的，无攻就无所谓守，无守就无所谓攻。攻守两种行为是密切联系的。

攻守的内在联系是由“争斗”行为的相互作用构成的。对防守的一方来说，是因为有

进攻者的进攻，一方的进攻导致了另一方的防守；对进攻者来说，并不是因为有防守，而是出于实现目的的一种实际行动的需要。

攻守的内在联系也是由竞争目的决定的。争斗的目的在于击败对手、获取胜利，因此攻守也是出于夺得胜利的目的。也就是说，无论是进攻，还是防守，其目的都是夺得战斗的胜利。攻守在“争斗”中的目的是没有矛盾的，是统一的求胜过程的体现。为了达到获胜的目的，防守在外在表现形式上处在被动地位，但在内在行动上则要带有攻击的性质，而防守的胜利会必然转向进攻。军事家们常说，最好的防御就是进攻，即深刻地从另一面体现了这一思想的普遍意义。守势作战只要不是属于绝对消极的性质，则常有成功的机会守方绝不可以站在原地不动，静等着敌人来对他加以打击，反而言之，他应有双倍的活跃，随时保持着机警的态度，一发现了敌人的弱点，马上就加以强烈的回击。这一类作战计划可以叫作攻势防御，它在战略和战术上，都具有相当大的优点。

攻守二者是辩证统一的。攻守虽然是两个截然对立的矛盾事物，但二者却同处于一个统一体中，它们互以对方为存在的原因。攻守对于一方而言，并不是处于进攻时就没有防御，处于防御时就没有进攻。如果在进攻中不知道运用防守，就会把弱点暴露在对手面前，并遭到对手的反击而陷入被动挨打的地位，此时攻势就可能变成被动的守势。如果防守中不知道运用进攻，当对手暴露了虚弱点而熟视无睹，放过反攻的良机，就会助长对手的强大，使自己陷入更加被动的不利地位，其结果必然导致惨重的失败。在进攻过程中，进攻是矛盾的主要方面，防守是矛盾的次要方面，防守是潜在的；在防守过程中，防守是矛盾的主要方面，进攻是矛盾的次要方面，进攻是潜在的。如此构成攻中有守、守中有攻的对立统一关系。因此，攻守二者是紧密联系的，是不能被割裂的。

### （四）防守与进攻的内容和形式

攻守的对象是攻守的具体内容，攻守对象的多样性决定了攻守内容的多样性。不同的对阵对象，技战术风格、队伍结构和面貌也不同，必然要有针对性地采取攻防形式。攻守内容的多样性，也决定了攻守形式的多样性。攻守形式随着篮球运动的发展不断变化和有所创新。攻守的形式就是针对具体攻守对象所采取的具体方法和手段。

在篮球运动早期，技术比较原始，也没有太过复杂的战术，攻守的形式都比较简单，随着一系列新的技术不断出现，如跳投、勾手投篮等，原来的防守形式必须要改变。由于单兵作战能力大大提高，一个人防不住单个对手，出现了协防和夹击，为了解决这个问题，掩护也就自然而然地产生了。但是，无论形式怎样变化，攻守行为却绝对没有变化。因此，这决定了攻守基本形式即攻守的普遍形式并没有发生多少变化，变化发展的只是攻守的具体形式。

攻守的具体形式包括了攻守所使用的各种战法。首先从攻守的样式来讲，有阵地战、快攻、人盯人、联防、区域紧逼、全场紧逼等；从时间形式上讲，有所谓快节奏和慢节奏；从作战的具体形式上讲，有正面突破、底线包抄、一一进攻、一一紧逼、夹击、掩护、紧逼反击等；从规模上讲，有半场防守、全场防守等。

攻守的内容和攻守的形式是密切相关的，一定的攻守内容往往需要借助一定的攻守形式来实现。内容是攻守对象的实质，形式是针对解决实质性问题的攻守方法和手段。面对不同的攻守内容，必然要求选择和采用相应的攻守方法和手段，即攻守的形式。

唯物辩证法认为，任何事物都是内容和形式的统一，任何内容都有和它相适应的形式。从统一的角度来讲，攻守的内容和攻守的形式是不可分离的，形式和内容是互相包容的。例如，阵地进攻争夺是攻守的内容，阵地战的各种战法是形式，二者是完全统一的，因为争夺阵地必须借助于阵地战的各种形式来实现，如果一方背离了阵地战的各种规律，必然会导致争夺的失败。

### （五）防守技术运用技能

基本姿势包括头、手臂、背、腿、脚五个部分。

#### 1. 头

头部对身体平衡十分重要。在比赛中，头部总是在球和对手之间迅速调动，极易失去重心和有利位置。为减少过多的头部运动，一定要靠准确的判断、高效的脚步移动，占据有利位置，尤其是在滑步过程中，更要注意保持头部的相对稳定。

#### 2. 背

防有球与防无球，防投篮与防运、突、传对背部姿势的要求也有所不同，一般防运、突、投之前是背稍前屈，这种姿势便于起动，有一定的爆发力和弹性。封逼死球及防无球空切时，背部相对较直，以便于身体对抗，“延误”对手的进攻。现代篮球防守仍然是低姿势防守。身体重心低并不是减少膝角即膝关节的弯曲角度，使其处于深蹲状态，而是使自己处于既平稳又易于尽快冲破平衡，及时向各个方向移动的最佳施力状态。因此，防守队员在防有球对手时，多采用在屈膝、降低身体重心的基础上，上体稍前屈，臀部稍后坐，并以全脚掌着地，使自己的手在一定距离的条件下也能接近对手。

#### 3. 手臂

只有用手的攻击才能破坏对方的进攻和获得球权，重心的调整与维持，防有球与防无球，防投篮与防运、突、传打、抢断、封盖与争抢篮板球等，手臂动作的合理运用起着至关重要的作用。投篮有手法，防守亦有手法。不同区域、不同位置、进攻队员持球部位的高低，对手臂的摆放要求是不相同的。防守中手臂绝不能因累而下垂，合理的手臂动作姿势与高度，加大了防守面积，加快了抢球速度，减少了在低处随心所欲地乱捞球，并可降低无谓的犯规。

#### 4. 腿

腿要自然弯曲，降低重心，保持稳定，符合人体生理结构特点的就是最佳角度。易于

发力，便于起动和起跳，符合人体生理结构特点的就是最佳角度。

5. 脚

防守的起始姿势是两脚平行站立，或前后稍分，两脚之间的距离比肩宽；脚跟稍抬起，两腿屈膝降臀，近似坐姿；上体较直，微前倾头要摆正，两眼平视；两臂屈肘，高于腰，手心略向上，放于身前。在防守中，脚步移动的作用是使身体及时移位，以保持正确的防守位置和活动范围。

（六）防守专项脚步

脚步动作是防守者在防守时采用的移动步伐，是个人防守技术的基础。防守者运用脚步动作，与手臂和身体其他部位配合，抢占有利位置，最大限度地破坏和阻挠对手的进攻意图，以达到争夺控球权的目的。专项脚步动作有跑、跳、急起、急停、转身、碎步、前滑、迎上攻击步、后撤步、迎前变后撤、后撤变迎前、横侧滑步、交叉步、跑跳步、滑跳步、跳滑步等。

（七）选择防守位置

防守位置包括抢篮板球位置、攻转守退防选位、防有球选位、防无球选位、限制区内的争夺抢位五个部分。

1. 抢篮板球

抢篮板球分为抢前场篮板球和抢后场篮板球。抢前场篮板球，要求用身体的虚晃绕过或摆脱防守队员，常利用手臂“划船”式或直臂单挑式、双手直臂式等动作。抢占空间面积的同时，配合各种步伐、合理的身体冲撞，抢占有利位置，争取获得控球权。抢后场篮板球，则根据对手离篮圈和防守队员之间的距离，防守队员离进攻队员近，就用后撤步转身挡住对手，如离进攻队员有一定距离，就用迎前交叉步配以手臂的“划船”动作做前转身，将对手挡在身后，转身后两肘外展举于体侧。抢占空间面积的同时，两腿弯曲、重心降低、含胸拔背，发力顶住对手，保持最有力的起跳姿势，抢占地面位置。另外，还有与进攻面对面、交叉挡人、弱侧挡人抢位等动作。

2. 攻转守退防

攻转守有主动转守（投中篮或失去球权成死球时）和被动转守（失去控球权）。无论哪种转守，事先都应根据本队的条件，制定防守战术，明确个人职责，根据“球—我—他（攻方）—篮”的防守原则，各自积极地抢占合理有利的位置。

3. 防有球

根据球与篮之间的距离、本队的防守战术打法、个人的防守能力，保持和对手适宜的距离，做到能控制和干扰球而不失位。根据时间、比分、区域、对手决定防守的强度。

4. 防无球

根据“球—我—他（攻方）—篮”的防守原则，不断调整防守位置，坚持“球要经过他必先经过我”的防守原则，进攻队员离球越近，防守就越紧。

5. 限制区的争夺

靠勇敢、靠智慧、靠积极、靠脚步，主动发力，占据最有利的位置。

# 第二节　排球运动技能教学

## 一、生成性教学概述

教学过程的“组织教学—复习旧知—新授—巩固练习和布置作业”已成为一种固定的教学形式。近年来，我国深化了教学改革，教学过程不再被视为一种简单的活动过程，而是看作教学活动的主体围绕一定的活动主题在特定的情境中，通过互动建构的实践活动，是教学要素之间相互作用、变化和发展的过程。师生在动态的教学中，促进学生知识与技能的形成、情感态度与价值观质的飞跃。这不仅打击了传统的教学模式，还严重打击了教师的教学。随着新课程改革的不断深入，教师对生成性教学理论不断了解，把生成性教学引入教学领域已成为众学者的期待。

对生成性教学理论的研究很多，虽有些已经运用到语文、化学、数学、历史等学科中，但对体育教学的研究很少，还没有人涉及把生成性教学理论引用到体育教学中。随着信息化时代的到来，越来越多的人开始关注奥运会，关注排球运动。排球运动是一项集体项目，其技术复杂、战术精细、攻防瞬息变换，具有高度的刺激性和敏锐的灵活性，深受广大民众和学生的喜爱。在我国大学学科中，排球运动一直占有重要地位，但由于其对动作技术的要求较高，而且技巧性又比较强，这给大学排球运动的教学带来了一定的影响。现在大学体育专业毕业生大多面临着中小学体育教师和低层体育指导者的角色，这就要求学生更好地掌握排球技术和自主学习排球知识，使其在以后的体育教学工作生涯中更好地教授下一代排球学习者。仅依靠在课堂中学习的知识并不能满足社会对学生的要求，学生不仅要掌握基本的排球知识，还应持一种终身学习的精神，这就需要教师激发学生深入学习排球知识的兴趣。

目前排球运动技能教学仍以常规教学为主导，遵循教师讲解示范、学生根据教师的指导逐步练习、教师指导纠错、学生巩固练习，最后达到一定的技术水平，常规教学只是让学生达到了课程目标的要求，并没有引导激发学生学习的兴趣。现代教学要求教师不仅要让学生掌握应有的知识技能，还要引导学生对此项运动的热情，以保障学生在以后的学习生活中深入探究、自主学习，形成终身学习的理念。

随着新课程改革进一步深入，学生的主体性逐渐得到关注，生成性教学的出现解决了

这个难题。首先，生成性教学符合新课改的要求，关注学生的主体作用，在教学过程中是以学生的学习活动为中心，教师根据具体的教学情况来调节课堂，以使学生更好地学习课堂知识和运用各项技术；其次，生成性教学关注发展的教学目标或动态的教学过程，在预设好的教学目标和过程上，教师可以根据具体的教学环境来降低或提高教学目标和改进教学过程，适应学生的学习情况和满足学生的需要；再次，生成性教学注重个性化的教学方法，教学要以学生为中心，适合学生的方法才是最好的方法，要根据学生个体的差异性来采用不同的教学方法，使学生快速有效地掌握知识技能；最后，生成性教学还关注多元化的评价方式，形成性评价和终结性评价相结合，这将激发学生学习的热情。

## 二、基于生成性教学理论的排球运动技能教学策略的设计

### （一）设计的目的意义

排球教学策略设计一般是指教师根据排球教学设计的有关原理和设计思想，既定预期的目的和要求，把握教材的具体教学内容，针对教学对象，在教学过程中安排系统完整的教学程序和教学结构，制定出有利于取得良好教学效果的策略。教学设计为完整的课堂教学做铺垫。在排球运动技能教学策略设计中，把握教学设计的各个环节，促进课堂教学各要素之间有效联系，使教学过程系统化，这既能提高教师的执教和观察能力，帮助教师把握好课堂教学的各个环节，又能让学生有效掌握排球技术，提高学习效率，从而改善课堂教学效果。

### （二）设计原则

**1. 弹性化原则**

弹性化原则是指在生成性教学设计的过程中，对教学内容的设计除了预设的基本确定性知识外，还包括一定量的师生间共同建构的生成性知识；在教学进度上，要根据学生学习和掌握知识的情况来弹性地调整教学过程，使学生更好地理解知识和技能掌握。

**2. 动态化原则**

动态性原则是指在教学活动中，会出现许多意想不到的问题和情况，教师不能机械地依照预设好的教学过程进行，应用发展的、动态的眼光，根据具体情况进行灵活处理，积极引导教学活动不断更新，生成新的超出原计划的教学过程和教学目标。

**3. 合理性原则**

合理性原则是指在教学过程中，教师应根据学生对知识的掌握情况，合理地安排课堂内容、教学进程和教学方法，教学内容应在学生接受的能力范围内或稍高于学生的接受能力，以便学生更好地生成。教学设计安排得是否合理，将影响学生对所学内容的掌握、对所学知识的兴趣和学习成就感，这样会影响学生的学习积极性和主动性。

4. **有效性原则**

有效性原则是指所生成的教学过程对主体的成长及教育是有用的、具有积极意义的，生成的目的不是为了生成而生成，而是为完成某一任务而服务的。因此，主体在生成时必须在正确价值观的指导下；生产的内容应具有一定的有益性，应该是积极的、有意义的，是有价值的教学内容。

5. **发展性原则**

发展性原则是指教学设计要求设计者把学生看成不断发展变化的，应该采用动态的、变化的指标进行衡量；设计者在发挥其主导作用的同时，也要充分考虑学生已有的知识经验、态度和心理变化。

（三）设计的理论依据

本设计基于建构主义理论、人本主义理论、生成性学习理论，从各个角度和不同方面为优化排球运动技能教学策略的设计提供充分的理论依据。

1. **生成性学习理论**

学习是一个主动的生成过程，学习者积极地接受知识，并主动地对知识进行加工处理，最后构建出自己对知识的理解。理解是学习者的视野与文本相互交流融合的过程，在教学过程中，注重学生与文本的互动，通过学生和知识的不断作用，学生对知识不断地理解探索。生成性学习理论注重学生对知识的自主探索，学生以自己现有的知识水平对新知识进行学习探索，经过学生不断地探索，最后领悟到知识的真谛。这个过程是学生自主学习的过程，充分体现了学生在学习中的主动性，这一特性是生成性教学的基本特征，生成性学习理论是生成性教学的基础，因此生成性学习理论也可以作为生成性教学策略设计的理论基础。

2. **建构主义理论**

建构主义强调学生对知识的主动探索、主动思考以及对所学知识的主动建构，区别于传统教学中的“教师怎么教，学生怎么学”的模式。在教学观念上，以学生为中心，突出的是学生的“学”，充分尊重学生的主体地位。学习的意义在于学生以自己原有的经验和认识，对接收的信息进行重新认识和理解，建构起自己的理解，在这个过程中，由于接触新信息，使得原有的经验和认识也发生了变化。在教学目的上，鼓励学生分析他们自己观察的事物，发展创造性思维。在教学环境上，强调学习环境在学习中的作用，学生自己创设一种学习环境，在这一环境中，积极学习，与周围的同学相互讨论、交换意见，以此获得对事物的见解。

建构主义把教学视为学生主动建构知识的过程，知识的获得是在特定的情景，对某一主题或问题进行探究的过程。因此，教学是一个知识传授和能力发展相结合的过程。建构主义正是对行为主义的一种反思，行为主义教学的目标模式是一种预设性的目标，教学的

过程就是根据这个预设的目标选取教学内容、教学方法，然后实施教学内容，最后达到预设的教学目标，因此建构主义理论可以作为本教学策略设计的理论依据。建构主义则与之相反，把教学看成动态的、不断变化的，这与生成性教学理念相同，可以作为生成性教学策略设计的理论基础。

**3. 人本主义理论**

人本主义理论的宗旨是树立以人为本的思想、全面发展的原则，体现“人文关怀”，打破教师中心论，提倡学生突破机械学习、被动接受知识的局面，要求学生主动参与，重视学生的认知发展，此外，人本主义更关注学生的兴趣、动机、情感的发展趋势，了解学生的内心世界，顺应学生的学习需要、学习兴趣、学习经验，把握学生的个性差异，激发学生的潜能，使其认知和情感交互作用，强调学生的创造力、动机、情感、兴趣、认知等方面对行为的约束作用。

人本主义主张在教学的运用中从各个方面强调“以人为本”的理念，这要求教育者在教学活动中充分贯彻这一策略思想，重视人文关怀，同时激发学生的学习动机和兴趣，重视个体差异，使每个学生都能获得最适宜、最充分的发展。人本主义和生成性教学理论具有高度的统一性，因此人本主义理论对于生成性教学策略设计具有一定的借鉴作用。

## 三、生成性教学的排球运动技能教学策略

### （一）教学目标

生成性教学目标是在教师创设的教学情境中，通过教师捕捉生成性的教学资源，在引导学生思考的过程中自然而然生成的。教学目标主要从知识与能力、过程与方法、情感态度与价值观三个维度进行弹性预设。

**1. 认知目标**

首先，通过排球运动技能的学习，学生能理解、记忆各项基本技术动作要领和动作概念，掌握各技术环节的技术要点，建立清晰的技术动作表象；其次，学生要理解掌握各技术的动作要点，了解技术的难点和相关的理论知识，为技术的运用做准备；再次，学生可以将已学的知识运用到新的教学中，并可以解决一些简单的问题；最后，学生能对技术状态做出价值评判，运用已学的知识解决复杂的问题。

**2. 情感目标**

首先，激发学生对本课程的兴趣、好奇心；其次，培养学生独立思考、自主学习的精神，让学生积极参与到教学活动中，发挥学生的主体作用；最后，培养学生相互互助的品质，增强团队凝聚力和不怕疼、不怕累的优良品质。

**3. 技能目标**

要求学生基本掌握传球、垫球、发球和扣球的技术动作，以及能够参与排球教学比

赛。首先，通过感觉了解技术动作，并对此做出条件反射，对技术动作具有观察分析能力和模仿能力；其次，通过自主学习和探究掌握各技术的动作要领和重难点，能流利地做出各技术动作；最后，在教学比赛中，能顺利运用各项技术动作，达到动作的自动化与规范化。

（二）教学策略

**1. 弹性预设教学方案**

第一，课堂目标的弹性预设。课堂目标是一节课的教学目标，是一节课的核心，控制着教学过程，是进行教学的出发点和归宿。在设计一节课的课堂目标时，既要考虑实际的教学目标和期望的教学目标的差异，又要关注学生个体之间的差异，要使课堂教学目标具有一定的“弹性空间”。课堂教学目标应该分为基础性教学目标和发展性教学目标。基础性教学目标即掌握基本的技术要领和完整的技术动作，发展性教学目标是对所学技术的运动，即在一定的情境中，学生可以适时地运用各项技术。例如，在教学过程中，若学生对基础的教学目标没有掌握牢固，那么教师将进一步改进教学方法，对学生进行强化训练，让学生规范掌握技术动作的要点；然后再进行发展性教学目标的学习，让学生每一步都脚踏实地走好，为以后的排球技术学习打下坚实的基础。

第二，板块设计教学内容。教学方案即俗话说的“教案”，在教学之前，教师对学生的特点、教学环境和教学内容等因素进行学情分析，并制定出相应的教学预案。生成性教学是在预设基础上的升华和发展，是对预设性教学的补充和修正，以此来增加学生的学习兴趣，使其更好地掌握课堂知识和技能。在设计教案时，教师应尽可能多对本节课可能出现的问题和情况进行设想，并根据具体情况设计出应对方法，以便更好地调整教学手段，引导学生在轻松愉快的学习环境中学习。所以，在排球教学中教师可以采用板块教学，有利于教师掌控课堂教学动态发展。

在进行正面双手垫球技术教学中，教师根据学生的基本情况，安排课堂内容，调控课堂进度，教师根据学生对知识的掌握状况进行教学。在进行正面双手垫球技术学习时，教师将教学内容分为三个板块，每一个板块又分成若干个学习活动，教师可以根据学生对技能的实际掌握情况进行组合或变动。

**2. 个性化的教学方法**

生成性教学方法的选择必须以满足学生自身的发展为前提，有利于训练学生生成性思维；方法不是固定的模式或机械运作，它是学生正确掌握运动技能的脚手架。从某种意义上说，生成性教学方法的选择是根据教学过程的需要和教学环节的改变，随机采取的解决当前教学问题的教学方法，同时依据实验者自身的特点和教学环境对教学方法进行选择。

首先，分层教学法。分层教学就是教学根据学生的不同学习情况，给其进行分组。分组方法有同质分组、异质分组。在生成性教学中，将采用动态的同质分组和异质分组。在

教学前，教师应先进行同质分组，给不同阶段的学生提出阶段目标，待技术到达要求，教师再给其提出更高的要求。经过练习，教师再进行异质分组，让技术掌握好的学生去帮助学习技术困难的学生，充分利用学生自身的资源，以学教学。这样不仅帮助了学习技术困难的学生技术的掌握，还巩固了能力强的学生的技术，更帮助了教师的教学，充分体现了学生的主体性和教学灵活动态。

其次，互动教学法。教学环境的好坏直接影响学生对课堂的喜爱程度，所以若想把学生的积极性调动起来，教师必须给学生提供一个开放、民主、平等、互动的教学氛围，让学生在轻松愉快的环境中学习。新课改倡导教学要注重学生主体性的发展，学生的主体性主要体现在学生对课堂的参与性上。在课堂教学活动过程中，师生应多进行交流互动，教师也应该多给学生提供学生之间的相互交流，这样不仅能增进师生之间的感情，还能促进学生之间的交流，学生之间相互帮助、相互学习，相互交流学习的心得体会，这样教师的教学将会事半功倍。

**3. 捕捉利用教学资源**

教学资源即在教学过程中突然出现的一些有利用价值的信息，所谓有利用价值的信息就是在教学过程中有助于提高学生的知识和技能、培养学生良好的情感态度和价值观。例如，课堂上学生的一句问话或一个错误、突发事件或一个相左的意见等，均有可能成为可以利用的教学资源，而这一块也恰恰能突出一个教师所具备的教育机制。所谓教育机制，是教师在教学过程中一种特殊定向能力，是指教师根据学生新的特别是义务外的情况，迅速而正确地做出判断、随机应变地采取及时、恰当而有效地解决问题的能力。教育机制是教师良好的综合素质和修养的表现，是教师娴熟地运用综合教育的手段和能力。

首先，关注问题资源。生成性资源无处不在，在课堂教学中不是缺乏生成性的教学资源，而是缺乏善于发现和有效利用教学资源的慧眼。在教学过程中，教师及时捕捉课堂上师生、生生互动中产生的有探究价值的新信息、新问题，并能在亮点处引领，在冷场处引领，在迷茫处引领，在错误处引领，把师生互动和探索引向纵深，使课堂再产生新的思维碰撞和交锋，从而再有所发现、有所拓展、有所创新，促进教学的不断生成和发展。

其次，关注突发事件。在教学过程中，教师虽然对教学有一定的预设，但突发事件还是不可避免的。因为教学过程是一个动态的、瞬息变化的过程，每个个体都有自己对知识的理解和认识。若想学生对课堂有长期的兴趣，就需要教师研究学生，时刻关注学生在课堂中的表现。教师处理突发事件的方式可以反映一个教师的素质，教师对突发事件处理的好坏影响着学生对课堂的喜爱和热情。对于突发事件，教师应给予肯定，鼓励学生多提出疑问，通过探索得出结论，这样学生对知识的掌握将更加牢固。

## 四、分析与讨论

### （一）基于生成性教学理论的排球运动技能教学策略对排球运动技能习得的影响

基于生成性教学理论的排球运动技能教学策略对排球运动技能习得具有促进作用。生成性教学是动态的、发展的教学活动，这给学生留有充分的空间来发展自我的学习能力、自我掌控和自我监督的能力。当代学生个性迥异，都有各自的想法，期望能按照自己的方式来学习探究，生成性教学正好可以满足学生的个性发展，可以调动学生的积极性；能够取得良好的教学效果，有利于学生更好地掌握各项技术，提高学生的人际交往能力。

但是，从实际的情况来看，学生的颠球技术和扣球技术中具有显著性的差异，从以下两个方面进行阐述。

**1. 学习的迁移**

学习迁移是指一种学习对另一种学习的影响，或习得的经验对完成其他活动的影响。网球运动发球时借助于外在的器械击球，而排球运动中的发球是不借助运动器材的，两者的发球动作轨迹不同，但由于长期重复网球发球动作练习，学生已经形成了一种发球动作定势，这将对排球教学中的发球动作的学习具有一定的影响。网球的发球动作和排球的发球动作具有本质上的不同，之所以在发球技术上没有产生显著性差异，就是因为在排球发球技术学习中产生了学习迁移。

**2. 教学内容的板块设计**

板块设计是教学方案的具体化，是通过对学生基本情况的了解和学习环境的考虑，对教学方案的具体划分和有针对性的安排。在教学设计中，将教学实施过程中的教学内容分成若干个板块，针对不同阶段，设置不同的教学内容，安排不同的教学方法和练习强度，解决这一阶段的教学任务，待所有学生完成该阶段的教学目标后，再进行下一阶段的安排和实施，以此递进式设计教学板块，以达到整个教学任务的顺利完成。

通过教学的板块设计，教师可以全方位地掌握教学内容的安排，教师根据每个板块教学中学生对教学内容的理解和掌握情况，进行教学手段的调试，能够有效地促进学生对排球技术动作的习得水平，满足教学需要，取得预期的教学效果。

### （二）基于生成性教学理论的排球运动技能教学策略对运动动机和学习兴趣的影响

基于生成性教学理论的教学策略在一定程度上激发了学生的运动动机，提高了学生的学习兴趣。分析其原因，主要可以从以下两个方面来说。

**1. 弹性的预设，给学生自我探索的空间**

在生成性教学课堂中，教师给学生留有一定的自主学习和探索问题的空间，体现了生成性教学“动态、发展”的教学特征。当代学生都各具主见和思想，在教学活动中为了充

分发挥其主体性作用，教师在教学时应适当放权，适当地引导促进教学过程的生成，让学生在自我学习探索中展现自己，体现自我价值，满足学习需要。

**2. 教学资源的及时利用，激发学生的学习热情**

在生成性教学过程中，学生不仅是教学对象和学习的主体，也是教学资源的组成者和生产者。学生在教学活动中的表现，如积极性、注意力、一系列的发言、提问、争辩及错误的回答等，均是可利用的教学资源。教学资源无处不在，教师根据具体的情况加以引导，既有效地利用了学生在学习中自我产生的资源，又可以激励学生，让学生对课堂充满热情。所以，在教学中，教师要充分利用学生自身的特点，让学生发现问题，通过教师的引导，不仅能够使学生掌握应有的知识技能，还能满足学生的表现欲和虚荣心。但是，在实际的教学过程中会出现一些突发性事件，教师要根据学生的具体情况与学生共同处理，以达到师生之间的交流互动，保证课堂教学的顺利进行。

### （三）基于生成性教学理论的排球运动技能教学策略对团队凝聚力的影响

团队凝聚力是指团队对成员的吸引力、成员对团队的向心力以及团队成员之间相互的影响和吸引。团队凝聚力的大小可以从侧面反映一个班集体的好坏，而生成性教学法教学策略对团队凝聚力起了影响作用，具体体现在以下两个方面。

**1. 个性化的教学方法**

新奇的事物对每个人都有一定的吸引，个性化的教学方法能够激发学生的学习兴趣。在生成性教学活动中，主要采用分层教学法和互动教学法，分层教学法是教师根据学生的自身能力的特点和教学的条件，在尊重学生个体差异的情况下，将学生分层，每个层次的目标和练习方法是由学生自己来定的。不过需要注意的是，在实施的第一阶段可以采用同质分组，教师对低层次的学生进行循序渐进的教学，使其在不断练习强化中达到最终的目标；对于层次高的学生，要充分调动其积极性，让其自我探索，在自主学习中理解掌握知识。第二阶段采用异质分组，学生自由组合分组，形成互帮小组，每个高层次的学生带一个低层次的学生，这样既利用了可利用资源，又增加了学生之间的交流，在一定程度上增强了团队之间的凝聚力。

**2. 适时的教学比赛**

在生成性教学过程中，教师根据学生的表现情况，适时地组织小型的教学比赛，既可以提高学生对排球技术的掌握运用和学生学习的积极性，还可以让学生在比赛中明白团队合作的重要性。一个球队若想打出好的成绩，需要团队中每个人的努力，并不是只靠一个人就可以完成。一万次的想象，不如一次的亲身经历，实践经历可以让学生更好地明白排球比赛中团队凝聚力的作用。学生未来要走向社会，在以后的生活工作中都要与人交往，让学生早点融入大集体中，让学生感受集体的温暖，以使学生形成正确的人生观、价值观。

由此不难发现，将生成性教学引入排球运动技能教学中是可行的。在研究基于生成性教学理论的排球运动技能教学策略时，不难发现生成性教学理论下的排球运动技能教学策略可以有效地提高学生对排球运动技能的习得，有利于激发学生的学习兴趣，提高学生的运动动机，增强学生的团队凝聚力。

基于生成性教学理论的排球运动技能教学优化策略在排球运动技能教学中实施，能够激发学生的学习兴趣，提高学生学习的积极性和主动性，增强学生对排球运动的喜爱；能够提高学生的团体凝聚力，培养学生的人际交往能力；有助于增强学生的自信心，提高学生运用排球技术及参与排球比赛的能力。

## 第三节　羽毛球运动技能教学

### 一、多球训练法的概念

羽毛球多球训练法是指教师站在球场的一侧以发球的形式连续地发出一定数量的球，队员则站在球场的另一侧来击打教师所发出的球，其目的是通过反复练习某一单一技术或几种技术的组合，达到提高队员羽毛球技术水平的训练方法。根据羽毛球的各项技术，可以将训练法分解为高远球技术多球训练法、平高球技术多球训练法、杀球技术多球训练法、劈吊球技术多球训练法、滑板吊球技术多球训练法、后场正手区被动抽球技术多球训练法、后场头顶区反手球技术多球训练法、中场接杀球技术多球训练法、搓放网前球技术多球训练法、网前勾对角技术多球训练法、网前挑球技术多球训练法、网前推球技术多球训练法、网前扑球技术多球训练法等。另外，根据实战情况，可以将各个单一技术多球进行组合，如杀球技术和各种网前技术相结合便可组合成杀上网技术，吊球技术和各种网前技术相结合便可组合成吊上网技术等。此外，还可以通过多球数量的控制和发球速度的变化来达到提高不同代谢能力的作用。例如，发球时采用一组多球的数量在 10～30 颗之间的发球速度较快的多球训练时，经过多组训练后可以有效地提高无氧代谢能力；发球时若采用一组多球的数量在 100 颗以上的发球速度适中的多球训练时，经过一段时间的训练后可以有效地提高有氧代谢能力。

### 二、羽毛球多球训练法在教学训练中的重要作用体现

#### （一）多球训练对于学生动力定型有重要的作用

羽毛球技术中的高球、吊球、杀球、网前球是最基本的技术。学生在学习技术动作的

初始阶段，对于各技术动作要领并不十分清晰，因此在操作中往往会表现为动作僵硬，缺乏连贯与协调性，甚至有较多的错误动作与不必要的动作，此时需要不断重复多次练习来形成动作表象。多球训练比单球练习在单位时间内练习次数更多、密度更高、强度更大。采取针对性措施，通过围绕掌握和规范动作、强化某一技术特点的单一或连贯的多球练习，纠正和改进错误动作，强化某个技术环节的动作定型，逐渐掌握相关的技术要领。

（二）多球训练有利于强化羽毛球技术节奏感的养成

羽毛球项目在对抗时，球的来回速度、路线上都表现得较为紧凑，需要在对抗时不断控制自己的身体与速度变化，保持击球动作和步法移动协调一致，出球予以回击。多球训练本身具有多变性及可控性的优势及特点，供球者在实际的操作中可采用各种技术组合，多样性地进行不同路线、不同速度、不同弧度、不同落球点的供球，让练习者及时对不同变化的来球做出各种判断，逐渐适应击球变化所需的力量、方向与速度，对不同击球技术之间的应用产生条件反射性的操作，从而提高他们对羽毛球技术的节奏感。

（三）多球训练能有效提升学生的各项身体素质

羽毛球运动经常会出现多拍的现象，连续性较强很容易使身体血乳酸值迅速升高，甚至处于缺氧状态。因此，身体素质的高低直接影响羽毛球技术水平的高低。多球训练由于来球的多变性，要求练习者必须高度集中注意力才能完成每个技术动作。高强的训练密度能够最大限度地加快步伐的移动、挥拍动作的速度和幅度，有效锻炼学生的速度素质、力量素质、有氧耐力水平和身体的协调性。通过各种形式的多球训练，学生的注意力被无形地吸引并积极主动地投身到训练中去，有效地解决了传统身体素质训练枯燥乏味这一矛盾，激发了学生练习的积极性。

## 三、学生羽毛球运动技能培养的目标

学生运动技能目标有学习体育运动知识、掌握运动技能与方法、增强安全意识和防范能力。在学生运动技能培养中，通过运动技能的学习使学生初步掌握基本的羽毛球运动能力，能够完成基础的羽毛球技术动作。人们从事体育运动和进行体育锻炼时所表现出来的能力，也就是以体育为目的的动作能力是最基本的目标，因此运动技能目标可以设定为基础技能目标、组合技能目标和竞赛技能目标。任何一个项目运动技能的形成与培养都是一个完整的系统过程，是一项集技术、战术、心理和体能为一体的综合培养过程。在学生羽毛球运动技能的培养中，各项单一基础技能的培养是其重要的组成部分。学生在学习能力和体质特征方面有别于成年人，处于运动技能培养的初级阶段，因此在学生羽毛球运动技能的形成过程中，最为适合也最为重要的技能培养内容就是技术和身体素质的培养。其中，羽毛球击球技能的掌握，是学生进行下一阶段训练的基础。羽毛球属于技能主导类隔网对抗，在羽毛球技能培养的每一环节，都需要击球技术作为展开训练的基础。

## 四、启蒙阶段多球训练法的组织实施

羽毛球教学训练的启蒙阶段是指还未掌握羽毛球基本技术的学生们所处的阶段。下面对启蒙阶段的羽毛球多球训练法的运用进行详细的介绍。

### （一）训练目标

掌握羽毛球的基本击球技术（高远球、吊球、挑球、搓球、勾球）；使击球动作标准、协调，达到动作自动化；击出球的飞行弧线能够高低合理且保持稳定；使击球的落点比较精准。

### （二）教学手段

启蒙阶段多球训练法的教学手段包括羽毛球场地（五片）、羽毛球拍（每人一支）、羽毛球（30 颗）、羽毛球教学课时计划。

### （三）组织形式

启蒙阶段多球训练法的组织形式以实践课为主，以演示为辅，即教师站在球场的一侧连续发出 30 颗球，队员则在球场的另一侧来击打教师发出的球，与此同时教师根据学生的击球效果，可以运用口头讲解或动作示范来加以规范击球动作。

### （四）训练方法和要求

按照循序渐进的教学原理，羽毛球所有技术的训练过程都为：首先掌握定点击球技术，然后再掌握移动中的击球技术，最后再将各项技术综合运用。因此，将分别对各项基本技术的训练方法进行论述。

**1. 高远球的多球训练**

（1）定点击打高远球的多球训练

首先，训练时让学生在球场一侧的双打后发球线位置做侧身架拍动作（以便学生养成侧身的习惯），教师在球场另一侧的中间位置发高远球，要求发出球的高度足够高，能使球垂直下落且落点尽量在队员的头顶上方，使队员减少移动（因为移动中击球的难度要大于定点击球的难度，不利于初学者的动作定型）。

其次，由于击打高远球是所有羽毛球后场技术的基础，而熟练的挥拍则是击打高远球的基础，因此此项训练要求挥拍练习和击打高远球练习相结合，即当一人在场上练球时，要求其他学生做挥拍练习。

最后，教师在喂多球时，发球速度不易过快，等待学生击完上一个球，动作完全还原后才能发出下一颗球。教师在喂球过程中发现学生动作错误时，要及时停止练习并加以纠正。

(2) 移动中击打高远球的多球训练

当学生熟练掌握定点击打高远球技术后，就可以进行移动中击打高远球的多球训练。

首先，学生采用后退步法移动到后场时，教师发出高远球，此时并不需要把球发到学生所处的准确位置而是大体位置，让学生自己去寻找最佳击球点。教师发球速度不易过快，等学生快要移动到后场时才能发球。当发现学生动作错误时，教师要及时停止练习并加以纠正。

其次，学生在场上的移动顺序是：中场准备—退至后场正手区—回至中场—退至后场头顶区—回至中场，如此重复移动直至将所训的球数击打完。

最后，当一人在场上练球时，教师要求其他人在其他场地做步法练习或发球练习。

**2. 吊直线球的多球训练**

(1) 定点吊直线球的多球训练

首先，让学生在球场一侧的双打后发球线位置不需移动，教师在球场另一侧的中间位置发高远球，学生不断练习吊直线球，使其体会吊直线球的动作要领：一是要求吊球的挥拍动作同击打高远球的挥拍动作一致，只是在击球的一瞬间手腕抖动不同；二是要使拍面同球头摩擦，使其能够产生过网急坠的效果。

其次，要求学生控制好球在网带正上方的高度，太高容易给对手造成机会，太低容易造成球下网。

最后，要求球的落点在前发球线左右且下落速度要快，达到出其不意的效果。

(2) 移动中吊直线球的多球训练

当学生熟练掌握了定点吊直线球的技术动作后，就可以进行移动中吊直线球的多球训练。

首先，学生采用后退步法移动到后场时，教师发出高远球，学生进行吊直线球练习。教师发球速度不易过快，等学生快要移动到后场时才能发出球。当发现学生动作错误时，教师要及时停止练习并加以纠正。

其次，学生在场上的移动顺序是：中场准备—退至后场正手区—回至中场—退至后场头顶区—回至中场，如此重复移动直至将所训的球数击打完。

最后，当一人在场上练球时，教师根据情况可以安排其他人做辅助练习（如颠球练习、挥拍练习、步法训练等）。

**3. 吊斜线球的多球训练**

当学生掌握了吊直线球的技术动作后，就可以进行吊斜线球的多球训练。吊斜线球分为劈吊球和滑板吊球两种手法，但都为吊斜线球，因此训练方法和要求相同，以下统称为吊斜线球。

(1) 定点吊斜线球的多球训练

首先，让学生在球场一侧的双打后发球线位置不需移动，教师在球场另一侧的中间位置发高远球，学生不断练习吊斜线球。在后场正手区练习劈球，劈吊对角网前小球，在后场头顶区练习滑板吊球，滑吊对角网前小球，同时要求学生体会吊斜线球的动作要领：吊斜线球的挥拍动作同击打高远球和吊直线球的挥拍动作一致，只是在击球的一瞬间手腕抖动方向不同。

其次，要求学生控制好球在网带正上方的高度，太高容易给对手造成机会，太低容易造成球下网。

最后，要求球的落点在前发球线左右且下落速度尽量快，达到出其不意的效果。

（2）移动中吊斜线球的多球训练

当学生熟练掌握了定点吊斜线球的技术动作后，就可以进行移动中吊斜线球的多球训练。

首先，当学生采用后退步法移动到后场正手区时，教师发出高远球，学生进行劈吊斜线球练习；当学生采用后退步法移动到后场头顶区时，教师发出高远球，学生进行滑板吊斜线球练习。教师发球速度不易过快，等学生快要移动到后场时才能发出球，当发现学生动作错误时，要及时停止练习并加以纠正。

其次，学生在场上的移动顺序是：中场准备—退至后场正手区—回至中场—退至后场头顶区—回至中场，如此重复移动直至将所训的球数击打完。

最后，当一人在场上练球时，教师根据情况可以安排其他人做辅助练习（如颠球练习、挥拍练习、步法训练等）。

**4. 网前搓球的多球训练**

（1）定点搓球的多球训练

要求学生定点在网前不需移动，教师在网前扔球，学生连续搓放网前小球，使其体会搓放网前小球的动作要领：一是要注意拍面角度；二是要抢击球的高点；三是要体会手指的捻动发力；四是要使搓放出去的小球直上直下，即球要尽量贴网下落，并且使球的最高点在本方场地内；五是搓放出去的小球高度要合理，太低使不过网的概率加大和难以产生贴网直下的效果，太高容易让对手抓住机会扑球。

（2）移动中搓球的多球训练

当学生熟练掌握定点搓放网前小球技术后，就可以进行移动中搓放网前小球的多球训练。

首先，教师发网前球时，发出的球尽量离网近些高些，以便于学生做出完整的搓放网前球动作，有利于动作定型和养成网前抢高点的意识。发球速度不易过快，要与学生的移动速度相同，当发现学生的动作错误时，要及时停止练习并纠正其动作。

其次，学生在场上的移动顺序是：中场准备—上网至前场的正手位—回至中场—上网至前场的反手位—回至中场，如此重复移动直至将所训的球数击打完。

最后，当一人在场上练球时，教师根据情况可以安排其他人做颠球练习，以培养

球感。

5. **网前挑球的多球训练**

（1）定点挑球的多球训练

首先，同前场定点搓放小球的训练一样，要求学生定点在网前不需移动，教师在网前扔球，学生不断练习前场挑球，使其体会前场挑球的动作要领：一是要求在做挑球准备动作时拍形应与搓放网前球的拍形保持一致；二是在击球时动作要小要突然。

其次，要求学生控制好挑出去球的飞行弧度，太高容易让对手有充足的时间回到后场，太低容易使对手半场拦截。

最后，要求挑球的落点精准，最好落在双打后发球线和底线之间。

（2）移动中挑球的多球训练

当学生熟练掌握了定点挑球的技术动作后，就可以进行移动中挑球的多球训练。

首先，教师发网前球时，发出的球尽量离网近些高些，以便于学生体会正确的挑球动作要领，有利于动作定型和养成网前抢高点的意识专发球速度不易过快，要与学生的移动速度相同，当发现学生的动作错误时，要及时停止练习并纠正其动作。

其次，学生在场上的移动顺序是：中场准备—上网至前场的正手位—回至中场—上网至前场的反手位—回至中场，如此重复移动直至将所训的球数击打完。

最后，当一人在场上练球时，教师根据情况可以安排其他人做辅助练习（如颠球练习、挥拍练习、步法训练等）。

6. **网前勾球的多球训练**

（1）定点勾球的多球训练

同前场定点搓放网前球训练一样，要求学生定点在网前不需移动，教师在网前扔球，学生不断练习勾对角技术，使其体会勾对角的动作要领：一是要求在做勾对角准备动作时拍形应与搓放网前球的拍形保持一致；二是在击球时动作要小要突然；三是要控制好勾出去的球的飞行轨迹，使球在本方场地内的飞行时间较长，在对方球场内的飞行时间较短；四是要注意勾球的落点，使其越近网越好。

（2）移动中勾球的多球训练

当学生熟练掌握了定点勾球的技术动作后，就可以进行移动中勾球的多球训练。

首先，教师发网前球时，发出的球尽量离网近些高些，以便于学生体会正确的勾球动作要领，有利于动作定型和养成网前抢高点的意识。发球速度不易过快，要与学生的移动速度相同，当发现学生的动作错误时，要及时停止练习并纠正其动作。

其次，学生在场上的移动顺序是：中场准备—上网至前场的正手位—回至中场—上网至前场的反手位—回至中场，如此重复移动直至将所训的球数击打完。

最后，当一人在场上练球时，教师根据情况可以安排其他人做辅助练习（如颠球练习、挥拍练习、步法训练等）。

通过以上论述，进一步明确了多球训练法在学生羽毛球运动技能中的运用效果，因此将研究重点集中在学生羽毛球运动技能所使用的多球训练法上，对训练内容、训练程序和训练负荷进行探索，寻求行之有效的措施与方法来提高学生羽毛球运动的教学质量和教学效果，对培养高水平的学生羽毛球运动员具有一定的现实参考意义。

## 第四节　乒乓球运动技能教学

### 一、参与式教学法的相关概念

（一）参与

参与，又称“介入”或“参加”，通常指的是个体或团体以第二方或第三方的身份加入、融入某项事情中。《现代汉语词典》将“参与”定义为“参加（事务的计划、讨论、处理），介入其事”，即“参加某个组织或某项活动”。

对于教学过程中的“参与”，是指学生进入教学群体和教学过程中的状态，参与让学生在教学过程中通过自身活动和亲身体验，享受学习的乐趣，感受知识的奇妙，提升学习信心，让学生在学习过程中真正实现知、情、意、行的统一。

（二）参与式方法

参与式方法是20世纪后期确立和完善起来的一种新的工作方法和手段，其显著特点就是强调发展主体能够积极地参与活动的决策、实施、管理和利益分享的全过程。

教学过程中的参与式方法是指学生全面参与到学习活动中来，通过与教师、其他同学的相互沟通、交流和协作，共同完成学习任务，实现个人全面发展的学习方法。

（三）参与式教学法

参与式教学法是指通过在教学中提供各种学习机会，发动学生用积极参与的方式与教师、同学相互学习、相互促进、共同提高的教学和学习策略。

参与式教学法相对传统教学法而言，具有七个优势：第一，提供形式多样、丰富多彩的教学活动（包括小组内部和小组之间的活动）来促进学习体会的分享和教学目标的达成；第二，可提供危险性小、无威胁、轻松愉快的学习环境；第三，可以促进师生之间的互动；第四，为教师和学生提供互教、互学的机会；第五，可为学生提供各种趣味性强、有意义的学习内容；第六，有助于学生学习动机的提升；第七，更容易促进师生相互理解对方的观点和看法。

## 二、参与式教学法常用的活动形式

目前国内外常用的参与式教学法活动形式主要有小组讨论、头脑风暴、角色扮演、游戏及分享、案例教学五种。

### （一）小组讨论

参与式教学法中的小组讨论形式是指教学过程中在对某个问题进行深入的讨论时，根据具体情况将学生分为三到五人不等的小组，每组指定两位学生担任记录员和报告员，使每个学生都有机会表达自己的意见和倾听别人的意见的教学形式，并通过不停改变小组分组的方式，激发学生对小组讨论的兴趣。

在小组讨论形式中，学生的学习途径主要有四种：第一，在参与中学习。所有学生都有机会积极参与到讨论中来，并且这也是鼓励性格内向、不爱说话的学生积极参与教学的有效方法。第二，在分享中学习。教师与学生之间可以相互分享学习经验，学生和学生之间可以相互分享学习体会。第三，在讨论中学习。小组讨论可以激发学生头脑风暴，寻找问题解决的新途径和最优措施。第四，在问题中学习。可以培养学生发现问题、理解问题、解决问题的能力，有助于学生形成解决问题的个性化方法和基本立场。

但同时，参与式教学方法的小组讨论形式如果组织或把控不好，容易造成四个问题：第一，学生之间的讨论容易跑题或者变成学生之间的争吵；第二，小组之间的讨论通常需要耗费较多的时间才能达成一致，容易造成课堂时间的超时；第三，小组人员越多，每个学生分享个人心得体会、发表个人观点的时间越少；第四，参加讨论的学生越多，小组讨论主持人的工作就越难协调和开展，对主持人的能力要求较高。

小组讨论在以下五个情况中比较适用：第一，让学生出主意；第二，解决一个问题；第三，让学生互相交流意见和经验；第四，让学生感受小组活动的热烈，活泼气氛；第五，当学生对讲课感到厌烦时，小组讨论可以重新恢复他们的兴趣。

### （二）头脑风暴

头脑风暴又称快速联想，是指在教学过程中就某个问题快速提出相关的问题，并记录下来，有利于教师在短时间内收集信息，并鼓励学生参与讨论。

头脑风暴法形式中的学习途径主要有三种：第一，在激发中学习。激发每个学生提出新观点、新想法，从而创造性地解决问题。第二，在开拓中学习。有利于提高学生的知识归纳能力，提高记忆力，开拓知识领域和视野。第二，在思考中学习。可以激发学生独立思考，从而提高学生的创造性能力。

但同时，在参与式教学中使用头脑风暴法，容易造成三个问题：第一，学生过于强调个人观点，导致相互批评；第二，学生为显示自己的不一样，故意提出新奇的观点；第三，学生在头脑风暴过程中容易受其他人思维影响而放弃个人主见。

头脑风暴法在以下三个场合中比较适用：第一，课堂教学中的“热身”活动，激发学生参与课堂教学的热情；第二，课堂过程中的知识拓展，把教学内容与学生的个人经验联系起来；第三，训练学生的思维，培养学生运用已学知识解决实际问题的能力。

### （三）角色扮演

角色扮演是指在教学过程中通过模拟知识的真实运用环境来发现学习过程中的问题、探索解决办法和促进共同提高的教学方法。

在角色扮演法形式中，学生学习的途径主要有三种：第一，在扮演中学习。角色扮演能够提高学生的表达能力。第二，在锻炼中学习。在锻炼学生的表达能力的同时，有机会应用所学习的技能。第三，在兴趣中学习。角色扮演的“剧本”可以由教师根据教学目的事先设计好，也可以让学生根据他们的生活实际自己设计，尤其是在与学生交流的过程中，教师通过他们的表演可以了解他们的生活。

尽管角色扮演法具有诸多优点，但角色扮演法在使用过程中需应遵循四个基本原则，即教学活动情景性、教学氛围趣味性、活动参与共同性和教师介入适当性。

### （四）游戏及分享

游戏及分享法是指教师将教学内容通过游戏的形式来呈现，帮助教师激发学生的学习兴趣或帮助教师引出要讨论的问题，也可以作为活动开始时的热身或结束时调节情绪的手段。运用游戏及分享教学方法，教师在设计过程中需明确每个游戏的目的和游戏的针对性，让学生真正实现在游戏中学习，在学习中得到乐趣。

### （五）案例教学

案例教学是指把实施解决问题中的真实场景加以典型化处理，形成可供学生分析和思考的案例，以此来培养学生独立思考的能力、变革学生的学习方式、开发学生的智慧潜能、提升学生的情感态度、张扬学生的创新精神

## 三、参与式教学法的特点

### （一）学生主体性：开放式教学环境有益于发挥学生的主体作用

参与式教学的教学环境是开放的，从教室内桌椅、投影、黑板等教学设备及教室内墙壁、窗户的布置都具有开放性，教师可以根据参与式教学的具体使用手段来积极主动地营造一种民主、宽松、和谐、快乐的教学氛围，鼓励学生积极表达个人想法和建议，给予学生动脑、动手和动口的机会，促进学生主动观察社会万象，思考热点问题，以期用充分的论据来论证自己的观点，激发学生的探究欲望和充分发挥其在教学过程中的主体作用。

（二）师生互动性：师生和生生互动有助于沟通感情、培养兴趣

参与式教学中生动活泼的教学气氛有助于培养学生所学课程的学习兴趣，从而建立深厚的师生、生生情感。开放式教学作为联系实际、贴近生活的教学方法，有助于调动学生学习的积极性，并使学生认识到所学知识即使不考试也有用，甚至伴随一生、终生享用，能够极大地激发学生的学习兴趣和促进学习主动性，把积极情感转移到对教师所任的学科上，从而激发学生的学习兴趣，促进教学相长。

（三）方法多样性：多元化教学方法有利于发现知识、培养能力

参与式教学理论不拘泥于具体的教学方法，凡是能够调动学生积极参与学习过程的方法都可以运用到参与式教学过程中来。参与式教学丰富多样的教学方法方便教师依据不同的教学内容选择合适的教学方法、安排不同的教学活动，在因材施教的基础上，让所有学生从教学过程的参与中获益，在活动的参与中获得知识、发展个性、形成能力。

## 四、参与式教学法在乒乓球运动技能中的实施原则

（一）落实学生的主体地位

在乒乓球参与式教学中要落实学生的主体地位，需从以下三个方面入手。

**1. 尊重学生的学习主体地位，发挥教师的教学主导作用**

参与式教学过程需充分尊重学生学习的主体地位、发挥教师教授的主导地位，促进教师和学生在教学过程中相互促进、共同提高，达到教学相长。例如，在乒乓球理论教学部分的电视教学环节中，教师可与学生一起观看世界乒乓球锦标赛、乒乓球世界杯等国际大型乒乓球比赛和中国乒乓球超级联赛等国内大型乒乓球赛事以及学习如何打乒乓球的教学视频，在观看完成后，教师与学生一起讨论乒乓球技术、交流乒乓球运动心得，调动学生的积极性，以形成民主自由、轻松愉快的教学气氛，让教师在教学过程中充分发挥其主导作用，以促使学生意识到掌握乒乓球运动知识的重要性，并使这种外部因素内化为学生主动参与学习的动机，达到教师教学方法和学生学习方法的融合和统一。

**2. 尊重学生的个体差异，让学生成为学习主人**

例如，在乒乓球教学的理论部分，乒乓球组织（竞赛、编排、裁判法）的教学环节，教师可要求学生自主组织乒乓球赛事并建立“运动笔记”，通过学生记录每次比赛前后的乒乓球组织学习状态、赛事组织中遇到的问题、乒乓球组织能力获得的感受以及对乒乓球教学的一些看法等，让教师既能及时地了解到每一个学生所处的状态和反馈的信息，又能适时调整课程教学的进度，做到以学生为中心。学生可以通过运动笔记及时调整自身的学习状态，避免不良情绪的产生，可以清楚地看到自己的学习轨迹，并主动思考和探究学习问题，能够培养自身独立的能力，体验到学习的快乐，让自己真正成为学习的主人。

**3. 注重学生学习兴趣的培养，强调学生学习的主体意识**

体育教育要突出“以人为本”，遵循素质教育、创新教育指导思想，突出学生学习的主体地位，并结合参与式乒乓球教学的特点，从注重学生的身体素质提高到素质与能力并举，力求使学生身心全面发展。教师要注重学生成功的运动体验，激发学生的学习兴趣。

例如，在乒乓球教学的直板握拍法和横板握拍法的实践教学的技术与战术教学环节中，教师在进行直板握拍和横板握拍动作的讲解示范后，留给学生充足的时间相互交流讨论直板握拍和横板握拍的优劣，让学生在直板握拍和直板站位、横板握拍和横板站位的练习中相互帮助、相互学习、共同提高，这不仅使学生掌握了如何学和如何教，而且也有利于融洽同伴关系，有助于学生探索适合自己的乒乓球握拍方式。参与式乒乓球教学过程需创设良好的人文环境，体现了以人为本的思想，使学生在公平竞争中相互帮助、相互交流，有利于培养学生健康的心理品质。

（二）转变传统教师教学角色，形成正确的师生关系

参与式教学法强调“以学生为中心”，参与式教学法在普通大学乒乓球教学中的实施要求教师转变传统教学角色，建立正确的师生关系。

**1. 学习以学生为中心，教学以平等为基础**

参与式教学过程强调学习以学生为中心，教学过程中师生、生生之间相互平等，教学气氛民主、轻松，关注在学习习惯上的培养和已有经验上的学习。例如，在乒乓球的技能教学部分，教师可让学生自行组织课堂教学比赛并要求学生对比赛过程进行思考，有助于学生在已有经验上对乒乓球的技术、战术的运用能力进行再学习，从而达到探索赛事组织方法、拓宽乒乓球知识范围、掌握乒乓球运动技能、实践乒乓球比赛组织能力、进行乒乓球学习方法的再创新。

**2. 关注学生的发展需求，形成为学生服务的观念**

需求是人类发展的动力源泉。不同的发展需求将导致学生不同的学习动机，所以在参与式乒乓球体育教学前，教师要了解学生，要与没有明确发展需求目标的学生交流，帮助他们明确发展目标，从而激起他们的学习欲望。与传统乒乓球教学相比，参与式乒乓球教学法更注重突出学生的主体地位，这就要求乒乓球教师形成为学生发展服务的观念，以学生为主体、教师为主导，根据学生的需要调整教师角色。教师在学生的学习过程中是参与者，在学生学习困难时是鼓励者，在学生情绪波动时是调控者，总之，体育教师是学生学习知识的服务员和前进路上的加油者，是学生发展所需条件的创造者和学生发展的服务者。

（三）选择合适的教学内容

参与式教学法强调“以活动为主要形式”，这对参与式乒乓球教学的教学内容提出了新的要求，选择适合不同乒乓球教学活动的教学内容成为参与式乒乓球教学能否成功的

关键。

**1. 教学内容体现教学活动的竞争与合作性**

在参与式乒乓球教学活动中，处处体现了集体的协作与配合，合作会使乒乓球运动更为有效，团队的胜利需要全体成员的相互协作和共同努力。个体间不同的互动方式决定于不同的合作，正向的依赖（合作）导致正向互动，负向的合作（竞争）导致负向互动，而无依赖（个体努力）没有互动。因此，乒乓球教师可通过组织乒乓球双打等相互依赖性的体育项目，让学生在乒乓球双打比赛中领会个体目标与团体目标的一致性，学会人与人之间频繁的合作，通过乒乓球双打中个人攻防角色的转换，体会乒乓球双打比赛中不仅需要充分发挥个人技能，更需要练习各种不同的战术配合，依靠集体的相互鼓励、默契配合，通力合作实现共同的目标的团体精神。

**2. 教学内容贴近生活，提高学生的心理健康**

由于乒乓球活动需要社会交往和合作的同时，参与者之间又存在相互竞争，与现代社会生活十分接近，在乒乓球双打活动过程中形成的合作、在乒乓球单打过程中的竞争和乒乓球活动中交往的意识和比赛过程中的行为会牵引到学生的日常学习、工作和生活中，促使学生与他人合作、竞争能力及良好人际关系的形成，从而提高学生的社会健康水平。

**3. 关注学生的学习差异，留足时间自由学习**

参与式教学强调以学生为主体，以学生为主体并不意味着课堂教学完全按学生的意愿自主选择学习内容，而应在教师确定和完成主要教学内容的基础上，让学生自由选择其他相关教学内容进行自主学习。例如，教师在乒乓球的步法技术与战术方面的主要教学内容已教完，教师可安排15～20分钟的时间让学生自主选择乒乓球步法学习活动内容，学生根据需要选择练习内容，如有的学生进行乒乓球换步步法练习，有的学生进行侧身步步法练习，有的学生进行交叉步步法练习，可大大提高学生的自主参与度。

### （四）确定科学的评价方法和标准

参与式教学法强调“以学生的发展为目的”，这就要求参与式乒乓球教学的评价方法和评价标准不能片面地以学生的乒乓球知识和乒乓球技巧掌握程度为评价依据，需系统、全面地形成包含参与式乒乓球教学的评价标准、评价内容、评价方法以及评价实施途径在内的评价体系。例如，对乒乓球基础好、先天身体条件优、乒乓球学习进步快、自信心强的学生，评价时要更严格，不但要求他们能够规范地完成体育教学任务，还可以要求他们完成更高难度的任务，或者要求他们帮助其他同学完成任务，或者让他们成为团队领袖，带领团队竞赛；而对乒乓球基础差、乒乓球学习进步慢、自卑感强的学生，应尽量寻找他们的闪光点，用激励的语言评价帮助他们树立信心，提高体育学习的兴趣。总之，乒乓球参与式教学的评价应以分层评价、激励成功为主，以激发不同层次的学生学习乒乓球的信心和热情，不断提高学生自我认识和自我教育的能力。

## 五、参与式教学法在普通大学乒乓球教学的实施过程分析

参与式教学法关注所有参与者积极主动地参与到学习中的程度，强调参与者在课前、课中和课后等整个教学过程的全程参与。以乒乓球运动中的基础技术—左推右攻为例来说明参与式教学法在普通大学乒乓球教学中的实施。

### （一）课前参与

在使用参与式教学的乒乓球教学实践中，学生的课前参与主要体现在以下三个方面。

**1. 选择教学内容**

目前，我国大学的体育教学课程普遍存在教学内容多、课程时间少的问题。因此，如何做到在高等体育教学大纲的指导下，选择学生关注的重点教学内容成为关键。让学生参与课程教学内容的选择不失为一种好的解决方法。

在教学中，教师可以组织 40 名学生自由进行乒乓球练习并对学生整节课的活动情况进行录像。教师在首次课程结束后，由教师将视频录像发到建立的微信群中或者一起观看首次课程视频，分析学生在乒乓球练习中最薄弱的技术动作、最需要提升的技术工作后，确定本学期的主要教学内容为乒乓球发球和左推右攻教学。

**2. 确定教学方案**

在确定教学内容后，在乒乓球左推右攻打法教学部分，针对推挡、攻球基本动作的技术要领及左推右攻打法的使用等教学内容，教师详细介绍该部分课程参与式教学的设想，并将初步选定的左推右攻打法的教学内容向学生公布，鼓励学生基于自己乒乓球运动经验的基础提出自己对乒乓球左推右攻技术教学的意见，然后教师与学生一起分析探讨后确定重点教学内容为“推挡动作和攻球动作的规范”，教学难点为“左推和右攻技术动作的衔接及组合运用”。

在确定乒乓球发球、左推右攻的教学内容后，教师要求学生自主学习发球、推挡和攻球动作，通过阅读教材、网上视频学习等获得各种可能的信息，在微信群中一起分析讨论，共同进行分析和判断，对乒乓球发球、推挡和攻球学习的内容进行排查认定，教师把发球、乒乓球正手攻球相关的教学资料提供给学生，让学生以乒乓球教师或乒乓球运动员的心态去研究、去“做学问”，形成自己对乒乓球发球、正手攻球“教”的观点、方法和意见，从而与教师一起确定发球、乒乓球正手攻球教学方案，确定乒乓发球、球左推右攻技术要领为：第一，乒乓球发球技术要领。发球三要素—拍型角度、球拍的用力方向、触球时的瞬间速度对发球的影响，发各种旋转的球、配套发球的手法，乒乓球运动中发球的隐蔽性和准确性及第一落点的掌握。第二，乒乓球推挡技术要领。双脚与肩膀同宽，稍抬后跟；大拇指伸开，通过食指和小拇指来调整拍型角度，中指和无名指发力。第三，乒乓

球攻球技术要领。包括攻球站位技术要领和攻球动作站位技术要领，身体与乒乓球台保持30厘米左右的距离，两脚距离与肩同宽，双膝自然弯曲、上身前倾，肩部自然放松。第四，攻球动作击球技术要领。通过稍下压拍面来压低回球弧线，球拍斜挥来制造回球弧线，同时需注意挥拍的稳定性以追求攻球的命中率。第五，左推右攻的组合使用。推球时，可以适当地加力，或者借助对方来球的力量，借力打力。正手攻球一般的打法是采用正手拉弧圈的方式，注意拉球时要以肘关节为圆心，挥动小臂划弧，同时注意保持身体重心放低。

在确定技术要领后，确定本学期的教学计划：发球技术学习为6个学时；乒乓球推挡技术学习为10个学时；攻球技术学习为10个学时；左推右攻的组合使用学习为14个学时。

教学方法为精细讲解与大量练习相统一、集体示范与个别指导相结合、给予挑战与鼓励表扬相协调。

**3. 参与课件制作**

如果学生对左推右攻技术中的某些内容感兴趣，就安排学生自行组织小组备课，制作课件和授课，以激发学生学习的兴趣。例如，教师可根据学生学习兴趣的不同，安排学生自行组织推挡技术、攻球技术和左推右攻组合技术三个不同的小组备课，利用多媒体和现有比赛制作视频课件，激发学生的学习兴趣，加深学生对乒乓球技能的理解。

### （二）课中参与

**1. 准备活动的参与**

在本次教学中，乒乓球选修课程开始的第一、二次课，由教师引领准备活动，并且讲解准备活动的作用、练习时间的强度和密度、练习的手段方法等，使学生基本掌握如何做准备活动，同时使其组织能力得到锻炼。从第三次课开始，学生由体育委员整队、清点人数后，依次由各个小组轮流带准备活动，每次课结束前安排每一小组下一次课的准备活动，每次带准备的情况进行记录作为平时成绩的依据。

**2. 课程内容的参与**

参与式教学法强调“以活动为主要形式”，参与式教学法在乒乓球教学实施过程中的课堂教学参与形式多种多样，在此仅以小组讨论和角色扮演两种课堂教学参与形式进行说明。

第一，小组讨论。课前的小组分组以保证所有学生都能公平、全面地参与课堂讨论为目的，以尊重每个学生的想法、激发学生的探索欲望、共同分享课程内容和新的体会为小组的活动原则，鼓励所有学生积极参与到小组活动中来。

例如，在乒乓球左推右攻的技术与战术教学环节中，教师将40名学生分成同时包含高、中、低乒乓球技术水平学生的8组，让每组学生自行播放由学生自己制作的课件，课件包括世界冠军比赛时运用发球和左推右攻打法得分的视频、教师的示范视频、学生自己练习的错误动作视频和正确动作视频，教师和学生一起观看视频，讨论、分享和比较分析各自动作存在的问题，研究发各种旋转球的落点、左推右攻以近台正手攻球为进攻，以反手推挡为防守和助攻的主要手段，并研究乒乓球运动中有利于先发制人的打法及左推右攻打法的“快、准、狠、变、转”的风格对乒乓球比赛成绩的影响，每一组选取一个水平相对好的学生为组长进行分组练习，能够调动所有学生的积极性。

第二，角色扮演。教师先与学生沟通和编制与课程教学内容相关的剧情，根据剧情内容将扮演角色分为剧情扮演员、剧情观察员、组长、记录员、发言人等，并要求小组成员之间进行角色互换，以相互找出各自的优缺点促进共同提高。

例如，在乒乓球的左推右攻基本技能教学部分，教师通过组织左推右攻乒乓球比赛，将学生分成若干小组，每个小组包含 5 名学生（1 名赛事组织者、2 名乒乓球运动员、1 名乒乓球赛事裁判、1 名乒乓球赛事记录员），2 名运动员中最早完成移动中左推右攻 10 个回合的运动员取胜；并将左推右攻乒乓球比赛小组成员的组内角色互换，可让学生体验乒乓球赛事组织者、乒乓球运动员、乒乓球赛事裁判、乒乓球赛事记录员等不同角色，找出自己在不同角色扮演时做得好的地方和做得不好的地方，加深乒乓球左推右攻基本技能的理解和掌握程度。

### （三）课后参与

参与式教学法强调学生教学过程的全程参与，在使用参与式教学的乒乓球教学实践中，学生的课后参与方式主要包括以下两种。

#### 1. 教学反思与评价

在乒乓球参与式课堂教学中，学生的反思是建立评价基础上的，课程教学完成后的教学评价，不是乒乓球运动学习的总结，而是乒乓球教学活动的反馈环节和掌握教学过程、调整教学行为的手段。只有实现评教的有机结合，才能实现评教的相互促进、共同提高。对实施参与式教学方法的班级采用自评、互评、达标评定相结合的评级方法，各种评价方法的所占比例为学生自评 20%、学生互评 20%、达标评定 60%。

#### 2. 心得体会分享

在乒乓球左推右挡技术课堂结束后，在自主自愿的前提下，引导学生以“微博”方式向教师分享对乒乓球发球、左推右挡课堂内容的想法、感悟和建议等，有助于提升学生的个人自信心，加深对体育运动知识的深刻领悟，培养学生的总结归纳能力。

在乒乓球发球、左推右挡教学部分中，教师通过向每个学生下发一张白纸，让学生自己思考、判断、编写乒乓球发球、左推右挡学习测试试题来锻炼学生对教材的把握能力，并分别选取了乒乓球运动的发球、推挡和攻球技术动作要领，推挡和攻球技术组合使用的动作要领，左推右攻技术的使用场合和乒乓球组织的部分试题让学生以乒乓球理论知识测试做题、测试完成后的改题、评题的形式来交流乒乓球发球、左推右攻动作知识的学习方法和学习感受，促使乒乓球运动的教学相长。

### （四）参与式教学法在乒乓球教学中的建议

#### 1. 排除不利因素的影响的方法

尽管参与式教学法的应用有利于提高学生参与乒乓球教学活动的积极性，有助于提高学生的乒乓球运动知识和技能，有助于培养学生的体育参与和合作精神，但因参与式教学法本身的特点，乒乓球体育教师仍需排除不利因素的影响，具体包括以下三个方面。

第一，教师加强引导来减少学生的个体差异。参与式教学法强调教学过程以问题引导、活动过程为主，从而使体育课程的系统性、综合性受到影响，导致自学能力不强的学生无法适应，影响学生的学习质量。

参与式教学法能使教师更容易利用学生间的差异来进行正确的引导。教师可利用小组成员间的相互信任、相互帮助来充分发挥小组成员的最大潜力，产生驱动力、向心力和约束力，让学生在动作要领、标准水平和动作规范上尽可能一致，消除学生间的差异性。

第二，教师需转变教学观念来体现学生主体地位。在传统体育教学的课堂上，由于教师拥有绝对权威，导致师生间的关系容易紧张，同学的相处也不太和睦，容易阻碍教师和学生之间的沟通交流。参与式乒乓球教学法的应用则要求教师转变教学观念，营造具有融洽型教学气氛的课堂，使教师与学生之间、学生相互之间的关系平等、民主、和谐，学生处于愉快、互动的情感状态。参与式教学方法注重在教学过程中教师与学生之间及学生与学生之间的情感交流，教师与学生的地位平等，教师只是教学过程中的引导者、促进者。因此，教师在进行课堂教学时，需注意营造融洽型的课堂氛围让学生真正充分参与到课堂中来，以体现学生在学习过程中的主体地位。

第三，学校通过增加课时和开设班级来保证教学质量。随着我国高等教育的逐渐普及，大学师资和体育场地不足的问题逐渐体现出来。乒乓球参与式教学法的实施所需的课时比传统教学法多，学校应当适当增加课时数量来保证参与式教学法的实施效果；另外，参与式教学实施的班级学生人数太多会较难掌控，建议班级人数不超过 30 人，否则教师不能保证每个学生都参与其中，因而学校需限制班级人数，增加开设乒乓球开设班级数量来保证参与式教学法在乒乓球教学应用中的教学质量。

#### 2. 课前、课中、课后的建议

针对参与式教学法本身的特点及存在的问题，对参与式教学法在普通大学乒乓球教学中的应用给出以下三个建议。

第一，课前：了解学生，合理分组。我国教育家孔子注重“因材施教”，我国大学学生来自不同的省份，有着不同的家庭教育、社会教育、学习教育，因此乒乓球教师在实施参与式教学的分组过程中需通过观察、谈心及教学前的测试，了解学生的个性、学习能力，根据组内异质、组间同质的分组原则进行优化组合。

第二，课中：丰富活动形式，全面提升素质。参与式教学法的优势在于可提供多种多样的活动，因而建议乒乓球参与式教学中的活动形式应丰富多彩，应通过采用运动员、裁判员角色扮演，乒乓球比赛情景模拟，乒乓球教学案例分享等活动形式，让学生在模拟的实际场景中实现乒乓球运动知识的被动接收到主动学习的转换，在乒乓球运动体验中磨砺心性、锻炼体能，坚韧品格。

第三，课后：形成体育意识，坚持终身体育。随着社会快速的发展，人们的生活压力日益增大，社会公众对自身健康的重视日益提高，这就必然要求体育活动的生活化。如何培养学生的终身体育锻炼观念，让体育活动成为学生日常生活的常态，成为大学体育教师日益关注的问题。

一线体育教师应加强对学生终身体育意识的培养，将对学生终身体育意识的培养渗透到各个教学环节中，并在课后的日常教学和生活中身体力行，为学生树立榜样，在提高学生运动的同时，提高学生适应社会、促进社会发展的能力。

## 第五节　足球运动技能教学

### 一、游戏与体育游戏的概述

#### （一）游戏的本质及其定义

从本质上讲，游戏是一种主体性活动，具有自发性、自主性、虚幻性、体验性与非功利性。游戏对于学生身心和谐发展具有独特的作用，对于学校教学具有深刻的启发性。

游戏是一种自愿的活动或消遣，这种活动或消遣是在某一固定的时空范围内进行的，其规则是游戏者自愿接受的，但又有绝对的约束力，游戏以自身为目的而又伴有一种紧张、愉快的情感以及对它不同于日常生活的意识。从这个定义中可以得出，游戏活动是在固定时空下进行的，带有规则的、自愿的、具有约束力的娱乐消遣，它属于日常生活以外的文化行为。游戏的对立概念是劳动，游戏特征共相归纳的实施标准首先是看某一属性是否为所有游戏所共有，如果只为部分游戏所有，那么它就不是共相。其次是看该属性是不是游戏在任何阶段都具有的稳定属性，如果属性只是在游戏发展的某个特定历史阶段才具有，在另一些阶段不具有，那么它也不是游戏的共相。自由性、时空分离性、秩序性、娱乐性为游戏的共相；竞争、非功利性、规则性并非游戏共相。最后通过揭示游戏的根本矛盾一自由与限制，确认自由性为游戏的本质。游戏定义则为："是人们在现实生活之外，通过一定的规则、技术和情节过程，创造性地展示自己理想和愿望的实践活动。”

（二）体育游戏的本质、定义及分类

体育游戏是游戏的重要组成部分，同时又具有相对独立性。体育游戏是一种集体能、智能、技能为一体的综合性活动，是一种颇具智慧运用，思维、想象与创造等多种成分于一体，有着比较复杂的心理和思维过程的益智活动。

体育游戏是现代社会学校体育教学的内容和方法之一，亦称“活动性游戏”，是规则游戏的一种。构成体育游戏的基本要素是身体活动、情节、规则、方法、结果和场地器具。其中身体活动是体育游戏不可缺少的。

体育游戏通常按照动作基本特征、某项身体素质、运动项目、游戏性质等进行分类。体育游戏按照动作基本特征可分为行走类、奔跑类、跳跃类、攀爬类、支撑类等游戏；按照身体基本素质可分为速度类、力量类、反应类、柔韧类、平衡类、灵敏类、耐力类等游戏；按照运动项目可分为足球、篮球、排球、田径、体操、武术等游戏；按照游戏性质可分为热身游戏、放松游戏、衔接游戏、调整游戏等。

## 二、足球游戏设计理论

（一）足球游戏的本质

根据前人对游戏及体育游戏的相关研究和定义，同时足球游戏又属于体育游戏的一种形式，因此将足球游戏解释为参与者通过自身肢体与球的接触，实现体育的功能性练习效果，或掌握足球运动基本技能的一种具有明显的专项特征的练习方法。

（二）足球游戏的分类

足球游戏属于足球练习的范畴，对于它的分类可以依据不同的标准进行，如足球项目的有球和无球为分类标准，或依据一般性练习方法的人数为分类标准进行。依据体育游戏分类标准，综合足球游戏分类研究现状，将足球游戏按照有球与无球、目的、负荷、难易度和参与人数 5 个标准进行了分类。

**1. 按照无球和有球来划分**

无球游戏按照所要发展的身体素质又可分为速度游戏、灵敏游戏、力量游戏、耐力游戏等，有球游戏按照游戏主题又可分为球感游戏、传球游戏、运球游戏、射门游戏等。

例如，接力跑属于速度游戏；根据手势、信号、颜色的不同而行动属于灵敏游戏；根据节奏完成蹲起动作或者集体挑战蹲起数量属于力量游戏；设置多个游戏站，其中包括慢跑、跳跃、冲刺一系列动作的游戏属于耐力游戏。另外，冰冻游戏、城市游戏属于球感练习；传球接力、传球闯关、足球保龄球属于传球练习；运球翻盘、运球绕杆属于运球练习；快速射门、定点射门、抢点射门属于射门练习。

2. 按照游戏目的划分

按照游戏目的划分，可分为热身游戏、放松整理游戏、技术性游戏、战术性游戏、针对性游戏。热身游戏主要是指为比赛或训练前在心理和身体方面做好充分准备，同时为避免运动员轻易受伤而设定的游戏；放松整理游戏则是指为了运动员更好更快地恢复而设定的游戏；技术性游戏则是指为了增强或巩固某个技术动作而设定的足球游戏；针对性游戏则是指为了解决某一存在的问题或者为了向队员传递某种理念而设定的游戏。

热身游戏的目的主要在于激发队员的训练热情，提升兴奋性，使机体进入训练状态，同时避免训练过程中产生不必要的伤病情况；热身游戏的关键要素在于游戏强度的控制，由简到难，由弱到强。放松整理游戏的目的主要在于缓解疲劳，尽快恢复机体机能；放松整理游戏一般在训练接近尾声时进行，游戏时让大家尽量放松心情，不给队员太大的精神压力和身体压力。技术性游戏和战术性游戏主要围绕某一技术动作或某一战术配合为中心开展。例如，足球高尔夫，主要围绕脚内侧传球技术动作，学习和掌握技术动作的同时，增加学习过程中的趣味性；又如，穿越球门，主要为了提升队员之间沟通、接应、无球跑动的能力。针对性游戏主要是指为改善某项想象而专门设计的游戏，如保护后方，主要为改善打开体位、提高观察能力的战术游戏，让队员完全沉浸在游戏中，最后引出游戏的目的，从而改变了战术练习的枯燥乏味，同时记忆深刻。

3. 按运动负荷的大小来划分

依据参与者参加游戏活动时负荷的变化，主要分为低强度游戏、中强度游戏、高强度游戏。足球游戏运动负荷一般根据教学和训练的需要进行选择。一般无严格时间限制、无对抗的足球游戏可称之为低强度游戏，如两人面对面，根据教师信号快速抢球。一般有时间要求、无对抗的足球游戏可称之为中强度游戏，如各种团队接力比赛。一般既有时间限定、又有对抗的足球游戏可称之为高强度游戏，如蟹式足球、小场地比赛等。

4. 按照难度来划分

按照难度来划分，可分为初级游戏、中级游戏、高级游戏。初级游戏是指为启蒙足球兴趣和初步了解足球而设计的游戏；中级游戏是指为学习足球基本技战术而设计的游戏；高级游戏则是指为巩固和掌握足球技战术而设计的游戏。这种足球游戏分类主要针对不同水平的对象而进行划分的。对初学者来说，只适合选择一些初级游戏，一方面可以维持初学者的足球兴趣，另一方面还可以让其了解足球。例如，可以结合灵敏练习进行踩球比赛。中级游戏适合于具备一定足球基础，对足球基本技术和战术有一定了解和掌握的对象。例如，1 对 1 进攻与防守的游戏。高级游戏则只适合于足球技战术基本成熟，同时水平相当的对象。例如，颠球接力比赛、长传球踢准等。

5. 按照人数多少划分

将游戏按人数划分为个人游戏、小组游戏、团队游戏三种方式。个人游戏是指一个人进行操作的游戏；小组游戏是指两人以上、分组进行的游戏；团队游戏是指所有人同时参

与的游戏。在教学和训练过程中，根据人数多少合理选择足球游戏。人数较少或者训练转换时，适合选择一些个人游戏进行操作，如个人抛接球、颠球游戏等。人数适中时，则可以选择小组游戏进行，将人数分成 2～4 组，一方面可以增加游戏的竞争性，另一方面可以增加队员训练的专注度，如不同形式的接力比赛。人数较多且场地受限时，可以选择一些团队游戏，如抓捕游戏、冰冻游戏等，可以保证更多人参与到游戏中。

（三）足球游戏的作用

足球游戏在实践的应用中可以为参与者提供不同种类的身体活动方式，在参与过程中不仅对其生长发育具有明显的促进作用，同时对其心理的各种体验和发展也起到了积极的影响作用。依据对足球游戏相关研究总结以及在实践领域的运用特征分析的基础上，足球游戏在对学生的足球意识的启蒙、培养足球兴趣、促进交流与合作能力、提高足球基本技能、调节心理状态和增强体质方面具有明显的优势。

**1. 启蒙足球意识**

对零基础的学生来说，足球游戏对启蒙他们的足球意识起到了至关重要的作用。初学者对于足球运动难免产生惧怕的心理，教学与训练时足球游戏本身的趣味性、娱乐性会得到良好的效果，同时也符合初学者的心理特点。初学者的畏惧感在足球游戏过程中逐渐得到消除，慢慢喜欢上足球这项运动，并产生主动学习的优势心理。

**2. 提升足球兴趣**

足球游戏可以提高学生的训练积极性和激发学生的足球兴趣。足球游戏可以使学生提高训练专注度，从而弥补了学生注意力分散的不利因素。在游戏过程中，学生获得的成就感，能够彻底激发学生的足球兴趣。一环扣一环的游戏环节，使学生的训练热情持续高涨，保证整堂训练课的训练效率。

**3. 增进沟通与合作**

足球游戏可以增进学生与学生之间的沟通与交流。足球比赛中与队友的沟通与合作能力是很重要的一部分。在游戏过程中，如何得到更高的分数，如何进攻，如何防守，队友之间要不断地商讨，制定对策。足球游戏的加入，能够使学生之间产生更多的沟通。

**4. 提高足球技能**

足球游戏在足球训练中起到的核心作用是提高学生的足球技能和球性、球感。足球游戏各种作用都是为提高足球技能这一核心功能而服务的，任何游戏的设计始终围绕提升足球技能为中心的。让学生在享受快乐足球的同时，增强足球基本技术和提升足球技战术水平。尤其对于足球基础较差的学生，足球游戏能够使他们在一种较为轻松有趣的氛围里掌握足球基本技术。

**5. 调节心理状态**

足球游戏可以很好地调节学生的心理状态，减轻学习压力。足球教学是一个持续的教育过程。在学习过程中，学生难免产生厌倦、情绪起伏。足球游戏能够有效地调整学生的心理状态，足球游戏的诸多特点可以使学生在学习中减轻压力，增强学习效果，这是教师完成教学任务的有利因素，应当很好地把握。

6. 增强体能

足球游戏在学生的体能方面可以收到很好的效果。足球游戏在一般情况下可使学生进入忘我的运动境界，神经系统不断刺激机体，充分挖掘机体潜力。从而在游戏过程中，使学生的体能得到大大提升。同时，游戏场景的设立会使体能储备更加全面。

（四）足球游戏的结构

1. 目的

目的是足球游戏中必不可少的。足球游戏不是为了游戏而游戏，而是像训练方法一样，每一个游戏都应具有明确的目的，这是足球游戏结构中起到风向标作用的一部分。设计足球游戏时，首先有一个明确的目的，从而围绕该目的展开，规定技术动作、设定游戏规则。

2. 手段

手段或者称之为“工具”，主要包括自然环境、场地器材、人。足球游戏必然少不了游戏工具。场地、天气状况、可用训练器材、对象水平，这些是游戏顺利进行的前提条件。根据现有条件，选择合适的足球游戏实施。

3. 操作程序

操作程序主要包括足球游戏的参与人数、游戏时间、间歇时间、活动区域。这也是足球游戏的具体操作方法。明确游戏的参与人数、游戏时间、间歇时间、活动区域，让参与者一目了然。当然，根据参与对象的实际情况，可适当进行调整，因人而异，并非绝对。

4. 规则

每一个足球游戏都应该有独特的游戏规则。游戏的本质是“玩”，然而并非随心所欲地玩，而是在一定规则的限制下进行的。“无规矩不成方圆”，正是带着这份规则的约束，才能起到足球游戏的实际作用，达到足球游戏的真正效果。

5. 相关理论知识

理论知识在游戏过程中是贯穿始终的，通过科学的理论知识进行引导，才能让学生在“玩”的过程中，不仅获得精神上的愉悦，还能得到相应的知识。无论是游戏方式、参与人数还是规则设定，都是以足球理论知识、运动训练学、运动心理学等为基础的，这样才能保证在游戏过程中，一方面使游戏顺畅进行，另一方面达到足球游戏的真实目的。

（五）足球游戏的特点

足球游戏的特点与体育游戏的特点较为相似，因为足球载体的加入，使得游戏娱乐性更强。前人关于足球游戏特点的研究已较为成熟，概括起来可分为娱乐性、目的性、竞争

性、整体性、易操作性等特点。

1. **娱乐性**

足球运动被世界各国人民喜爱，就是因为其本身的娱乐性吸引着人们。早在宋朝，蹴鞠的出现给人们的精神生活增添了不少色彩，足球运动便是由这一游戏演变而来的。足球游戏内容丰富、活泼生动，深受参与足球教学与训练的人们喜爱。在游戏过程中，人们能够获得心理满足，并对足球游戏产生浓厚的兴趣，从而在足球训练中变得积极主动。

2. **目的性**

足球游戏的目的就是以增强学生体质为主，提高学生的足球运动技能，发展学生的智力并愉悦身心。有的游戏内容同足球比赛的整体活动相近，对学生的创造性、判断方位的准确性和动作的协调性提出了很高的要求，可以很好地提高学生的某些专项专业技能；有的游戏具有激烈性和对抗性，要求学生必须精神集中、全力以赴，可以对学生的身体、心智产生很好的综合影响；有的游戏具有迷惑性成分，能舒缓现实生活中的紧张和压力，在带有一定情节性的活动中，使学生的情绪得到宣泄和张扬，身心得到充分的放松。

3. **竞争性**

足球运动因对抗激烈、场面精彩，让人们为之疯狂。足球游戏与足球比赛场景较为接近，充满竞争、对抗。在游戏过程中，你争我夺，你攻我守，你遥遥领先，我穷追不舍。通过足球游戏，逐步培养竞争、对抗的意识。

4. **整体性**

足球本身便是一个团体运动，运动性质具备整体性。足球游戏的设计也是围绕整体性开展的，不可能在游戏过程中有人在做、有人在看，每个人都要参与进来，只是分工不同、各司其职。

5. **易操作性**

足球游戏不宜过于烦琐复杂，操作程序、游戏手段、游戏规则，简单易懂即可。游戏本身的娱乐性，就是因为氛围轻松，没有太大的精神压力。如果过于复杂，便改变了游戏的本质。任何大小的场地、有限的训练器材，都可以进行相应足球游戏的设计和操作。

### （六）足球游戏的创编原则

所谓原则，是指人们进行工作时要遵循的基本要求，是人们在原计划上对工作进行拓展和变更时规定的界限，是人们保留某个事物性质的底线。与体育游戏一样，足球游戏的创编也应遵循一定的原则。根据体育游戏的创编原则以及学生足球训练的特点，足球游戏的创编原则应包括兴趣、竞争、针对性、结合球、情景、人人参与六大原则。

1. **兴趣**

既然称之为游戏，必然与常规意义的足球训练方法存在差异，这就是兴趣。一个足球游戏没有兴趣，无法称之为游戏。构思足球游戏时，首先考虑是否有趣，是否能够激发学生的训练斗志，这是足球游戏创编原则最重要的前提。

2. 竞争

足球游戏必须具备竞争性。足球游戏过程中不能各玩各的，任何游戏环节都也有对比、竞争、对抗，这样才能在游戏过程中感受到成功与失败，让参与人群得到心理满足。同时，这也是足球游戏的魅力所在，正如足球比赛一样。

3. 针对性

每一个足球游戏的设计都有一个目的。热身、放松、锻炼某一足球技术还是改善某一战术意识，围绕此目的，对游戏规则、操作程序、游戏工具进行规定和限制。这是足球游戏创编的终极目标。

4. 结合球

足球游戏属于体育游戏，但与体育游戏明显的区别在于游戏载体—足球。虽然初级足球游戏没有足球载体，但一切是为有球游戏进行铺垫和辅助的。任何足球游戏既可以无球操作也可以有球进行，既可以用手抱球实施也可以用脚踢球开展。

5. 情景

足球游戏的名称要简明易懂，富有启发性和新颖性。所谓启发性和新颖性，即足球游戏场景的设定。既可以模式足球比赛的某一场景，也可以虚拟想象某一故事情景，让参与人群展开想象力，在游戏过程中充分发挥主动性。在同一个足球游戏中，让不同的人群玩出不一样的感觉，收获不同的心理感受。

6. 人人参与

人人参与这也是评价足球游戏好坏的标准之一，也是足球游戏创编需考虑的重要因素之一。在游戏过程中，所呈现状态应该是尽量大多数人在动，少数人在等，甚至没有人等。这样才能让所有人融入足球游戏和参与足球游戏，从中获得游戏感受。

（七）足球游戏训练法的设计和特征

1. 足球游戏训练法的理念

足球游戏训练法是以游戏为表现形式的一种足球专项训练方法，通过借鉴不同的体育项目的训练方法，也可以通过对足球专项训练方法的重构或改造，从而改编成符合我国基本国情的训练方法。与传统训练法理念上的不同，主要体现在它以人为核心，突出主题、兼顾兴趣性、强调全体参与的同时体验快乐。足球游戏训练法能够让人耳目一新，瞬间可以让学生喜欢上这堂课，长期下去，能够培养学生对足球的兴趣，产生主动学习的心态。在课程中，每一个人都能够以主人公的身份参与其中，发挥各自的作用，了解足球和学习足球技能的同时，可以获得一种快乐的运动体验。

2. 足球游戏训练法模式

教学模式概念由三个基本要素组成，即教学指导思想、教学过程结构、相应的教法体

系。这三者的关系是：教学过程结构是支撑教学模式的骨架；教学方法体系是填充教学过程的肌肉；而教学指导思想则是内含在骨骼与肌肉中，并起到协调和指挥作用的神经。教学指导思想体现了教学模式的理论性，教学过程结构体现了教学模式的稳定性，教学方法体系则体现了教学模式的直观性和可操作性。

同样，足球游戏训练法模式也包括这三个方面：第一，教学指导思想。改变枯燥无味的纯技术学习的足球教学现状，让学生体验快乐足球，在兴趣中学习足球技能，培养终身学习精神，同时培养学生的综合能力。第二，教学过程结构。以游戏为载体，设计准备部分、基本部分、结束部分。第三，相关教法体系。设定游戏规则，以学生为主体，自由发挥，如自主学习法、比赛法、探究学习法等。

**3. 足球游戏训练法的原则**

足球游戏训练法不同于一般训练学层面上的训练手段和方法，它更加关注专项运动的特征和应用特点，因此应该从专项实践的应用特征出发，围绕着实践中影响效果的关键因素进行总结和表述。总之，通过实践和理论分析后，足球训练方法的运用过程应遵循九个原则：第一，整体性原则。足球游戏训练法旨在让每一个人都参与其中，扮演不同的角色，发挥各自的作用。第二，启发创造原则。足球教学中设定不同的游戏场景，让学生充分发挥想象力，同时做出自己判断，敢于做出自己的决策。第三，循序渐进原则。这一原则也是人们对于新事物学习的基本规律必须依据循序渐进的原则，才能让人们更容易学习、掌握、巩固。第四，教学连贯性原则。每一环节的紧凑是游戏训练法的一大典型特征，环节之间的转换时间不宜过长。养成良好的时间观念，同时为真实的比赛节奏铺垫和引导。第五，因材施教原则。每一个学生的身体素质和对足球的理解难免存在差异，在游戏操作过程中，教师要根据实际情况，进行适当调整，不能对每一个学生的要求和标准一样，因材施教才会更好地保护学生的兴趣，才有利于学生的更好发展。第六，学生主体性原则。在游戏过程中，每一个学生都是主人公，充分发挥主体作用，教师只是起到引导作用，真正的决策要学生自己思考和判断。第七，技能教学为主原则。传统训练法注重基本技术的学习和改进，游戏训练法更加注重足球技能的培养，强调竞争和对抗，更加接近比赛。第八，兴趣先导、实践强化原则。任何足球技术和技能的学习，必须培养起学生的学习兴趣，引发他们的好奇心和获得成功的欲望。在这个过程中，逐步加大难度，不断强化和锻炼。第九，全面效益原则。足球技术和技能的学习在足球游戏训练法中只是其中一方面，该训练法更加强调全面发展，尤其培养终身学习的态度。

**4. 足球游戏训练法的特征**

第一，教育性。任何一项运动都具有教育性。例如，马拉松提醒着人们要意志坚定，射击运动警示着人们要心静如水、欲速则不达，而足球运动的教育性较为全面，每一个环节都具有不同的教育意义。正如不同的足球游戏，有的游戏教人团结一致，有的游戏教人互帮互助，有的游戏教人动脑思考，有的游戏教人做事勇敢，有的游戏教人敢于挑战自己、突破自己的极限。

第二，科学性。足球教学是在学校进行的有目的、有计划的系统的教学，所以和其他学科一样，具有很强的科学性。足球游戏训练法的科学性主要体现在：具有丰富的内涵、游戏编制与教学遵循科学规律与原则、更符合学生身心的发展。

第三，系统性。足球游戏训练法的系统性体现在两个方面：一方面是足球教学内容本身的系统性，即足球运动之间内在的规律使内容与内容之间、技术与技术之间有着某种相关的联系和制约因素，形成足球教学内容的内在机构；另一方面要根据教学目标、学校实际情况、该年龄段学生的生长发育特点，系统地、逻辑地安排上课内容，并处理好相互之间的关系。

第四，娱乐性。体育运动本身就是娱乐性项目，教学内容自然内含着运动的乐趣和娱乐性。加之人为设定，使之娱乐性更强。足球游戏训练法的娱乐性主要体现在游戏过程中队友之间的竞争、对抗、协同、想象、表现等心理过程中，还体现在游戏中的快乐体验以及学习的成就感。

第五，人际交流开放性。足球游戏训练法是以集体活动的形式进行学习的，并且在学习过程中位置在不停地发生变动。这样一来，队友与队友之间、队友与教练之间需要不断地进行言语、眼神上的交流，自然而然地增强了人际交流开放性。上课期间，位置的变动、角色的转换，让学生可以收获比其他学科更多的知识和感受。

# 第八章 田径运动技能教学

# 第一节 跨栏运动技能

## 一、异步教学法的相关概述

### （一）相关概念的界定

异步教学法是指以异步教育学原理为基础，以学情理论为依据，根据学生的身体素质及个性心理特征等具体情况进行分组，各组设立不同的教学目标、教学要求、手段及学生学习的侧重点进行教学，利用分组异步的练习形式以及全体、分类和个别教学的组织形式进行教学，将教师的五步指导法与学生的六因素学习法有效结合。分别对学生进行指导练习，实现学生学习的个体化和教师指导的异步化，全面培养和发展学生的科学思维能力、创新能力，以提高学生的身心健康及学习效率为目的的一种现代化的教学方法，它是教师异步指导和学生异步学习的有效统一。异步教学法中教师和学生常用的教学和学习方式有以下两种。

**1. 五步指导法**

五步指导法是指教师在异步教学的过程中，以异步教育学原理为基础，合理地实施“提出问题—指示方法—明了学情—研讨学习—强化小结”的教学指导流程，从而达到提高学生学习效率的一种组合式的指导方法，教师的指导形式包括全体指导、分类指导和个别指导。

**2. 六因素学习法**

六因素学习法又叫六步学习法，它是针对学生的学情理论而提出的，学生在课内外的学习过程中，针对个人情况合理地利用“自学—启发—复习—作业—改错—小结”的六步学习过程指导自己的学，从而达到提高学习效果的一种组合式的学习方法，学生的学习形式包括独学、对学和群学。

### （二）异步教学法的理论依据

**1. 心理学依据**

（1）学习心理学

学习心理学是教育心理学的一个组成部分，它是从学生学习的本质来进行论述的，即从学生的学习过程、思维方式、学习策略、学习类型、学习技巧、行为方式、认知理论、信息加工原理、记忆原理、学习迁移等领域进行的论述。著名学习心理学家桑代克认为，一切学习都是通过条件作用而形成的，在刺激和反应之间建立一种直接联结的过程。学习

就是一种不断地刺激与反应的循环过程，作为教师就是要能根据个体对刺激的反应强度和大小，及时调整刺激源的刺激强度或改变刺激方法，便能取得良好的刺激效果，这种刺激源就是教师对学生所实施的教育，包括内容、方法手段等，而异步教学法就是针对这种差异提出来的，这种指导思想是符合学习心理学的规律的。

（2）差异心理学

差异心理学认为，一个人的心理差异代表了一个人的独特个性，它是在先天素质的基础上，通过后天的实践经验逐渐形成起来的不同于他人的、相对稳定的个体心理特点，主要表现为认知差异、智力差异、能力倾向性差异和学习动机差异等，学生在认知上的差异主要体现在记忆、思维、知觉和注意方面。不同的学生对一个新事物的认知程度和认知的方式是有所差异的，同时由于存在智能类型和智能表现早晚的差异，在认知深度上也会有所不同。而个性差异性对学生在学习过程的影响也是巨大的，外向型的学生敢于提出自己的看法和观点，敢于怀疑知识，遇到问题敢于请教教师和同学，这些都是有利于学习的性格特点。良好的学习动机也是取得良好的学习效果的重要前提，所以根据差异心理学的理论，教师必须要做到因材施教，而异步教学就是因材施教、差异性教学的具体的理论指导和方法手段。

**2. 哲学依据**

（1）矛盾存在的特殊性与普遍性

矛盾的特殊性和普遍性原理告诉我们，矛盾存在于事物发展的各个阶段，在事物发展的一个完整的过程中，往往又区分为不同的发展阶段，而不同的发展阶段中的矛盾也具有其差异性。同理，学生在学习过程中也会表现出各自的矛盾和差异，每一个学生在自己不同的学习阶段中所要解决的学习矛盾是不一样的，并且伴随着教学的进行，学习的矛盾也是在不断地变化和发展的。由于受到差异心理学的影响，更是导致了每个学生在解决学习问题时所面临的矛盾是不一样的，需要的解决方法和手段也是不一样的，这就需要教师利用异步教学法对每一类学生、每一个学生的学习矛盾进行分类击破、各个击破。

（2）质变与量变

事物在发展变化过程中经历着量变和质变，量变和质变是可以相互转化的，学生获得知识的过程就是一个量变的过程，而人生观、价值观等观念的形成则是量变到质变的结果。质变和量变的观点体现在教学上，就是连续性和阶段性的统一。不同时期要学习不同的理论和实践知识，采用不同的教学方法和手段，体现出阶段性，同时整个学习的过程是连续性的，异步教学中的分类指导、个别指导、六步学习和五步指导就体现了阶段性和连续性的统一，在教学过程中教师既要了解部分学生发展的阶段性和连续性，也要掌握全体学生和个别学生发展的连续性和阶段性，从而更好地实施异步教学法，取得良好的教学效果。

（3）内因与外因

辩证唯物主义哲学认为，事物在其发展变化过程中，外因是变化的条件，内因是变化的根据，外因通过内因来起作用。在教学实践中，教师在课堂上通过使用相同的教学内容、教学方法手段和要求，以及试图达到同样的教学目标而对全体学生进行施教，结果是学生的成绩参差不齐，有优秀的、良好的，也有一般的和较差的，产生这种结果的原因就是外因和内因在学生发展的过程中所起到的作用是不一样的。教学的主要矛盾是学生已有的心理状态或已有的知识水平同教学大纲对学生提出的要求之间的矛盾。因此，教师在教学过程中要根据学生不同的内因施加不同的外因，不能千篇一律地使用一种外因条件，这就是异步教学法的长处所在。

(四) 异步教学法的教学原则

**1. 因材施教原则**

因材施教原则要求教师在教学中要根据学生的具体情况，科学地进行区别对待和差异教学，力求使每个学生都能够获得最佳的发展。教师要能够根据学生的具体情况制定相应的教学目标，选择合适的教学内容，采用合理的教学方法和手段，使教学内容能够得以完成并达到各自的教学目标。只有切实做到区别对待原则，才能避免“一刀切”的教学模式的出现，要时刻根据学生的需要加以施教。异步教学法明确地体现了因材施教的原则，教师的五步指导以及学生的六步学习步骤就是建立在区别对待原则基础之上的，教师采用全体指导、分类指导和个别指导的形式避免了单一的全体指导形式，充分地考虑了学生的具体情况和学生之间的差异性。对于学生的学习情况，教师要进行全面系统的调查研究，具体掌握所教班每个学生的知识基础、学习特点、能力和智力的状况。对大多数学生与部分或个别学生进行的教学工作，教师既要加以区别，又要有机地结合在整个教学过程中进行。

**2. 热爱学生原则**

热爱学生原则是异步教学法所有原则的基础，要想成为一名合格的教师，就必须热爱自己的学生；要想取得理想的教学效果，就必须热爱学生；要想使异步教学法得以较好地贯彻和实施，就必须热爱自己的学生。不热爱学生的教师是无法教育好学生的，也不可能做到及时地掌握每一个学生的学情，只有了解学生、认识学生、掌握了学生的基本情况后，才能真正地热爱学生。热爱学生与了解学生是相辅相成、辩证统一的过程。在异步教学中，教师必须及时了解学生的学情，根据具体的学情，制定相应的教学内容、教学方法和教学要求，若不热爱学生，有可能出现对学情的了解不够深入、不够具体细腻，容易造成决策上的失误和误判，不能很好地提高学生的学习效率。对学生来说，他们也不会喜欢没有爱心和热情的教师，长时间则会形成反感和厌学的不良情绪。因此，在教学中，教师要高度负起责任，满怀极大的热情和爱心去教学，力求培养学生浓厚的学习兴趣和求知欲望，要关心每一个学生的点滴进步，做到全面关心，不偏爱一类或是个别。每位学生都有自己的优缺点，教师要进行全面衡量。教师自己有误要敢于承认并及时地、坚决地改正，

这样才能博得学生的尊敬，形成融洽的学习环境，促进教学效果的提高。

3. **系统控制原则**

系统控制原则是要求教师在指导学生学习或是学生进行自学的过程中，要根据“六因素”的内在联系，充分发挥“六因素”的及时反馈和系统控制的作用，从整体上把握异步教学方法的原则，克服教学活动和学习活动中的无效劳动，不断提高学生的学习效率。“六因素”的教学过程不可以颠倒，它是知识学习的完整的认识系统。利用基本的教学形式进行直接的系统控制，即通过“自学—启发—复习—作业—改错—小结”六个因素进行直接反馈控制，并结合阶段反馈控制，从而能够及时地、准确地得到信息反馈，及时更正和修改教学过程中出现的问题，不断提高教学的效果。

4. **循序渐进原则**

教学要按照学科的逻辑系统和学生认识发展的顺序进行，使学生系统地掌握基础知识、基本技能，形成严密的逻辑思维能力。人们对客观事物的认识，有一个由简到繁、由低级到高级、由直观到抽象的循“序”过程，人们对任何事物都不可能一步就达到对其本质的认识，同时，田径跨栏运动动作形成的阶段性变化，受人体生理机能的制约，受条件反射和分析、综合的逻辑思维规律的支配。掌握动作技术，也是一个由简单到复杂的渐进过程，异步教学法正是遵循了人们认识过程和动作学习过程的渐进性这一原则而实施的，其中学生学习的六个步骤和教师的五步指导无不透露出循序渐进的原则。

5. **个体性原则**

个体性原则强调以学生的学习为主体、以教师的教为主导，每一个学生都是一个学习的个体，他们在学习中是一个独立于集体之外的个体，同时又是统一于集体的个体，每个人在学习时都是一个独立的过程，不能把一个学生学习的过程强加于另一个学生，每个人都有适合自己的独立于别人的学习步骤、学习方法、学习进度和学习习惯，要充分尊重学生学习的个体性，不能“一把抓”和“一刀切”。

“六因素”的学习也是个体化的过程，教师的指导也要遵循个体化的原则，只有这样才能做到异步教学。

6. **微观决定原则**

异步教育学的理论认为，学生学的“六因素”包括微观和宏观之说，在整个教学过程中，微观“六因素”决定宏观“六因素”，宏观下的“六因素”指出的是所有学生都必须遵循的学习方法和步骤，而微观“六因素”主要考虑的是学生之间的差异性，也是因差异性而提出的，即每个学生的学习条件、学习基础和学习能力等都不一样，所以学生在用“六因素”指导自己的学习时，所表现出来的学习进度以及学习效果并不一样。微观“六因素”是每个学生具体学情的反映；宏观的“六因素”是部分学生或全班学生一般学情的反映。微观“六因素”所要解决的问题是每个学生在学习过程中遇到的一系列具体的学习问题；宏观“六因素”所要解决的问题是全班或部分学生在运用微观“六因素”解决具体学习问题的过程中难以解决的共性问题。也就是说，宏观“六因素”所要解决的问题，是微观“六因素”中所存在的难以解决的问题的集中反映，微观“六因素”是宏观“六因素”的基础，它决定宏观“六因素”的内容，制约着教学活动的具体方式，是教师进行教学活动的依据。

## 二、异步教学法在跨栏跑教学中的应用

### （一）跨栏跑异步教学法的教学目标

教师在跨栏教学中，可以根据学生的学习能力，将其分为提高组、巩固组和基础组。对提高组、巩固组和基础组来说，每一个类别的教学目标和要求不一样，合理地制定并完成每个类各自的教学目标是一节课成功的关键。那么，针对各类学生的身体素质的情况，各类的教学目标分别如下。

**1. 提高组**

由于提高组的学生在身体素质和个性心理特征等方面比较优秀，因此这类学生在跨栏跑教中除了要完成大纲的要求之外，还要进一步细化和分解跨栏跑技术动作，精雕细探，精益求精，反复练习，尽可能将跨栏跑技术发挥到个人理想水平。这一部分的学生是少数，对这一部分学生的总体要求是整个跨栏跑全程节奏感强，重心起伏差值小，后蹬要充分有力，摆动腿做到积极下压和起跨腿积极提拉到位并快速前摆上栏着地进入到栏间跑。

**2. 巩固组**

该组在一个教学集体中属于人数比较多的一类，对于该部分学生总的目标要求是掌握教学大纲所要求的教学目标，在掌握基本知识和基本技能的基础上，重点培养学生的情感目标，并且要鼓励一部分人朝着提高组发展。

**3. 基础组**

基础组在跨栏跑教学中属于特殊群体，首先这部分学生的身体素质和技能较差，其次这部分学生在心理上对栏架也有一定的恐惧感，这就要求教师在课上要尽量去帮助他们克服心理上的胆怯，利用一切办法调动这部分学生学习的积极性，树立学习跨栏跑的自信心，提高克服困难的勇气。根据此类学生的具体情况，该类学生总的目标是力所能及地完成教学要求，对于大纲所规定的目标及要求可以适当降低，考核期间不能仅仅以达标成绩和技术评定来硬性地去衡量，要结合学生在课中的努力程度和学习态度综合地评价，这样才能鼓励他们不断地努力学习。

### （二）跨栏跑异步教学法的备课形式

在跨栏跑的教学中，备课的内容包括了解学生、钻研跨栏跑教材和制订跨栏跑的教学计划。学生是跨栏跑学习的主体，那么教师备课的重点则在备学生，即深入地了解学生的

基本情况，包括学生的年龄、心理、身体素质以及学生掌握跨栏跑技术的情况，针对该年龄段的心理和生理以及体能、技能特点，做到心中有数，制定相应的方案，在充分调研和了解学情的基础上，接下来的任务就是认真地研究跨栏跑课程教材，了解跨栏跑课程的内容目的及要求，根据跨栏跑技术动作的特点和学情的要求，合理地划分和制订跨栏跑单元教学计划以及教案。制订跨栏跑单元教学计划的要求有两个：第一，要根据跨栏跑技术动作的特点，合理地划分单元教学计划，进一步确定每一节课所要教授的内容；第二，教学计划制订的起点要保证大部分学生都能接受，起点不能太高也不能太低，以满足大部分学生学的要求。

### （三）跨栏跑异步教学牌的指导形式

异步教学的指导形式是微观分类指导和宏观集体指导相结合。微观分类指导是在跨栏跑的教学中针对不同类别的学生采取不同的指导方式，与一般的集体指导不同，深入到各类学生中，在跨栏跑的练习内容上、对动作的要求难易程度上、在教学的侧重点上、在教学方法和手段上以及心理指导、心理暗示方面的方式方法上都有所区别，因此在教学中要注意以上几个方面的侧重点。与微观分类指导相对的是宏观集体指导，在教学中发现共性问题时，教师应采用宏观集体指导的形式，这样可以节省教学资源，提高教学效率，所以在跨栏跑异步教学的指导上是微观分类指导与宏观集体指导的辩证统一，辩证于不同类别之上，统一于整个教学之中。

### （四）跨栏跑异步教学博的练习形式

学生在进行跨栏跑练习时，教师对不同类别学生的练习要求的侧重点不同，对于提高类的学生强调掌握跨栏动作的技术要领和技术细节，建立正确的技术动作表象，不断地巩固正确的跨栏技术动作，提高要求，适时调整跨栏跑教学的进度。对于巩固组的学生要合理安排跨栏跑技术教学和心理调节，做到两手都要抓、两手都要硬，在扎实推进技术动作正确的基础上，适当加大难度，并注意观察部分学生的进步状况，及时调整类别的变动，鼓励一部分学生进入提高组学习，注意保持良好的学习心理状态，戒骄戒躁，遇到困难与挫折时，及时调整好心理状态，以积极、勇敢的精神去面对，培养学生坚定的意志品质。巩固组主要以分组练习为主、以帮扶练习为辅，重点是单个跨栏技术动作的练习。而对基础组的学生来说，要注重心理方面的调节，根据教师的教学经验得出，基础组大部分学生学不好跨栏的原因除了身体素质的因素外，更重要的是心理因素，从内心深处就抵触栏架、惧怕栏架，那么针对此种情况，该类学生的练习要适当降低练习的难度，如降低栏架的高度和栏架间的距离，或是用其他器具代替栏架以消除心理上的恐惧。除了降低练习难度外，还要结合合理的情绪调节法，并分析和认识人与栏架的辩证关系，多进行辅助和诱导练习。

（五）跨栏跑异步教学法的教学流程

一般跨栏跑教学的流程遵循“讲解—示范—学生练习—教师指导—学生改进—教师评价”，最好再进行总结这样一种流程，在此教学流程中，教师则以讲解和示范作为教学的重点手段，学生则在教师的指导下反复地练习和巩固技术动作，未能够充分发挥学生的主观能动性和学生学习的主体性与独立性。

在此教学法中，教师与学生通过异步教学方法很好地结合了起来，共同构成了跨栏跑异步教学的整个过程，教师根据学生的具体情况制订不同的教学计划，同时针对不同类别的学生设立不同的教学目标，各组学生在练习时合理地选择自己的目标并努力达到自己的目标，同时教师根据不同类别的学生设立不同的问题或是相同的问题，启发学生的思维能力。作为学生，要想很好地跟上教师的进度和思维以及更好地开发自己的思维能力，必须课前自学，做到心中有数，课前学习包括回忆以前的教学内容和动作技术等，教师根据学生对问题的解答予以纠正并向学生示范动作，学生根据教师问题的启发以及教师的示范动作，结合自己的思考合理地反复练习，在练习过程中，教师不断地指导、纠错和评价，并将评价的内容反馈给学生，而学生则要做出合理的调整与改变，最后教师布置作业并加以总结。总的教学思路是“学情了解—总体目标—合理分类—异步目标—异步教学—异步练习—异步指导—纠错改正—评价总结”，其中学情为重点。

（六）跨栏跑异步教学帰的组织形式

异步教学法的教学模式决定了其独特的组织形式，通常教师所采用的组织形式包括以下四种形式。

**1. 全体教学**

对于学生出现的共性的问题，采取集体教学的形式，这样可以节约教学时间，提高教学效率。

**2. 分类教学**

在教学中将学生分成提高组、巩固组和基础组三大类，各类的目标、练习手段以及要求不同，必须采用分类练习的组织形式，这种组织式的练习针对性强，能够很好地做到区别对待、因材施教，充分认识到学生在技术和身体素质上的差异性，并进行针对性的教学和指导，才会取得很好的效果。

**3. 个别教学**

针对个别学生在技术或心理方面的问题，采取针对性极强的个别指导形式，做到一对一教学和辅导*这种个别指导的对象可以是来自提高组的学生，也可以是巩固组或基础组的学生，但大部分是基础组的学生，这是由其技术、身体素质以及心理因素所决定的。

**4. 独学、对学和群学形式**

对于学生的练习形式，通常包括独学、对学和群学。独学就是指自己所能解决的问题

独自进行解决，或是自己独自思考和分析问题，这种学习形式能够很好地促进学生学习的个体化，提高学生独立思考和解决问题的能力。当自己无法解决时，这时可以采用两两学习即对学或是群学的学习形式，这种学习形式可以很好地培养学生的交流能力和互帮互助的团队精神，在共同交流问题的同时，可以很好地集思广益、发散学生的思维能力，能够从不同角度去分析问题、解决问题。同时，在跨栏跑的练习中，在结伴练习时，同学之间的相互鼓励和加油可以大大提升学生的勇气和胆量，能够很好地使学生克服恐惧心理，为顺利越过栏架奠定了心理基础。

### （七）跨栏跑异步教学活的教学手段

体育教学方法是在体育教学的过程中，教师指导学生为达到一定的教学目标所采用的一系列的活动方式、手段和途径的综合。科学合理的教学方法可以促进学生快速掌握技术动作，同时也能减少和避免运动损伤的发生，提高学生学习的效果。根据异步教学的原理，跨栏跑异步教学法的主要教学手段有自学法、启发法、体验法、小团体互助法和组合教学法等，其中教师教法主要是五步指导法，学生的学法是六因素学习法。

#### 1. 自学法

自学法也称自主学习法，是学生在跨栏跑教学中，通过教师的指导，以自主学习为主，培养学生的自主学习能力和习惯的一种教学方法，学生在课前、课中和课下通过利用自己已有的跨栏跑知识结构和运动技能，独立获取知识和练习跨栏跑技术动作，从而解决一定的问题。自学必须做到想学、会学、能学和坚持学四个方面，并且要制订一定的计划，合理地安排学练时间；对学习内容提出问题，尝试解决问题；对学习过程和学习结果进行自我评价和检查；能够准确地找出自己跨栏跑技术动作的错误之处并能予以改正。

#### 2. 启发法

在跨栏跑教学中，教师根据课的教学目标和教学内容，并且根据各个类别的学生的具体情况提出相应的问题，开发学生的思维，引导学生运用已有的知识框架和技术去分析和解决问题。学生在思考问题的同时，也是对技术动作的一种再现和再练习，建立清晰的神经动作脉络。通过学生的思考以及问题的回答，教师要及时予以纠正和肯定，并要说清问题的来龙去脉，知其然更要知其所以然，鼓励学生通过实践的方式去验证自己的结论，此方法能够很好地培养和发展学生的创造性思维能力。

#### 3. 体验法

体验法教学是让学生在已经掌握的技术动作的前提下，不断地尝试和改进自己技术动作的不足之处，通过自己正误两种动作的体验后，更深刻地认识正确的动作和错误的动作，从中找出适合自身的动作方法并体验其中探索的乐趣的一种教学方法。例如，在跨栏跑教学中，对于学生的跳栏现象，教师可以先不说出原因，让学生自己去体验和摸索，从中发现适合自己的合理的起跨距离。这种体验式教学手段能够加深学生对技术动作的印象。

4. 小团体互助法

在异步教学的组织形式中，有群学和对学的学习形式，这种学习形式从某种意义上说也是一种教学手段，即小团体互助学习法，就是以群学的学习形式，同一类别的团体内部、不同类别的团体之间的一种互帮互助的学习手段，这种方法在跨栏跑教学中能够充分发挥其特点优势。跨栏跑项目本身就是一个复杂的项目，那么在学习中必须借助和发挥小团体互助的形式开展教学。例如，提高组的学生可以深入到基础组的学生中去，帮助基础组的学生完成一定的教学任务，克服跨栏跑中遇到的困难和问题，指导基础组学生的技术动作，进行心理指导等，通过同伴的积极评价，能够鼓励和激发基础组学生的信心和斗志，同时能够很好地培养和发展学生间的交流与互动，使得基础组的学生能够在自己的能力范围内寻求进步，体会其中的乐趣，增进跨栏跑的学习兴趣。

5. 组合教学法

组合教学法是异步教学法独特的、核心的教学手段，即教师的五步指导法和学生学习的六因素学习法，具体的是指教师通过“提出问题—指示方法—明了学情—研讨学习—强化小结”五步骤来指导学生的学习，而学生则是通过“自学—启发—复习—作业—改错—小结”的学习方法来进行学习，这是一整套的教师指导的方法和学生学习的方法，是异步教学的系统的教学法，缺一不可。两者结合后便是“六段式”教学法，即“提出问题—指示方法—学生学习—明了学情—研讨学习—强化小结”。学生在跨栏跑的学习中遇到具体的问题和困难都可以利用此“六段式”教学法逐一解决。

## 三、异步教学法在跨栏跑教学中的应用效果

异步教学法中的六步学习法，其中自学阶段是学生对跨栏跑教材的深入学习和基础理论知识的认识和发展，增加学生学习的资本，提高学生的认知能力；通过课堂中问题教学的实施，启发学生的思维能力，解决自学阶段存在的疑问和难题，复习则是对自学和启发阶段的内容进行梳理和再认识，以达到一个新的高度；作业则是对技术动作的强化和巩固，形成正确的神经肌肉感觉和动作定型，反复练习达到动作熟练化和自动化：改错则是纠正跨栏跑的错误动作，强化学生的正确技术动作，弥补动作的不足；最后对学生进行定性和定量的分析评价，为下一步教学提供依据 3 通过实施六步学习法，能够极大地培养和促进学生的个体化学习，保证了学习的独立性。所谓个体化学习，是指每个学生针对自己的学习情况和能力制定相对于自己的六步学习法，在自学的方法、内容、难易程度、启发的效果、认识程度、复习的范围和效果、练习的难易程度以及练习的效果、作业的针对性以及完成状况、对自己的总结评价等方面是与班级其他人不一样的，只有制定适合自己的六步学习法，才能取得良好的学习效果。任何人都不能去复制别人的过程，六步学习法造

就了学生的个体化学习，同时在异步教学中的小组制教学，也强化了学生之间的合作学习，即任何学生的学习都不是一个人的学习，而是共同的学习与开发，相互学习、相互帮助、相互评价以达到共同进步。不同组别的学生之间的互动，能够增加学生的合作意识。

异步教学法在跨栏跑的教学中可以很好地改进和提高学生跨栏跑的技术水平，这与异步教学法的目的和原理是相符的。异步教学法在教学中能够很好地因材施教，针对每个学生的具体情况，制定合理的、切实可行的方法手段，避免同步教学中容易忽略部分学生的缺陷，从不同方面对学生进行深入的辅导。不断地练习改进强化技术动作，每一个动作的学习都要经过学生的六步学习，每一个学生的六步学习的具体内容方法和手段与其他学生又是相异的，这就是微观六步学习，做到了学生学习的个体性和独立性，同时教师又是通过相异的五步指导法指导各类学生，以提高他们的技术水平。

## 第二节　中长跑运动技能

### 一、组合训练法的概述

组合训练法是一次课使用多种训练方法，在能量代谢的安排上，既有有氧训练（耐力训练）又有无氧训练（速度训练），将有机体看作一个整体，以专项能力的多层次结构和能量代谢机制理论为基础，将影响运动成绩的各个因素都纳入训练课中，贯穿了有氧代谢和无氧代谢同时发展的思想。一次课同时训练多个能量供应系统，这样对单个系统的刺激不如单一训练的强度大，但多个刺激系统的总和比单一训练的刺激总和大，持续训练时间较长，总体负荷较大。组合训练法的内容变化灵活，不易使学生产生疲劳，运动兴奋性较高，训练效率也比较高。

从另一方面来说，组合训练法是在一个或若干个训练单元中，依照运动员的训练阶段、水平、项目要求及个人特点等因素的差异，科学地运用训练学的原理，合理地选择和安排不同性质和比例的训练内容，以获取最佳整体效应的训练方法。因此，组合训练法不同于力量训练，更不同于持续训练法、间歇训练法、重复训练法等，它包含着这些训练方法的内容。组合训练法不是将各种单一训练方法简单地相加，而是以一定的间歇方式和交叉组合的方式，将各种单一训练方法有机地结合在一起，能灵活地调节运动负荷，有利于科学地安排负荷和间歇。组合训练法将几种训练方法的优点和功能集中在一起，起到放大效益的效果，是综合运用这些方法的功能的具体体现。在能量代谢的安排上，以有氧代谢和无氧代谢的均衡发展作为指导思想。在每次训练课中，既有有氧训练又有无氧训练，使有氧和无氧代谢能力同步提高。组合训练是以间歇训练作为基本体系，以全面发展的思想作为依据，多种手段互相结合，以达到最佳训练效果的训练方法。

## 二、中长跑训练的特点

第一，将中长跑定为速度耐力性项目，这样就把速度和耐力有机地结合起来，使中长跑训练重点重新定向。

第二，在训练负荷的安排上，以训练强度作为训练负荷的灵魂，超量恢复原理告诉我们，在适宜的可承受的生理范围内，负荷越大，刺激就越大，反应也越深刻，成绩提高也越明显。在目前的训练中，随着训练量的增大，训练强度逐渐增强，两者同时增大，同时达到最大值。

第三，围绕专项来选择训练内容，更加重视运动员专项素质的培养。“水桶模型”强调了一个运动员竞技能力的提高必须是体能、技能及心理能力等各方面的同步提高。现代科研已表明，中长跑运动员要达到高水平，必须具备扎实的专项身体素质。

第四，将比赛作为训练的重要成分，以赛带练，以赛促练。参赛能力，尤其是在重大比赛中发挥出自己水平的能力，是十分重要的，这种能力只有通过多参加比赛才能获得。

第五，高度重视运动员的恢复及心理训练，并与专项训练有机地融为一体。训练后的恢复是整个训练的重要部分，“没有恢复，就没有训练”。

第六，周期理论得到突破。以一次重要的赛事划分周期。现在在全年的每一个季节都有大型比赛，要求运动员全年都保持较高的竞技状态。在全年各时期的训练内容差别不大，以周为单位来安排训练，在全年的各个时期保持较高的训练水平。

## 三、组合训练法的策略

### （一）训练负荷的安排

无论是单一训练法还是组合训练法，训练负荷主要都是在发展区、经济区和次最大强度区。训练时，运动员心率在 170 次/分以上。训练负荷的安排有节奏，大中小结合，波浪式增加负荷，大负荷后间以中小负荷，以增加恢复时间，有利于负荷的再增大。在每次训练结束前，都要进行冲刺能力的训练，最后进行放松跑。专项组合训练强度要求最后一组采用突出强度，其他组均注重一般强度来发展耐力，有利于克服以往专项速度耐力训练对重复某一段落距离的间歇跑所造成的不利心理因素。

### （二）以心率作为控制指标

测量运动员训练前的心率，可以观测运动员训练前的准备情况和能否完成训练任务。

测量运动员训练后即刻的心率即最大心率，判断运动员的训练强度。测量运动员跑完后 5 分钟、10 分钟、15 分钟的心率，和放松后的即刻心率来判断运动员的恢复程度。在间歇训练时测量运动员的最高心率，运动员的心率恢复到 117～120 次/分，再进行下次训练，防止运动员过于疲劳。训练中不刻意追求最高强度，训练中的大强度一般控制在 80%～95%，这样对机体有较深的刺激，又能反复多次训练，既有利于技术的改进与稳定，又能促进专项能力的提高。在大负荷后进行心率控制，看其疲劳及恢复情况。在训练刚开始，专项速度耐力的训练段落大多短于专项距离，强度较低，间歇时间较长，总量较大。这样做是考虑到这些段落组合既有专项速度耐力成分，又有中长跑运动员所需要的速度训练成分，加之组合总量较大，使运动员具备了所需要的有氧耐力成分。随着运动员对负荷的适应，逐渐增加一些专项速度耐力的训练手段，如上坡跑等。采用强化速度耐力的训练手段，并控制影响训练效果的各因素，如运动量、强度、间歇时间等，使专项训练手段更适合于专项训练

### （三）训练手段的选择

采用不同段落距离的专项组合训练手段是发展运动员专项速度耐力的主要方法。以同一段落距离或不同的段落距离组成组合训练手段。在训练中，手段选择的原则是专项速度耐力训练手段所产生的训练效果与运动专项的生理与生化特点相符合，其训练负荷与运动员的训练水平相适应。在手段的选择、设计和应用中，具体办法是在手段的段落距离上，一组组合训练的总距离或一次段落距离基本与专项距离相等或略长。采用的段落距离为：800 米运动员以 300～600 米为主；1500 米运动员以 600～1200 米为主；3000 米运动员以 1000～2000 米为主；5000 米运动员以 1000～4000 米为主；10000 米运动员以 1000～6000 米为主。

### （四）组合训练的段落距离以短于专项距离的段落为主，以长于专项距离的段落为辅

在中跑运动员专项组合训练中，80%的组合段落为 200～600 米，其余为 1000 米以上的段落。在长跑运动员的段落选择上，以 1000 米以上的段落为主，但每次长段落训练后都要进行 200 米到 600 米段落的冲刺练习，以提高运动员的冲刺能力。在训练实践中，这种专项组合训练手段具有两个方面的优点：第一，在每次专项组合训练中，由于既安排了一般强度的组合，又有突出强度的组合，因此既保证了专项训练的数量，又保证了专项训练的质量；第二，由于一般强度训练的量较大，在较小程度疲劳的多次积累后，最终造成较深疲劳之后的突出强度的刺激，使整个专项训练的效果更明显。在整年训练安排上，运动量逐渐增加，强度逐渐增大，大小强度交替进行。

## 四、组合训练的分类

### （一）起主项距离的组合训练

超主项距离的组合训练，即超过比赛距离而低于比赛速度的组合训练，主要在中跑训练中。

### （二）间歇训练

**1. 慢速间歇组合训练**

用低于比赛速度和不完全恢复的短的休息间歇，重复一定的段落，休息的时间比跑这一段落短。

**2. 快间歇组合训练**

它同慢间歇组合训练的主要区别是间歇时间较长，恢复较好，段落跑的速度快。

**3. 依次缩短间歇时间的组合训练**

在采用此法时，预先规定好间歇的缩短方法。

**4. 包干组合训练**

规定一个总时间，包括完成练习的时间和间歇时间一起包干。

**5. 不等距离的间歇组合训练**

间歇训练跑的距离不相等，距离可以由短到长，也可由长到短自

**6. 喇叭形间歇组合训练**

又称“上坡”形组合训练。间歇的距离由短到长递次上升，如 300 米—400 米—500 米等。

**7. 锥子型间歇组合训练**

又称“下坡”形组合训练。间歇的距离由长到短递次下降，如 1600 米—500 米—400 米等。

**8. 梭子型间歇组合训练**

又称“上下坡”形组合训练。间歇距离由短到长，又由长到短。

**9. 不等距离的间歇组合训练**

可以提高运动员的训练兴奋性。跑的节奏不断变化，运动员无法形成固定的慢速的动力定型，有利于提高速度，对战术训练也有良好的影响。

### （三）负分段间歇组合训练

采用这种方法，间歇时间不变，跑的距离固定，但速度要求一个比一个速度快，到最后达到本人速度的 100％的强度。

## 五、中长跑训练法的应用

### （一）中长跑成绩的构成

运动成绩可以分解为许多单一的能力及条件，或被理解为由它们所构成，这些单个的因素不能被孤立地看待，而是彼此紧密地结合在一起，其集合则是运动成绩本身。中长跑需要运动员有较强的有氧和无氧能力，同时具备很好的力量素质、耐力素质、速度素质、灵敏协调素质等，其专项速度能力是以专项能力的多层结构训练方法和以能量代谢机制理论为基础。

### （二）中长跑训练的生理基础

人体活动有三个能量供应系统：一是磷酸原系统，它是一切高功率运动的供能基础，此系统的能量在人体内含量较少，仅能维持 7～8 秒的时间。二是乳酸能系统，也称无氧糖酵解系统，是有机体处于氧供不足时的主要供能系统，是中长跑进行高速跑训练的重要的能量系统。此系统的能量合成率较有氧系统快，但产生乳酸等酸性物质，若不能很快消除，便在体内堆积，使机体产生疲劳，不能维持机体原来的运动状态。三是有氧氧化系统，是当运动中氧气供应能满足机体的需要时，运动所需的能量即由糖和脂肪的有氧氧化过程再合成，此系统是进行长时间耐力活动的主要供能系统。

### （三）中长跑训练的原则

#### 1. 中距离跑训练的原则

从其能量代谢“以混合代谢为主、以有氧代谢为辅”的特点，可以看出其训练是以发展无氧代谢能量为主，全面带动其他代谢系统的发展，训练方法的选择有助于发展混合代谢能力。为了能在高水平状态下培养出具有中距离跑能量的代谢特点的高水平运动员，应注意有氧能力和乳酸代谢能力的培养，无氧代谢水平的最终发展取决于有氧代谢能力的发展。有氧代谢水平高，在进行无氧训练时产生的乳酸就能很快消除。有氧代谢与乳酸代谢交替供能的能力越强，保证运动员以较快速度运动全程的可能性就越大。发展有氧代谢能力是中距离跑项目达到高水平状态的基础，也是发展高水平中距离运动员的混合代谢能力的一种手段。

#### 2. 长距离跑训练的原则

长距离跑的代谢是以有氧代谢为主、以混合代谢为辅，因此长距离训练以发展有氧代谢为主，兼顾混合代谢和无氧代谢。长距离跑的有氧训练、混合训练和无氧训练无论在哪一个阶段都要训练。

### （四）不同素质同时发展

不同性质的训练组合带来不同的训练效果。在中长跑训练中，注意均衡发展运动员的各种素质，通过维持耐力、速度和力量的均衡发展，就能加快提高身体素质的总体水平。在日常训练课中，把速度、力量、耐力训练共同发展。实践证明，不同的训练手段，作用方向不同。不同性质的训练手段的合理组合，其作用方向发生了变化，能够产生新的训练效果，促进训练水平的尽快提高。卡斯科特博士通过实验，建议运动员力量和耐力同时进行训练。在一次课完成练习的顺序问题上，即力量耐力训练谁在前谁在后练习，取决于项目特征。中长跑训练耐力应先于力量训练。耐力训练后，运动员的心血管机能提高并使肌肉充分活动开，为力量训练做好充分的准备 a 把训练因素结合成一个整体时，就会产生最佳训练效果，这是各种因素之间的协同作用。卡尔东博士在实验室用不同性质的定量负荷对动物进行实验性的训练，结果发现，肌肉的结构和机能部分会因提高耐力或力量的训练性质的不同而有选择地增加，证明训练耐力（采用持续长跑和间歇跑），那么肌肉的耐力将得到提高，而肌肉的力量将相对下降。机体的这种代偿性的适应会对中距离的速度产生不良影响。虽然单一进行短距离负荷的训练可以提高肌肉的力量和速度，但却不利于耐力和有氧能力的提高。由此可以看出，运动员必须在训练课和训练日将几种不同的训练方法结合起来。换句话说，中长跑运动员要提高成绩，必须将机体的各种功能的训练与改善有氧和无氧能力的训练同时进行。这符合均衡发展的原则。

综合国内外优秀中长跑运动员的训练情况，其训练方法手段的安排是综合的。同时发展各种跑的能力和综合提高专项所需要的各种主要素质是可行的。我们知道，机体对连续刺激产生的反应表现出的适应过程对提高运动素质起着重要作用。运动员机体在适应一定的刺激和肌肉工作后，它就不会对该刺激做出进一步的反应。换句话说，跑步形式越千篇一律、越单调，机体对其适应也越快，运动机能提高的效果也越差。当运动员在一节训练课上，同时进行保持和提高有氧和无氧供能水平时，根据需要，有时进行有氧训练，有时进行无氧训练，这主要是看训练课是哪种训练负荷占主导，是有氧负荷还是无氧负荷。训练综合化是提高运动员整体竞技能力训练水平的要求所必需的。一些专家说：在一次训练课中，把各种训练方法有所侧重地结合在一起，就可以使运动员在一个阶段重点发展耐力，另一个阶段重点发展速度，这就好比运动员吃合成食品一样，他们都是和健康有关的最好必需品，缺一不可。田径运动发展到今天，运动员身体的发展已不是任何一种单一的训练方法所能解决得了的，必须把它们综合地加以运用，才能培养出高级的运动选手。通过以上分析可以看出，组合训练法符合当今中长跑训练的趋势。

### （五）不同性质负荷内容的组合训练

不同性质的组合训练，对运动员的机体结构变化和机能变化都产生着十分重要的影响。各种属性的练习对机体具有选择性的影响，超量恢复原理告诉我们，在一次大负荷后的超量恢复阶段，再次施予负荷，可以获得最为理想的训练效果 3 有关研究表明，在一次大负荷后的训练课后，负荷的主要方面要经过 48～72 个小时之后才出现超量恢复，但在

进行系统训练的中长跑运动员中，每天坚持 2～3 次课的训练刺激并取得优异成绩，主要取决于不同的训练内容及不同性质负荷后的交替安排的原理。由于各种训练内容对机体的生理和心理过程提出的要求不同，机体接受负荷后，生理系统和心理系统的反应也不相同，恢复的时间也就不同。这就为交替安排不同的训练内容提供了重要的理论基础。小周期训练计划中，交替安排不同的训练内容，既能使运动员所需要的各种竞技能力得到全面综合的发展，又可避免过于集中而引起疲劳。现代科研成果表明，一次单一性质的大负荷训练课，对运动员机体的刺激很大，但范围很小。例如，中长跑运动员提高速度能力的大负荷后，速度能力受到抑制，而有氧能力则经过 6 个小时左右即可恢复到训练前的状态；无氧能力在 24 个小时后恢复到训练开始前的状态；速度能力要到 48 个小时后才能恢复到训练开始前的状态。提高无氧能力的训练课，有氧能力在 6 个小时后恢复到开始状态；速度能力在 24 个小时后恢复到训练的开始状态；无氧能力在 48 个小时后才能恢复到训练前状态。提高有氧能力的训练课，速度能力在 6 个小时，无氧能力在 24 个小时，有氧能力在 72 个小时后才能恢复到训练开始前的状态。据此，我们在安排中长跑运动员的训练计划时，要充分考虑到不同性质的负荷后，机体各个能量系统的超量恢复过程的不同。在减轻负荷总量的前提下，交替安排训练课次和训练内容。在单一目的的大负荷课后，采用同一目的（性质）的中小负荷训练，只会加深疲劳过程。若大负荷有氧训练课后，安排的训练内容主要由其他机能系统来承担，则大负荷有氧能力的恢复过程加快。例如，有氧训练后，进行速度训练和全面的身体训练，其训练性质发生了变化，恢复过程也就加快了。同样，提高速度能力和无氧训练课后，安排发展有氧能力的中、小负荷课就会加快恢复过程。小周期训练，每次课的训练内容要求不同，参与工作的肌肉群也不同。例如，各种距离的间歇跑、反复跑、节奏跑、越野跑等手段，主要由下肢肌群完成运动，而快挺、卧推、俯卧撑、引体向上、负重摆臂等练习手段，主要由上肢肌肉完成，所以我们在训练中，要依据上一次训练课负荷的性质及负荷的部位，交替安排下次课。

**1. 力量和速度的组合训练**

中长跑的专项素质—速度耐力水平发展的高低，取决于速度储备的大小。运动员最高速度超过平均速度水平越多，速度储备也就越雄厚，提高成绩的潜力就越大。这个差数越小，表明运动员利用速度的水平就越高，速度耐力就越好。训练实践表明，当运动员的耐力和速度耐力发展到一定水平时，若速度素质得不到相应的提高，专项所需要的速度耐力就会停留在一定的水平上，制约着运动成绩的进一步提高专速度和速度耐力的关系是运动水平越高越明显。速度是形成耐力的基础，即什么样的速度决定什么样的耐力。一个中长跑运动员所获得的速度是不能 100％地转化为专项所需要的速度耐力。

**2. 速度和耐力的组合训练**

速度和耐力是中长跑运动员很重要的两项素质。两者的结合，即速度耐力是中长跑运动员的专项素质，也是影响中长跑成绩的关键因素。

（1）速度和耐力能同时发展的原因

运动生化成果研究认为，发展一般耐力和速度的训练手段均可以导致其对应素质的生化因素一定程度的改变。耐力和速度训练不仅对本素质起主要作用的酶有作用，而且在某种程度上还刺激了对其他素质其主要作用的酶的活性。运动生理学认为，不论何种动作速度，都在一定程度上取决于中枢神经系统的某些生理活动，主要是动力定型理论的作用。动作速度具有专门性，这一专门性与大脑对动作的支配与组织有关，而不是不同类型运动单位有选择地被动员所造成的。运动实践告诉我们，一般耐力与速度同时发展，对于对应素质的发展有积极的作用。近年来，中长跑运动员出现的全能化就是证明。

（2）速度和耐力的结合

速度和耐力怎样结合才能很好地提高运动员运动成绩是我们比较关注的问题，也是目前世界研究的热门话题。首先要依据目前的训练任务，即首要的是发展哪种素质。若发展速度素质，则速度素质的训练放在训练课的开始，后进行耐力训练，即长距离的持续跑。速度训练的主要手段是短距离的快速冲刺、短距离的快速跑、重复跑，如 60 米、100 米、200 米等。若首要问题是发展乳酸耐力，则长距离的训练放在开始，速度训练放在耐力之后进行，这样的训练既能发展运动员的耐力，又能发展运动员的最后冲刺速度和冲刺能力。其理论基础是速度训练是无氧训练，耐力训练是有氧训练，有氧训练和无氧训练能够同时进行训练，以短促长、以长补短的互补训练，即用较短距离跑训练来弥补糖酵解系统供能不足的缺点，用长跑训练来弥补中跑训练的缺陷，来发展中长跑运动员保持速度的能力。随着相关学科知识的渗入，长跑训练走出了过去的误区——长跑训练以发展运动员的呼吸系统、循环系统和提高有氧能力为主的训练为目的。而应该以充分发展长跑运动员的糖酵解系统供能能力，提高乳酸速度能力的训练。在训练和比赛中，体内有大量的乳酸堆积，若体内乳酸得不到及时的缓冲和清除，就会使体内的酸性增强，降低磷酸果糖激酶的活性，减少能量生成，导致肌肉产生疲劳。长距离跑能提高体内血红蛋白的含量，血红蛋白在血液中对某些酸是缓冲剂，有利于肌细胞的酸性物质的消除，使肌细胞接近适宜的 pH 值，以保证磷酸果糖激酶的活性，有利于能量的生成和速度的保持，达到提高运动成绩的目的。在恢复与训练相提并论的今天，尽快消除体内的乳酸，使运动员得到及时的恢复，赢得宝贵的时间就显得更为重要。实验表明，在周期中，必须采用一体化训练（即有氧无氧同时训练），同时要遵守一定的原则。例如，在准备活动后不能马上安排 400 米或 600 米等达到极限速度的段落跑，这种安排能导致运动员出现很大的氧债，因为接下来还要进行其他内容的训练，势必导致过度负荷。正确的做法是，把这种段落跑放在一体化训练的结束部分，这样一来，在无氧训练后，可以有更多的时间用于恢复。综上所述，速度和耐力相结合的训练能协调有氧氧化系统和无氧糖酵解系统的能力，达到中长跑中生成能量快、提高速度的目的。

3. **力量和柔韧性的组合训练**

柔韧性对中长跑运动员发挥速度、速度耐力和速度力量水平至关重要，柔韧性会限制动作幅度，从而导致移动速度的下降，而且还会使神经肌肉协调性减退。研究表明，增加关节部位的柔韧性，可增加其周围弹性和力量的能力，较高的肌肉弹性可以使力量增加，从而提高力量储备，肌肉伸展与收缩能力的提高能使肌肉速度力量增大。澳大利亚的专家对柔韧性进行实验，结论是柔韧练习不仅能提高关节周围的灵活性，而且能增加肌肉力量。由于肌肉弹性和张力的增加，使肌肉能更好地发挥速度力量的能力，中长跑运动员需要肌肉的速度力量，中长跑运动员的柔韧性需要动力性伸展。运动员的技术动作越有效，柔韧性越好，受伤的可能性越小。因此，运动员都要利用良好的跑步技术进行动力屈伸练习，提高速度力量，提高专项速度。力量和柔韧性的组合练习，可以在准备活动后或训练后结束前进行，同时要进一步提高技术。合理地利用力量柔韧性的组合练习，有利于有效地解决综合性问题。

（六）影响组合训练的因素

1. **不同性质练习的间歇时间**

把不同性质的练习组合起来进行训练，各练习之间的间隔时间的长短将影响练习相互之间的联系程度，进而影响训练效果。第一天进行耐力练习，第二天进行专项速度练习，虽然每天都能进行大负荷训练，但是每天的训练都独立存在，两天的练习相互转化和利用的程度很低，存在脱节现象。运动员力量素质的提高能够通过技术表现出来，如果力量的利用率较低，说明训练的效果不好，无效劳动太多。在一次训练课中先练习耐力，紧接着练习速度，使训练的两部分衔接紧密，训练效果更好。因此，不同练习之间的间隔时间越短（在一定范围内），相互之间的联系越紧密，相互转化的程度越高。相反，不同练习的间隔时间越长，相互之间的联系和相互转化的程度越差。

2. **各练习之间的大小搭配**

在采用组合训练时，各训练内容负荷的搭配要尽量合理。负荷不够，达不到好的效果；负荷过大，运动员过度疲劳，会影响后面的练习。组合训练强调的是训练的整体效果，从整体角度出发来安排各部分训练负荷的大小，才有可能使训练负荷搭配合理。若过分强调局部训练效果，组合训练中的负荷就容易出现不合理的现象，影响到整体的训练效果。

各练习安排的顺序不同会产生不同的训练效果，组合训练就是在一个训练单元（训练课）中将几种不同的训练内容，按照不同的顺序来进行训练。在一堂课中，若采用不同的段落，则它的安排顺序具有特别重要的意义。顺序不同，效果亦不同。在一节课中，当运用各种不同距离的分段跑时，分段的安排顺序有着重要的作用。在选用短于专项距离的分段跑，如在选择 100 米到 800 米的距离时，先跑较短的距离，后跑较长的距离，会使运动员血液中的乳酸含量不断增加。相反，先跑较长距离，后跑较短距离，在前 2～3 个分段跑的影响下，乳酸浓度就会达到最高。而后随着跑步距离的缩短，乳酸浓度逐渐下降。为了尽快动员运动员机体糖酵解潜力的能力，应首先适当安排较长的距离跑，后安排较短距离的分段跑。为了提高机体长时间保持糖酵解高度活性的能力，分段距离应以相反的方向安排。

综上所述，组合训练具有多样性的特点，有利于提高运动员的兴奋性，促进运动员内在潜力的充分发挥，确保运动员身体素质全面而又有所侧重地发展，有利于培养出“多面手”运动员。

在实际教学中，教师应对组合训练法及其在中长跑中的应用进行深入的分析和研究，使其依据不同对象，应用更合理、更科学，以此取得良好的教学效果。

## 第三节　短跑运动技能

### 一、力量训练的发展动向与趋势

#### （一）专项力量训练是核心

在竞技体育领域，具备良好的专项力量素质是运动员取得专项优异成绩的关键因素之一。力量训练备受关注，尤其是专项力量训练。发展专项力量是世界力量训练的主要发展趋势之一。所谓专项力量，是指运动员完成专项技术时神经肌肉系统表现出的力量。不同项目所需发展的专项力量也就不同，一方面体现在对某一种力量素质或能力需求的“优先性”，如快速力量或力量耐力等，另一方面更多地体现在参与运动的肌肉和肌群用力的“协调性”，根据专项技术的用力特点和顺序，参与涌动的各肌肉和肌群在运动中枢的支配下形成特定的工作“程式”，也就是说，专项力量的发展必须是紧密结合专项技术而进行的力量训练，只有这样才能达到力量训练的目的一即使那些参与专项运动的肌肉和肌群的力量有效发展的同时，在工作上也要符合专项技术的特点，从而形成以专项为核心的完整的力量素质系统。

从运动生理学的角度分析，要想打造出良好的专项力量素质，我们必须做到以下三个方面，满足或尽可能接近“专项”：首先，“募集肌肉”，也就是力量训练所采用的方法和手段必须能积极调动参与专项运动的肌肉，只有这样肌肉才能得到训练；其次，肌肉的工作方式（离心工作或向心工作）和其收缩的速度必须与专项技术一致，只有这样才能使肌肉的力量专项化；最后，参与运动的肌肉或肌群之间的配合必须与专项技术特点相一致，

只有这样才能全面整合机体各环节的肌力，形成符合项目技术动作特征的正确的“用力顺序”。从训练的“适应”原理而言，肌肉力量主要通过负重抗阻训练得到提高，但是我们必须认识到，专项力量的训练并不是在负重情况下对专项技术的简单模仿。一方面，负重的专项技术练习不能在运动速度、肌肉的协调用力等方面真正达到专项技术的动作要求，仅仅是在练习形式上和专项一致。另一方面，为保证正确技术动作的形成，负重的专项技术练习在负荷重量或阻力上因受练习特点的限制，而不能给运动员施加大的负重重量，这会影响肌肉横断面的发展，进而影响到肌肉“最大力量”乃至“快速力量”的提高。但目前我国力量训练多采用的是“杠铃房”负重抗阻训练，这些传统的力量练习方法和手段对运动员神经肌肉系统的刺激程度大，训练效果也相对较好，但是“杠铃房”的力量训练缺乏与专项技术动作的结合，不能形成各专项技术所需要的力量体系。因此，在运动训练中，教练员和运动员必须很好地把握运动训练的专项化动向和趋势，权衡参与运动的各肌肉群练习手段的多样化趋势和力量素质的均衡化趋势。不能完全否定传统的力量训练方法和手段，过分地强调和盲目追求薄弱环节的练习负荷及强度，寻找各肌肉群训练量和强度的平衡点极为重要。

### （二）专项力量、专项速度与专项技术的辩证关系

运动训练的专项化趋势，要求我们必须了解并掌握各项目专项素质在决定运动成绩中的地位。在影响短跑运动成绩的相关因素中，速度是决定运动成绩的直接相关因素，专项速度是短跑的关键所在，但是专项速度的发展必须以专项力量为基础，专项速度与专项力量的发展必须以专项技术为链接短跑的专项速度主要包括专项反应速度、专项动作速度和专项位移速度。快速力量是短跑专项力量的核心，主要包括起动力量、反应力量和爆发力。短跑的成绩是由短跑各阶段的成绩决定的，各阶段速度加快了，成绩也就相应的调高了。力量是速度的基础，所以短跑的专项素质中，起动力量的大小决定了短跑起跑的专项反应速度；肌肉的爆发力和反应力量决定了短跑的专项动作速度；肌肉的快速力量耐力决定了短跑的专项位移速度。由此可见短跑的专项力量的发展尤为重要，快速力量发展了，短跑的专项速度也就提高了，结合短跑完整的专项技术，短跑成绩也将得到提高。

## 二、短跑项目的相关概述

短跑是一项体能主导类快速力量性的周期性项目，主要特点是距离短、速度快、强度大。在短跑运动员机体中，快肌纤维所占比例较高，有资料表明，高水平运动员快肌与慢肌的比例是70％～90％和30％～10％，快肌纤维的功能在短跑运动中表现为大强度工作时肌肉的最大收缩力量、最快收缩速度和快速力量耐力。在竞技体育中，任何一个项目的供能过程都是一个动态变化的综合供能过程，短跑运动的能量供应特点是依靠 ATP-CP 和

糖酵解供能，但是短跑项目中距离和运动时间不同，主要的供能系统也就不同：100 米是以 ATP-CP 供能为主、以糖酵解供能为辅的项目；而 200 米和 400 米则是以糖酵解供能为主、以 ATP-CP 供能为辅的项目，因此教练员在制定训练计划时，要在了解项目主要供能特点的基础上，选择有利于发展该项目主要供能系统的力量训练方法和手段。

## 三、现代短跑运动技能的技术特点

### （一）快速摆动型技术

快速摆动技术是短跑技术中不可忽视的一个重要环节，是短跑的关键技术之一，是短跑运动员提高短跑成绩的重要因素。竞技体育训练中尤为讲究动作的经济性和实效性，把握好体育动作的经济性和实效性的度，对提高运动成绩非常重要，尤其是田径中跑的项目& 短跑中的快速摆动型技术强调手臂和腿的充分折叠、快速摆动，主要是为了缩小摆动半径、提高摆动速度，更有利于步频的提高；强调蹬摆结合、以摆带蹬的摆动动作，是在加大支撑腿对地面的压力的基础上，获得较大的摆动反作用力，从而提高后蹬的效果，最终达到提高跑的经济性效果；强调以摆带动髋部的大幅度前摆，利用缩小后蹬角度、增大步幅，从而减少身体重心的起伏，提高跑的水平速度，最终达到提高跑的实效性目的。

### （二）屈蹬式技术

所谓屈蹬式，是指在跑的后蹬阶段，支撑腿髋、膝、踝三关节（特别是膝关节）不充分伸展的后蹬技术。屈蹬式技术是随着竞技体育场的变化和运动员素质的变化等因素而出现的，与传统的后蹬式技术相比，它更能体现出竞技体育的经济性和实效性特点。高水平短跑运动员正是通过膝关节角度的变化，有效地降低了运动员跑动过程中的身体重心，减少绕支点的人体转动惯量，从而加快身体重心前移的速度。屈蹬式技术的经济性和实效性表现为：支撑腿后蹬时膝角变化小，支撑后蹬时间短，有利于提高步频；小腿倾角及后蹬角小，有利于增大向前水平速度，减小重心波动差，增大步幅，提高跑的实效性；蹬摆动作转换自然、连贯、迅速，有利于提高蹬伸动作速度。

### （三）放松跑技术

教会任何一个田径运动员掌握放松，会取得好的甚至惊人的效果，特别是对短跑运动员的成绩起很大的作用。放松技术是运动员综合能力的体现，是运动员各项身体素质和心理共同作用的结果。运动员具备良好的放松能力是掌握正确技术动作的前提和基础。短跑作为一项极限强度的运动，运动员在生理和心理上都承受极大的刺激和负荷，因此要在高速跑中高效完成技术动作并取得优异成绩，必须使肌肉的收缩和舒张协调进行，既包括了不同肌肉在完成同一阶段动作时的工作状态，也包括不同阶段同一肌肉的工作状态。

（四）短跑全程跑有序的节奏

在体育运动项目中，各个项目的比赛节奏各不相同，控制、统治、左右比赛节奏是运动员比赛能力强弱的主要标志之一。控制了全程比赛节奏，就等于把握了比赛的主导权。所谓全程跑有序的节奏，是指运动员百米跑全程各段速度变化有明显的节奏和规律。其目的是使运动员在全程跑中能以最少的能量消耗，最佳的步频、步幅配合，最短的时间，获得最佳的运动效果即获得全程整体最佳化。在短跑比赛中往往因对短跑项目认识的偏差，简单地认为短跑距离短，只要拼命加速就能取得优异成绩，也就是没有认识到短跑项目的速度节奏，导致前程的过分加速丧失多半的体力和能量消耗。因此，认识掌握整个项目有序的节奏是取得成功的基础和保障。世界优秀的短跑运动员全程速度变化呈现有序的节奏和规律，整个过程中加速跑节奏极为明显，最高速度出现在 60～80 米处，出现的时间和距离相对传统的节奏而言都较晚些。现代短跑有序的节奏有利于运动员节省体力，降低能量消耗，在最短的时间内获得步频、步幅的最佳配合，使得短跑全程跑最优化，最终达到提高短跑最高速度的目的。

## 四、短跑力量训练的原则

（一）全身各环节肌肉力量发展的相对均衡性和关键部佳肌肉力量提高的根本性

全身肌肉力量发展的相对均衡是运动员动作稳定的基础。人类在不断进化及适应自然的过程中，全身各个环节肌肉的绝对力量本质上就存在着差距，为使人体在运动中各个环节运动速度达到同步化及身体动作达到平稳化，必须全面同步发展人体全身各个环节的肌肉力量，只有这样才能使身体各个环节的肌肉力量达到相对均衡、同步发展的最佳状态。在短跑项目中，运动员要合理快速地完成技术动作，必须在上下肢原本相对平衡的基础上，同步发展它们的力量素质。对比国内外短跑优秀运动员全身肌肉形态的均衡性状况，最为明显的差距就是上肢的肌肉形态，这是导致短跑运动中动作不稳定的原因之一。身体各环节肌肉均衡发展是以关键部位肌肉力量提高为前提的。所谓身体的关键部位肌肉力量，是指对人体运动能直接产生动力效应的肌肉收缩力量。在短跑运动中，人体运动的主要动力源泉是支撑腿、摆动腿和骨盆转动等各个关节肌肉的快速收缩产生的力，作用于地面进而使人体获得支撑反作用力。人体其他部位肌肉的快速收缩对关键部位肌肉的快速收缩起协同和强化作用，二者缺一不可，这些都旨在保证人体运动中支撑腿的用力方向的合理性，同时保证人体运动中动作的稳定性，进而使人体运动能力得到最佳发挥状态，这种效果将远远大于二者效果相加之和。

（二）前后群肌肉力量提高的同步性

人类在由爬行到直立行走的自然进化过程中，人体全身的前后群肌肉力量大小就存在着差距。在竞技体育的运动训练过程中，我们传统习惯采取的力量训练的方法和手段都是易于收缩力量本身就相对较强的肌群，需要采取特殊力量训练方法和手段进行训练的，收缩力量本身就相对较小的肌肉群却被忽视。在短跑技术中，其关键细小环节技术往往是那些收缩力量相对较小的肌肉群发挥着重要的作用。

运动员实际运动能力的停滞不前，是由于在运动技术的发展过程中，采取的训练方法过于发展大环节技术，关键细小环节技术因训练手段匮乏进而更加相对滞后，这些多为受传统的常规力量训练方法和手段的影响。当强的肌肉群更加强大，弱的肌肉群也相对更弱时，前后肌肉群在协同工作时，弱的一方受伤的频率就更高。局部的肌肉力量的过分提高，身体前后肌肉群做克制性收缩时应有的平衡点就会遭到破坏，运动损伤也就随之发生。因此，在短跑力量训练中，我们要在增强股四头肌等肌肉力量的同时，同步发展大腿后群肌肉的力量，使之永远达到运动所需的平衡点。这就要求我们在传统力量训练方法和手段的基础上，针对前后群力量的差异性以及训练的难易程度，采用创新的力量训练方法和手段。

### （三）按比例协调发展，作退让与克制性收缩的肌肉力量

所谓肌肉的退让和克制性工作，是肌肉动力性工作的两种形式，即离心工作和向心工作。肌肉收缩克服阻力，肌力大于阻力，使运动环节朝肌肉拉力方向运动的工作叫作向心工作，这时肌肉作克制性收缩；肌肉在阻力的作用下逐渐被拉长，阻力大于肌力，是运动环节朝肌肉拉力相反方向运动的工作叫作离心工作，这时肌肉作退让性收缩。肌肉作退让性收缩时，因肌肉收缩的阻力臂增大，需要肌肉的加速拉长产生由小到大的肌肉，保证肌肉收缩产生的动力矩能克服阻力矩；肌肉作克制性收缩时，因肌肉收缩的阻力臂减小，肌力的加速缩短自然产生由大到小的肌肉，所产生动力矩能克服阻力矩。在力量训练中，我们必须协调发展做克制性收缩和做退让性收缩的肌肉力量，这样才使得技术动作发展合理化。

在短跑途中跑的支撑和后蹬阶段，大腿后群肌肉主要是配合股四头肌等完成伸膝动作，配合臀大肌完成伸髋动作。在此阶段中，大腿后群肌首先由退让性工作瞬间转入克制性工作，并始终参与髋关节和膝关节的伸展活动，它所承受的负荷也明显增大，存在着原动肌的功能性不足。在此过程中，大腿后群肌和臀大肌共同收缩，促使身体重心迅速前移和髋关节骨盆后倾送髋；同时，大腿后群肌和股四头肌在膝关节的伸膝过程中共同收缩完成膝关节的伸膝动作。研究表明，提高肌肉作退让与克制性收缩时产生的肌拉力，是增长肌肉作退让与克制性收缩时的长度的前提，在此基础上进而增大短跑运动员支撑腿的膝关节和踝关节运动幅度，尤其是肌肉收缩高速转换（也就是肌肉由退让性转为克制收缩时）时产生的肌拉力。

短跑运动员支撑时合理的落地缓冲与后蹬动作幅度比例的形成，要求在发展短跑力量

训练中，按短跑项目肌肉运动的特点，结合生物力学基础，同步发展和提高肌肉作退让与克制性收缩时的力量。现阶段对肌肉作退让与克制性收缩力量的合理比例研究结果为1.4∶1，我们在训练中必须对力量练习的负荷量及练习频率进行很好的把握，只有这样才能避免肌肉速度力量发展的不均衡状态，最终达到技术动作的最优化状态。

在短跑中，膝关节肌肉是加强退让与克制性收缩力量训练的主要肌肉。支撑腿的膝关节肌肉作退让收缩结束时的力量，以及肌肉转为克制快速收缩开始的力量大小，是决定支撑时支撑腿着地缓冲与后蹬动作幅度大小及比例、支撑与腾空时间比例的关键因素。所以在短跑力量训练中，必须遵循按比例协调发展作退让与克制性收缩的肌肉力量的原则，在此原则上进行的力量训练是运动员形成合理技术动作的必要条件。

（四）限制局部肌肉最大力量的超前发展

力量是人体运动的动力源泉，短跑运动员的力量训练是提高短跑运动成绩的关键因素之一。随着技术水平的提高，短跑力量训练的方法和手段也在不断增多，并且更加趋于科学化水平。任何运动项目的力量训练都应避免局部肌肉的最大力量的超前发展，即不能盲目地不根据动作特点及用力动态所需一味地追求局部肌肉的最大力量，从而导致人体整体肌肉群的力量比例越来越不平衡，强的更强，弱的更弱，这种片面的力量训练方法和手段是运动员在竞技体育中造成运动损伤的重要原因之一。

受传统力量训练方法和手段的影响，以及最大力量是发展快速力量的基础理论的影响，短跑运动实践着重采用的是负重训练来发展肌肉最大力量，也就是多采用深蹲杠铃训练法。这种力量训练方法使运动员负荷杠铃的能力日益提高，并且在很大程度上对短跑起跑后的加速跑起到很大的促进作用，但从肌肉用力的方向上分析，对比短跑运动员途中跑步态的动态特点以及动态力量所需，我们就可以知道深蹲负荷杠铃力量训练方法和手段，对提高途中跑最快的运动能力所起的作用很不明显，甚至使快速运动能力的提高停滞不前或使运动损伤的频率大大提高。主要原因是传统的深蹲杠铃负荷练习仅仅是固定在一个练习走向和速度方面进行局部肌肉最大力量的发展。所以采用深蹲杠铃力量训练方法，在很大程度上发展的是大腿前群肌肉和小腿后群肌肉的最大收缩力量，大腿后群肌肉及小腿前群肌肉的处于停滞状态，这就使在进行短跑专项力量训练时，处于停滞状态的大腿后群肌肉和小腿前群肌肉力量相对薄弱，不能很好地适应相对超前发展的大腿前群肌肉和小腿后群肌肉，这就造成肌肉力量不协调，不能很好地发展专项技术动作，甚至极易造成薄弱肌肉的运动损伤。因此，在运动训练力量训练中，我们必须在深刻理解和明白不同姿势力量训练负荷的方法手段和功效的基础上，力求均衡发展各个肌肉的最大收缩力量，才能保证运动员的专项技术在动态过程中与所需肌肉收缩力量相匹配、协调进行，最终达到发展最大力量促进动态过程中的快速力量发展的目的。

（五）力量训练效果向专项能力转化

力量训练的专项化趋势决定了任何项目的力量训练都必须是结合专项技术特征的力量

训练，只有将力量训练的方法和手段与专项技术相结合，才能使训练的效果很好地转化到专项能力中。在短跑运动中，当人体各个环节肌肉进行克制性收缩时，不仅仅是对肌肉收缩的初长度为最长和肌肉收缩阻力矩为最大，同时对肌肉收缩的初速度要求要快，并且收缩时的速度要在初速度的基础上继续加快。在力量训练中，根据肌肉收缩的力学规律，对参与运动的各环节肌肉进行不同负荷的抗阻力量练习，使肌肉在这些不同负荷的练习方法和手段中的收缩速度和力量同步得到提高，达到将力量训练效果转化到专项能力中去的目的，使肌肉在充分被拉长的状态下能克服肌肉快速收缩时产生的阻力，避免过分追求某一固定动作的大负荷力量训练，忽视肌肉不同收缩速度条件下的力量训练，致使肌肉最快收缩速度停滞不前。

## 五、大腿后群肌肉在短跑途中跑技术动作中的用力特点及功能

大腿后群肌肉从解剖学的角度分析，由股二头肌、半腱肌和半膜肌三部分构成，大腿后群肌肉是双功能肌肉，具有屈膝和伸髋的作用。在大腿后群肌肉组成中，股二头肌和半膜肌主要对髓关节起作用，是髋关节的有力伸肌，相对而言对膝关节的作用较小；半腱肌对髋关节和膝关节的作用同等重要。我们知道，跑是由一连串的破坏平衡、维持平衡的动作构成的。从力学的角度分析，人之所以能跑，是由于人体各环节肌肉的收缩，并把这种力量的收缩加之于地面，破坏了平衡而形成的。跑是一项不断重复的周期性的运动，每条腿都是依次交替经过前摆、下地、前蹬、后蹬的反复运动，进而使身体前进。由于短跑项目是一项高速度的极限强度的运动，在短跑比赛的整个跑的过程中，大腿后群肌肉的爆发力量力度极强。在短跑途中跑技术动作的周期性运动中，大腿后群肌肉在支撑、后蹬、摆动和着地整个过程中，其大部分时间处于收缩做功的状态，它在短跑中的收缩形式和工作性质比较复杂。深入了解大腿后群肌肉在短跑途中跑技术动作中的用力特点及功能，是进行短跑专项力量训练的前提，是减少运动损伤以及提高短跑运动成绩的关键所在。

### （一）支撑与后蹬阶段：大腿后群肌肉地向心收缩伸髋功能

短跑运动的后蹬阶段起于支撑腿的膝关节角度为最小的支撑时相，止于脚离地时相。在该阶段骨盆的转动特点是以支撑腿的髋关节为轴，在盆带肌收缩产生肌拉力矩的作用下，协同摆动腿的摆动使围绕髋关节转动。在短跑运动技术动作中，我们特别强调“送髋”技术，其本质实际上是指后蹬阶段骨盆的转动幅度的大小，其“送髋”技术的好与差，就是指脚离地时相骨盆转动幅度的大与小，骨盆转动幅度的大小直接影响到步长，骨盆转动幅度与步长成正比，即骨盆转动幅度大，步长相对就较长，相反，骨盆转动幅度小，步长就相对较短。所以，在运动训练中要加强影响骨盆转动幅度的肌肉群的力量训练。

在短跑途中跑的支撑与后蹬阶段，大腿后群肌主要是配合股四头肌、腓肠肌等继续充

分伸膝，与臀大肌等配合继续充分伸髋，良好的“送髋”技术对跑中步幅的增大至关重要。有关研究指出，两个关节在同时完成伸直运动时，相关肌肉会受到极大拉伸，此时所产生的张力可达到最大，从而导致与其同时收缩的弱方肌肉撕裂。大腿后群肌和股四头肌在做整个后蹬送髋动作的过程中，均以双关节肌收缩做功。因此，假如大腿后群肌肌力较股四头肌肌力差距过大，就易造成肌肉拉伤现象，同时导致跑的过程中送髋不积极和伸髋用力速度慢等，影响跑速。

### （二）前摆动作阶段：大腿后群肌肉向心收缩，折叠小腿加快摆速的功能

在短跑途中跑的前摆动作阶段，大小腿折叠前摆，当大腿摆到极限时，大小腿夹角最大。在此过程中，主要是股直肌、髂腰肌收缩以高抬大腿和充分屈髋，大腿后群肌在髋膝两个关节处被拉长，存在对抗肌功能性的不足。此时大腿后群肌肉的作用是快速、急剧收缩使小腿折叠，因此大腿后群肌肉力量的大小，直接影响小腿的折叠效果。根据运动力学原理，球体半径越小，运动速度越快，在短跑技术动作中，摆动腿的前摆动作半径大小直接影响到摆动速度的快慢。我们要想提高摆动的速度，就需要缩小运动员向前摆动动作的半径。根据肌肉工作特点，只有大腿后群肌肉的屈收力量增大了，大小腿的折叠才能越充分，进而使得摆动腿前摆过程中的摆动半径缩短，这样就有利于屈髋肌群的快速收缩和摆动腿的快速摆动，使身体重心快速前移并加快后蹬速度，最终达到加快跑速的目的。

### （三）摆动与着地缓冲阶段：大腿后群肌肉离心收缩，加快“扒地”的功能

短跑技术动作的着地缓冲阶段，起于着地时相，止于支撑腿的膝关节角度为最小的支撑时相。由于着地缓冲阶段支撑腿的膝关节肌肉是进行退让收缩，人体重心与支撑面的方位有前方、上方、后方等位置的变化，所以着地缓冲阶段的支撑腿的支撑特点包括体前支撑、支撑面的脚上方支撑以及着地缓冲阶段的体后支撑（从人体重心在着地点的垂直上方时相起，至膝关节角度为最小支撑时相止）。

在短跑途中跑的摆动与着地缓冲阶段，前摆到极限的大腿积极下压，膝关节放松，小腿依惯性向前方摆出，紧接着向后下方做快速回摆动作，也就是通常所说的“扒地”动作。在此过程中，大腿后群肌肉随着股四头肌的收缩伸膝动作，使得在髓关节处被动拉长，其同时与臀大肌共同收缩，促使大腿在髓关节处伸，小腿在膝关节处快速后屈。在极限速度的短跑运动中，如果运动员的大腿后群肌肉力量强大，就能很好地配合大腿前群肌肉有效完成正确的技术动作。在某种程度上说，前后群肌肉力量的按比例协调发展也降低了运动中薄弱肌肉损伤的概率。大腿后群肌肉在摆动与着地缓冲阶段的工作特点是首先作退让性工作，然后在“扒地”时配合臀大肌等展髋，配合腓肠肌共同协助股四头肌等伸膝，从而防止膝、髓关节缓冲时过分屈曲。大腿后群肌肉在着地瞬间受力加大，主要是由于受重力矩和股四头肌收缩拉力的作用，以及摆动腿在下压伸膝过程中，大腿后群肌被拉长做离心收缩的作用。如果在短跑运动员的力量训练中忽视了大腿后群肌肉的力量训练，

此时大腿后群肌肉力量相对较差，也就很容易被拉伤。就短跑技术的角度而言，大腿后群肌在摆动腿积极下压及着地时的“扒地”的力量和速度直接影响到跑的速度，换言之，大腿后群肌肉力量在“扒地”这个技术动作中起关键性的作用。

## 六、短跑运动员大腿后群肌肉力量训练方法设计的原则

### （一）依据肌肉结构特点的设计原则

肌肉生理特点和解剖特点是进行力量训练方法设计的重要原则之一。我们根据肌肉跨过关节数目将肌肉分为单关节肌和多关节肌。多关节肌由于跨过的关节多，工作时会出现多关节肌“主动不足”和多关节肌“被动不足”。多关节肌作为原动肌工作时，其肌力充分作用于一个关节后，就不能再充分作用于其他关节的现象，这种现象叫作多关节肌“主动不足”（其实质是肌力不足）。在体育运动中应注意发展该群肌肉的力量。多关节肌作为对抗肌出现时，已在一个关节处被拉长后，在其他的关节处不能再被拉长的现象，叫多关节肌“被动不足”（其实质是肌肉的伸展不足）？在体育运动中针对容易出现的多关节肌“被动不足”，注重发展其伸展性，这对提高成绩和预防运动损伤的发生有着重要的意义。

大腿后群肌肉是双关节肌，在短跑运动中该肌群与其他协同肌一起辅助屈髋、伸膝。双关节肌在体育运动中容易出现“主动不足”和“被动不足”。从解剖结构特点看，大腿后群肌肉与股四头肌相比，一方面大腿后群肌肉体积小，肌力弱；另一方面其腱性部分长，肌腱由致密的胶原纤维束构成，强韧而无收缩功能，所以大腿后群肌肉的伸展性相对较差，肌力不平衡使得肌力弱的肌肉在大强度运动中容易损伤。因此，在短跑运动中，为了克服大腿后群肌肉“主动不足”和“被动不足”，避免运动损伤，我们必须加强大腿后群肌肉的肌力和伸展性。

### （二）依据运动中肌肉收缩特点的设计原则

肌肉在各项目技术动作中的工作形式不同，肌肉的收缩特点也就不同，力量训练的方法和手段也就不同，所以依据运动中肌肉的收缩特点进行力量训练方法的设计非常重要，这也正是力量训练专项化、多样化的体现。肌肉的工作性质有动力性工作和静力性工作。动力性工作分为向心工作（克制工作）和离心工作（退让工作）。静力性工作分为支持工作、加固工作和固定工作。在肌肉的力量训练过程中，我们依据肌肉工作性质及其功能，设计形式多样的训练方法和手段。方法上我们主要“以静为主，动静结合”，手段上采用“远固定”或“近固定”等方式训练。在短跑技术动作的不同阶段，大腿后群肌肉的收缩形式和工作性质是：在支撑后蹬阶段，大腿后群肌肉为向心收缩伸髋功能，作克制工作；在前摆动作阶段，大腿后群肌肉为向心收缩，折叠小腿加快摆速的功能，作克制工作；在摆动与着地缓冲阶段，大腿后群肌肉为离心收缩，加快“扒地”功能，作退让工作。因

此，在进行力量训练时，我们必须依据肌肉收缩的特点进行力量训练方法和手段的设计。

（三）依据项目技术特点的设计原则

在竞技体育中，各个项目的技术动作的创新和发展是成绩提高的关键，所以在运动训练中，我们所进行的力量训练必须是符合当前最新技术动作特点的方法和手段。世界短跑纪录刷新预示着教练员以后的任务更艰巨，责任更重，对力量训练的要求更严格。当前短跑的技术特点主要包括快速摆动型技术、屈蹬式技术、放松跑技术和全程跑有序的节奏。快速摆动型技术强调手臂和腿的充分折叠、快速摆动，主要是为了缩小摆动半径，提高摆动速度，强调蹬摆结合，强调以摆带动髋部的大幅度前摆，使得跑的动作更加经济性和实效性。屈蹬式技术使得支撑腿后蹬时膝关节的角度变化小，支撑后蹬时间就会缩短，有利于提高步频，小腿倾角及后蹬角小，有利于增大向前水平速度，减小中心起伏，进而增大步幅。放松跑技术被称为“当代短跑技术发展之精华”，此外必须注重全程跑的节奏。只有很好地把握了短跑项目的技术特点，我们才能使得力量训练的效果达到最优化状态。

## 七、发展短跑运动员大腿后群肌肉力量的策略

随着竞技体育的发展，结合运动项目特征进行力量训练的研究越来越多。众所周知，在体能的各要素中，力量是速度、耐力、柔韧、灵敏的基础。在竞技体育中，拥有良好的力量能力是运动员掌握和运用好技术，从而完成教练员布置战术的保证 3 力量训练是体能训练的重要内容。在传统地发展短跑运动员大腿前群肌肉力量能力的同时，重视短跑运动员大腿后群肌肉力量能力的发展，是短跑运动员力量水平整体化协调发展的重要举措。

（一）发展大腿后群肌肉协同伸髋力量的策略

以下这些力量练习的方法和手段所达到的训练效果主要是发展大腿后群肌肉的伸髋力量，同时对提高短跑运动员在跑的过程中的送髋能力有很好的效果。

**1. 动作 1：体后屈伸（俯卧背起）**

（1）练习方法

身体俯卧在垫子上或凳子上，髓部支撑，双脚固定，两臂前举或者交叉置于背后，上体快速向后上抬起成背弓姿势，然后再慢慢放下成原俯卧状态，快速连续做。

（2）练习要求

上体向后上方屈时要尽可能抬高，屈动作要快，伸相对较慢。主要发展伸髋肌的力量，同时对脊柱伸肌的力量提高也有作用。练习的难度可以根据运动员的具体情况安排，随着训练阶段水平的变化，可以变化方式进行练习，具体包括三种：一是俯卧，两腿伸直，两臂屈肘抱于头后，连续做体后屈动作；二是俯卧在跳箱上，两手抱于头后，两脚由同伴扶着，连续做大幅度的体后屈伸动作；三是俯卧在木马上，两臂伸直，两脚勾住肋

木，连续做大幅度的体后屈伸动作等。随着力量能力的增强，可以是身体负重（如穿沙背心）做以上动作。

**2. 动作 2：俯卧背腿**

（1）练习方法

练习者俯卧在垫子上，两腿并拢伸直，髋部支撑，两臂自然伸直置于体侧，连续做两腿向后上振动动作。

（2）练习要求

两腿尽量向上振起，这些练习是发展髋关节伸肌力量的有效手段，同时也发展脊柱伸肌力量。若增加练习难度和效果，可变换练习方式进行，如俯卧在山羊上，两臂伸直，手扶肋木固定上体，连续做两腿向上振起动作。教练员可以根据运动员现有的力量素质以及所处训练阶段改变练习的负荷，随着能力的增强可以在腿上负重进行练习，支撑物可以由固定的变换为不稳定的（如瑞士球），很好地发展运动员的平衡能力。

**3. 动作 3：单脚支撑送髋蹬伸练习**

（1）练习方法

练习者单脚支撑（屈膝角度约 130°），双手扶住两侧支撑架，确保摆动腿在无阻挡条件下做前后的自由摆动。摆动腿做屈膝向前送摆的动作，同时支撑腿做同步蹬伸送髋的协同用力动作，在充分送髋和蹬伸动作后还原。两腿可交替练习。

（2）练习要求

摆动腿屈膝向前送摆的动作要快，支撑腿蹬伸有力。若要增加难度，可用橡皮胶带系在腰间增加练习阻力，或者在摆动腿上负重进行练习。

**4. 动作 4：单腿高支撑仰卧挺、送髋练习**

（1）练习方法

练习者仰卧在垫子上，单腿屈膝支撑在 40cm 的支撑物上，摆动腿屈膝上提进而带动支撑腿顺势协同用力蹬伸，使得髋部充分向前上方挺送。

（2）练习要求

向上挺、送髋速度要快。若要增加难度，可以在练习者的腹部增加负重物以加大阻力进行练习。也可以变换为双腿屈膝仰卧于垫子上，做挺髋动作，要求单脚支撑一样。

### （二）发展大腿后群肌肉屈收力量的策略

以下列举的力量练习的方法和手段侧重点在于加强大腿后群肌肉的屈收能力，通过屈收力量训练进而有效地发展大腿后群肌肉的最大力量。

**1. 动作 1：杠铃提拉**

（1）练习方法

练习者站立于杠铃前，两腿自然开立。两膝稍弯曲，上体前屈，两手正握杠铃，握距

约同肩宽，两臂伸直，调整好呼吸后，吸气用力慢慢提拉杠铃，此时头部及背部须保持平直，至直立再行放下，连续6～10次为一组，做3组。

（2）练习要求

臀部低于肩膀，头、背保持平直，杠铃重量应逐渐增加。

**2. 动作2：抗阻力收小腿**

（1）练习方法

练习者俯卧于垫子上，小腿弯曲（约120°），同伴双手握住练习者踝关节，用力往下按压，使得小腿尽可能固定住，练习者对抗发力尽量屈收小腿，使得大腿后群肌肉始终处于最大用力状态。

（2）练习要求

练习者要尽可能用最大力对抗同伴压力屈收。

**3. 动作3：阻力快收**

（1）练习方法

练习者俯卧于垫子上，双脚各套一个橡皮胶带，橡皮胶带的另外一端固定，练习者小腿做快速交换用力屈收动作，尽可能使脚跟触到臀部。

（2）练习要求

练习者屈收小腿的速度要快，屈收幅度尽可能大。若想增加练习的难度，可以使小腿负重，或者增加橡皮胶带拉力等进行练习。

**4. 动作4：原地站立负重后踢小腿**

（1）练习方法

练习者站立跑道上，小腿负沙袋，上体保持直立，做原地快速后踢腿跑的动作，也可以双手扶着肋木做该练习。

（2）练习要求

后踢的速度要快，并且上体始终保持直立状态。

### （三）发展大腿后群肌肉我做前摆动作时的快速收缩力量的策略

下面所列举的力量训练的方法和手段主要是提高大腿后群肌肉在跑的前摆下压着地（“扒地”）过程的快速收缩力量，此种力量训练所达到的效果使得着地时前支撑阻力减小，进而加快身体重心的前移，加快跑的频率。

**1. 动作1：单脚支撑阻力“鞭打”**

练习者双手扶两侧的支撑物，同时保证摆动腿能不受限制地做伸腿动作。在练习者摆动腿小腿上套上橡皮胶带，并将橡皮胶带的另一端固定在正前方水平的固定物上，连续快速地做屈膝抬腿和伸膝“鞭打”动作。

**2. 动作2：垫步支撑“鞭打”**

练习者双手扶两侧的支撑物，上体稍向前倾，一只脚屈膝抬脚，另一只脚支撑。动作过程是前抬腿做伸膝“鞭打”，支撑腿后撤垫步，“鞭打”腿着地，支撑腿做后折叠，双脚依次交替连续做“鞭打”与垫步动作。为增加练习难度，可采用腿部负重进行练习，所加重量要循序渐进。

**3. 动作3：高姿抬腿弓步走**

练习者肩膀负重（沙袋或杠铃，负重量约为体重的三分之一），上体保持正直，支撑腿伸直提踵，同时摆动腿屈膝高抬，踝关节背屈，做向前迈步弓步走，摆动腿落地时脚跟先着地，顺势打开膝关节，每组走30～60米即可。为增加难度，可以使练习者处于悬空状态，摆动腿悬拉橡皮胶带，做屈膝高抬，勾脚尖向前迈，脚跟用力踩放置在前上方的海面垫，落地时膝关节顺势用力打开，连续做高抬踩垫的弓步迈腿动作。

**4. 动作4：负重体前屈抬上体**

练习者肩负杠铃直立，上体向前屈成90°后迅速抬上体并挺髋提踵。注意动作衔接的连续性。

**5. 动作5：仰卧阻力车轮摆**

练习者仰卧在40cm高的跳箱上，支撑腿后伸触地支撑，摆动腿的踝关节处套上橡皮胶带，橡皮胶带的另一端固定在摆动腿上方的固定物上，将摆动腿屈膝悬吊充分上抬位置。摆动腿用力做向前、向下、向后伸膝打腿动作，然后再做屈膝抬腿的车轮摆动作。

总而言之，在力量训练中，教练员要避免单一地进行专门的某肌肉群的力量训练，注意控制训练过程。过多地进行牵拉或收缩大腿后群肌肉，极容易导致局部肌肉过度疲劳，从而使局部肌肉不容易恢复，大大地降低了力量训练的效果。进行薄弱肌肉群力量训练的同时穿插些其他部位肌肉力量的训练，注意训练的量与强度安排的合理性，在每组练习之后注意适度地间歇和放松练习，这样既有利于肌肉的快速恢复，更能提高训练的效果。可以适度地降低动作速度，降低运动量和强度，运动员一旦感觉大腿后群肌肉在训练过程中的不适或者有很明显且较为严重的酸痛感时，教练员要根据实际情况进行调整。

# 第四节　跳远运动技能

## 一、挺身式跳远

### （一）跳远技术分析

跳远技术由助跑、起跳、腾空、落地四个技术环节构成，而起跳前又分为助跑、踏板技术、缓冲技术以及蹬伸摆动腿动作四个方面，可以说是一个整体连贯的、环环相扣的动

作，一个方面出现失误，那么对起跳效果都会产生不同的影响。从起始分析，助跑速度较慢时，比较容易起跳，对于跳远的后续动作有更多的准备时间，而助跑速度较快时，对起跳的技术和能力要求较高：正确的起跳动作是起跳腿积极下压踏板，尽量减少因为起跳而引起对速度的制动，同时摆动腿积极、大幅度地快速前摆，带动身体向前上方移动，在带动髋移动时控制好身体重心，为空中动作做好准备。跳远学生不光要具备快速助跑和快速起跳的能力，还要有良好的踏板技术。影响跳远的主要因素不仅是助跑速度，还有腾起角度，踏板技术的好坏直接影响腾起角度，腾起角度过大会导致对水平速度的制动较大，影响水平向前的速度，不利于身体向前移动，可能还会导致身体后倾；腾起角度过小虽然能使身体高速向前移动，但影响身体在空中的滞留时间，时间过短影响跳远成绩，而且可能会使身体前倾，无法做出空中挺身动作，适当的腾起角度可以把速度的利用率和腾空时间发挥到最大。缓冲技术是在助跑踏板后助跑速度和身体重量对起跳腿造成压力，迫使起跳腿各关节快速弯曲来减少对地面的冲力，髋关节先增大后减小。学生在学习起跳时，在积极踏板后急于做出挺身动作，往往缓冲不充分，起跳后不能很好地控制身体，缓冲阶段是为完成爆发性蹬伸起跳腿动作做准备，摆动技术主要是“蹬”“摆”的协调结合。

起跳离地后，人体向空中腾空，由于起跳后使身体产生使向前的旋转，不仅与起跳脚着地的制动力大小有关，还因为起跳腾空后不同的空中动作而有差异。起跳腾空后，摆动腿的大腿积极下放，小腿随之向下、向后方摆动，留在体后的起跳腿与向前的摆动腿靠拢。当达到腾空最高点时，身体充分前伸形成“挺胸展髋”姿势，两臂上举或后摆。然后收腹举腿，双腿前伸，完成落地动作。

挺身式跳远能充分拉长肌群，有利于完成收腹举腿和落地时前伸双腿的动作。在腾空后，旋转力矩也较大，易于保持身体的平衡，空中动作的形成与助跑起跳动作的衔接也是不可分开的，所以说跳远的四个环节是密不可分的。

（二）挺身式跳远教学设计

## 第 1 次课

**1. 教学内容**

简要介绍跳远技术及发展史；初步学习跳远起跳技术；课堂常规教育；初步学习跳远腾空步放腿练习。

**2. 教学重点**

明确完整跳远技术动作概念；跳远起跳动作的正确技术；步助跑腾空步的正确动作；起跳后保持身体正直。

## 第 2 次课

**1. 教学内容**

进一步学习跳远起跳技术；学习短程助跑起跳技术。

2. 教学重点

腾空起跳后的下放并腿练习。

3. 教学难点

助跑后积极起跳；起跳腾空后自然下放并腿。

## 第 3 次课

1. 教学内容

复习短程助跑起跳技术；初步学习挺身式跳远技术；初步培养学生观察、分析技术的能力。

2. 教学重点

踏板起跳后，摆动腿前摆下放。

3. 教学难点

助跑后，积极踏板起跳，保持身体上部正直，做出前摆下放腿练习。

## 第 4 次课

1. 教学内容

学习中程助跑与起跳技术；进一步学习挺身式跳远技术动作；进一步培养学生观察、分析技术的能力。

2. 教学重点

踏板起跳后，摆动腿前摆下放，空中上体保持正直，形成挺身动作。

3. 教学难点

踏板起跳后，摆动腿积极下放，做到空中上体正直。

## 第 5 次课

1. 教学内容

初步学习全程助跑技术；复习巩固挺身式跳远技术动作；完善空中挺身动作。

2. 教学重点

踏板起跳后，摆动腿积极下放，上体保持正直，形成挺身动作。

3. 教学难点

踏板起跳后，摆动腿积极下放并做出空中挺身动作。

## 第 6 次课

1. 教学内容

进一步学习全程助跑技术；初步学习全程助跑挺身式跳远技术；提高学生观察和分析技术的能力。

2. 教学重点

在助跑距离确定后做到正确助跑并与起跳的结合。

**3. 教学难点**

学生能够做到正确助跑。

### 第 7 次课

**1. 教学内容**

复习全程助跑起跳技术；学习全程助跑起跳成空中挺身动作，形成正确的挺身式跳远技术；按个人特点区别对待，有针对性地进行指导；通过教学比赛提高学生跳远技术的完整和适应比赛、考试的能力。

**2. 教学重点**

学生能够做到正确助跑；在助跑距离确定后做到正确助跑并顺利做出挺身式跳远。

**3. 教学难点**

学生做到正确助跑与起跳的结合，在空中形成“挺身式”。

### 第 8 次课

**1. 教学内容**

技术评定与达标考试，巩固跳远的完整技术；有两名专家对学生进行考核，通过考试进一步强化完整挺身式跳远技术；按个人特点区别对待，有针对性地进行指导。

**2. 教学重点**

调整学生的心态，发挥最佳运动水平。

**3. 教学难点**

考试的组织。

## （三）挺身式跳远正确动作要领及错误动作分析

挺身式跳远动作技术要领是助跑后单腿起跳进入腾空步后，摆动腿的膝关节伸展，小腿自然由向前、向下到向后方而成弧形摆动，此时留在体后的起跳腿与后摆腿靠拢，挺胸展髋，成展体姿势。快落地时，双脚、双手向身体前方合拢落地。

在跳远技术教学中，通过调查发现，学生在学习跳远技术动作的过程中容易出现错误动作，具体包括以下四个方面。

**1. 在助跑中出现的主要错误**

第一，助跑步点不准，节奏性差，其中出现此现象的学生占总人数的 83％。

第二，助跑断续，加速前期加速到最高速度，中间开始减速，最后继续加速，出现此现象的学生占总人数的 33％。

第三，为准备起跳而在助跑过程中人为调整，拉大步或搞小步，助跑节奏错误现象较为突出，出现此现象的学生占总人数的 67％。

第四，助跑最后几步开始减速，积极加速的冲击力差，出现此现象的学生占总人数的 50％。

2. 在助跑与起跳结合过程中出现的主要错误

第一，起跳腿前伸，采用制动式起跳，出现此现象的学生占总人数的67%。

第二，助跑和起跳的衔接有脱节，出现此现象的学生占总人数的50%。

第三，蹬摆结合不协调，出现此现象的学生占总人数的34%。

3. 在空中动作中出现的主要错误

第一，起跳后身体前旋失去平衡，出现此现象的学生占总人数的83%。

第二，身体前倾，无法做出挺身式跳远，出现此现象的学生占总人数的34%。

第三，急于做落地动作，空中未充分下放摆动腿就准备收腿落地，出现此现象的学生占总人数的90%。

第四，挺腹式代替挺身式，出现此现象的学生占总人数的60%。

（四）跳远教学中常出现的错误动作的纠正方法和纠错手段

1. 助跑步点不准，节奏性差

（1）纠正方法

固定助跑的起动方式，正确使用助跑标志；固定加速方式，确定和掌握助跑节奏；反复进行起跳练习，着重改进和掌握起跳时的攻板放脚练习；进行多种练习手段，培养学生适应能力，提高助跑的稳定性。

（2）纠错手段

做助跑标志练习，距离由4步逐渐增大到12步，多次练习可改善助跑节奏并做到准确踏板；固定起动方式，调整标志物；反复跑步点，在高速助跑中固定步长和加速方式；反复做30米加速跑，起动方式和加速方式一旦确定下来就不容易改变，形成一种动力定型；在学生进行直线助跑时通过击掌的方式调节助跑节奏，多次练习来固定助跑步长和加速方式；学生进行前10米大步幅的高抬腿跑，后10米逐渐加速进行高频率的助跑节奏练习。

2. 助跑最后几步开始减速，积极加速的冲击力差

（1）纠正方法

应进行多次助跑练习，助跑起跳要果断；体力不佳可缩短助跑距离或平稳加速，保证加速上板能力；可进行短距离的助跑起跳，让学生体会加速踏板的感觉。

（2）纠错手段

加宽起跳板，让学生易于做到快速助跑起跳并准确踏板，逐渐减少起跳宽度，直到准确踏上标准板；做助跑标志练习，距离由第6步开始，每次增长，逐渐增大到助跑距离，多次练习做到积极踏板起跳；连续做不同步数的助跑起跳；遮住起跳板，反复进行30米加速跑，提高短距离助跑速度和攻板意识；反复在跑道上进行三步助跑起跳；在跑道上进行100米跨步跑练习，改善临近起跳板时身体重心降低而降低助跑速度；起跳腿前伸，采

用制动式起跳。

### 3. 助跑和起跳的衔接有脱节

（1）改正方法

强调助跑起跳的连续性；多做连续的助跑起跳或连续起跳练习。

（2）纠错手段

取 4 个 40 厘米栏架，间距为 4 米，做三步助跑连续跳栏架；做往返 20 米跨步跑练习；3～4 步助跑起跳自然登上 80～90 厘米的跳箱；在沙坑中放入约 40 厘米的栏架，做助跑起跳；多次做 12 步助跑起跳，身体放松跳入沙坑；30 厘米距离行走中连续完成起跳模仿练习，可以做连续步起跳的练习。

### 4. 踏板不积极，用力不集中

（1）纠正方法

强调快速上栏起跳；多练习攻板技术。

（2）纠错手段

在坡度为 5°的向下斜坡上进行助跑起跳；增加起跳板，减小踏板时间；多次练习三步助跑踏板起跳进坑；30 厘米距离行走中连续完成起跳模仿练习，可以做连续三步起跳的练习；加入起跳板，去掉弹簧，进行三步助跑踏起跳板练习，提高摆动腿前摆速度，助于积极踏板。

### 5. 缓冲不积极，踏伸不充分

（1）纠正方法

强调助跑最后几步提高身体重心的起跳练习；强调起跳着地瞬间保持上体正直；做跳跃练习，改进动作的协调性和腿部力量。

（2）纠错手段

连续多次在跑道做行进间三步助跑腾空步练习，保持上体正直；多次做 20 米的单腿跳练习；做 12 步助跑起跳摸标志物的练习；从高约处 80 厘米往下跳，双腿落地，再进行单脚跳；学生做原地模仿起跳动作练习；增加起跳板，加快起跳脚着地，进行充分蹬伸起跳。

### 6. 起跳后身体前倾失去平衡

（1）纠正方法

反复进行起跳腾空步的练习；加大空中动作幅度以加长旋转半径；注意起跳时头和上体的姿势。

（2）纠错手段

多次练习行进间三步助跑腾空步练习；做原地空中放腿模仿练习；在跑道上放两个距离 30 厘米的标志物，进行三步助跑起跳，探第一个标志物，尽量落到第二个标志物上；学生观看教学视频，了解错误动作与正确动作的区别，强化动作意识；减小摆动腿幅度，做三步助跑起跳进沙坑并腿练习。

7. **挺腹式代替挺身动作**

（1）纠正方法

行进间三步助跑腾空步空中并腿练习，要求上体正直；多进行原地模仿练习。

（2）纠错手段

做助跑单腿起跳腾空摸高练习；从跳箱上往下跳，做出完整的挺身动作；加起跳板，增加起跳高度；双臂支撑单杠，做挺身式模仿动作练习；在起跳点正上方悬垂标志物，助跑起跳后头部接触标志物做空中动作练习。

## 二、三级跳远

### （一）三级跳远项目概述

三级跳远是学生经过助跑，沿直线连续进行由单足跳、跨步跳和跳跃三次水平跳跃的田径项目。三级跳远的成绩也是取决于助跑时所获得的水平速度和起跳产生的垂直速度，同时还与每一个动作完成的质量、维持身体平衡的能力和三跳的比例有关。

### （二）三级跳远项目的技术结构

1. **助跑**

助跑的目的是获得最大的向前水平速度，并顺利为提高起跳效果和三跳水平速度创造条件。三级跳远的助跑一般采用 16 至 22 步助跑，助跑距离和技术近似于短跑 50 米启动跑的技术，跑动时身体重心高而平稳，上体适当前倾，后蹬充分有力，前摆积极抬腿，两臂协调配合大幅度摆动。助跑的整个过程应有明显的加速性和较强的节奏感，尤其是最后 6 步逐渐加快，最后上板两步最快。

2. **踏跳和摆臂**

由于从助跑中获得的水平速度在三跳的过程中不断降低，所以如何减少水平速度的损失而又能获得合理的垂直速度，是三级跳远技术中要解决的主要问题。踏跳的目的在于使助跑最大的水平速度迅速转变为水平向前上运动的速度，使身体能充分地向前上方腾起，并为落地和后两次跳跃做好准备。起跳动作可分为起跳腿的着地、缓冲和蹬伸三个阶段及摆动腿与双臂摆动的配合。起跳腿的着地、缓冲和蹬伸技术为加快起跳的速度，起跳腿应大幅度蹬伸和屈膝前摆，快速地下压，平稳地以脚前掌滚动式着地，身体重心并迅速从后向前移动。这时由于迈步踏跳放脚时髋关节的积极快速前送和迅速的助跑，而形成了身体向前的姿势。在起跳的缓冲阶段，为了提高起跳的速度，还应减小屈膝的幅度，以利于保持水平速度。迅速有力地充分向前蹬直起跳腿的踝、膝、髋三个关节，躯干在离地前瞬间基本垂直地立于起跳脚之上。这时起跳腿的蹬伸方向应在身体重心的后侧，从而产生了向

前所必需的冲力。起跳时摆动腿与手臂的协调摆动配合技术，有单臂摆动和双臂摆动两种，学生可根据自身的情况选择适合自己的手臂摆动技术，建议用单臂摆动技术，能够最大限度地利用助跑速度。

3. 支撑和起跳

三级跳远有三次落地支撑与起跳，支撑起跳动作主要由起跳腿落地、缓冲与蹬伸和摆动腿摆动组成，而起跳腿的支撑力量和再次起跳的动作速度是影响三级跳远成绩的因素之一，其中垂直速度更是在起跳过程中起跳腿支撑、缓冲与再次起跳蹬伸以及摆动腿互相配合下完成的。M 级跳远的三个跳跃阶段都是经由下肢腿部动作来完成落地与起跳动作的，支撑和起跳阶段过程中由下肢踝、膝、髋三个关节完成强烈的肌肉收缩，而摆动腿动作和摆动腿速度将是有助于减少助跑水平速度的损失和获得较大的垂直速度的关键。

（三）三级跳迅项目中 50 米跑的方式概念

50 米跑是一种非常有效地提高速度素质能力的训练手段。50 米跑分为 50 米起动跑、行进间 50 米跑以及斜坡（上下坡）加速跑和 50 米计时跑。

1. 50 米起动跑

50 米起动跑，由原地站立姿势进入行进间跑动状。主要提高学生的反应速度及移动速度能力。

2. 行进间 50 米跑

行进间 50 米跑，由站立姿势进入行进间跑动状态，根据学生的个人能力情况，由大约 30～50 米左右的由慢到快的预跑，在 50 米起点处站有另外一名学生进行起始手势的操作，此时跑动学生全力冲刺 50 米的距离。

3. 斜坡（上下坡）加速跑

斜坡跑道由站立姿势进入行进间跑动状态，根据学生的个人能力情况，由大约 30～50 米左右的由下往上、由慢到快的有节奏的加速跑，体会专项助跑时途中跑和最后六步踏跳加速的感觉。

4. 50 米计时跑

50 米计时跑包括起动 50 米计时跑、行进间 50 米计时跑，由教师进行选择性、针对性的计时。

（四）三级跳迅项目中全程助跑速度的训练方式概念

全程助跑速度是决定三级跳远取得什么样的成绩的重要因素，全程助跑计时是指让学生体会从启动的（加速跑）到途中的（放松加速跑）再到最后 4～6 步的上板起跳（冲刺加速跑），让学生体会把从 50 米启动跑中的“启动加速一途中放松加速一最后冲刺加速”转换为在全程助跑技术中的“启动加速一途中放松加速一最后上板起跳加速”的感觉。技术方式具体包括以下三个方面。

1. **起动方式**

助跑起动有两种方式，即定点式助跑和走动式助跑。走动式助跑的特点是加速自然，助跑的节奏感较强，而且自我放松感好；定点式助跑的特点是加速有力，能在较短的时间里获得较快的速度，并且步长变化不大，比较稳定，踏板的准确高。青少年学生稳定性相对较差，在训练中应多采用原地定点式起动的方式。

2. **助跑加速的方法**

助跑加速的方法有两种，即全程加速和逐渐加速。采用全程加速跑，其步频和步长的增长较为稳定，最后几步以及攻板是靠惯性向前跑进的，所以上板的准确性较高。但因比赛强度大，学生每次试跳时体能损失多，这种方法只适合有较高身体素质训练水平的学生，对一般青少年学生来说，采用逐渐加速的方法，更容易控制好最后几步的稳定性和踏板的准确性。

3. **助跑的距离**

对学生来说，助跑的距离根据每名学生体能的情况来定，学生助跑的距离一般在 10～16 步。随着训练能力的不断提高，助跑的距离可逐渐增加，直到最佳距离为止。速度发挥快的学生，助跑距离和步数可相应减少；反之，应适当增加。

（五）三级跳远项目中负重单腿支撑力量的训练方式概念

负重单腿支撑跳跃是非常有效地提高单腿支撑力量和腿部爆发力、弹跳能力的训练手段，它要求下肢与髋部肌肉协调并快速发力，此外还要与上肢的摆动相互配合，因此它需要一定的协调性和灵巧性。可以说单腿的支撑力量与三级跳远成绩是紧密相关、密不可分的。因此，我们在日常的训练中应加大对单腿支撑力量的训练，只有这样紧扣三级跳远项目的特点进行训练，才能事半功倍，早出成绩，出好成绩在发展学生的腿部快速支撑力量的跳跃能力时，应注意四个方面的问题：第一，在进行快速跳跃方面的练习时，一般应采用 5～6 步助跑，随着学生训练水平的逐步提高，可以适当增加助跑步数以及助跑速度。第二，在训练的开始阶段，应先在松软的地面上练习，有条件的话最好在沙滩上进行锻炼，经过一段时间的适应性练习之后，逐步过渡到跑道上进行练习。第三，训练时要按照循序渐进的原则，负重量要由小到大，在进行各种负重跳跃练习时，都要先注重练习的数量，也就是练习的重复次数，然后再强调练习的强度。第四，在进行任何一种跳跃练习时，都要先强调动作的幅度，当学生能够大幅度且能正确地完成各个动作时，就应该相应地要求动作速度等。

（六）三级跳迅项目中立定三级跳遮的训练方式概念

立定三级跳远是指不用助跑，从立定姿势开始的连续三次双单腿连续跳跃。起跳时学生双脚站立的位置不限定。在进行立定三级跳远时，只能离地三次，如双脚离地后，后面的起跳都是单腿支撑和起跳，落下后再起跳，即为连续离地两次落地支撑和起跳，在田径

训练中经常采用这种练习。

**1. 立定三级跳远的技术结构**

立定三级跳远跳时两腿稍分与肩同宽，膝微屈，身体前倾，然后两臂自然后摆两次，两腿随之屈伸，当两臂从后向前上方做有力摆动时，两脚用前脚掌迅速蹬地，膝关节充分蹬直，同时展髋向前跳起，身体尽量前送，身体在空中成一斜线，过最高点后屈膝、收腹、小腿前伸，两臂自上向下向后摆，腾空，第二次落地时单腿支撑接单腿跨步跳，接第二次落地单腿支撑和第三次跳跃和落地，落地时脚跟由后向前带全脚掌着地，落地后屈膝缓冲，上体前倾。要提高立定三级跳远的成绩，腿部支撑力量和爆发力量的发展是基础，特别要提高腰、膝、踝、髋四个关节的协调用力及爆发用力的能力。

**2. 立定三级跳远的特点与训练作用**

立定三级跳远是发展下肢爆发力与弹跳力的运动项目。它要求下肢与髋部肌肉协调快速用力，并与上肢的摆动相配合，强有力的蹬摆腿和摆臂及蹬摆的有机结合都可以促进立定三级跳远的成绩。所以它需要一定的灵巧性。

立定三级跳远的训练作用主要表现在四个方面：第一，可以提高小肌肉群的力量，特别是对下肢肌群的爆发用力能力，而且对踝关节的力量提出了较高的要求。立定三级跳远的最后用力点是在前脚掌，甚至是脚尖，经常练习可以使踝关节的弯曲用力有相当大的提高。第二，可以提高学生的协调性，让学生在练习的同时，提高身体各部分的配合协调能力。第三，可以练习臂的带动能力，立定三级跳远是直臂摆动，摆幅越大，带、领、提拉动作越强。这一点恰在三级跳远运动中适用。第四，可以提高学生能量的转换能力，从站立状态到下缚状态，势能转化为动能，每次落地支撑和每一次跳跃，都和三级跳远技术中的三次跳跃极为相似，从而可以更有效地提高初速度，增加立定三级跳远的远度。

（七）我国三级跳远、专项能力训练的研究现状

**1. 助跑的研究**

从20世纪70年代到90年代，许多教练员、研究人员和一些专家学者对三级跳远的助跑进行了大量深入的研究，在这些研究中，助跑速度和助跑节奏占了很大部分，并且把重点放在了助跑后六步的研究上，助跑距离和助跑节奏等方面的研究也取得了很大的成绩。

**2. 助跑和起跳结合的研究**

在我国三级跳远技术的分析中，大部分的研究主要集中在助跑的倒数四至六步和起跳技术上，几乎达到了80%，这是三级跳远助跑技术研究中的重点。速度是田径运动的核心，而在各项田径技术中，速度是关键因素，特别是在跳跃运动里。在影响三级跳远成绩的各种因素中，专家的一致观点是，助跑速度所起到的作用大约占到70%。因此，多数专家和学者都把助跑和起跳一起来研究，大部分研究主要通过学生日常训练或比赛时的高速

影像拍摄，从三级跳远技术的运动学角度来分析和研究。在整个助跑距离、节奏等方面都进行了深入的研究：助跑最后四六步的速度、节奏以及身体重心的水平高度变化，最后一步的上板起跳动作，蹬、摆动腿的方向、离地时的身体重心向前移动时角度的变化规律，最后一步的步长和身体重心向前移动等问题的讨论都很多，起跳前以及起跳开始阶段的水平速度，起跳过程中支撑腿的踝关节、膝关节和髋关节这三个关节支撑、蹬伸是否充分的问题；蹬伸距离、蹬伸角度、蹬伸幅度、摆动腿角度和速度；起跳阶段支撑腿踝关节的平均角速度，起跳时身体重心前移的角度等问题的讨论也非常激烈。

**3. 支撑、起跳、蹬、摆动腿的方面的研究**

在起跳缓冲阶段时，学生应尽力加大摆动速度，在最大缓冲瞬间加速度值应达到最大值，这也符合运动生物力学原理以及人体肌肉收缩力学性质。关于蹬伸腿的膝、髋和踝三个关节是否充分，摆动腿的摆动方向、摆速和摆幅，摆动腿是自然摆腿还是屈腿摆，平跳型三级跳远学生为什么要采用自然屈腿摆动等问题进行了分析。

60％的踏跳力量是来自摆动腿，20％才是起跳腿本身所具有的力量，而助跑最后一步两大腿之间的夹角、在起跳阶段摆动腿膝关节的角度以及手臂的摆动都是影响摆动效果的因素。

# 第九章 健美操、体育舞蹈、武术运动技能教学

# 第一节　健美操运动技能教学

## 一、健美操基本术语

### （一）场地方位术语

健美操学练需要场地支持，在健美操学练过程中，为了表明人的身体在场地上所处的方位，可借鉴舞蹈中基本方位的术语。把开始确定的某一面（主席台、裁判席）定为基本方位的第一点，按顺时针方向，每45度为一个基本方位，将场地划分为8个基本方位即1、2、3、4、5、6、7、8点（图9-1）。

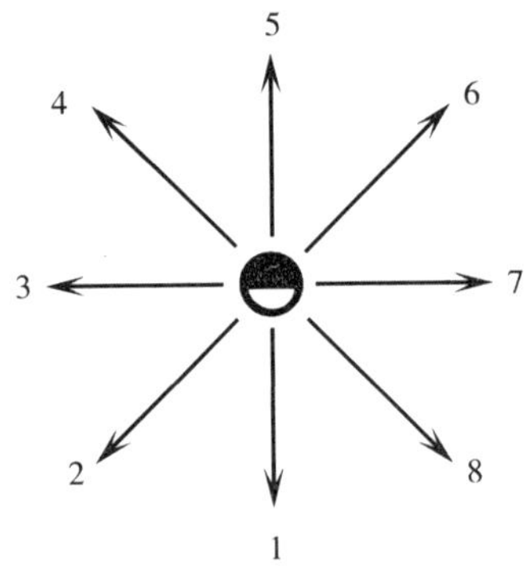


**图9-1　舞蹈的基本方位**

1点：正前方；2点：右前方；3点：正右方；4点：右后方；5点：正后方；6点：左后方；7点：正左方；8点：左前方。

### （二）动作术语

#### 1. 动作关系术语

同时：同一时间完成动作。

依次：各动作按时间顺序先后完成。

交替：不同动作反复进行。

同侧：同一侧动作的配合。

异侧：不同侧动作的配合。

对称：左、右肢体动作相同，方向相反。

不对称：左、右肢体做不同方向的动作。

#### 2. 动作连接术语

由：动作开始时的方位，如由左向右。

经：动作过程中强调某一特定位置，如两臂经胸前交叉。

接：单独动作的连续，如交叉步接迈步。

至：指明动作须到达某一特定部位。

成：指明动作的结束姿势。

**3. 运动方向术语**

向前：向胸部所对方向做动作。

向后：向背部所对方向做动作。

向侧：向肩侧所对方向做动作，应指明左侧或右侧。

向上：向头顶所对方向做动作。

向下：向脚底所对方向做动作。

向内：由两侧向身体中线运动。

向外：由身体正中线向两侧运动。

同向：向同一方向运动。

异向：向相反方向运动。

中间方向：两个基本方向之间45°的方向。如前上方、前下方、侧下方等。

斜方向：三个互成90°的基本方向之间的方向，如前侧上、前侧下等。

顺时针：与时针运动方向相同。

逆时针：与时针运动方向相反。

**4. 运动形式术语**

举：手臂或腿上抬。

屈：形成一定角度。

伸：形成一定角度后伸直。

踢：腿由低向高的加速动作。

撑：身体某部分着地。

卧：身体某部分躺在地上。

跪：膝着地支撑。

坐：臀部着地支撑。

蹲：两腿屈膝站立。

摆：臂或腿在某一平面内由一个部位运动到另一个部位动作，不超过180°，如后摆。

绕（绕环）：身体部分转动或摆过180°以上（360°以上称绕环），如肩绕环。

提：由下向上做运动。

沉：身体某部分放松下坠。

含：两肩胛骨外开，胸部内收。

挺：胸或腹向前展开。

振：大幅加速摆。

夹：由两侧向中间收紧。

收：向身体正中线靠拢或还原到起始位置。

推：以手作用于对抗力。

蹬：腿由屈髓到伸直发力。

倾：身体与地面形成一定角度。

控：身体或肢体（等）上抬一定高度并保持。

交叉：肢体交叠成一定角度。

转体：绕身体纵轴转体的动作。

水平：与地面平行。

波浪：身体邻近关节按顺序柔和屈伸。

跳跃：双脚离地，身体腾空。

劈叉：两腿分开成直线。

**5. 手型动作术语**

并掌：五并拢指伸直。

立掌：手掌上屈，五指并拢。

分掌：五指伸直，张开。

花掌：拇指内扣，小指、无名指、中指自掌指关节处依次屈。

芭蕾手型：拇指内扣，后三指并拢。

拳：拇指弯曲紧贴食指和中指。

剑指：食指、中指并拢伸直，其余三指相叠。响指：拇指与中指、食指摩擦打响大鱼际。

“V”指：食指、中指伸直分开，其余三指相叠。

**6. 下腹动作术语**

半蹲：两腿屈伸。

提踵：提脚跟，脚尖支撑。

踏步：两腿原地抬、落。

走步：踏步位移。

漫步：一脚屈膝前迈，另一脚稍抬再落下。

跑步：两腿经腾空行进。

并步：一脚迈出，另一脚跟随并脚。

弓步：前脚弓，大腿与地面平行，后脚蹬伸直。

迈步点地：一脚向外侧迈步，脚尖点地。

迈步吸腿：一腿支撑，另一腿抬起，大腿与地面平行，小腿与地面垂直，绷脚尖下指

地面。

迈步后屈腿：一脚迈出，另一腿后屈。

一字步：一脚迈进，另一脚跟随并脚，两脚再依次后退还原至并立姿势。

“V”字步：一脚向左（右）前迈一步，另一脚随之侧迈步，两脚开立。屈膝，还原。

侧交叉步：一脚向另一脚斜前迈出，两腿呈交叉状，另一脚随之向外侧迈出。

脚尖点地：一腿屈膝站立，另一脚前伸脚尖点地。

脚跟点地：与脚尖点地相同，只是点地部位不同。

吸腿：一腿支撑，另一腿屈膝抬起。

弹踢腿（跳）：一腿站立（跳起），另一腿后屈，再前下弹踢，还原。

后屈腿（跳）：一腿站立（跳起），另一腿后屈膝，还原。

并腿跳：两腿并拢跳。

分腿跳：两腿开立跳起。

开合跳：并腿跳起，分腿落地。

### （三）运动轴与面的术语

参与健美操运动，为了更好地阐述动作方位，将人体分为三个轴和切面，如图 9-2 所示。

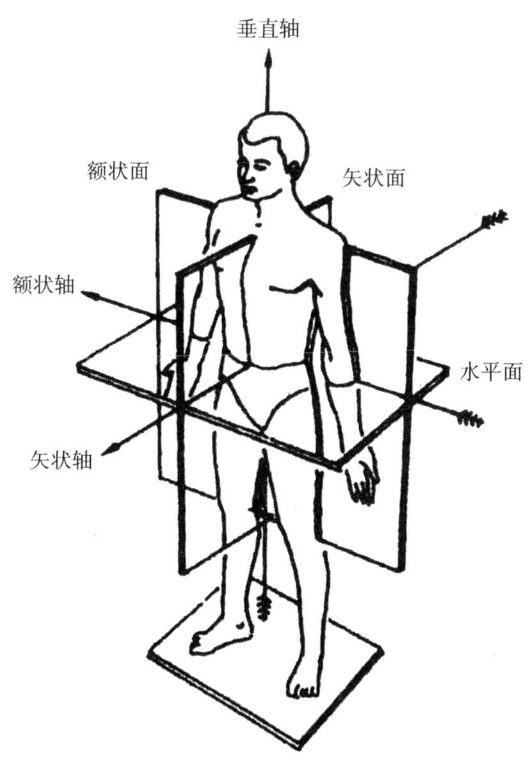


**图 9-2 人体图**

矢状面：沿身体前后所作的与水平面垂直的切面。

额状面：与水平平行，身体左右径所在面。

水平面：横切人体与地面平行的面。

矢状轴：前后平伸，与水平面平行，与额状轴垂直。

额状轴：左右平伸，与水平面平行，与矢状轴垂直。

垂直轴：与人体长轴平行，与水平面垂直。

## 二、健美操课程理论与实践体系

### （一）健美操课程理论体系分析

#### 1. 健美操课程教学任务与特点

（1）健美操课程教学任务

健美操课程教学的任务主要包括以下几方面内容，各方面任务具体细分如下。

①丰富学生健美操知识

健美操教学中，对学生的健美操知识的丰富具体包括以下内容：第一，健美操动作的正确概念。第二，健美操动作的技术原理。第三，健美操动作与音乐的配合技巧。第四，健美操创编知识。第五，健美操音乐知识。第六，健美操训练知识。第七，健美操健康保健常识。

②提高学生健美操技能

通过健美操教学应促进学生的健美操相关技能的提高，具体包括以下几方面技能：第一，健美操动作的构成、组合、连接、节奏等。第二，健美操运动后的科学恢复方法。第三，提高健美操专项体能素质。第四，提高健美操学练中的动作与音乐配合的一致性。第五，增强学生的音乐感、节奏感。

③发展学生身体素质

身体素质是个体运动的基础，发展学生身体素质是健美操教学的一个重要任务和目标，具体包括以下两个细分任务：第一，发展学生参与运动的一般身体素质。第二，发展学生从事健美操运动的专项身体素质。

④完善学生形体姿态

健美操强调“健、力、美”，健美操教学应重视学生的身体的美育，应促进学生的形体姿态的不断完善，完成以下教学任务：第一，纠正学生的不良体态和姿态。第二，帮助学生建立正确的健美操本体感觉。第三，培养和完善学生体型、姿态健美。

⑤促进学生心理健康发展

促进学生心理健康发展是健美操教学的重要教学任务，具体任务内容细分如下：第

一，陶冶情操、获得运动乐趣。第二，减轻学生心理压力和精神焦虑，保持健康向上、积极乐观的心态，积极参与健美操学练。第三，培养学生正确的体育道德观、价值观和审美观。第四，培养学生良好意志品质、体育道德精神。

⑥提高学生的社会适应能力

健美操教学具有提高学生的社会适应能力的可能性，健美操教学有助于促进学生交际、交往，使学生学会团结协作，有助于提高学生的社会适应能力。因此，将提高学生的社会适应能力列为健美操教学的重要任务之一。

具体来说，通过健美操教学应使学生学会合作、学会竞争，提高学生的健美操应用和实践能力，如健美操表演、组织能力；口语、肢体语言表达能力；健美操配音能力；健美操创编能力；审美、创造、创新能力等。

（2）健美操课程教学特点

①内容丰富

健美操教学内容丰富，主要表现在以下几方面。健美操运动既有单人练习，也有集体练习；有徒手练习，也有手持轻器械及借助于固定器械练习；有各种不同风格、类型的健美操音乐和动作，能满足不同学生的不同学练需求。

②价值多元

健美操是一项健身、健美、塑形的综合性有氧运动，通过健美操学练，能实现多元运动价值。

通过健美操教学，教师需要完成“教授学生健美操知识与技能”“发展学生身体素质”“完善学生形体姿态”等丰富的、多样化的教学任务。因此，健美操教学不仅能使学生掌握健美操的专门知识、技能和技巧，同时，还借助于学生丰富健美操理论知识，强健身体、完善体态、提高审美、交际能力。

③注重美育

健美操运动是一项注重运动美的运动，健美操教学中，教师应充分利用健美操自身的动作、音乐、集体配合、精神等，实现对学生的美感教育。

健美操教学中，尤其要重视学生的品德和精神层面的美育教育。和其他体育运动项目相比，健美操运动具有其自身的文化内涵、精神价值和行为规范，对学生品行、道德、艺术审美、艺术表现要求都比较高，通过健美操教学，应培养学生良好意志品质、规范个人行为、完善学生品格。

④音乐与动作相结合

音乐是健美操运动的灵魂，在健美操运动中有非常重要的作用，是健美操运动教学的重要教学内容之一。在健美操教学中，将健美操的音乐元素巧妙结合运用到课堂教学中，通过其规律的变化和节奏节拍的运用，不仅能激励和鼓舞学生的情绪，提高健美操教学的质量，此外还有助于学生运动之后的身心恢复。

⑤思维与实践相结合

健美操之所以有较强的生命力，源于其不断创新。启发学生的创造性思维是健美操教学的又一特点。在健美操教学实践中，教师将基本动作和技术交给学生，组织学生反复练习，引导学生不断建立新的神经联系，形成新的动作及其组合、套路，提高学生的创造、创新能力，促进学生的思维与实践力的综合发展。

**2. 健美操理论课教学**

健美操课程理论课教学是健美操教学的重要教学组织与活动内容，在健美操课程教学中具有重要的地位和作用。健美操理论课教学的科学开展应明确以下教学任务与目标。

（1）明确教学内容与目的

与健美操运动相关的各种理论性知识，主要包括健美操的起源与发展、特点与价值、内容与分类、体育组织、相关竞赛与裁判法、运动代表人物等文化知识，以及健美操技术理论和健美操运动相关学科理论知识。

（2）明确教学组织形式与方法

课堂教学形式，以教师讲授为主，适当进行课堂讨论，充分调动学生健美操学习积极性。

（3）落实教学组织程序

一般来说，健美操理论课教学应满足以下基本结构划分。首先在课的开始，教师提问或简要讲述健美操教学内容；其次，教师详细讲授健美操教学内容，反复明确健美操课的重点和难点，强化学生理解；最后，课的结束阶段，教师应注意总结归纳，布置作业，宣告下次课的教学内容。

### （二）健美操课程实践体系分析

**1. 健美操实践课类型**

健美操实践课是通过身体练习手段来组织和开展健美操教学活动的，根据健美操课所要解决的具体任务，可将健美操实践课分为以下几种类型。

（1）引导课

一般指开课的第一堂课。主要任务是讲授健美操基本知识，教学时应注意以下几点：①教师对讲授的不同内容应预先进行归纳，讲解时层次清楚，突出重点，明确要求。②讲课形式要活泼多样，激发学生健美操学练兴趣。

（2）新授课

健美操新授课，具体是指以教授新教学内容为主的课程，主要教学任务是教授健美操新内容。教学要求如下：①遵循教学规律。教授新动作应循序渐进，学生建立正确健美操动作定型后，再增加学练难度。②选择恰当的教学方法，避免学生的健美操学练过程过于枯燥以影响学生的健美操参与学习积极性。③确定适合的负荷量。在教授新动作后，应进行反复练习，使学生承受一定的负荷，但负荷量不宜过大，应侧重于动作技能的掌握。

④作好充分的课前准备。教师应对可能出现的教学问题（如错误动作）提前预防，结合教学实践灵活调整教学。

（3）综合课

健美操综合课指既复习已学过的内容，又学习新内容的课，教学过程中应注意以下几点：①科学合理地安排新旧教材的教学顺序。一般先复习旧教材，再学习新教材。②选用适当的教学手段与方法，尤其要重视对学生的错误动作的预防与纠正的科学教学方法选择。③合理分配教学时间，确定运动负荷。根据新旧内容的教学任务、特点和难易程度，合理分配时间并确定运动负荷、避免负荷过小或过大，给予学生足够的练习时间。

（4）复习课

复习课是指以复习已经学习过的教学内容为主的课。其主要任务是在教师的安排和指导下，复习并逐步提高动作的规格和质量。在复习课教学时应注意以下几点：

①有明确的教学目标

教师应根据新授课学生掌握动作的情况提出复习课的目标要求，采取相应措施来实现这一要求。

②在集体指导的基础上加强区别对待

在进行练习时，对于基础差的同学要加强指导，帮助他们改进动作，树立信心；对基础好的同学要注意适当提高要求。

③要选择适当的教学方法

在复习课上要注意精讲多练，增大练习的密度，强化动作的熟练程度，提高动作规格和提高机体的有氧代谢功能。

④要安排合理的课堂组织形式

在复习课上一般多运用分组教学的形式进行练习，可分组轮换，也可“一助一”地进行练习。这样可调动学生的练习积极性，提高学生分析动作和纠正错误的能力，同时还有利于教师实施个别指导，检查学生掌握动作的情况。还可采用一个同学或一组同学进行表演、相互观摩、评比，以激发学生的练习积极性，进一步提高和改进动作技能。

（5）考核课

考核课是以检查学生成绩为主的课，主要任务是检查学生健美操成绩和教学成果。考核课教学要点如下：①明确考核的目的、要求和标准。②考核前要对考核的内容进行复习，作好准备活动，使学生充分发挥水平。③为把握考核的准确性并提高考核效率，一个教师可以同时考核两个或者多个学生。

**2. 健美操实践课教学工作环节**

（1）备课

①备课准备

备课是教师组织实施健美操教学的重要基础，教师应在吃透教学大纲、科学选择健美操教学内容的基础上进行备课。

健美操实践课的备课准备要求教师做好以下工作：第一，确定教学目标：依据健美操教学任务、内容等明确教学目标，教学目标必须全面、明确、具体、可行。第二，排列教学内容：明确本次健美操教学课中共几项教学内容，注意合理安排教学内容的先后顺序。第三，组织教学方法：根据健美操教学内容重点、难点选择需要的教法，如讲解、提问、讨论、演示、实践学练等。第四，安排教学时间和练习次数：科学安排本次健美操教学课中，学生的练习次数，确定练习次数要留有一定余地，要留有教师在练习中的指导时间。第五，明确教学物质基础，具体是指明确健美操教学的场地、器材和用具，如明确本次课所需的场地器材的名称、数量、规格等，并提前做好课前的相关教学物质准备。

②撰写教案

a. 教案撰写要求

健美操教学教案的科学撰写应明确以下基本要求：第一，根据健美操课程教学的目标、进度、性质等，确定本次课的教学任务。第二，根据健美操课程教学任务确定教学内容、教学方法、教学组织形式。第三，健美操教学活动的组织，应充分考虑场地、器材、设备、学生的人数、学生运动能力等要素。第四，因材施教，个别对待。第五，注意本次课与下次课的合理衔接。

b. 教案的结构和格式

健美操课程教学教案最基本的结构应包括准备部分、基本部分和结束部分（表 9-1），各部分应合理衔接、比例得当。

**表 9-1 健美操课教案结构**

| 课的结构 | 教学内容与过程 | 板书与教法 | 用时 |
|---|---|---|---|
| 准备部分 | — | — | 15～20 分钟 |
| 基本部分 | — | — | 70～90 分钟 |
| 结束部分 | — | — | 5～10 分钟 |
| 教具 | — | — | — |
| 课后小节 | — | — | — |

（2）上课

在健美操教学课的开始阶段，对全体学生进行队列队形的合理安排与调动，队列队形的安排与调动应有利于教师的讲解、示范和指导，有利于学生观察。在健美操课的开展过程中，应做到以下要求：目的明确、内容正确、方法得当、组织合理、教学效果良好。

（3）布置与检查作用

在健美操教学结束后，布置一定的课后实践练习是健美操实践课在生活中的延续，是健美操宏观实践教学的重要组成部分。其目的在于巩固学生的健美操实践能力、提高学生的独立参与健美操健身锻炼的能力。

（4）课外辅导

课外辅导是健美操实践课教学授课制的必要补充，教师可结合本校健美操教学实践和自身、学生实际情况对学生的课后健美操健身锻炼活动实施必要的教学指导。

## 三、健美操教学课的有效组织实施

### （一）健美操教学课的有效组织

健美操教学课的组织工作的主要目的是完成课程任务，其组织工作是否严密、合理会对教学的效果产生直接影响。健美操课的组织工作内容主要有课堂常规、练习队形、组织形式等几个方面。

#### 1. 健美操课堂常规及教学要求

保证健美操教学的正常进行，是课堂常规的主要作用所在。可以说，课堂常规是对师生提出的一系列要求和必须遵守的规章制度。制定课堂常规在体育教学中有着非常重要的意义，这在正常教学秩序的建立、教学组织的严谨等方面都有所体现，除此之外，其对加强学生的思想教育、培养文明素质的作用也是非常显著的。

通常情况下，健美操教学课的课堂常规内容主要有以下几个方面：第一，教师要做好课前的准备工作。第二，上课时，用几分钟来对学生讲明本次课的主要内容、特点和目的，使学生做到心中有数。第三，学生或体育委员要将因病、伤以及女生例假不能正常上课等情况及时向教师说明，教师则要根据实际情况来适当调整或重新安排他们的学习。第四，学生上课时着装要注意，穿运动服、运动鞋和运动袜，有碍运动的物品尽量不带。第五，学生按照教师的要求拿放器材，要做到井然有序，爱护器材设备。第六，教学内容是按照教学目标和大纲制定的，不能随意加以更改。第七，加强安全教育与措施，做好准备活动与整理练习。第八，教学课结束时，进行小结和讲评，并且提出新的希望和要求，布置课后的练习任务。第九，教学课结束后，教师要注意与学生进行交流，及时了解他们对课的感受和要求，并依照学生的反馈信息。及时总结和调整，为下一次教学活动奠定基础。

#### 2. 练习队形及组织形式

（1）合理有效的练习队形

合理组织练习的队形，能够有效保证练习的顺利进行。科学而熟练地运用队形，能够活跃课堂气氛，调动学生学习积极性，并能合理地调节课的密度和运动负荷。组织合理有效的队形需要做到以下几个方面的要求。

①按照相应的条件将队形确定下来

同时，在确定练习队形时，要按照人数的多少、场地的大小等具体情况为依据进行。

②便于观摩与指挥

选择队形时，要满足两个条件：一个是使学生看清教师的示范动作较为便利，另一个是对教师的观察和指挥有利。

③间隔距离要适宜

为不妨碍完成动作，练习的间隔与距离的标准是可以适当而定。通常，徒手练习时以左右为两臂间隔，前后为两步距离为宜；在进行器械练习时，可根据器械特点和练习方式适当增加范围。

（2）组织形式

以练习的内容及任务为依据，通常可以将健美操教学课的组织形式分为两种：集体练习和分组练习。

（二）健美操教学课的有效实施

对于健美操教学课的实施来说，其所包含的流程和内容主要有以下几个方面。

**1. 课前交流**

介绍课程是课前交流的主要任务。在健美操教学课开始时，教师首先要花几分钟时间向学生讲明本次课的主要内容、特点和目的，使学生心中有数。如果本次课是第一次课，或者都是新学生，那么首先应进行自我介绍，然后再和学生互相认识。

**2. 练习队形与示范位置**

在确定练习的队形时，要遵循的重要依据就是学生人数和场地情况。学生之间的间隔和距离要适宜，每人应有大约 2 米的空间，左右以学生两臂侧举不相碰，前后应适当插空排列为准，这样能保证学生的活动空间是足够的，同时还能有效观察老师的示范动作和面部表情，能使教学效果有所保证。使全体学生都能看到，以便指挥和观察，是示范位置选择的第一决定性要素。

**3. 练习形式**

健美操教学课采用的练习形式主要为集体练习。究其原因，主要是由于有氧练习要求中低强度，长时间的运动。在课的进行过程中最主要的要求是保持学生的心率在一定时间内不下降，使之稳定在最佳心率范围内。

通常情况下，又可以将集体练习分为集体同时练习和集体分组练习这两种。其中，集体同时练习的优势在于所有学生能够一起做同样的动作，这样比较简单且便于老师指挥，容易达到练习的强度和密度要求；但也不能忽视其不足之处，即形式单一容易使学生感到枯燥。一般的，集体分组练习要将学员分成若干个组，同时或依次做不同的动作。在健美操教学中使用集体分组练习，能有效加强学生之间的配合与联系，增加练习的乐趣，同时还能使老师的主要工作逐渐转变为课堂的组织。

**4. 观察与调整**

通常，在教学课之前，教师都会做好教案、设计好练习动作等准备工作，但是在课的

进行过程中，会有不可预期的事情发生，这就需要教师通过对学生的练习情况进行随时的观察，并根据实际情况来对动作的难度以及教法等加以适当调整。

**5. 激励**

对于健美操教师来说，其一定要具有采用多种方法及时对学生进行激励的意识与能力。激励在一堂课中应是贯彻始终的。

**6. 课后交流与总结**

（1）交流与反馈

课后有效的交流环节，能够为学生提供本堂课程效果的客观反馈。在课结束后，老师应留有一定的时间与学生交流，及时了解他们对课的感受和想法，从而对教学的优点和不足进行及时总结。

（2）总结与改进

在交流获得反馈后，教师应及时、客观地评估和总结课堂情况。对学生的意见和建议加以重视，对优点加以肯定，并将存在的问题及其解决方法找出来，为下次课的改进提供依据，从而使自己的教学能力和教学质量得到有效提高。

## 第二节 体育舞蹈运动技能教学

### 一、体育舞蹈的教学原则与特点

#### （一）体育舞蹈的教学原则

体育舞蹈教学是有计划、有组织、有目的地传授体育舞蹈知识、技能的教育过程。因此，应在教学中贯彻、执行教育学理论中所倡导的各项教学原则。

教学原则是教学中必须遵循的基本要求，它是根据教学目的和教学过程的规律提出的，是教学实践的总结。目前，在我国教学理论中提出的教学原则主要有：科学性和思想性统一原则、理论联系实际原则、直观性原则、启发性原则、循序渐进原则、巩固性原则、因材施教原则，共 7 个教学原则。其中直观性原则、因材施教原则、循序渐进原则与体育舞蹈教学关系紧密。因此，贯彻、执行这几项原则在体育舞蹈教学中尤为重要。

另外，后 3 项体育舞蹈的教学原则主要是根据体育舞蹈教学特点提出的。与前面提到的直观性、因材施教和循序渐进原则组合而成的这 6 项原则均会对体育舞蹈的教学起到宏观性的指导作用。

**1. 直观性原则**

直观性原则，是指教学中善于采用各种方式和手段，充分调动学员各种感官，让学员通过直接的感知，形成清晰的表象，从而掌握知识及运动技能的原则。

在体育舞蹈的教学中，指导教师可以通过示范、讲解、近距离引带、学员模仿练习和反复练习以及相互观摩的教学过程，使学员通过看、听、想、触摸、练等多种感知方式，来学习和掌握技术。贯彻直观性原则的基本要求需要做到以下几点。

①重视运用直观语言。指导教师运用生动形象的语言进行讲解、描述，能够给学员以感性知识，起到直观的作用。②重视运用直观示范。指导教师掌握好正确的示范面、示范时机、示范的侧重点，给学员建立正确的动作表象，起到直观的作用。③重视运用直观触觉。指导教师应该口传身授，亲自引带学员，通过手把手、近距离的引带，通过触觉感受一些表象不太容易察觉的动作要领和技术细节，有利于学员建立正确的技术感知。④重视运用录像、图片、教具等辅助直观教学手段，给学员以感性经验，同时通过提问和解释，鼓励学员细致、深入地观察，引导学员思考现象和本质。

**2. 因材施教原则**

因材施教原则，是指在体育舞蹈教学中，指导教师从学员的实际出发，使教学的深度、广度、进度适合学员的技术水平和接受能力，同时考虑学员的个性特点和差异，使每个学员的能力都得到提高与发展。

在体育舞蹈教学中，指导教师需要对学员有所了解，针对学员的共同特点和个性差异，扬长避短、因材施教。

贯彻因材施教原则的基本要求需要做到以下几点。

①指导教师需要充分了解学员的年龄、性别、运动经历、心智水平、学习目的与态度等各个方面，以便从实际出发，有针对性地开展教学。②指导教师在教学中既要做到对共性的统一把握，又要做到对差异性的特殊安排，使每个学员都得到相应的重视与发展。③在体育舞蹈教学中，加强一对一辅导是贯彻因材施教最有效地方法，但是要做到公平对待和机会均等。

**3. 循序渐进原则**

循序渐进原则，是指在体育舞蹈教学活动中，针对不同舞种，应当连贯、系统地安排教学内容和练习，体现由慢到快、由简到繁、由少到多、由易到难、由基本到发展的特点。

体育舞蹈的教学体系本身就每一个逐级递增与递难的体系，因此，在体育舞蹈教学过程中，要根据学员的实际情况安排教学，逐步要求学员加深对技术动作的理解和掌握，有计划地指导学员学习不同的舞系和舞种。

贯彻循序渐进原则的基本要求需要做到以下几点。

①按照国际舞蹈教师协会制定的教学大纲进行教学。指导教师要认真学习和研究大纲，充分了解和掌握各舞种之间的逻辑关系以及对学员的要求，这是循序渐进开展体育舞蹈教学的根本保证。②教学必须由浅入深、由简到繁、由少到多、由易到难、由基本到发

展。教学大纲主要是按照教学内容编排制定的，因此指导教师要认真研究学员，针对他们在学习过程中的需要和特点，在内容、方法、程序上处理好浅与深、简与繁、少与多、易与难、基本与发展等问题。③在体育舞蹈教学中，指导教师应根据具体情况调整教学进度和内容。指导教师要善于从实际出发，适当地调整速度，增删内容，使教学活动更加科学、合理。

#### 4. 实践性原则

实践性原则，是指在体育舞蹈教学活动中，要培养学员分析问题和解决问题的能力，并体现在整个学习和练习过程中。

体育舞蹈教与学的过程本身就是一个实践过程，学员要在大量的练习实践中去领悟舞蹈的真谛，表现舞蹈技艺。可以说，学员的舞蹈知识和舞蹈技能是要通过长期的、不间断的操练来获得的。

贯彻实践性原则的基本要求需要做到以下几点。

①在舞蹈技术教学的基础上，指导教师要重视舞蹈理论知识的传授，从而指导学员的舞蹈实践。②结合学员的实际情况，对实践任务提出明确的目标与方向，使学员能有针对性地在实践中得以提高。③创造实践机会，如教学中的练习、比赛等，指导教师要利用一切手段，使学员能在亲身体验中去强化知识和完善技术。

指导教师应该深刻理解以上各项教学原则的含义，清楚了解体育舞蹈教学的整个过程，认真贯彻、执行每条原则的各项要求，并且掌握这些原则在实际运用中的具体做法，使各项教学原则在教学中有机地结合并充分得以贯彻，以保证体育舞蹈教学任务的顺利完成。

#### 5. 教学互动性原则

互动性原则，是指在体育舞蹈教学活动中，必须注意指导教师与学员、学员与学员之间的互动作用，真正体现指导教师的“善教”与学员的“乐学”体育舞蹈是一个男、女配合的技艺项目，需要双方在学习和实践过程中彼此沟通，而指导教师在教学中，不但会以指导教师的角色传授知识和技艺，而且会以舞伴的角色来完成难度更高的教学任务，这些都要通过指导教师与学员、学员与舞伴、学员与学员之间的相互作用才能实现。

贯彻教学互动性原则的基本要求需要做到以下几点。

①充分利用多种互动形式，如师生间的对话交流、师生间的领带与跟随、舞伴间的对话交流、舞伴间的领带与跟随等。②加强指导教师与学员的双向交流。充分调动教与学双方的积极性和能动性，从而活跃课堂气氛，改变学员被动接受的消极的学习方式。③促进学员、舞伴之间的沟通与交流。以舞蹈技艺共同提高为目标，形成融洽、和谐的教学气氛，提高课堂教学效果。

#### 6. 身心和谐发展原则

身心和谐发展原则，是指学员在学习体育舞蹈过程中，不仅要重视体育舞蹈技艺的获得，而且要重视人文素养的提高。

体育舞蹈课程除了要教授技术动作和组合，指导教师还要向学员介绍不同舞种的人文背景以及表演、欣赏、交流等活动的开展，以使学员获得更丰富的感性认识，体验到学习的快乐和满足，从而获得身心和谐发展。

贯彻身心和谐发展原则的基本要求需要做到以下几点。

①指导教师在制定教学任务时，要注意教育和教养任务的统一，全面规划任务并使之具体化。②指导教师要抓住教学过程中的特殊事件对学员进行教育，以实际事例来说明道理。③教学内容安排得当，促进身体各项素质均衡发展，使各项技术产生正迁移效应。在体育舞蹈教学中，要教育学员不能凭兴趣出发，只练自己喜欢的舞种，以避免身体发展的不均衡。

### （二）体育舞蹈的教学特点

#### 1. 课堂教学密度大

体育舞蹈教学内容包括标准舞、拉丁舞两大舞系 10 个舞种，每个舞种都有系统、规范的动作标准，动作难度逐级递增。在标准舞教学中，每个舞步都要从步序、步位、步法、方位、转度、升降、反身动作、倾斜、节奏 9 个方面去规范；而在拉丁舞的教学中，每个舞步都要从步序、节奏、节拍、步位、步法、使用动作、身体转量 7 个方面去规范。因此，在体育舞蹈的教学过程中，教学内容可以安排得很丰富，学员要接受的信息量也很大。

体育舞蹈每个动作都可以通过改变节奏、线条、配合方式等动作要素而产生新的动作，通过不同方式的前接后续而产生新的组合。在体育舞蹈教学中，除了教会学生规范的标准动作以外，还可以通过变化对学员的身体能力和技艺进行改造、加工与提高。因此，要完成这样一个教学过程，课堂密度非常大。

其外，受多元文化和文化全球化的影响，体育舞蹈项目越来越多地融合了世界各个民族各个舞种特点，更加符合现代人审美、健身和社交需求，技术的变化也使得体育舞蹈的教学内容得到进一步的创新和丰富。

#### 2. 学习、思考、训练相结合

体育舞蹈教学是一项复杂而又有序的系统工程，在整个教学过程中，指导教师既要关注学员的技能学习和身体素质发展，又要关注学员兴趣培养和良好学习习惯的养成，这样才会取得很好的教学效果。

体育舞蹈技术体系复杂，每个舞系的每个舞种，甚至每一个动作都有不同的技术要求，这就要求指导教师在教学过程中，要细致入微地传授技术细节，帮助学员掌握体育舞蹈的学习技巧，因此体育舞蹈的教学过程不可能完全脱离老师的指导。在体育舞蹈的教学过程中，教师多会采取一对多的形式来进行技术教学，当有些技术环节不能凭借语言和示

范明确表达的时候，教师会采取一对一的教学方式来完成教学过程。

体育舞蹈的技术教学要关注动作技术是什么，更要关注为什么要这样做，对技术原理的解析和具体应用要体现在整个教学过程中，这样才能使学生举一反三地去练习，并学会自己去分析动作技术，培养学员主动学习的意识。因此，在体育舞蹈的教学过程中，教师要分析和归纳技术原理，从而使教学过程更具有启发性，更加趋于合理，教会学员思考问题、解决问题的能力。

在体育舞蹈的教学实践中，要有一定比重的学员训练，使学员把学到的理论知识经过实践变成现实的技术。体育舞蹈练习应该贯穿始终，在指导教师的指导和学员不断自我修正中，使技术趋于完善并最终进入动作自动化阶段。

综上所述，体育舞蹈教学过程是一个学习、思考、训练、反馈、修正相结合的过程。对于学员来说，这一过程能有效地提高学习效率，培养学员的自主学习能力。

**3. 健身功效显著**

体育舞蹈的教学过程是要将体育舞蹈的各种技术动作逐一传授给学员，并要求学员通过各种舒展、优美、协调的动作以及正确的身体肌肉用力方式和各个关节的正确做功来完成各项教学内容。

长期练习体育舞蹈可以对身体内脏器官产生主动良性刺激，如增强呼吸、循环、消化、神经、运动等系统机能。另外，在完成变化多样的体育舞蹈动作时，对人体力量、速度、耐力、灵敏、协调等多项身体素质的发展起到了良好的促进作用。因此，体育舞蹈教学过程具有全面的健身功效。

在体育舞蹈的教学过程中，每一舞种的每一个动作都需要指导教师和学员经过无数次的示范和重复练习，才能达到良好的教学效果。重复练习的重要目的在于可以使学员在一定时期内快速形成肌肉记忆，最终使动作达到条件反射的自动化阶段。在教学的全过程中，指导教师和学员都必须重视各个技术环节的学习，如身体的姿态、关节的屈伸、足着地点、用力方式等，通过量的积累达到动作质量的飞跃。运动技能提高的过程也是学员改善身体素质的过程。因此，学习体育舞蹈的过程也是一个健身的过程。

**4. 注重对身体形态和艺术表现的培养**

体育舞蹈具有十足的艺术性特点。这种艺术性需要依靠美的风貌和仪态并通过在体育舞蹈运动中的技术表现体现出来。而艺术表现力也就成为体育舞蹈中判断水平的标准。

健康的形体能使体育舞蹈参与者在运动中保持一定的实力和自信。形体美的塑造不仅要塑造形态美，更应加强姿态的美化和气质的培养。体育舞蹈教学侧重于从姿态的美化和气质的培养来对形体进行整体的塑造。除此之外，体育舞蹈教学也需要提高艺术修养和审美能力，从而培养良好的气质。

首先，在体育舞蹈各舞种中，人的身体线条本身就是一项技术评判的组成部分。由于所参与的舞种不同，每个舞种对身体线条的要求也就不尽相同。但即便如此，体育舞蹈的技术教学仍旧不能忽视对身体线条的严格要求，在平日的教学中就要有意识地对身体姿态着重培养。

其次，体育舞蹈作为一项具有艺术感染力的运动项目，其风格迥异的各项舞蹈对人的艺术感受力和领悟力也提出了极高的要求。体育舞蹈的内容非常丰富，在舞蹈中蕴含着人的感情和灵魂，在这种情况下，舞蹈自身的内容便需要通过人的动作表现出来，而能否完全表现出来，就完全依靠表现力了。如果体育舞蹈练习者只在乎把每一个单项动作或组合套路练习熟练的话，其表演出来的内容充其量是一种动作种类更加丰富的体操。因此，在体育舞蹈教学中，除了要求学员熟练掌握技术动作，也更加注重学员对舞蹈音乐、文化、美学的欣赏以及服饰搭配的理解和应用能力的培养，从而实现对体育舞蹈风格的诠释。

在整个体育舞蹈的教学过程中，指导教师除了对技术动作的指导和教学外，应时刻要求学员大胆展示身体姿态和身体线条，以符合不同舞种的技术要求。为了使教学更加有效，还要加强对学员表达舞蹈情绪能力的培养，从而提高学员的艺术表现力。

**5. 音乐与节奏贯穿整个教学过程**

体育舞蹈是舞蹈家族中的重要组成部分。既然是舞蹈，就一定不会缺少音乐的“陪伴”。音乐与节奏是体育舞蹈技术中必须强调的一个环节。由于人对于音乐或乐感的敏感程度不同，因此，在体育舞蹈的教学过程中，每个舞种音乐的基本节奏和类型是教学重点，掌握正确的音乐节奏和类型是学习体育舞蹈技术的基础。

指导教师在教授基本的音乐节奏和类型后，可以通过改变音乐节奏和类型来产生新的动作和组合，使教学内容更加丰富，更加具有挑战性。此外，培养学生音乐表达能力也是体育舞蹈教学过程必不可少的一个环节，除了基本的音乐节奏和类型，音乐的节奏时值、旋律、结构、情绪等都是体育舞蹈教学的主要内容，必须结合具体动作来进行体育舞蹈完整技术教学。

音乐是体育舞蹈教学课堂的一个不可或缺的部分，除了作为教学内容和技术组成部分外，还可以作为调节课堂气氛、活跃学员情绪的手段之一。在体育舞蹈教学过程中，指导教师要重视音乐的选择与应用，以达到增强教学效果的目的。指导教师的口令节奏通常与音乐是结合运用的。

音乐情景形体训练是进一步增强形体能力的训练，使形体的应变能力提高，使之更具有实用性和形体表现力。音乐情景形体包含了音乐、情景想象、肢体表现等因素。这不是舞蹈，而是通过自选音乐，根据音乐自己假想情景，再根据自身肌体能力表达这段音乐情景。它不需要有完整的舞蹈结构，也不需要有逻辑和连续性的舞蹈编排，而仍然是一种形体基础训练手段。音乐情景形体有它一定的随意性，关键是感受音乐情绪的刺激，大胆想象具体情景，勇于运用肢体去活动。其训练实质是帮助学习者支配自身形体、组合自身肌体各部分的能力，进一步提高肢体的灵活性、协调性，提高音乐素养和形体想象力。

## 二、体育舞蹈的教学方法

体育舞蹈教学方法是体育舞蹈教学过程中完成教学任务所采用的教学途径和手段。能否选择适宜的体育舞蹈教学方法将直接决定最终的教学效果。

形体训练教学方法与体育舞蹈教学方法有许多相似之处。由于在本书的上篇（形体训练部分）中已经对教学方法的内容进行了较为详细的阐述。

### （一）讲解与示范法

讲解与示范法是一般体育教学中常运用的教学方法，在体育舞蹈教学中运用此种方法时应注意，讲解的语言要简明扼要、多用比喻，使学生从有关熟悉的动作中体会舞蹈的动作。

由于体育舞蹈是一项技术性较强的项目，而且它的文化背景与我国又截然不同。所以，在教学中对于学生难以理解和模仿的动作，教师合理运用讲解与示范法，可使学生准确地把握和感知舞蹈过程中各种具体形象，进而诱导学生产生动作的想象，使之善于运用对比、正、误、比喻、夸张等手段，从而多、快、好、省地掌握体育舞蹈的知识和技巧。

### （二）教师带领法

教师带领法是体育舞蹈教学较常用的教学方法。即通过教师的引带使学生对学习的动作进行重复模仿练习。它一般用于学习新动作或在复习课的开始部分，使学生在较短的时间内对所学动作迅速建立正确概念。体育舞蹈教学示范一般是采用背向示范法，背对学生带领他们做动作。带领模仿法一方面要求教师的动作要娴熟、准确大方、一丝不苟，另一方面要求学生要眼看、耳听、心想、体动。带领模仿法常用的教学手段是“顺进带领模仿”或“递进带领模仿”。应遵循由易到难、由简到繁、因人而异、因材施教的原则。

### （三）动作衔接法

体育舞蹈内容繁多，风格各异，节奏不同，技术复杂。无论哪一个舞种在教学中都是由单个动作到小组合，由徒手练习到音乐伴奏下进行，按照由易到难，由简单到复杂的教学规律进行。

### （四）纠正交替法

纠正交替法主要用于动作套路复杂和难、新动作的教学。对运动中出现的错误，进行有针对性的逐个纠正。它可以提高学生观察、分析问题的能力和发现错误而纠正错误的能力。纠正交替法通常是先将所学舞蹈套路集体练习几遍，待大部分同学对所学动作已初步掌握后，可将学生按单、双号或男、女舞伴分组，也可以规定一对一观察练习，还可以按照学生掌握动作的水平进行分组，然后一组进行纠正练习，另一组进行观察，然后交替练习，在进行此教法时，要求全体学生无论是纠正动作的，还是观察分析的，都要精力高度集中，把看、练，听紧密结合起来，使学生边看、边想、边听音乐，从而在练习动作中，加深理解、体会、记忆，以提高动作质量、协调与音乐的节奏感。

（五）方位教学法

方位教学法就是通过识别动作过程中人体与场地相关方位，教育学生用以记忆动作的方法学习，此法主要针对具有一定体育舞蹈水平的学生使用。这种教学方法运用时，应首先使学生明确以下3个基本要素。

①人体基本方位变化要素。即人体基本方向不是一成不变的，而是随动作的变化而变化的。②体育舞蹈的比赛场地是由A、B、C、D四条方位线确定的，四条方位线确定后，是不能改变的。③要彻底弄清楚动作开始、动作过程和动作结束时人体与场地的相关方位，这是识记动作的主要因素。

掌握了以上3个要素，对于具有一定基础的学生就能够较快且准确地记住不同动作，即身体在什么位置应做什么动作。

（六）音乐教学法

音乐素有舞蹈之魂的称谓，可见音乐在体育舞蹈教学中的重要地位。音乐教学法就是充分利用音乐功能进行教学，可以激发学生的情绪，发挥其想象力，丰富其展现力，使他们的舞蹈动作增添艺术的魅力和美的感染力。因此，要学好体育舞蹈，首先要培养学生的乐感，使学生具有一定的音乐素养，做到一听音乐便知是何种舞曲；然后能较准确地根据舞曲节奏起舞，才能使动作与音乐融为一体，展现其舞姿的完美。

（七）综合练习法

对于初步掌握舞步技术的学生，这一方法于动作技术定型之前。根据学生人数有集体练习、分组练习和个人练习。为掌握基本动作、难度动作和套路组合可以采用重复练习、分解练习和完整练习。为提高学生学习积极性可采用游戏练习法，针对不同水平学生采用带领练习法，让技术水平较高的学生配合音乐带领学生复习动作，从而调动学生积极性和主动性，故将其称为“综合练习法”。

（八）多媒体与观摩教学法

在大学体育舞蹈教学中，师资力量较为匮乏，大部分是单人教学，这给学生的学习带来诸多不便而影响学生直观学习和体会。因此，运用录像机、电视机、音像教材以及现场观摩等辅助教学，可以对舞蹈动作产生直接的视觉效果，对动作与音乐的配合有深切感受，对舞伴之间的配合及舞蹈表现力都会有更深刻的体会。从而有利于学生模仿，加快对动作的学习和掌握，在自练与对练中能更快更好地掌握技术要点、缩短分化阶段，做到动作与音乐融为一体，达到进一步提高学生兴趣、提高教学质量、增进教学效率的目的。

（九）意念教学法

舞蹈是一种非常重要的艺术表现形式。舞蹈是有生命和灵魂的，因此，在体育舞蹈的

教学中，不应仅仅是教会学生动作，更重要的是教会学生体会“舞蹈感觉”，感悟舞蹈想表达出的真谛，由此使学生在体育舞蹈练习中能充分理解并把握住各舞种的风格、韵律以及表现出的气质、特征和风度等。

所谓“舞蹈感觉”，就是练习者在体育舞蹈学练中自身挖掘表现力的一种程度，它是受舞蹈意念支配的。因此，练习者每一动作瞬间，应使用“意念”“心灵”指挥动作，而不仅仅是单纯舞蹈动作技术的模仿，也只有在“意念”支配下通过与“心灵”共舞的体育舞蹈才能将它内在的魅力表现出来，因此，体育舞蹈教学中的“意念”训练是培养学生“舞蹈感觉”的有效途径。

## 三、体育舞蹈教学课的类型与实施

### （一）体育舞蹈教学课的类型

**1. 按照技术掌握程度划分**

（1）初级课

初级课一般是为初学者开设的。其内容一般选择标准舞的华尔兹舞、探戈舞、快步舞，拉丁舞的伦巴舞、恰恰舞、牛仔舞的元素动作和基本技术以及铜牌组合，所以初级课也被称作“铜牌班”。在初级课教学时应注意以下几点。

①微笑、耐心地对待每一位学员，能让学员很快摆脱初学时紧张不适的尴尬境地。②指导教师应教给学员有关体育舞蹈风范、礼仪、社交、着装、舞蹈与身心健康等方面的知识。③指导教师的示范一定要准确，应使学员能清楚地看到每个技术环节。④音乐速度不宜太快，应该先选用慢节奏的音乐，等学员适应后，再逐渐过渡到正常的音乐速度。⑤教学方法多采用分解法、完整法和重复训练法等。

（2）中级课

中级课一般适用于有一定体育舞蹈基础的学员，在初级课的基础上进行。其内容一般选择标准舞的华尔兹舞、探戈舞、快步舞、狐步舞，拉丁舞的伦巴舞、恰恰舞、牛仔舞、桑巴舞的元素动作、基本技术以及银牌组合，有的教学培训机构甚至开设了这些舞种的金牌组合，所以中级课也被称作“银牌班”或“金牌班”。在中级课教学时应注意以下几点。

①仍然重视基本技术、基本动作的训练，然后再在组合中综合锻炼学员的能力。②可适当地加强个人组合训练，培养学员独立完成动作的能力。③继续培养学员兴趣，使学员通过这种晋级式的学习方式，建立成就感。④注意加强对学员的教育，培养舞伴之间和谐相处的能力。⑤教学方法多采用示范与提示相结合。

（3）高级课

高级课一般适用于技术水平较高的学员，在中级的基础上再提高技术的难度与动作的复杂程度，进一步完善技术，提高动作完成的质量。教学内容一般选择标准舞的华尔兹舞、探戈舞、快步舞、狐步舞，维也纳华尔兹舞的金牌或金牌以上的动作组合，拉丁舞的伦巴舞、恰恰舞、牛仔舞、桑巴舞、斗牛舞的金牌或金牌以上的动作组合，所以高级课也被称作“金牌班”或“金星一级”班。在高级课教学时应注意以下几点。

①单一动作的分解教学与组合动作的完整教学相结合，处理好分解教学与完整教学的关系。②仍然要重视培养学员独立完成动作的能力，在此基础上，培养双人配合意识。③培养学员对技术精益求精的精神。④常选用正常速度的音乐节奏。⑤教学方法多采用领带法等。

（4）选手课

选手课一般适合于那些具有一定训练水平，技术娴熟，且有意参赛的学员，动作难度要高于金星一级，技术要求精、准、稳。教学内容一般选择标准舞或拉丁舞所有舞种中至少是金星二级以上的组合或自编组合。选手课教学时应注意以下几点。

①要根据学员的实际情况来设计动作与组合，对学员形成一种技术上的挑战，保持学员的兴趣。②培养学员双人配合的意识，强化双人配合技术。③多采用各类节奏和风格类型的音乐，培养学员对音乐的感受力以及舞蹈表现与音乐表现的协同能力。④保持足够的训练密度与强度。⑤在常用的教学方法基础上，辅之以电化教学、意念教学，以一对一辅导的形式，强化训练效果。

**2. 其他体育舞蹈课程的类型**

①根据舞蹈种类分类。可以分为拉丁课和标准舞课，其中各课种中又可以分为单一舞种课和综合舞种课。②根据教授舞蹈数量分类。③根据参与人群分类。主要有青少年班、成人班、老年班等。④根据课的组织形式分类。主要分成小课（一对一的课）、中课、大课。

以上各种课程均需按照学员的能力和技术程度进行分级教学。

正规学校以外的体育舞蹈课程多为培训课程，绝大多数参与人群是以学习体育舞蹈技术、掌握舞蹈技能、锻炼身心、丰富业余生活、提高生活品位为目的。很明显，社会体育舞扇培训课程需要充分体现社会价值，如实现健身功能、社交功能、丰富文化生活功能等。

## （二）体育舞蹈教学课的实施

**1. 教学课的准备**

（1）课前准备

课前准备就是为即将开始的教学课做好实际准备工作。

一个体育舞蹈培训机构，首先要满足的硬件设施条件：有面积不少于150平方米的木地板教学场地；照明、通风条件较好；有传统的音响设备，如CD机、录音机以及各式各

样的具有调控功能的放音设备。辅助的教具还包括摄影、摄像设备，在完善技术细节以及比较正误与好坏时，录像教学是一个不可或缺的教学手段。

一个体育舞蹈培训机构，还应该从管理和师资方面做好准备工作：建立一套完善的学员招收制度和日常事务管理机制；引进能完成教学培训任务的指导教师；制定完备的学员培训方案，明确培训步骤、内容与指导教师的工作职责等。

一个体育舞蹈指导教师要做的课前准备工作有：了解学员的技术程度、年龄、性别比例、学习动机和需要；根据培训要求，制定教学培训计划。

（2）课程计划的制订

尽管对于一些体育舞蹈培训机构来说，并不要求每一等级的每节课程都要制订非常详细的课程计划。但每个指导教师至少在一个档期的培训课程中，能制订一份内容详细、步骤合理、方法得当的课程计划，以此证明指导教师已经具备驾驭课堂的能力。一份课程计划需要包括以下几个方面。

①培训对象。②培训目的。③培训内容。④教学方法与教学手段。⑤教学进程。⑥教学的重点和难点。

作为一个体育舞蹈指导教师，必须借助于有序、系统的课程计划来掌控自己的教学过程。

（3）课程进度

在制定课程计划的基础上，要统筹安排每门课程的具体进度，让学员能清晰地了解每门舞蹈课所要掌握的内容和程度。教学进度一般包括课次、课的主要内容、主要教学手段和教学要求。现在，很多俱乐部或培训机构都会把自己的进度公示出来，这也成为经营策略之一（表 9-2）。

**表 9-2　体育舞蹈课程进度范例**

| 课次 | 主要内容 | 主要手段 | 要求 |
| --- | --- | --- | --- |
| 一 | （1）华尔兹舞技术及特点简介<br>（2）学习华尔兹舞基本站姿与前进、后退技术<br>（3）课堂常规教育 | （1）讲授和演示<br>（2）学习原地站姿：单人和双人握持<br>（3）单人前进与后退<br>（4）双人配合前进与后退 | （1）了解技术及特点<br>（2）掌握基本的练习方法<br>（3）站姿要直且避免僵硬<br>（4）前进与后退的足着点要正确 |
| 二 | （1）复习站姿与前进、后退<br>（2）学习方步，掌握标准舞摆荡、倾斜、升降技术<br>（3）学习方步的左转、右转<br>（4）培养舞蹈的审美意识 | （1）原地站姿训练和前进、后退训练<br>（2）分解学习升降、左右摆荡步<br>（3）学习前进与后退的方步<br>（4）在完成基本方步的基础上，学习内圈转与外圈转<br>（5）方步左转、右转的组合训练 | （1）升降要有弹性和韧劲<br>（2）摆荡要流畅有弧度<br>（3）始终保持正确的身体姿态<br>（4）掌握内、外圈转的要领 |

续表

| 课次 | 主要内容 | 主要手段 | 要求 |
|---|---|---|---|
| 三 | （1）复习方步技术<br>（2）学习华尔兹舞铜牌组合<br>（3）培养观察、分析问题的能力 | （1）结合录像讲授、分析<br>（2）分解学习华尔兹舞铜牌组合：两段式、前6小节、后6小节 | （1）初步掌握铜牌组合<br>（2）掌握组合练习的方法<br>（3）思考问题和研究技术，用心学舞 |
| 四 | （1）复习华尔兹舞方步<br>（2）提高华尔兹舞铜牌组合的熟练程度，完成组合<br>（3）培养舞蹈的表现力 | （1）复习，以重复练习为主<br>（2）讲解动作与呼吸的配合并应用<br>（3）相互观察并分析、纠正错误动作 | （1）大强度重复训练<br>（2）熟练掌握铜牌的全部组合，并有意识应用基本技术完成动作<br>（3）在组合演示中，要注意姿态和表现 |

**2. 教学课的实施**

（1）体育舞蹈课程的结构

体育舞蹈课程的结构一般分为准备部分、主体部分和结束部分。体育舞蹈课程结构的划分是遵循人体生理机能变化、心理活动变化规律和体育舞蹈课程教学活动特点的。以下内容以100分钟的课程为例来进行分析。

①准备部分

a. 准备部分的时间

一般为15分钟左右。

b. 准备部分的任务。调动学员情绪，明确学习任务，制造促进学习、激发学生兴趣的气氛，做好准备活动，使身体各器官、系统进入工作状态。

c. 准备部分的内容

讲解课的内容与任务；组织学员做准备活动，主要形式是配合音乐，多角度和方向活动身体各关节，或以简单爵士、热舞动作、单一的体育舞蹈元素动作作为活动内容。

②主体部分

a. 主体部分的时间

一般为70分钟左右。

b. 主体部分的任务

按照课前制订的计划完成新技术、新动作、新组合的学习，复习已教过的内容，使学员在学习过程中掌握新的知识、技术、技能，提升身体素质，提高身体综合能力。

c. 主体部分的教学内容

第一，单一的元素动作训练（有时这一部分可以放到准备活动中）。

旨在通过简单的基本的技术动作去强化某个技术环节的训练，使之能在大量重复练习的基础上达到关键技术定型的效果。

第二，基本动作组合。

将每个舞种的典型性动作、技术代表性动作生动地组合起来，强化训练，使枯燥的基本功训练转化成为表演型、表现型训练，提高练习的效果。

第三，单人的组合动作。

依据预定的教学内容，男、女分开教学，分别练习，直到个人能独立、熟练地完成组合动作。

第四，双人配合的组合动作。

在双方熟练掌握各自组合动作的基础上，进行双人合舞练习，以双人配合技术为主，不断增强双人默契配合的程度。

第五，复习部分。

依据具体的课程进展来安排内容，也可以把复习部分放在新授课的前面。

③结束部分

a. 结束部分的时间

一般为 15 分钟左右。

b. 结束部分的任务

有组织地结束教学活动。通过整理练习，使学员逐渐恢复到相对安静的状态；简单地进行课的小结，评述学员的学习情况，并布置作业，提出希望。

c. 结束部分的内容

以简短的讲解或对话的形式来总结课的完成情况。通过整理活动来放松身体，主要内容有：拉伸性放松练习，配合呼吸的放松练习，局部按摩的放松练习，或者是轻缓、柔美、放松的单人及双人舞步等。

实践中，体育舞蹈课程的结构并不是一成不变的，指导教师可以依据教学对象、教学目的、教学要求来合理安排课的结构。

（2）体育舞蹈教学分组的应用

如果体育舞蹈社会体育指导教师在每次课上都能有效进行教学分组，这将极大地提高教学效果并有利于指导教师和学员之间的沟通与互动。分组教学优于平常的混合教学，能较好地贯彻、实施因材施教的教学原则，真正使每个学员都能够积极参与进来，将指导教师教学的主导性和学员学习的主体性较好地结合在一起，更加符合学员的心理需求。

分组教学前，指导教师对学员的基本情况要有所了解，依据学员的技术水平和身体条件进行分组，可以参考以下几个方面来进行分组。

①按照教学内容分成男、女组

在初教舞步时，需要男、女分组来进行，如有男、女指导教师合课，就可以同时教授男、女学员动作；如只有一名指导教师上课，则一般先教男士男步，再教女士女步。

②当男、女学员比例严重失调时

第一种做法。把男生分为一组，依据男生的总人数来确定女生组的人数。这样，一个男士可以固定几个女士来进行训练；如果女少男多，则一个女士固定几个男士来进行练习。每个男、女搭配的小组，男、女舞伴的外形条件和技术水平应尽量接近。

第二种做法。一个女士扮演男士的角色来配合练习，当然要选择身材相对高大的女士来走男步。

③当学员技术水平良莠不齐时

第一，把技术好的分为一组，技术差的分为一组。对技术好的组可以在动作难度和标准上提出更高的要求，对技术差的组可以在组合的熟练程度上提出要求，然后才要求技术的难度和规范性，使因材施教成为可能。

第二，让技术好的异性带技术差的异性，这样有利于技术差的一方尽快提高技术水平，从而提高整体的教学效果。

④当教学场地受限时

很多教学场地并不像比赛场地那样宽敞，这样就需要分组进行完整组合的训练，每组最多 4 对同时进行训练，可以按照如下方法进行。

第一，依据健身者舞种的掌握程度分组，如果有比赛任务，可以按照比赛的报名组别来进行模拟比赛。

第二，依据健身者的身高比例分组，往往高个会放在一组，矮个放在一组，这样有利于两人配合和教学现场的美观。

**3. 教学效果评价**

每堂课结束后要对教学效果进行评价。评价主要来自两方面，一是指导教师本人，二是学员。评价可以通过指导教师与学员的对话、学员之间的交流、指导教师的观察和学员的自我反馈等形式来实现。评价的主要内容有如下几点。

①指导教师如何教学。②学员如何学习。③教学任务如何完成。④教学内容安排是否合理。⑤学员的素质与能力是否得到提高。⑥教学方法是否得当。⑦课堂上学员的反应与指导教师期望的是否一致。

通过上述 7 条内容的评价标准，基本可以帮助指导教师了解学员在学习过程中遇到的问题。并就出现的问题，调整课程计划，为下一个教学单元打好基础，从而有利于学习目标的达成。

形体训练鞋，是一种形体矫正鞋，也是一种训练鞋，主要特点是：鞋底是前高后低的，即穿在脚上，使脚尖的高度高于脚跟，所以也叫负跟鞋。是继现有高跟鞋、中跟鞋和平底鞋之后的，又一个新的鞋类品种，是人体力学向传统产业的延伸和对传统产业的改进。

# 第三节 武术运动技能教学

## 一、高校传统武术教学的理论探究

在高校传统武术教学过程中，必须以其相应的理论原则为依据。同时还需要一定的方法，才能使学生在教学活动中最大限度地受益。

### （一）高校传统武术教学的原则

**1. 以学生为主体原则**

学生主体性教学的原则是应该在老师教学的过程中，始终把学生作为学习的主题，老师应该合理科学的安排武术教学的内容，始终以学生为主体，根据学生的需要和特点为依据；当然学生也要在老师的指导下积极主动地参与教学活动，这样才能充分地发挥自主、创造性。学生主体性原则所依据的是素质教育的要求和教学的需要，以及教学活动所反映的规律。遵循此原则的要求如下：第一，教师和学生要转变传统的武术教学观念，不能单纯地“教”，要树立以学生为主体教学观。第二，教师要启发引导学生主动积极学习，自主解决问题，掌握武术学习的方法。第三，充分的重视教学的备课内容，能够让学生有积极性，自主地去学习，在高校的体育教学过程中要根据高校的学校文化氛围和特点结合学、练、问相互结合方法来进行教学。第四，在高校的不同阶段，要始终如一的保持学生的主体性精神，但在教学的不同学段的教师指导方式、教学策略是有区别的。

**2. 身体全面发展原则**

在武术的教学过程中，只有以身体全面锻炼为基础，才能促进学生全面协调发展。设计安排全面的武术教学计划，使学生身体的各个部位、器官、系统的机能，身体的各项素质和心理素质都能够得到一定的升华。对于武术教学中身体全面发展原则的要求主要有以下几个方面。

（1）在高校武术教学中

要认真贯彻教学大纲提出的教学目标和要求。学习和领会国家教委颁布的武术教学大纲（或课程标准）的精神。高校教师在制定全年教学工作计划与教学进度时，应注意各类教材和考核项目的合理搭配，以保证学生获得全面的身体锻炼。

（2）在高校武术教学过程中

要始终贯彻身体全面发展的原则。课程准备要全面丰富，科学合理的搭配基本部分教材的最佳方案分三个部分实现。首先是准备部分，要充分的活动全身的肌肉、关节等，使全身各部位充分伸展，为完成教学目标做准备；其次是课程的基本部分，主要是武术基本技术为主，要让学生的身体得到全面、协调的锻炼与发展；在课堂进行到最后的时候，一定记得做好放松的活动，适当的情况下可以布置课外的训练作业，有规律性的结束一节课。

3. **教学循序渐进原则**

武术教学应遵循由简到繁、由易到难、由已知到未知、逐步深化的原则，这样的教学方式才有可能让学生更快更全面的掌握武术的有关知识。

为了保证教学工作系统连贯地开展，要制定好教学文件、安排好教学内容是非常必要的。在制定教学计划文件时，每个运动项目、每次课、每个学期的课程设置，都应该能够衔接起来，以保证前一个技术的学习为下一个技术的学习做好铺垫。

学生应逐步提高自身的生理负荷，一般为波浪式、有节奏地逐步提高学生的生理负荷，同时，教师也要提高自身的素养。循序渐进的提高自身生理负荷是因为机体适应某种生理负荷需要有一定的时间。从另一方面来讲，老师本身也应该不断地提高自己的文化素养，从各个方面入手了解好学生的身心发展规律和变化，同时了解好教材的系统性和各种教材之间的关联性。

4. **巩固提高原则**

在武术教学过程中，师生之间的交流，不仅可以使学生经常复习所学的知识、技术和技能，而且还能不断地提高健康水平和思想品质。而高校教学过程本身就是师生之间信息的交流过程，信息的及时有效的传达是保证师生之间行动一致的根本步骤，更有效的提高教学质量和效果。巩固提高原则的提出主要依据的是遗忘规律和运动条件反射建立与消退的理论，因为学生学到的知识与技能如不经常复习就会遗忘或消退，所以要注意巩固提高所学到的知识和运动技能。另外还有“生命在于运动”和“用进废退”的原理，学生巩固已学过的武术技术，有助于发展运动能力、身体素质和生理机能，起到健身的作用。

5. **因材施教原则**

因材施教是在高校的武术教学过程中一定要贯彻面向全体学生的原则，根据不同的同学的特点，进行有针对性的教学方法。让每一个学生都不会掉队，让每一个学生都能够在动作技能和身体心理健康上面得到一个全面的发展。

学生身心健康的发展在不同的年龄段有不同的表现形式，但是对于大多数同学来说，同一年龄段的同学身心健康的发展情况有一定的稳定性和普遍性。与此同时每个学生因为所受家庭教育的不同、基因的不同等各种各样的元素印象，每个人和每个人之间又存在着很大的个体差异。因此，高校体育教学必须充分考虑这些个体的差异，一定要坚持因材施教的原则，争取让每个学生都能得到一个良好的教育。

6. **兴趣引导，实践强化原则**

兴趣引导和实践强化的原则是在高校进行武术教学的过程中，首先要引发培养学生对

武术的兴趣，然后在进行武术教学的实践中加以理论上的引导和意识上的强化，使这种能力在高校武术的教学过程中能够延续下去，从而来保障高校体育教学任务高质量地完成。

（1）现代学习理论

从现代学习理论来看，影响学生学习动力的因素有很多，不仅仅是智力的问题，还包括很多非智力因素，如动机、兴趣、情感、态度等等，这些情况在学习中影响学习动力的大小甚至超过了智力的因素，其根本意义在于它的动力作用。因此，在高校进行武术授课的时候一定要着重地加强学生的学生兴趣，因为兴趣才是最好的老师。

（2）终身体育要求

终身体育要求一个人能终身进行体育锻炼和学习，体育兴趣就是维持某种体育锻炼的动力和学习的动力，只有在兴趣的基础上才能养成良好的体育习惯和体育能力。

对于遵循兴趣引导，实践强化的原则的要求主要有以下几个方面：第一，教师在课程准备时，要精心设计教学计划方案，方案要求能激发学生兴趣，引导大学生的兴趣向着正确的积极向上的方向前进，并且教师要善于在教学过程中捕捉时机，酌情而定，对学生的学习兴趣进行进一步的强化。第二，教师应广泛了解学生的兴趣爱好，并在此基础上针对个体的不同兴趣来选择和安排适宜的武术运动项目课程。

**7. 主导性与自觉性相结合原则**

在高校传统武术教学过程中，为了提高教学质量就必须要结合教师的主导作用和学生学习的自觉积极性。

（1）教师的主导作用

武术教师必须要对所教学生的自身状况非常熟悉，根据他们的需要、兴趣以及擅长的方面进行教学，唯有如此，才能在高校的体育教学中保持学生的积极性，在高校传统武术教学中，教师的主导作用主要表现为教师运用讲解、示范、组织教学等方法，主动的引导学生自觉地学习，并且为他们的自觉提供一种良好的条件。使外因能顺利而迅速地转化为内因，从而，能够更好地调动学生的积极性。

（2）学生的自觉积极性

学生自学、自练、自评的能力是其参与武术教学并养成终身锻炼意识的重要基础。虽然学习武术的内在动力是学生参与其学习和锻炼的内驱力，但是老师本身也应该不断地提高教学能力，加强自身的各项素质，培养学生正确的学习观和兴趣，这对学生发挥其主体作用非常重要。

（3）创造良好的师生关系

在进行教学的过程中，老师要教书育人，从自身做起，同时学生本身也要有尊师重道到的思想。在严格要求学生的情况下，老师还要热性的关心学生，让学生和老师之间的关系更加的和谐和融洽，良好的师生关系也有利于学生能够积极地参加到武术的教学之中去。

#### 8. 促进运动技能提高的原则

促进运动技能提高的原则是指在高校武术教学中要不断提高学生的武术运动技能，从而更加高效地完成高校的武术教学任务。

掌握武术运动技能既是武术学科“授业”之本职，也是其“解惑”的重要基础，掌握好一定的武术技能不能能够促进学生的身心健康发展，同时对身体素质的提高也有很大的作用，更是学生体验运动快乐和掌握体育锻炼方法的首要前提。因此不断地提高学生的运动技能是高校体育教学的最基本要求，也是考核高校武术教学的一种标准。促进运动技能不断提高原则的基本要求主要有以下几个方面：

（1）要正确认识武术运动技能的提高在武术教学中的重要意义

如上所述，掌握好武术运动的技能是武术学科的基础，也是学生体验运动快乐和掌握体育锻炼方法的首要前提。武术运动教师要充分认识该运动技能提高的重要性，才能重视运动技能教学。

（2）要明确武术运动技能学习的目的，有层次地掌握运动技能

对于学生来说掌握好武术的运动技巧跟专业武术运动员还有很大的差距，学生学习的目的是为了娱乐和健身，所以高校在体育的教学过程中一定要以“健康第一”为最根本的原则和为学生服务的思想。有层次的让学生掌握他们所需要的运动技能。

（3）要对武术教学的学理和教法进行深入的钻研，提高教学质量

在充分了解武术运动技能的规律的前提下，才能够让学生更好地掌握运动的技能，最重要的是在高校的传统武术教学条件下的武术运动掌握规律。高校武术教学的时间相对有限，而且学生多，教学场地和器材都无法和专业的武术运动员的训练条件相比，因此我们必须研究高校传统武术教学中的技能提高途径和规律，这就是对武术教学的根本性的研究，这类研究的积淀是制定科学的体育课程。

（4）要创造和提高运动技能的环境和条件

为了让学生能够更好地掌握好武术运动的技能，我们要创造良好的环境和条件为他们服务，这其中良好的条件就包括了老师的运动技能水平和教学的技能，同时也还包括了场地、器材和教学环境的优化。另外学生之间、学生与教师之间的相互交流和评价也是非常重要的一部分。

### （二）高校传统武术教学原则的意义

#### 1. 指导高校的教学思路

在进行高校武术的教学之中，武术老师是要承担很大压力的，要综合各个方面来考虑问题，例如对武术教学内容的选择与安排，如何充分有效地调动和管理学生，准备和优化教学环境与条件，等等。面对这些工作，武术教师必须保持清晰的思路，而武术教学原则恰恰是指导教师保持清晰思路的最好办法。教师只要遵循了高校体育教学原则，教学工作

就能保持一个正确的方向，就能提高高校体育教学质量；相反，如果违背了这种原则就会使得教学的效果明显的降低。

**2. 明确高校的教学要求**

在高校传统武术教学的原则中，他很充分地体现了教学工作中的要求和规律，而这个原则的本身就是教学的过程中最核心的要求。由于高校武术教学的原则全面、生动、准确地体现了教学的要求，使得高校武术教学原则在整个教学过程中也变得较为明确，各级教学指导单位可以依据高校武术教学原则向教学的实施者提出明确的要求。换一种说法，高校武术教学的原则是教师进行高校武术教学时不可突破的底线要求。

**3. 提供观察高校教学的视角**

高校体育教学工作的最基本的要求就是体育教学的原则。因此遵循高校体育教学原则的教学是满足教学要求的状态，会呈现出合理的外部特征，反之，则会呈现不合理的外部特征。所以，我们可以综合各个高校的武术教学原则作为教学的视角，观察这个教学的外部特征，实现对高校武术教学合理性的观察和评价。反之，也可以通过外部特征来观察和评价一个学校的武术教学原则是否合格。

**4. 为高校提供教学的评价标准**

高校体育教学的评价所涉及的内容非常的复杂，在实践时也会出现不同的观点。但只要我们正确的把握好高校传统武术教学的原则，再来对高校体育教学进行评价时，就会在清晰和简明的标准下进行。

## 二、高校传统武术教学的方法探究

### （一）高校传统武术教学方法的选择和运用

**1. 高校传统武术教学方法的选择**

在进行高校传统武术教学时，在方法的选择上要想获得良好的教学效果，教师只有综合考虑高校当中的各种有关因素，才能正确、合理的选择教学方法。高校体育教学方法的选择主要依据以下几个方面。

（1）根据武术教学目标

由于不同学习阶段有着各自不同的教学目标，因此，武术教师在选择教学方法时，要根据每个阶段不同的要求来选择教学方法。如果某阶段的教学任务是传授武术新知识，就应该选择语言传递信息的方法，直接感知的方法；如果在某个阶段教学任务是形成和完善武术的技能、技巧，就应该选择以实际武术训练为主的方法；如果是练习课就要更多地使用练习法、比赛法等教法等等。只有有的放矢，区别对待，才能取得理想的教学效果。

(2) 根据教材内容的特点

武术的教学内容与教学方法有着非常密切的联系。在选择传统武术的教学方法时，高校体育教学的内容是一个很好的参考依据。武术教学方法的选择必须根据其教材的性质和特点，选取一种比较合理的教学方法。不同性质的教学内容要求有不同的方法与之配合，因此，要对武术的教学内容、结构、性质、特点、形式进行很好的分析，以确定它们对教学方法的要求。老师们就应该把握好每个人自己的教学方法的适用范围，能够根据不同的教材来灵活性的选择并创造出适当的体育教学方法。

(3) 依据学生自身的情况

教师“教”的目的是为了学生的学，所以在进行教学方法的选择时，要对学生实际情况需要进行全方面地考虑。主要包括学生的年龄、性别及身心发展等特征，还应了解学生体育知识技能掌握的程度，使之教学方法的选择更加有的放矢。

(4) 依据教学时间和效率的要求

为了使高校传统武术教学工作顺利、有效地进行，教学方法就必须要有一定的针对性来辅助提高教学质量。教学最优化就是要求以最少的时间取得最佳的效果。在武术教学过程中，发现式教学法要比讲解法浪费时间，分解法要比完整法浪费时间等，所以在教学的时候，老师的教学方法的选用就应该考虑其所用教学时间和教学效率的高低。在规定的时间内，是否高效率地完成了教学目标和教学任务是判断一种教学方法好坏的关键。由此可见，好的教学方法应该是高效低耗的。但是我们还需要注意的一点是：有些教学内容看起来费时间但实际上很重要的步骤，比如在讲述武术动作的技术原理时，用点时间让学生们探索和发现是很有意义的。

总而言之，为了达到教学效果的最优化的教学目标，武术教师应尽可能地选用既省时又有效的教学方法。

**2. 高校传统武术教学方法的运用**

(1) 灵活运用教学方法

武术教学是一个动态过程，教师在课前根据教学目标、内容和学生实际设计的教学方法，往往会因为某种因素在课程实践中无法按照原计划进行。这时教师就要注意灵活应对，根据实际教学情况，对所选的武术教学方法进行灵活地、创造性地运用。

(2) 保证教学方法的整体性

由于不同的武术教学方法，其特点、功能和应用范围都有所不同，各自之间也存在一定的局限性。因此，教师在运用所设计的教学方法时，要坚持武术教学方法的整体性，有效地把各种教学的方法进行有机的融合，充分的发挥教学方法体系的功能。

(3) 激发学生自觉学习

武术老师所选择的教学的方法，首先要从学生的实际情况出发，调动好学生的学习积极性和自觉性。以此来激发学生的主动学习的意识，充分的把学生作为主体，培养学生的

创新思维能力。激发和培养学生的学习武术的兴趣与动机，科学合理的设计武术教学方法，培养学生的体育能力，创设情境，引导学生积极思维。

（二）武术教学方法的内容

**1. 语言法**

运用各种形式的语言，指导学生学习掌握学习内容，进行练习的方法，即为语言法。正确使用语言法对学生顺利地完成武术教学任务有重要的意义。语言法的优点主要有两方面：一个方面是能够很经济的同时向许多学生传递有关信息，正确运用语言法能启发学生的思维，形成正确的认知，促进学生武术运动技能的形成，培养学生分析问题与解决问题的能力；另一个方面是能够激发学生学习武术运动的积极性，活跃课堂气氛，融洽师生关系。

在传统武术的教学过程中通常所使用的语言形式有：讲解、口令和指示、口头评定成绩、口头汇报以及默认与自我暗示等。

（1）讲解

讲解是教师给学生说明教学目标、动作（练习）名称、动作要领、动作方法、规则与要求等，能够主导学生进行运动技能的学习，来掌握运动技能的方法。在运用讲解法的注意事项有以下几个方面：

①讲解的目的要明确

武术老师在进行教学的过程中一定要根据教学的目标和内容来具体地选择要讲解的内容，包括讲解的方式、速度、语气等。重点和难点要把握好，有目的、有针对性地讲解。

②讲解内容要正确

要保证讲解内容正确，而且要能够让学生理解和接受。讲解的内容要符合现有的科学原理，做到确认无误之后在进行讲解。另外，讲解的广泛度和方式一定要符合学生原有的知识储备和知识经验。

③讲解风格要生动形象，精简扼要

武术的运动技术具有很鲜明的动作性，老师要善于根据学生在生活中已经学习到的技术或者已经熟知的事物，让他们与所学习到的运动技术产生一定的关联，这样就能够更加有效的帮助学生理解动作，并消化动作。另外，在武术运动技能教学中，要抓住重点，简明扼要的讲解内容。

④讲解内容要具有启发性

武术教师的讲解要能启发学生积极思维，注意采用对比，提问的方式，让学生能够触类旁通，举一反三。使学生有机的结合自己所学、所见、所听、所练，以此来增强学生的自主思考和学习能力。

⑤把握好讲解的时机与效果

讲解时机和效果的把握，有时能让教师的讲解事半功倍。例如讲解要在学生专注与教师所讲内容时；而当学生练习过程中，或学生背对教师时一般不宜讲解。

（2）口令和指示

有一定的形式和顺序，有确定的内容，并以命令的方式指导学生活动的语言方式，即为口令。如练习中指示学生“收腹”“转体”“提肩”等。指示：用很简明的语言来组织学生进行相应的活动的语言方式。在进行口头指示的时候要求说话准确、及时、简洁。声音一定要保持洪亮，发音准确、清晰、让学生有一种势在必行的感觉。

（3）口头评价

按教学标准，对学生的行为表现、练习完成的情况以口头方式进行评价的方法，即为口头评价法。在进行口头评价的时候，一定要坚持正面的鼓励和评价为主；当一定要用否定语气的时候，要能够指明努力的方向，说明提高改进的方法。

（4）默念与自我暗示

默念是学生在实际练习前通过无声语言重现整个动作或动作的某些部分的过程、重点、时空特征，以提高练习效果的语言方式。自我暗示指的是在学生进行实际练习的过程中默念某一些指令性的话，自我调控练习过程的语言方式。有机的结合这两种语言方式，将会取得较好的教学效果。

**2. 直观法**

直观法是高校体育教学中通过一定的直观方式，作用于人体感觉器官，引起感知的一种教学方法，下面进行详细介绍。

（1）动作示范

动作示范是教师或教师指定学生以具体动作为范例，使学生了解动作形象、结构、要领的方法。在进行动作示范的时候要简便灵活，真实感强烈，针对性高。为了取得较为理想的教学效果，在运用动作示范时的注意事项主要有以下几个方面。

①目的要明确

在运用动作示范时，教师的目的要明确，结合每个学生的特点和教学内容等客观条件，选择动作示范的次数、速度、位置、方向、示范与讲解结合的方式。

②动作示范要正确

动作要力求做到准确、熟练；示范要体现出具体教学内容的特点；运用正误对比演示时，要恰如其分，保护学生的自尊，激发学生学习热情，提高学习兴趣。

③示范与讲解有机结合

武术老师应该结合教学目标、内容、学生特点等来具体地选择示范与讲解相互结合的方式，可以先讲解再示范，也可先示范再讲解，或者边讲解边示范。

（2）直观教具与模型演示

直观教具与模型演示是在武术教学中对图表、照片、模型及其他教具等直观方式的运用，它能使学生较生动、具体地了解武术动作的形象、技术结构和细节以及动作技术的完

成过程。此外，教具、模型的演示还可起到新颖刺激的作用，吸引学生注意力，提高学练情绪。直观教具与模型演示的具体要求包括：明确的目的和适宜的演示方式，另外还要有演示的时机和讲解示范的结合。

（3）多媒体演示

多媒体技术主要包括电影、幻灯、投影、电视、录像。在运用电影和电视、录像时，为了能够取得较好的教学效果，应注意根据教学目标选择适宜的播放内容，将电影和电视、录像与讲解示范练习有机结合进来。

（4）助力与阻力

借助于外力的帮助，使学生通过触觉和肌肉本体感觉，体验正确的用力时机、大小、方向、时空特征，从而正确掌握动作的一种直观方法，即为助力与阻力法。在教学中运用此方法时，应注意动作的正确性。

（5）定向与领先

定向是静态的具体的视觉标志物，例如标志线、标志点等。领先则是动态的、超前的视觉为信号。在运用定向与领先方法时，要根据教学内容、对象特点合理设置视觉标志。

**3. 完整法与分解法**

（1）完整法

从动作的开始到结束，不分段落，完整连续的进行教学和练习的方法即为完整法。它主要适用于：第一是它适用于动作结构简单的协调性差的比较简单的武术动作；第二是也能够运用于虽然动作比较复杂，但动作各个部分联系非常密切，不宜分解的武术动作；第三是运用于虽然动作比较复杂，但学生的运动能储备较多，运动学习能力强的武术动作。

（2）分解法

把完整的动作分成几个有机的部分，分开段落来进行高校体育教学的方法就是分解法。这种教学方法的优点是适当降低动作技术的难度，便于学生掌握和突出教学重点和难点，与此同时也可以很好地提高学生的自信心，能够逐步逐段的进行学习，易于消化。其缺点是不利于学生对整体动作的理解，很有可能造成学生只对单独的章节或段落进行理解和记忆，甚至会降低动作完整性的质量。

**4. 预防与纠正错误法**

预防和纠正错误法是教师为了防止和纠正学生在武术练习中出现的动作错误所采用的方法。学生在学习掌握动作时，出现错误是正常现象，教师应正确对待，并有意识地加以预防和纠正。预防具有超前性，即在学生未能出现错误时“防患于未然”准确找出错误原因。纠正这个方法有很鲜明的针对性，这样能够准确及时发现学生在做动作时所犯的错误，还能正确的分析这种错误产生的根源，从而采取更加有效的手段，以便纠正。预防与纠正错误动作的方法有几种：

(1) 强化概念法

强化正确的武术动作和动作形成的表象就是强化概念法。此方法主要是通过加强讲解、示范，结合学生已有知识对比的讲解示范，使学生正误动作的差异，主动避免与及时纠正错误动作。这是预防与纠正错误的最基础的方式。

(2) 转移法

在武术教学过程中，如果遇到学生因为恐惧和焦虑，或旧动作技能习惯性的影响而形成错误动作时，就应该运用转移法，通过变换练习内容，采用一些诱导性、辅助性练习，引导学生从错误动作中转移出来。

(3) 降低难度法

在武术教学中，如果学生在完成动作时，由于体力不支或者心理压力、紧张等因素造成错误动作，这时就该运用降低难度法，使学生从较高难度的条件下转到相对比较简单、容易的条件下进行动作练习并完成动作。

(4) 自我暗示法

学生在明确完成动作的方法而又注意不到达到某些要求时，在练习的时候有意识的暗示自己一定会完成这个动作或者任务。

**5. 游戏法**

游戏法是指在规则许可的范围内，充分发挥个人主动性和创造性，完成预定任务的方法。游戏法是一种比较容易接受且较易练习的教学方法。游戏法的主要特点有以下几个方面。

(1) 表现形象性

根据形象或象征性的内容来组织学生的游戏活动，在不断变化的条件下，完成各种各样的身体活动所要达到的预定目的。

(2) 活动广泛独立性

他规定为了达到目的的基本的行为规范，但是不要求具体的行为方式。所以学生进行活动的时候就具有了广泛性和独立性，对发挥他们的主动性、创造性、积极性及提高自我控制的能力具有很好的作用。

(3) 合作与竞争性

人与人或者队与队之间人为的创造出一种紧张的关系，营造一种紧张的场面，以此来表现竞争与合作的关系，这样能显示出学生个人的品质和道德。

为了达到最佳的教学效果，在运用游戏法时要注意：要选择好合适的活动内容与形式，以教学目标为依据。采取相应的规则与要求；在教育学生遵守规则的同时，尽可能的鼓励学生发挥自身的优势，以增强学生的自主学习能力；要认真做好游戏的评判工作，要客观公正评价游戏的结果，以及学生在游戏中的表现，以增进学生的学习兴趣和积极性，提高学生信心。

#### 6. 竞赛法

竞赛法指的是在比赛的环境条件下，对学生进行训练的一种方法。这种教学方法的特点是具有激烈的对抗性、竞争性、运动负荷较大。在运用竞赛法时，为了取得最佳教学效果，首先要明确运用竞赛法的目的；合理的配对、分组；其次，在学生较为熟悉的掌握动作技术之后才能够使用竞赛法来进行训练，在此期间一定要注意对学生完成动作质量的评价和要求。

# 第十章　高校大学生体质、卫生、营养分析

# 第一节 体质的含义

## 一、体质的概念与内容

（一）体质的概念

“体质”是指人体的质量，是一切生命活动的物质基础，它是在遗传性和获得性基础上表现出来的人体形态结构、生理功能、心理因素的综合的、相对稳定的特征。理想的体质是指良好的人体质量，是在遗传的基础上，经过后天的努力塑造所能达到的形态、结构、生理功能、心理素质和对环境适应的整体良好状态。

（二）体质的内容

体质由五个方面构成，包括：形态结构、生理功能、身体素质和运动能力（简称体能）、心理发育（或发展）和适应能力。

体质的五个内容是不可分割的，一定的形态结构必然表现为一定的生理功能；体能是各器官系统的机能在人体运动过程中的客观反应；发展体能的过程又引起一系列形态结构、生理功能的变化；而伴随着形态结构、生理功能的变化及体能的发展、提高，又会产生特定的心理过程和个性心理特征，从而促进人的心理发展。第一，形态结构包括体格、体型、姿势、营养状况、身体成分。第二，生理功能包括机体代谢水平、各器官系统的效能。第三，身体素质和运动能力身体素质和运动能力包括速度、力量、耐力、灵敏性、协调性、柔韧性和走、跑、跳、投、攀登等身体活动能力。第四，心理发育（或精神因素）包括智力、情感、行为、感知觉、个性、意志等。第五，适应能力包括对各种环境的适应能力和对疾病的抵抗力。

## 二、影响体质的因素

遗传是人的体质发展变化的先天条件，与一个人的体质强弱有重要关系。如体型、性格、机能、疾病及寿命等，都与遗传有关。但遗传对体质的影响只提供了可能性，而最终人们的体质的强弱还与后天的环境、营养、体育锻炼和卫生保健条件等有着更加紧密的关系。

（一）先天因素

先天因素也叫遗传因素，作为内因的遗传因素其作用是决定性的，个体能够做到在遗

传所赋予的潜力范围内的体能目标，然而要超越由遗传和发育决定了的健康和机能能力的极限却绝无可能。尽管遗传对身体活动能力、体适能和健康状况有决定性的作用，但是大部分人却能够选择过一种健康的或者不健康的生活，而这并非由遗传因素所决定。因此，遗传基础本身并不能单方面就决定一个人的健康状况始终不良或者一直拥有很局的体能水平。

（二）后天因素

体质强弱的形成，主要依赖于生态环境、社会环境、体育锻炼、生活方式等后天因素的影响。

**1. 生态环境**

生态环境因素是指生态系统中的自然因素，包括阳光、空气、水等基本条件，气候与季节的影响和自然界的生态平衡等。这些因素为人的体质发展提供了必要的物质基础，有时必须做出新的适应。例如人类在高原、极地和热带地区等环境条件下的适应，就是机体各种机能状况不断改善的过程，即机体在不断适应的基础上，使机能水平进一步提高，体质增强；而身体机能不适应此类环境的人或突然置身于此类环境的人，则会因此出现水土不服，影响健康甚至危及生命危险。

**2. 社会环境**

社会环境因素是指影响人类日常生活的社会因素，它包括人类社会提供的衣、食、住、行等物质条件。社会经济发展水平和物质文明程度是决定人类生长发育水平和体质状况的重要因素，因为它在很大程度上决定了物质生活水平和营养状况、文化、教育水平和医疗卫生条件等。

**3. 体育锻炼**

有计划、有目的、科学地进行体育锻炼，是增强体质的最积极有效的途径，能促进人体形态的发育，提高机能水平和运动能力，增强适应环境和抵抗疾病的能力等。体育锻炼能提高大脑神经传递过程中的强度、均衡性、灵活性和神经细胞工作的耐久力，能使神经细胞获得充足的能量物质和氧的供应，转移神经系统的过度紧张，从而消除疲劳。体育锻炼也能提高人体循环、呼吸和运动系统的功能，如能增大每搏输出量，较快适应剧烈运动的需要，锻炼后恢复也较快；能增大肺通气量，提高供氧能力；能促进骨骼生长，骨横径增粗，骨髓腔增大，骨密质增厚，并使肌纤维变粗，增加肌肉的力量和协调性。大量的研究成果，证实了体育锻炼对增强体质的显著效果。体育锻炼还能有效地提高人体对外界环境的适应能力。一年四季坚持经常锻炼身体，结合日光、空气和水的锻炼，能提高体温调节机能，增强抵抗各种疾病的能力。

## 三、体质的评价

体质在形成和发展过程中，具有明显的个体差异和阶段性。不同人体体质的差异，表现在形态发育、生理机能、心理状态、身体素质、运动能力以及对环境的适应和对疾病抵抗能力等各个方面。包括从最佳功能状态，到严重疾病和功能障碍等各种不同的体质水平。体质状况不仅具有某些共同的特征，而且是不断发展变化的。人们可以通过改善物质生活条件和有目的、有计划地科学的锻炼身体，保持良好的体质状况，并不断增强体质。

与健康有关的体质直接与个体从事日常生活和工作的能力有关，体质的评价主要是评价机体三方面机能：心肺血管机能、身体成分和肌肉骨骼系统机能（包括肌肉耐力、肌肉力量和柔韧度）。

### （一）心肺血管机能

心肺血管机能是心脏、血管与呼吸系统协同工作的能力，提供给肌肉工作的燃料，它们的功能直接影响肌肉利用燃料长时间工作的能力。良好的心肺血管机能不仅能保证身体长时间有效地工作，同时也是机体工作后快速消除疲劳和机能有效恢复所必须的。

### （二）身体成分

身体成分是指肌肉、脂肪、骨骼及其他组成机体成分的相对百分比。其中体脂是评价身体成分的主要方面，理想的体质应有适当的体脂百分比。

### （三）肌肉骨骼系统机能

肌肉耐力、肌肉重复工作的能力，耐力强的人可以长时间工作而不致过度疲劳。肌肉力量、肌肉抵抗外力或移动重物的能力。一定的力量可使个体胜任那些需消耗体力的工作与娱乐活动。柔韧度关节活动的可能范围，由肌肉长度、关节结构及其他因素影响，良好的柔韧度可使关节在工作、娱乐中全范围活动。这些与健康有关的体质因素从不同角度反映了机体的健康状况，对于防止运动不足性疾病的发生更是直接相关。

## 四、体质与技能相关的素质

体质中与技能相关的素质是灵敏度、平衡性、协调性、爆发力、反应时与速度。

### （一）灵敏度

灵敏度是指在空间迅速、准确地改变整个身体运动方向的能力。例如滑雪与摔跤就需要非凡的灵敏能力。

### （二）平衡性

平衡性是指稳定或运动中维持平衡的能力。滑冰、平衡木运动及建筑物上的高空作业

就需要高超的平衡能力。

（三）协调性

协调性是指运用机体本体感觉在运动中流畅、准确、协调地完成动作的能力。杂技、高尔夫、棒球等运动需要很好的协调性。

（四）爆发力

爆发力是指以最快的速度将能量转化成力量的能力。铁饼与铅球是需要良好爆发力的运动项目。

（五）反应时

反应时是接受刺激与对刺激反应之间的时间间隔。赛车、短跑需要机体有灵敏的反应能力。

（六）速度

速度是指短时间快速移动的能力。田径、橄榄球等运动需要此项素质。

体质中与技能相关的这些素质不是每个健康人都具有的，因为拥有这些素质还要有一个动作练习过程。拥有它们的人很容易完成高水平的技术动作，如在体育或特技中，因而与技能相关的体质的组成部分有时也叫运动技能或是体育技能。

## 五、代谢性体质

代谢性体质是近年来提出的新的体质参数，主要包括血糖、血脂、血胰岛素、骨密度等，代谢性体质反映的是一种机能状态，它同许多慢性疾病的发生或发展直接相关，而且与运动锻炼的效果直接相关。通过运动锻炼降低血脂水平、控制血糖、提高骨密度等都能增强机体代谢性体质，减少各种运动不足性疾病的发生，并影响机体整体体质水平。

## 六、提高体质的方法

体质是三方面体适能参数的综合表现。一个健康的人，三方面的体质参数至少达到适当水平，使机体能拥有一定的健康、技能以及代谢体质成分。不同的体质特征之间存在着相互关联，又相互区别。一个拥有良好健康体质成分者并不一定具有优秀的技能体质，技能类体质还涉及一个练习过程，但要拥有优秀技能体质的前提是机体要有良好的健康体质。有些人体质发展会表现出不平衡性，如有时力量特别大的人并非一定拥有特别优秀的心血管机能，同样地，协调性极佳的人可能没有特好的柔韧度。这种现象的产生与个人的运动兴趣有关，作为指导者应予以正确引导。

良好的体质是身心健康的必要的生理基础。良好的体质有助于降低慢性疾病如冠心病的危险性以及其他慢性病的发生或发展，提高机体免疫机能，抵御病毒侵害及细菌感染；良好的体质可使人们拥有更多的生命激情，积极地享受生命，感受生活，利于心理健康；拥有良好的身体体质，使参与户外活动机会增加，并进一步增强体质，促成良性的健康循环。提高体质的方法如下。

（一）自我负责的态度

自我负责的态度被认为是一个关键所在，因为个人在日常生活中所做的选择和决定无疑将会对总的生活方式造成影响。某些时候人们所做出的决定有利于增进健康和形成合理的生活方式；相反的，有时人们选择的行为也会对健康造成损害。没有严格的自我负责的态度作为保证，很难始终选择合理的行为并保持和发扬，也难以将一些陋习加以彻底革除。

（二）体育锻炼

在以自我负责为基础的生活习惯各要素当中，体育锻炼是一个至关重要的方面。身体活动和体育锻炼对健康状况的影响如此明显，联系如此紧密，以至于人们往往把身体健康和体育锻炼相提并论。大量的研究证实，有规律的身体活动能够降低冠心病、恶性肿瘤、糖尿病等严重疾病发生的风险，从而防止由这些疾病引起的过早死亡；体育锻炼还能够维护老年人骨骼、肌肉、关节的健康，尽可能保持老年人独立生活的各种能力，提高人类晚年的生活质量；体育锻炼有助于缓解或克服不良情绪，增进心理健康，使人们有足够的精力应付日常生活的需要。科学研究的结果使人们相信，日常的体育锻炼不仅对个人当时的健康状况产生良好的作用，也能够对其以后的生命阶段的生活产生深远的影响。体育运动是增进健康的重要和基本手段，这早已在世界范围内成为共识。

在开始部分介绍了健康概念的演变是为了强调一点，即身体活动的重要作用并不仅限于延长寿命和阻止疾病的发生。在此要指出的是，规律的身体活动对提高生活质量具有重要作用，即使不将体育活动具有延长寿命和阻止疾病发生的作用考虑在内也是如此。一些研究已经表明，体育活动和全部的生活质量，包括精神、心理、社会等方面的良好状态，都具有密切的联系。虽然对于作为生活质量基本要素之一的体育活动其类型和运动量很难给出统一的和较为精确的标准，但是对于体育活动在个人生活质量中所起的作用，人们投入了越来越多的兴趣并取得了更多的研究结果。

## 第二节　体质测量评价的方法

### 一、身体测量

身体测量，广义是指人体外形的测量。它是用以评估身体结构和身体发育比较常用的

一种方法。一般包括身高、体重、坐高、四肢长度、身体围度、径长等指标的测量。

通过对身体的测量，可以了解受试者的身体发育状况和特点，发现身体发育缺陷，便于及时采取改善措施，同时通过对多次的测量结果的反复比较，可以研究人体生长发育的一般规律，评定体育锻炼的效果。

## 二、身体测量内容及方法

人体形态测量，系指人体的概观性特征的测量。身体形态的测量包括观察与计量两个方面，前者主要有姿势的观察，后者主要有身高、体重和胸围等指标的测量。通过身体形态测量，不但可以提供研究人体生长发育规律的重要数据，而且也为分析个体发育特征和评价个体发育水平提供不可缺少的依据，同时还为运动员选材工作提供重要信息。通过测定与评价能看出锻炼的效果，从而能更好地激发锻炼的积极性，并为确定以后的锻炼内容和方法，提供必要的科学依据。

### （一）身高与体重的测量与评价

身高指人体站立时，支撑面至头顶点的垂直高度。身高主要反映骨骼发育状况，是评价生长发育水平的重要依据。通过测量身体长度，可了解骨骼发育情况。

测量时受试者赤足，以立正姿势站立在身高计的底板上，足跟并拢，足跟、骶骨部及两肩脚间区与支柱接触，躯干自然挺直，头部正直，但不靠立柱，两眼平视，耳屏上缘与眼眶下缘呈一水平，测试者站于受试者侧面，将水平压板轻轻沿立柱下滑，轻压受试者头顶，测试者两眼与压板平面等高，进行读数记录。

体重是人体横向发育指标。它反映人体骨骼、肌肉、脂肪及内脏器官重量的综合情况和肌肉发育程度。体重大小受年龄、性别、身高、季节、生活条件、体育锻炼、疾病等因素的影响。测量时，男生只穿短裤，女生穿短裤、背心，并应在测量前排空大、小便，被测者赤足轻踏上秤台中央、身体保持平衡，不与其他物体接触。

### （二）坐高测量与评价

坐高是指人体正坐姿时，头顶点至坐板平面的垂直高度。通过测量躯干长度，间接了解内脏器官发育状况。坐高反映躯干骨骼的纵向发育状况，坐高与身高、体重构成的指数还可以反映身体的比例和营养状况。

测量时受试者位于仪器的坐板上，使骶骨部，两肩脚间正靠立柱，躯干自然挺直，两腿并拢，大腿与地面平行并与小腿成直角，上肢自然下垂，双手不得支撑坐板，双足平踏在地面上，操作同身高测量。

### （三）胸围的测量与评价

胸围即胸廓外面的周长。通过测量胸廓大小可以了解胸廓肌肉的发育情况。胸围是显示人体的宽度、厚度最有代表性的量值，是衡量人体生长发育水平的一个重要指标。

测量时测试者自然站立，两脚分开与肩同宽，双肩放松，两上肢自然下垂，测量者将带尺围绕胸廓一周，在背部带尺上缘于肩脚骨下角的下方，在胸部带尺下缘放于乳头上缘，已发育成熟的女生，带尺应置于乳头上方第四肋骨与胸骨连接处，从侧面看，带尺呈水平的圆形，测量受试者呼吸尚未开始时的胸围。

## 三、生理机能的测量与评价

生理机能水平，即机体新陈代谢的功能以及各器官、心肺系统的工作效能。生理机能测评的内容很多，下面主要介绍与体育运动及身心健康关系较大，且又适用于群体的测评项目和评价方法。

### （一）安静脉搏

测量相对安静时的脉搏频率，是指在单位时间内（1 分钟）动脉管壁搏动的次数。它主要反映心脏和动脉本身的机能状态。正常成年人安静时的心率平均 75 次/分左右，生理变动范围为 60～100 次/分。

心率随年龄、性别、机能状态不同而不同。在成人中，女性心率较男性心率快约 3～5 次/分，在安静状态下，缺乏体育锻炼的人比经常参加锻炼的人心率快。即使是同年龄、同性别的人，其心率的差别也很大，个体之间差别之所以大，除可能与遗传因素有关外，主要与个体的健康状况和锻炼（训练）水平有关。如有训练的运动员，安静时心率较慢，可低于 60 次/分或更少。

### （二）血压的测量与评价

血压是指血液在血管内流动时对血管壁产生的侧压力，一般指体循环中动脉血压。血压是反映心血管机能水平的一项重要指标，也是健康检查的常规项目。动脉血压维持在一定高度，对于保证脑的血液供应特别重要。血压过低时，全身各器官和组织的血液供应都将不足，心、肾、肝等重要内脏器官也将缺血、缺氧，器官机能随之发生障碍。另外，动脉血压过高，将导致心功能不全，同时也可引起血管内膜的损伤和破裂，造成脑溢血等严重后果。因此，保持动脉血压的相对稳定，对于正常人体的生命活动是十分重要的。

### （三）肺活量的测量与评价

肺活量反映受试者一次呼吸时肺的最大通气能力，是人体生长发育水平最具代表性的重要机能指标之一。其大小主要取决于呼吸肌的力量、肺和胸廓的弹性等因素。

## 四、身体素质的测定与评价

人体在运动、生产劳动、生理活动中所表现出来的速度、力量、耐力、柔韧性和灵敏

度等机能能力总称为身体素质。它不仅是掌握运动技术、提高运动成绩的基础，也是体质的重要组成部分，因此，在体育教学与训练或体质研究中，身体素质的测定与评价有着十分重要的意义和作用。

### （一）速度素质

速度素质是指以最短的时间间隔完成动作的能力，属于运动中的重要素质之一，它包括反应速度、完成动作的速度、动作频率。反应速度又称反应时，是身体对刺激做出应答的时间间隔，如短跑中运动员从发令枪响到起跑时的时间。动作速度是指人体完成动作所需要的时间或单位时间内移动的距离，如投掷运动员最后用力时的出手速度，50 米、100 米跑速等。

### （二）力量素质

力量是肌肉紧张或收缩时所产生的，它是人体运动时的首要素质，也是发展其他素质的基础。根据肌肉收缩的形式，力量可分静力性力量和动力性力量。静力性力量是静止状态下的用力形式，动力性力量则是运动状态下的用力形式。力量又可分为一般力量、速度力量（爆发力）、力量耐力。一般力量是速度力量和力量耐力的基础，发展一般力量能促进爆发力和力量耐力的提高，但是力量耐力和爆发力之间却互相产生消极的影响，测评力量素质可以采用单杠引体向上、曲臂悬垂、双杠双臂屈伸、立定跳远、仰卧起坐等。

#### 1. 引体向上

测量肩带及两臂的肌肉耐力。受试者双手正握与肩同宽呈悬垂姿势，引体向上至下颌超过杠面，每上引一次要回复至双臂伸直的悬垂姿势。完成正确动作的次数即为测量成绩。

#### 2. 曲臂悬垂

测量肩臂肌耐力。受试者双手同肩宽反握杠，上引至两肘全屈，下颌在杠面之上，记录受试者保持上述姿势的时间。

#### 3. 双臂屈伸

测量双臂和肩带肌耐力。受试者在双杠的两杠之间成直臂支撑，身体下降至两肘关节成直角时，即推杠成直臂支撑为一次，完成正确动作次数即为测量成绩。

#### 4. 立定跳远

测量向前跳跃时下肢的爆发力。受试者双足自然站立在起跳线后，屈膝摆臂，尽量用力向前跳，双足落地。连续跳 3 次，丈量起跳线前沿至最近着地点即后沿的垂直距离，记录最佳成绩。

#### 5. 仰卧起坐

测量腹肌耐力。受试者全身仰卧于垫子上，两腿屈膝成 90°，两手指交叉置于脑后，一同伴压住受试者两腿踝关节处，起坐时以双肘触及或超过同侧膝为一次，仰卧时，两肩必须触垫，测试时，测试者发出“开始”口令后受试者开始坐起，同时开表计时，记录 1

分钟完成的次数。

（三）耐力素质

耐力素质指人体长时间进行肌肉活动并克服疲劳的能力 q 耐力分为肌肉耐力和心血管系统耐力两类。人们采用的中长跑，例如男 1000 米、女 800 米跑发展的是心血管系统的耐力，这是大中学生增强体质的重点项目。耐力还有有氧耐力和无氧耐力之分，人们开展的慢跑等运动就是发展有氧耐力。

（四）柔韧素质

柔韧性是指人体活动时关节、韧带、肌肉、肌腱和皮肤的活动幅度及其伸展能力。柔韧素质的提高有利于提高动作幅度、动作的协调性，也有利于防止伤害事故。

发展柔韧素质可采用静力和动力两种方法，例如压腿是静力，踢腿是动力。静力和动力练习两者应结合起来。发展柔韧素质还可采用主动和被动两种方法。例如踢腿是主动，让同伴帮助进行搬腿就是被动，主动与被动也应结合起来。通常标测柔韧素质的方法是立位体前屈、纵劈叉等。

立位体前屈是测量髋、腰背弯曲和股后伸肌群的伸展程度。受试者两脚尖分开 5～10 厘米，并与平台前沿横线平行，脚跟并拢两腿伸直。上体尽量前屈，两臂及手指伸直，两手并拢向下伸，直到不能继续下伸时为止，以显示的刻度读数（立位体前屈测量计），以厘米为单位记录到小数后一位。

（五）灵敏素质

灵敏素质是指在各种复杂条件下，对刺激做出快速和准确反应，灵活控制身体及随机应变的能力，它是一种综合素质，它和力量、速度、柔韧、协调性等素质有密切的关系，它是人体在活动过程中，各有关器官系统、各种身体素质和运动技能协同配合的综合表现。发展灵敏素质有利于掌握动作技术，也有利于发挥速度和力量。检测灵敏素质可以采用立卧撑、象限跳等。

立卧撑测试是指测量人体迅速变换姿势和准确协调完成动作的能力，受试者用站立姿势开始，依次完成下列动作：双手于足前撑地成蹲撑—两臂伸直两腿伸成俯卧—两腿收回成蹲撑—还原成站立姿势。此为一次动作，记录 1 分钟内完成合格动作的次数。

## 第三节　大学生体质健康标准

### 一、我国体质测试和评价的发展阶段

我国大规模的体质健康测试工作于 20 世纪 70 年代末开始。现在主要包括：5 年一次

的国民体质监测和每年的学生体质健康标准测试工作。我国体质健康测试的主要标志性工作如下。第一，20 世纪 70 年代进行了 16 个省市青少年身体形态、机能和素质的调查研究。第二，20 世纪 80 年代开始进行大规模的青少年体质调研。第三，20 世纪年代开展了中国学生体质与健康状况调查研究。第四，21 世纪以来，全国范围内开展每 5 年一次的大规模、全年龄人群的体质监测工作。第五，21 世纪开始在全国实施《国家学生体质健康标准》。我国《国家学生体质健康标准》（教体艺〔2014〕5 号）测试项目和内容包括：形态指标（身高、体重）；功能指标（肺活量、台阶试验）；素质和运动能力［长跑（男生 1000 米，女生 800 米）、50 米跑、立定跳远（任选一项），仰卧起坐和坐位体前屈（任选一项），握力］；动作技能（跳绳、篮球运球、足球运球、排球垫球）。

## 二、《国家学生体质健康标准》的说明

为贯彻落实健康第一的指导思想，切实加强学校体育工作，促进学生积极参加体育锻炼，养成良好的锻炼习惯，提高体质健康水平，特制定本标准。本标准是《国家体育锻炼标准》的有机组成部分，是《国家体育锻炼标准》在学校的具体实施，是国家对学生体质健康方面的基本要求，适用于全日制小学、初中、普通高中、中等职业学校和普通高等学校的在校学生。

本标准从身体形态、身体机能、身体素质和运动能力等方面综合评定学生的体质健康水平，是促进学生体质健康发展、激励学生积极进行身体锻炼的教育手段，是学生体质健康的个体评价标准。

## 三、实施《国家学生体质健康标准》的重要意义

广大青少年身心健康、体魄强健、意志坚强、充满活力，是一个民族旺盛生命力的体现，是社会文明进步的标志，是国家综合实力的重要方面，是关系国家和民族未来的大事。青少年时期是身心健康和各项身体素质发展的关键时期。青少年的体质健康水平不仅关系到个人健康成长和幸福生活。而且关系到整个民族健康素质，关系到我国人才培养的质量。通过《国家学生体质健康标准》测试制度，促进学生积极地参加体育锻炼，上好体育课，增强学生的体质和提高学生的健康水平，把学生培养成为德、智、体、美全面发展的高素质人才。

### （一）贯彻落实“健康第一”的指导思想和全国学校体育工作会议的精神

学校教育，特别是学校体育直接肩负着“增强学生体质”和“促进学生健康”的使命。《国家学生体质健康标准》（以下简称《标准》）是积极贯彻落实健康体魄是青少年为

祖国和人民服务的基本前提，是中华民族旺盛生命力的体现，学校教育要树立健康第一的指导思想，切实加强体育工作这一思想的重大举措，也是深化学校体育教学改革、推进素质教育的重要步骤。《标准》是学生体质健康的个体评价标准和学生是否能够毕业的基本条件之一，是激励学生积极参加体育锻炼、促进学生体质健康发展的一种教育手段，引导广大青少年学生努力拥有健康的体魄和健全的人格，将“健康第一”的指导思想落到实处，充分发挥学校体育在素质教育中的作用。

（二）满足社会发展对人体健康的需要

现代文明在带给人们充分物质享受的同时，也给人类的健康带来了新的威胁。由于精神紧张、营养过剩、运动不足、环境污染等因素所引发的非传染性疾病在全球不断蔓延，处于亚健康状态的人群不断地扩大。关爱生命、追求健康是现代人渴望的目标。实施《标准》对于唤起学生的健康意识、改变学生不良生活习惯和生活方式、促进学生健康地成长必将起到积极的作用。也是激励学生积极进行身体锻炼的教育手段，而不是为了甄别和选拔优秀体育运动员，《标准》采用的是个体评价标准，针对身体形态、身体机能、身体素质和运动能力设置了专门的测评项目，有些项目还具有简便易行、锻炼身体实效性较强等特点，能够帮助学生发现自身的不足或个体差异，并通过测评促进学生积极参加体育锻炼，通过锻炼改善体质健康状况，促进身体全面发展，成为具有正确的体育意识和健康的生活方式的高素质的社会主义建设者，使学校体育在促进国民健康素质方面起到应有的作用。

## 四、《国家学生体质健康标准》实施办法

《标准》的实施工作在教育部、国家体育总局的领导下，由各级教育行政部门管理，体育行政部门指导，学校组织实施。《标准》的组织实施工作在校长领导下，由学校体育教研部门、教务部门、校医院（医务室）、学工部门、辅导员（班主任）协同配合共同组织实施。《标准》的测试应与学生的健康体检有机结合，避免重复测试。

## 五、《国家学生体质健康标准》操作指南

实施《标准》的过程中，掌握各项目正确的测试方法是所有体育教师和测评人员迫切需要了解的内容。无论使用何种仪器，对测试人员的基本的操作要求是一致的，下面对《标准》中各个项目基本的测试方法及其操作要求进行介绍。

（一）身高

**1. 测试目的**

测试学生身高，与体重测试相配合，评定学生的身体匀称度，评价学生生长发育的水

平及营养状况。

2. **测试器材**

测试器材为身高测量计。使用前应校对0点，以钢尺测量基准板平面至立柱前面红色刻线的高度是否为10.0厘米，误差不得大于0.1厘米。同时应检查立柱是否垂直，连接处是否紧密，有无晃动，零件有无松脱等情况并及时加以纠正。

3. **测试方法**

受试者赤足，立正姿势站在身高计的底板上（上肢自然下垂，足跟并拢，足尖分开成60°角）。足跟、骶骨部及两肩脚区与立柱相接触，躯干自然挺直，头部正直，耳屏上缘与眼眶下缘呈水平位。测试人员站在受试者右侧，将水平压板轻轻沿立柱下滑，轻压于受试者头顶。测试人员读数时双眼应与压板水平面等高进行读数，记录员复述后进行记录。以厘米为单位，精确到小数点后一位。测试误差不得超过0.5厘米。

（二）体重

1. **测试目的**

测试学生的体重，与身高测试相配合，评定学生的身体匀称度，评价学生生长发育的水平及营养状况。

2. **测试器材**

测试器材为杠杆秤或电子体重计。使用前需检验其准确度和灵敏度。准确度要求误差不超过0.1%，即每百千克误差小于0.1千克。检验方法是：以备用的10千克、20千克、30千克标准砝码（或用等重标定重物代替）分别进行称量，检查指标读数与标准砝码误差是否在允许范围。灵敏度的检验方法是：置100克重砝码，观察刻度尺变化，如果刻度抬高了3毫米或将游标向远移动0.1千克而刻度尺能维持水平位时，则达到要求。

3. **测试方法**

测试时，杠杆秤应放在平坦地面上，调整0点至刻度尺水平位。受试者赤足，男性受试者身着短裤；女性受试者身着短裤、短袖衫，站在秤台中央。测试人员放置适当砝码并移动游标至刻度尺平衡。读数以千克为单位，精确到小数点后一位。记录员复诵后将读数记录。测试误差不超过0.1千克。

（三）台阶试验

1. **测试目的**

测试学生在定量负荷后心率变化情况，评价学生的心血管功能。

2. **测试器材**

测试器材为台阶或凳子、节拍器（或录音机及磁带）、秒表、台阶试验仪。

3. **测试方法**

测试前测定安静时的脉搏，然后受试者做轻度的准备活动，主要是活动下肢关节。

上、下台阶（或凳子）的频率是30次/分，因而节拍器的节律为120次/分。受试者按节拍器的节律完成试验。

被测试者从预备姿势开始，被测试者一只脚踏在台阶上；踏台腿伸直成台上站立；先踏台的脚先下地；还原成预备姿势。用2秒上、下一次的速度（按节拍器的节律来做）连续做，3分钟。做完后，保持静止休息状态，测量运动结束后的1～1.5分钟、2～2.5分钟、3～3.5分钟的3次脉搏数。

（四）肺活量

**1. 测试目的**

测试学生的肺通气功能。

**2. 测试器材测**

试器材为电子肺活量计。

**3. 测试方法**

房间通风良好；使用干燥的一次性口嘴（非一次性口嘴，则每换测试对象需消毒一次，每测一人时将口嘴朝下倒出唾液，并注意消毒后必须使其干燥）。肺活量计主机放置于平稳桌面上，检查电源线及接口是否牢固，按工作键液晶屏显示110即表示机器进入工作状态，预热5分钟后测试为佳。

首先告知受试者不必紧张，并且要尽全力，以中等速度和力度吹气效果最好。令被测试者面对仪器站立、手持吹气口嘴，面对肺活量计站立试吹1～2次，首先看仪表有无反应，还要试口嘴或鼻处是否漏气，调整口嘴和用鼻夹（或自己捏鼻孔）；学会深吸气（避免耸肩提气，应该像闻花似的慢吸气）。受试者进行一两次较平日深一些的呼吸动作后，更深地吸一口气，屏住气向口嘴处慢慢呼出至不能再呼为止，防止此时从口嘴处吸气，测试中不得中途二次吸气。吹气完毕后，液晶屏上最终显示的数字即为肺活量毫升值。每位受试者测3次，每次间隔15秒，记录3次数值，选取最大值作为测试结果。以毫升为单位，不保留小数。评价：肺活量/体重—肺活量体重指数，指数高者为好。

## 第四节　大学生体育锻炼卫生常识

### 一、个人卫生

个人卫生是体育卫生的重要组成部分。体育运动参加者的个人卫生状况，不仅对增进人体健康预防疾病具有重要意义，而且还能促进身体锻炼的效能和对伤害事故的预防。

## （一）建立合理的生活制度

生活制度是指对一天内的睡眠、饮食、学习、休息和体育锻炼等各项活动作出基本固定的时间安排。人体的一切活动都是在大脑皮质的支配下进行的，大脑有关神经细胞建立有规律的活动秩序，这就是大脑皮质活动的“动力定型”。“动力定型”建立后，机体会在一定的时间内，对即将进行的活动在生理上做出准备。例如，有了定时进行体育活动的习惯，到了相应的时间，神经系统的兴奋性会增高，在神经体液的调节下，呼吸、循环系统以及机体的代谢能力也会随即加强，以适应体育活动的需要。

### 1. 保证充足的睡眠

睡眠是人的一种生理需求，约占人生 1/3 的时间，皮质细胞中由于工作所消耗的能量物质可在睡眠中得到恢复。睡眠不足，可使大脑皮质工作能力下降，长期睡眠不足，可使大脑皮质细胞的功能失调，严重影响身体健康。

人每天应保证一定的睡眠时间。身体活动量较大时，应适当增加睡眠时间 6 夏季，为补充夜晚睡眠的不足，最好有一定的午睡时间，睡眠时间充足，才能有效地提高人们的学习和工作效率。

### 2. 养成良好的饮食卫生习惯

良好的饮食卫生习惯，对保证消化系统的正常生理活动和营养物质的吸收具有重要意义。对体育运动参加者来说，还应注意进餐与体育运动之间应有一定的时间间隔。

### 3. 科学地安排学习和休息

工作和学习是一天中最重要的活动，对此应作出科学的安排。因为过长的学习时间会对学生的身心健康产生不良影响。因此，在学习和工作中，尤其要注意张弛有度、劳逸结合。

休息可分为安静性休息和活动性休息。安静性休息是指原地站立或坐卧不动的静态休息，活动性休息是指以身体主动运动来替代原来的工作或学习的动态休息，如散步、做操、打太极拳等。

### 4. 坚持参加体育锻炼

体育锻炼是以增强体质为目的的身体活动过程，通过体育锻炼能促进机体的新陈代谢，增进身体健康。因此，在每天的生活中，应保证有一定的体育锻炼时间。

### 5. 经常进行自然力锻炼

自然力锻炼是指利用日光、空气和水等自然条件进行的一种身体锻炼。自然力锻炼对于提高机体对外界自然环境的适应能力和对疾病的抵御力有积极的作用。自然力锻炼还能增强中枢神经系统的调节功能，改善心血管、呼吸、皮肤等器官系统的功能，促进新陈代谢，从而达到增进人体健康的目的。

## （二）穿着应清洁、舒适、美观

人的穿着主要有服饰、鞋帽等，它们对人体起着保暖和防止外界不良因素侵害的作用。平时的穿着应提倡舒适、清洁、美观和富有个性。进行体育运动时，应选择舒适，透气性好和有利于运动能力发挥的服装。体育锻炼时的鞋子应轻便、柔软、富有弹性和具有良好的通风透气性能，并符合运动项目的特点。

（三）保护好皮肤和牙齿

皮肤除了能保护机体免受外界侵害外，它还是一个感觉器官。皮肤里分布着丰富的神经末梢、大量的汗腺以及皮脂腺。当汗腺和皮脂腺的开口被封堵时，就有可能因细菌的繁殖发生疖肿和毛囊炎，所以，体育锻炼后应洗澡或擦身，以保持皮肤清洁。牙齿间经常会留有食物残渣，因此餐后要用温水漱口，以保证口腔的卫生。

（四）保护视力、预防近视

视力对人们的工作、学习和家庭生活都有重要的影响，注意用眼卫生，保持良好的视力是个人卫生中不可忽视的内容。尤其是重视保护学生的视力，对青少年一代的全面健康成长具有重要意义。

为了保护青少年的视力和预防近视眼的发生，应注意培养他们形成良好的用眼卫生习惯，如应经常参加体育锻炼，全面增强体质。读书写字时，姿势要端正，眼与书本的距离要保持在30～35厘米，并尽可能使书本平面与视线成直角。切勿躺着、走路布在摇晃的车厢里看书读报，避免在昏暗和耀眼的光线下学习、阅读和书写，看电视时间不宜过长。实践证明，每天坚持做眼保健操，保持眼睛清洁，是保护视力的有效手段。

## 二、精神卫生

一个人的健康应包含身体、精神和环境适应三个方面的良好状态。人体是不断与自然环境和社会环境相互作用的精神和身体的复合体。人类为了更好地适应环境，在生活过程中不断地对所感知到的环境刺激作出相适应的心理和生理反应。

精神卫生与人体的生理活动和社会实践有着密切的联系。客观现实的刺激和人所特有的大脑功能所产生的心理活动，如思想、情感、意志和行为等，都会影响机体的某种生理活动过程，进而影响机体的内部平衡和适应环境的能力，即影响人体的健康。现代大量的医学研究和临床实践证明，心理因素对疾病的发生、发展、治疗和预防，都具有一定的作用，故有人将高血压、消化性溃疡、支气管哮喘等与精神因素特别有关的疾病，称之为“精神生理疾患”。

（一）精神卫生的概念

精神卫生的本义，即保护精神（心理）健康。较完整的精神卫生概念是：维护和增进个体的精神健康水平，培养健全的人格，完善良好的社会适应能力以及防治心理障碍和心理疾病。

### （二）精神健康的标准

按照生物—心理—社会医学模式，躯体健康、心理健康、社会适应良好和道德健康这四方面都健康者，才算是真正的健康。心理因素除受躯体健康制约外，还与社会学、伦理学及行为科学互相渗透，精神健康的基本标准包括：第一，智力是人的观察力、注意力、想象力、思维力和实践活动能力的综合体现；智力正常是人正常生活的最基本的生理条件。第二，善于协调与控制情绪，保持心境良好心理健康者能经常保持愉快、开朗、自信和满足之心，善于从生活中寻求乐趣，对生活充满希望。同时，还应具有较好的自我控制力及适应环境的能力。第三，具有坚强的意志品质。意志是人意识能动性的集中体现，是个性重要的精神支柱。健康的意志有以下特点：目的明确合理、自觉性高，善于分析情况。果断，有毅力，心理承受力强。自制力好，不放纵任性。第四，人际关系和谐个体的心理健康状况主要是在与他人交往中表现出来的。具体表现为：乐于与人交往，既有广泛的人际关系，又有知己的朋友。在交往中保持独立而完整的人格，自知之明，不卑不亢。能客观评估别人，取人之长补己之短，宽以待人，友好相处，乐于助人。交往中积极态度多于消极态度。第五，能动地适应和改造现实环境有积极的处世态度，对社会现状有较正确的认识，其心理行为能顺应社会文化的进步趋势，勇于改造现实环境，以达到自我实现与奉献的协调统一。

## 三、体育锻炼卫生

### （一）体育锻炼的基本原则

为了增进健康、保障安全、提高运动技术水平，应注意以下运动训练基本原则。

**1. 循序渐进的原则**

在学习运动技能时，要由简单到复杂，由易到难，逐步地学会和掌握某项运动技术。在运动量安排上也要由小到大，逐渐增加。每次训练课都要做适当的准备活动和整理活动。

运动技能形成的过程具有一定的生理学规律，所谓运动技能的实质是条件反射的形成，是在大脑皮质建立的一种暂时性神经联系，复杂的有意识的运动需要脑的某部分参与，其形成可分为三个阶段。

第一阶段的特点是兴奋过程广泛扩散。初学某项动作时，强大的内外本体感受性冲动传入中枢神经系统，由于内抑制过程尚未确立，因而在大脑皮层内引起广泛兴奋和抑制区，由于兴奋和抑制的扩散而使动作僵硬，很多不该参与活动的肌群也参与了，而应该收缩的肌肉兴奋强度不够，运动器官与内脏之间还缺乏适应性联系。结果就会妨碍动作的完成，并且消耗过多的热量。这一阶段尚未掌握运动技能。

第二阶段的特点是分化性抑制（又称内抑制）逐渐发生，皮层兴奋和抑制过程在时间和空间上集中起来，确立了分化。由于内抑制的发展，保证了条件反射的精确化和专门化，运动活动变得愈来愈协调。在某些运动模式里，把运动单位中处于活动的以及进行支持性工作的肌肉群集中在一个准确的时间、空间、频率和范围之中。在此阶段，第二信号系统语言起重要作用。此时，要避免形成错误的动力定型。这一阶段已经掌握了运动技能。

第三阶段为稳定阶段，完成动作高度协调，皮层动力定型巩固，机体各系统活动的协调性改善，很多动作的完成达到自动化程度。

综上所述，掌握运动技能及提高机体各系统机能都要有一个过程，在训练中注意遵守这一原则可防止发生过度紧张和创伤等。

**2. 系统性原则**

运动训练必须经常系统进行，多次重复才能巩固运动技能，达到高度训练水平，才能巩固肌肉和内脏器官之间的协调联系。已巩固建立起来的各种条件反射必须经常强化，否则就会消退。不仅如此，有训练的运动员突然停止训练会引起停训综合征，影响身体健康，为了预防停训综合征，不再集训的运动员不宜突然停止全部训练活动，应逐渐降低强度，减少运动量，以后长期维持一定量的体力活动。

**3. 全面性原则**

指全面发展身体素质，包括速度、力量、耐力和灵敏。全面发展身体素质对掌握和发挥技术有利，是创造优异成绩的重要条件。一般说来，任何一项运动对身体各种素质都会有影响，但某项运动对某一素质有更为突出的作用，全面训练对身体健康有良好影响，对预防运动损伤也起重要作用。

**4. 个别对待原则**

进行运动训练时，必须注意参加者的健康状况、身体素质、技术水平、年龄、性别和心理状态等个人特点，根据这些来制定不同的训练计划。健康状况良好者可进行较大运动量和较复杂的运动，体弱者则要特别注意逐渐增加运动量，而患有某种慢性疾病者更要注意根据具体情况安排体育活动。由于技术水平各有不同，有的训练水平较高者可在全面训练的基础上做专项训练，并不断提高成绩。训练水平较低者应从事基本练习，进行全面身体训练。运动项目和运动量应符合性别及年龄特点。

### （二）注意做好准备活动和整理活动

体育锻炼的过程是人体从静态到动态再到静态的变化过程，而准备活动和整理活动就是实现这种“变化”的过渡手段。

**1. 准备活动**

准备活动是指体育锻炼前所进行的一系列身体练习，其目的是打破安静时的身体生理

平衡状态，调动内脏各器官系统迅速地从安静状态过渡到运动状态。准备活动的作用在于提高中枢神经系统的兴奋性；扩大肌肉、韧带和关节的活动范围；克服内脏器官的惰性，加强心血管和呼吸器官的活动能力，使机体各方面的功能达到适应锻炼的要求，预防或减少因体育锻炼而超生理负荷出现的运动损伤。

2. **整理活动**

整理活动是指在体育锻炼后所采用的一系列放松练习和按摩等恢复手段，其目的是消除疲劳，恢复体能，提高锻炼效果。它可使人体较好地从紧张的运动状态逐渐过渡到相对的安静状态，使身体得到新的平衡。运动对身体生理平衡的破坏，会引起一系列生理的变化，这种变化不会随着运动的停止而同时消失，它需要有一个恢复的过程。如果剧烈运动后突然停止、坐下或蹲下，不仅会加重疲劳，更会有晕倒的危险。因此，运动后要认真地做好整理活动。整理活动应着重于全身性放松，尽量采用轻松、活泼和柔和的练习，活动量逐渐减少，节奏逐渐减慢，以促使呼吸频率和心率下降，一般持续 15～20min。

## 四、女子体育卫生

### （一）女子的生理特点

1. **体型特征**

女子脊柱较长而四肢骨较短，故上身长、下身短。青春期后形成上体长而窄、下肢短而粗、肩窄盆宽的体型。该体型的特点使女子重心低，稳定性高，有利于做平衡动作，但对运动速度、跳高、跳远等动作则稍不利。

2. **体脂特征**

女子的体脂约占体重的 25%，而男子只有 15%；女子的皮下脂肪的沉积约为男子的 2 倍，尤其是在胸、臀及腿部。女子较厚的脂肪层可保温，又有很好的缓冲保护作用。

3. **肌肉力量**

女子的肌肉力量低于同龄男子，特别是速度力量（爆发力）更为明显。女子在完成同样负荷练习时比男子的速度慢，而以同样的速度练习，女子表现出的力量也比男子小。

4. **氧运输系统**

女子呼吸肌的力量相对于男子来说较差，加之气道阻力大，因而女子的肺通气量及肺活量等均小于男子；同时，女子的血红细胞、血红蛋白总量以及心脏的重量、容积、每搏输出量、每分输出量等均比男子低，故女子的氧运输能力差，尤其运动时差别较为明显。女子体内的碱储备和保持 pH 值相对恒定的能力较低，故耐酸能力差。

### （二）女子的体育卫生

女子进行体育锻炼不但可增进健康，而且有其特殊的意义。体育锻炼对保持女子子宫的正常位置的分娩有较大作用，对下一代的健康有直接影响，但女子在体育锻炼时需要注意：第一，女子进入青春发育期后，由于身体形态、机能、素质、心理、生殖系统等方面发生很大变化，因此体育锻炼项目的选择、运动负荷量的安排应当区别于男子，并符合女子的特点。第二，女子心血管系统、呼吸系统、运动器官系统的机能均不及男子，绝不能与男子同等对待，体育锻炼时必须男女有别。第三，女子肩带窄，肌肉力量差，有氧与无氧代谢能力较差，因此不宜做单一支撑、悬垂摆动。第四，女子肌肉的薄弱环节是肩带肌、腰背肌、骨盆后肌和骨盆底肌，在体育锻炼时要加强这些肌肉力量的发展，这样有利于子宫正常位置的维持。

（三）女子月经期的体育卫生

月经期的体育锻炼适当与否，会影响女子的健康。月经期既不能什么活动也不参加，也不能蛮干。身体健康，平时有锻炼习惯，月经正常，经期无不舒服之感觉，月经期也可适当参加体育活动，但运动负荷量要小；若平时无体育锻炼习惯，月经期进行体育锻炼应特别注意，以免引起不良反应。月经初潮后 1～2 年的少女，由于其性腺分泌周期未稳定，经期往往不准，故在体育锻炼时只可做一些缓和而轻松的活动。为此，月经期应当做到：第一，不做剧烈震动的跑、跳动作和静力性的憋气动作，如中长跑、快速跑、跳高、跳远、举重、负重蹲起、排球的扣球、篮球的跳投等。第二，月经期若有痛经、腰背酸痛、下腹痛、经血过多或过少、经期延长或缩短、盆腔炎症等，均应停止一切体育活动。第三，女子月经期间一般应停止游泳，以免引起子宫颈挛缩、影响行经或细菌侵入发生炎症。第四，一般女子月经期不宜参加体育竞赛活动。若平时有参加训练和竞赛习惯者，也可以参加，但应特别注意。

## 第五节　大学生体育锻炼与营养补充

### 一、营养

（一）营养的概念

原义为“谋求养生”，是指人体消化、吸收、利用食物或营养物质的过程，也是人类从外界获取食物满足自身生理需要的过程，包括摄取、消化、吸收和体内利用等。营养的核心是“合理”，就是“吃什么、吃多少、怎么吃”，合理营养是一个综合性概念，它既要求通过膳食调配提供，满足人体生理需要的能量和多种营养素，又要通过建立合理的膳食计划和应用科学的烹调方法，以利于各种营养物质的消化、吸收和利用。此外，还应避免

膳食结构的比例失调，某些营养素摄入过多以及在烹调过程中营养素的损失或有害物质的形成。营养是人体正常生长发育的重要条件之一，当营养不足会引起人体营养不良，从而发生营养缺乏而导致病变。而营养不合理时同样也可导致疾病不利于健康。

### （二）营养的功能

**1. 均衡的营养可使身心健康**

一个人的健康情况，取决于先天与后天的诸多条件因素，例如先天遗传、食物营养、生活环境、卫生条件、体育运动、精神状态及习惯嗜好等。但是在这些条件因素中最直接的还是食物营养，营养是健康之本。

合理的营养状态，不仅有利于身体的健康，还有利于心理健康，因为体内各种营养素供给的均衡，使神经、内分泌等处于优良状态，可使人心情愉悦、精神振奋、情绪高涨，这对消除人们不良的心境，缓解心理上的压力，增添生活情趣，怡情养性均大有益处。

**2. 均衡的营养有利于智力发展**

脑是人体中机能最复杂、活力最旺盛的器官。大脑每天需要充足的能量供给，才能维持正常的活动。人的大脑生长发育及其生理功能发挥均需要各种营养成分的供应。

**3. 均衡的营养可保持青春的活力**

大学生时期的活动最多，活动量也最大。大多数大学生都喜欢参加各种体育锻炼、文化娱乐以及各种社交活动，为了保持在各种活动中身心愉悦、精力充沛，就必须有足够的营养。若营养不足，会造成疲劳、消瘦和抵抗力降低，具体表现为面色苍白、全身无力、精神萎靡，甚至疾病缠身，丧失青春活力。可见，均衡全面的营养是青年保持旺盛青春活力的基础和保障。

## 二、营养素

### （一）营养素的概念

维持生命体征的基本元素叫营养素。营养素可分为两大类，即三大营养和微量营养素。三大营养素包括蛋白质、脂肪、糖，它们是构成机体组织和提供能量所必需的物质。微量营养素包括维生素和矿物质，它们的主要作用是维持细胞的功能。还有膳食纤维和水。

人们每天都要吃饭、吃菜、喝水，否则就不能生存。人们吃的饭、菜、水就是饮食，有了饮食，人为什么就能生存？这是因为，“饮食”里含有人体需要的各种营养素。人体所必需的营养素有蛋白质、脂肪、碳水化合物、维生素、矿物质、膳食纤维和水。每种营养素在身体内部发挥特有的生理作用，同时互相协作与补充，一起维持人体完整统一的生命活动。

机体对各种营养素有一基本需要数量，即营养素生理需要量，它是指能保持人体健康、达到应有发育水平和能充分发挥效率地完成各项体力和脑力活动的人体所需要的热能及各种营养素的必需数量，低于这个数量就会对机体造成严重不良影响。

（二）营养素的分类

1. **蛋白质**

蛋白质是一切生命的物质基础，约占人体总重的 20%，占总固体量的 45%，是构成和制造肌肉、血液、皮肤、骨骼等多种身体组织的主要物质，没有蛋白质就没有生命。蛋白质在人体内是一个动态平衡状态。人体内的蛋白质每天都处在不断分解和合成之中，每天约有 3%的蛋白质被更新，几乎一个月内全身的蛋白质就换新一遍。每天摄入的蛋白质又不能储存，所以每天供应足够的蛋白质是非常重要的。

蛋白质是由碳氢氧氮组成的含氮化合物，基本结构是氨基酸。构成人体的氨基酸有 22 种，其中有 9 种是人体自身不能合成的，必须从饮食中摄取，称为必需氨基酸。其他 13 种为非必需氨基酸。氨基酸的不同组合构成人体不同种类的蛋白质。

蛋白质的作用：第一，制造和修护人体组织。构成人体的肌肉、血液、皮肤、骨骼、头发、指甲等人体各种组织和器官，制造新组织，修护坏组织，如帮助伤口愈合。第二，构成人体内多种重要生理作用的物质，如酶、激素、抗体、血红蛋白等。第三，提供能量。

2. **脂类**

脂类是脂肪、胆固醇、磷脂、脂蛋白、糖脂的总称。脂类是构成人体各种细胞的主要成分之一，其中磷脂和胆固醇是构成所有生物膜的主要成分。脂肪含量占人体总重量的 15%左右，最低占 13%，最高占 50%。

脂肪是由甘油和脂肪酸构成的甘油三酯，其中脂肪酸又分为饱和脂肪酸和不饱和脂肪酸，不饱和脂肪酸又分为单不饱和脂肪酸和多不饱和脂肪酸。有几种脂肪酸是人体自身不能合成，必须从饮食中摄取的，称为必需脂肪酸，如亚油酸、亚麻酸。

脂类的作用：第一，细胞膜、生物膜的主要成分。第二，固定身体组织和器官，脂肪又是器官、关节的隔离层，填充和避免摩擦。第三，供给能量和储存能量。第四，促进脂溶性维生素的消化和吸收。第五，维持体温。

3. **糖类**

糖类是由碳氢氧组成的碳水化合物。

（1）单糖

葡萄糖是唯一能够被机体直接利用的单糖。作为能源，所有其他的糖必须转变为葡萄糖才能被机体利用。若机体摄糖不足，将导致蛋白质转变为葡萄糖，从而使蛋白质分解。所以，膳食中的糖不仅是机体的直接能源，而且对节省蛋白质有重要作用。

（2）双糖

双糖是指单糖分子中的半缩醛的羟基和另一个单糖分子的羟基共失一分子水而形成的化合物，即水解之后可以形成两个单糖分子的糖。包括乳糖、麦芽糖和蔗糖，分别存在于奶、麦芽和甘蔗中。

（3）多糖

多糖既有微量营养素，又具有产生能量的葡萄糖，主要以淀粉、植物纤维和糖原等形式存在。淀粉存在于马铃薯、谷物等食物中，是长链糖，淀粉可快速供给机体能量。膳食纤维是一种线状多糖，它不能被消化，其基本形式是纤维素。它既不能供给能量又不能提供营养素，但它是健康膳食不可少的。近年来研究表明，纤维素进入肠道后，遇水膨胀，形成网状结构，有助于食物废物的形成和排出，减少了废物通过时间，降低直肠癌的危险。植物纤维也被认为具有减少冠心病、乳腺癌和糖尿病发病的作用。

**4. 维生素**

维生素又叫维他命，是生物体代谢所必需的一类低分子有机化合物。在人体含量很少，但生理作用很大，绝对不能缺少，一旦缺乏某种维生素，身体必有对应的临床表现。

维生素分脂溶性和水溶性维生素两种类型。脂溶性维生素有：A、D、E、K。水溶性维生素有：C 和 B 族。脂溶性维生素可以储存于肝脏中，缺乏症状较缓慢，摄入过多可引起中毒。水溶性维生素不能大量储存，缺乏症状出现快，每天必须摄入足够的需要量。多摄入可通过尿液排出体外，一般对身体无毒性。

维生素的作用：维生素主要以辅酶的形式参与酶的功能，在调节人体广泛的物质代谢过程中起着十分重要的作用。

## 三、合理营养的原则

合理营养的目的在于满足人体的正常生理需要，有助于人体的吸收与利用，减少机体的负担。目前我国大学生普遍缺乏营养知识，其饮食基本处于盲目状态，因而普遍存在着营养不良与营养过剩的现象，有营养失调把胖症、节制饮食厌食症、长期素食引起的营养缺乏症、暴饮暴食过盛症和挑肥拣瘦偏食症等。

没有正确的科学知识，就没有合理的膳食结构和合理的营养吸收。就要让大学生懂得营养，吃得科学，了解营养不足与过剩对身体的危害，从而讲究平衡膳食，科学配食，使饮食更符合健康要求。

### （一）平衡性原则

平衡性原则是指人所摄取的各种营养成分，应与身体的生理需要之间形成相对平衡。反之则称为营养失衡。营养失衡的一个方面是营养不良，即营养摄入量过少，不能满足身体需要。其营养不良的主要表现为头晕、怕冷、易倦、体重减轻等，严重者有可能发生营养不良导致的疾病。营养失衡的另一个方面是营养过剩，主要表现为营养补充过度，人的体重过量增加，并引起肥胖等疾病。因此，人体营养需求与补充之间应保持相对的平衡，营养的摄入既不要欠缺，也不要过量。

（二）适当性原则

适当性原则是指人所摄取的各种营养成分之间的配比要合理，即在全面和均衡的基础上进行适当的饮食搭配。人体元素组成与不同状况下各种营养素的需要量是有一定比例的，只有合理的营养搭配，尤其是食物中的蛋白质、脂肪和碳水化合物三者的比例要合理适当，才能有利于人体更好地吸收与利用，保证机体的各种需要，造就健康的体魄。

（三）全面性原则

全面性原则是指人所摄取的各种营养成分要全面，不能偏食。乳与蛋的营养最为丰富，但是乳中缺铁元素，蛋中缺维生素 C。因此，无论哪一种食物的营养有多么丰富，都不可能完全满足人体健康的需要。只有通过摄取多种食物中包含的各类营养成分，才能确保人的健康需要。那种一味追求质精量少的高级营养品的摄取方法，以及任何偏食、禁食、少食的方法都是极不可取的。

## 四、体育运动与营养

（一）运动对营养的基本要求

**1. 营养素摄取要适量，注意膳食平衡**

健康的身体受运动、遗传、营养、心理素质等多方面的影响。其中膳食营养对健康及运动能力的影响，越来越引起人们的重视。运动者吃什么、吃多少、什么时间吃、怎样吃，对其健康程度起着举足轻重的作用。

平衡膳食是指基本营养配比适宜和所有必须物质含量充足的膳食。目前我国膳食构成中碳水化合物、蛋白质、脂肪的比重为 7.1∶0.3。这种比例从营养学角度分析是不合理的，较为理想的比例是 6.1∶0.6，即应适当减少碳水化合物的供给量，相应增加动物性质蛋白质的脂肪供给量。

**2. 热量供给充足**

人体在运动中热量消耗非常大，在膳食中必须供给充足的热量，维持热量平衡。如果热量长期供给不足，会引起身体消瘦、体重减轻、抵抗力减弱、运动能力下降。如果人体摄入热量过多，又会引起体内脂肪增多，导致体重增加。

**3. 食物体积小，发热量高，营养素齐全**

食物一般容易被消化、吸收，但体积不能太大，一般情况下，每人每日摄取食物总量

不超过 2.5 千克。

**4. 食物多样化，防止挑食、偏食**

合理膳食对强健体魄、养生益寿和防治疾病是很有意义的，中国古代编著的《黄帝内经》中就提出了五谷为养，五畜为益，五菜为充等饮食原则，这个原则也符合今天的营养学中食物的搭配原则。因此，为满足人体各种营养的要求，食物尽量多样化，防止偏食、挑食引起营养缺乏症。

**5. 合理的膳食规律**

一般来说，保证一日三餐，就基本可满足人体对营养的需求。但是，经常运动的人就应根据运动量和强度及运动对消化功能的影响来合理安排膳食质量和时间。一般来说，运动后 30～45 分钟后进餐，运动前 1 小时进餐是比较合理的。

### （二）体育运动与营养补充

**1. 体育运动与糖**

糖是由碳、氢、氧三种元素组成的一类化合物，也被称为碳水化合物。糖是人体内来源最广泛、最经济而且分解最完全的供能物质。人体摄入的糖大部分首先转化为葡萄糖，再由血液运送到肝脏。在肝脏内葡萄糖可以转化为脂肪、糖原或运输到其他组织，如肌肉等。在肌纤维中，葡萄糖分子形成链组成糖原，糖原是肌纤维收缩的直接能量来源。当人体运动时，糖原在肌肉中分解，以很高的速率释放能量。

**2. 体育运动与蛋白质**

蛋白质是肌肉的主要成分，对于肌肉的生成、代谢和受伤肌肉的修护都有非常大的作用，运动后迅速补充蛋白质有助于受伤肌肉和组织的修复以及疲劳、肌肉酸痛等症状的减轻。蛋白质的食物来源分为动物性和植物性两大类。评价蛋白质营养价值的依据是必需氨基酸的含量及其模式。由于人体蛋白质以及食物蛋白质在必需氨基酸的种类和含量上存在着差异，在营养学上常用氨基酸模式即每克蛋白质中各种氨基酸的含量来反映这种差异。

当食物蛋白质氨基酸模式与人体蛋白质越接近时，必需氨基酸被机体利用的程度也越高，食物蛋白质的营养价值也相对越高。反之，食物蛋白质中被限制氨基酸种类多时，其营养价值相对较低。动物性蛋白质其氨基酸的可用性较高，植物性蛋白质相对较差。为了提高食物蛋白质的机体利用程度，可将动物和植物如谷类和豆类食品蛋白质混合使用。

**3. 体育运动与脂肪**

一般人的食物中脂肪占总热量的 17％～25％为宜，从事大运动量的年轻人食物中的脂肪量最高不应超过 35％。脂肪是运动时被利用的能源，脂肪为运动提供能量主要来自脂肪酸的氧化。在一次长时间低强度的运动中，脂肪的氧化可提供总耗能量的 50％～60％。长期进行体育运动可降低脂肪细胞平均体积，提高脂肪代谢的活性。

脂肪代谢对运动能力的重要性在于它能“节约”组织中糖原的能力。在进行长时间大强度的运动时，糖原贮备可以通过脂肪氧化的方式保存或“节省”下来，这就使运动员运动到最后阶段，运动强度超过身体的有氧代谢能力时，能有更多的糖原可供利用，因此，脂肪能提高机体耐力。

**4. 体育运动与水**

生命源于水，水是人必不可少的生命元素。人体每天需摄入约 2～3 升水，其需水量随着年龄、体重、气温、劳动、运动强度和持续时间的变化而变化。

参加体育运动时，肌肉运动产生大量热量，使皮肤血流量增加，汗腺分泌大量汗液。运动员出汗的特点是出汗率高、出汗量大、失水量多。如在天热的环境里踢足球，运动员一小时汗液的丢失量高达 2～7 升。运动中若不注意科学合理地补充水分，会造成机体内的水失衡。脱水会严重影响人的运动能力。脱水对运动员的影响不仅在于体温升高和心血管负担加重，还可导致肾脏损害。因此，运动中的合理补充水分是十分重要的。

**5. 体育运动与维生素**

维生素是维持人体的正常生理机能和新陈代谢活动所必需的低分子化合物。虽然人体对它的需要量很微小，但它对人体生命活动所起的作用却是必不可少的。

多数维生素不能在人体内合成或合成的量不能满足人的需要。因此，人们每天的饮食中含有定量的各种维生素是非常重要的。维生素是从新鲜蔬菜与水果等植物性食物中获取的。并帮助其他营养物质进行化合反应。体育运动促进了人的能量代谢，在能量消耗增加的情况下，某些维生素的需要量就会增加。运动后（中等强度以上）造成机体维生素需要量增加的原因是：运动训练使胃肠对维生素的吸收功能下降；运动引起汗液、尿液及粪便中维生素排出量增加；运动使维生素在体内的周转率加速，能量代谢增加等。可见，参加体育运动不应忽视多种维生素的补充。运动后补充维生素的主要理由是促进恢复，延缓疲劳发生，增进体力和体能，保证身体健康。

### （三）各种训练对营养的不同需求

**1. 力量练习的营养需求**

力量性运动对肌肉质量的要求较高，而肌肉力量与肌肉蛋白质的增长有关。为了使肌肉发达，需要大量增加蛋白质的供给。营养学研究表明，青年男子对蛋白质的需求量约 56 克/天，青年女子为 45 克/天；进行力量性练习则要求更高，一般每天不少于 2 克/千克体重，且应占每日摄入总热量的 20%左右。维生素 B2 可以促进肌肉蛋白质的合成，因而需要多食含维生素 B2 的食物。此外，还应补充适量的镁、钾、钙、钠等微量元素。

**2. 速度练习的营养需求**

速度的快慢与肌纤维的兴奋性、快肌纤维的百分组成、肌肉力量的大小有关，运动时的能量来源主要由糖的无氧酵解供应。因此，速度素质的提高在营养上需要增加蛋白质、糖、维生素 C、维生素 B 族、磷、镁及铁等营养素的摄入量。一般而言，蔬菜、水果、牛

肉和兔肉等碱性食物可以很好地补充速度训练所需的营养，其应占一日总食入量的15%～20%为宜。

3. **耐力练习的营养需求**

耐力性运动所需要的能量来源是体内储备的能源物质——糖元，体内糖元储备的多少直接影响人体的运动能力。膳食中糖占总热能供给量的60%～70%，成人每日每千克体重约需4～6克糖，运动者需8～12克。如果耐力运动中出现抽筋症状，还应加补矿物质元素镁。

总之，合理地安排膳食营养是补充运动消耗、提高运动成绩、维护身体健康的重要措施。对体育锻炼膳食的基本要求是热量合理、酸碱平衡、维生素和矿物质充足、各种营养素比例恰当。

（四）不同运动项目的营养需求

1. **跑步的营养需求**

短跑是以力量素质为基础、无氧代谢供能为特点的运动，工作时间短、强度大，要求有较好的爆发力。在膳食中要有丰富的动物性蛋白质，以增大肌肉体积，提高肌肉质量。蛋白质的摄入量每日每千克体重可达3.0克左右。另外，要求在膳食中增加磷和糖的含量，为脑组织提供营养，改善神经控制和增强神经传递，动员更多的运动单位参加收缩。除此之外，膳食中还应增加矿物质如钙、镁、铁及维生素B的含量，以改善肌肉收缩质量。

长跑是以有氧耐力素质为基础、以有氧代谢供能为特点的运动，要求有较高的心肺功能及全身的抗疲劳工作能力，虽强度较小但时间较长，体力消耗较大。要求膳食中有较全面的营养成分，增加机体能源物质的贮备，在丰富的维生素、矿物质成分中，突出铁、钙、磷、钠、维生素C、B1和E的含量，有利于提高机体有氧耐力。

2. **操类运动的营养需求**

健美操、竞技体操、艺术体操等动作复杂而多样，要求有较强的力量与速度素质以及良好的协调性，对神经系统也有较高的要求。其营养特点是：高蛋白质、高热量、低脂肪，矿物质维生素应突出铁、钙、磷以及维生素Bl、C的含量。需引起注意的是，参加该类项目比赛有时需控制体重，但不能过分控制饮食，避免造成营养不良，从而影响生长发育。

3. **球类运动的营养需求**

球类项目对力量、速度、耐力、灵敏、柔韧等素质有较高的要求。食物中要含丰富的蛋白质、糖以及维生素B1、C、E、A。足球等活动时间较长且在室外，矿物质、水分丢失较多，应及时补充。

## 五、运动与肥胖

随着社会经济的快速发展，肥胖病的患病率和发病率迅速增加，患病年龄也呈明显的低龄化趋势。肥胖（obesity）是指因体内热量摄入大于消耗，脂肪在体内积聚过多，导致体重超常的一种能量代谢性疾病。肥胖不仅使体态臃肿、行动缓慢，而且是高血压、冠心病、高血脂症、糖尿病、痛风症等的诱因。

影响体重变化的两个基本要素是热能摄入量和消耗量。对于成年人来说，当热能摄入量等于消耗量时，体重基本保持不变；当热能摄入小于消耗量时，则体重减轻。科学减肥需要注意以下几个方面。

### （一）积极参加体育锻炼

节食是减少热能摄入量，增加体力活动是加大热能消耗量。大学生正值生长发育时期，需要丰富的营养素，因此青少年学生应尽量通过体育锻炼的方式进行减肥，不可过度节食。单纯的节食不易做到保持肌肉组织，减少脂肪的要求。只有体育运动才是减少体内脂肪贮存、减轻体重的最好办法。

减肥的运动方法以采用有氧运动效果为好，如长跑、骑自行车、游泳等。为达到减肥目的，运动强度应达到最大吸氧量的60%～75%，每次持续30～60分钟，每周最少进行3～5次，运动量不宜过大，心率以每分钟130～140次左右为宜。

### （二）减少热能量摄入

热能量摄入逐渐减少，不要减的过猛，减至体重接近正常值即可。青少年时期不应该过度控制热量的摄入，保证身体健康。

### （三）营养平衡

减肥时更要注意营养的合理安排。蛋白质一定要充足，碳水化合物的进食量可适当减少，脂肪的进食量必须降低，避免进食过多的动物脂肪和高胆固醇食品。此外，无机盐、维生素、膳食纤维的供给要充足，以满足生理需要。

### （四）养成良好的饮食习惯

一日三餐，定时定量。吃饭时应细嚼慢咽，少吃零食。

### （五）贵在长期坚持

减肥的目的不是一时的体重减轻，而在于长期维持正常体重。若达到标准后就停止体育锻炼，放松饮食控制，恢复旧的饮食习惯，体重就会立即反弹，若再想减肥，则往往更加困难。

# 第十一章　体育教学质量监控体系的构建

# 第一节　教学质量监控的相关概念解析

## 一、体育教学质量的相关概念

### （一）质量

在不同学科：不同语境下，关于质量的概念有着不同的解释，这些不同的解释甚至有很大的差别。从语义学来看，质量是指事物、产品或工作的优劣程度；从物理学来看，质量是指物体拥有物质的多少；从哲学来看，质量是矛盾的统一体，其中质是指使事物成为它自身并使该事物同其他事物区别开来的内部规定性，而量是事物存在和发展的规模、程度、速度以及事物构成因素在空间上的排列等能用数量或形状表示的规定性。

质量是实体的客观特性与价值主体需求相结合的产物，并内存于这一统一体之中；离开了价值主体的需要，或者离开了实体的客观物性，质量也就无从谈起。

### （二）教学质量

教学质量的内涵：教育水平高低和效果优劣的程度，教学质量最终体现在培养对象的质量上。以教育的目的和各学校的培养目标为衡量标准，前者规定培养者的一般质量要求，也是学校教育的根本质量要求；后者规定培养者的具体质量要求，是衡量人才是否够得上标准的质量规格。

### （三）体育教学质量

通过体育与健康课程的学习，学生要达到如下水平。

（1）增强体能，掌握和应用基本的体育与健康知识和运动技能。（2）培养运动的兴趣和爱好，养成坚持锻炼的习惯。（3）具有良好的心理品质，展现出人际交往能力与合作精神。（4）提升对个人健康和群体健康的责任感，形成健康的生活方式。（5）发扬体育精神，形成积极进取、乐观开朗的生活态度。

从课程标准的相关要求可以看出，体育教学的最终目的就是把学生培养成为身心全面和谐健康发展的优秀青少年。因此，如果学生达到上述要求的水平越高，说明教师的教学质量越高；如果学生离上述要求标准越远，说明教学质量越低。

## 二、体育教学质量监控的相关概念

### （一）监控与质量监控

监控定义为“监测并进行控制”。根据系统科学的基本原理，监控是人们根据某种特定的目的或愿望，通过相关手段，给系统提供一定的条件，使其沿着空间中某个确定的方向发展，消除自身的不确定性。换言之，控制是施控主体对受控客体的一种能动作用，这种作用能让客体根据主体的预定目标而采取行动，并最终实现相应的目标。

因此，质量监控作为管理的多项活动之一，其功能在于能及时准确地接收和利用各种反馈信息，如果某项管理工作在运行过程中出现了偏差，出现偏离预定目标和要求的情况，此时监控系统及时跟进并做出分析，以便采取相关措施予以纠正。

### （二）教学质量监控

对于教学质量监控的定义，目前有以下三种主流的观点。

第一种观点，教学质量监控就是有针对性、有目的性地对教学质量系统进行评价、监督并施加作用，使教学效果达到预期目的。

第二种观点，教学质量监控是指根据人才培养目标和教学质量要求，对影响教学效果的相关因素进行调节、控制，为建立平稳的教学秩序，保证学校人才培养质量而实施的一系列工作和活动。

第三种观点，教学质量监控是对诸如学生素质、师资力量、教学资源设施水平以及教学管理工作能力进行监控，及时进行检测，以便领导和教学管理部门对工作进行调整，纠正偏差，协调关系，促进各方面发挥出更大的潜能，确保人才的培养质量达到预期水准。

### （三）体育教学质量监控

从上述关于教学质量监控的相关定义入手，就能对体育教学质量监控的概念进行阐述。综合上述三种观点，体育教学质量监控就是对影响体育教学质量的各方面因素进行监测，通过评价进而实行控制，使学生达到身心全面和谐健康发展的培养目标。体育教学质量监控应包括体育教学条件、体育教学过程和体育教学结果等方面的相关内容。

### （四）体育教学质量监控体系

体育教学质量监控主要由教学质量和监控两大部分形成，其中教学质量包括体育教师教学质量、学生学习质量以及体育教学过程质量组成；监控部分由评价、反馈、纠正、激励等环节组成。体育教学质量监控是持续监督体育教学过程，定期搜集教学过程和教学效果方面的信息，及时向体育教师进行反馈，教师通过对反馈信息进行分析从而发现教学中存在哪些问题，对体育教学过程中采取的措施进行调整；同时，教学质量监控体系实际上是对教学工作进行全方位、全过程、全员性质量管理的一整套操作系统，是确保教学质量不断提高的有效机制。

综上所述，体育教学质量监控体系的界定范围是在一定的体育教学质量和教学目标的指导下，为确保体育教学质量达到如期效果，教学的各参与主体对教学活动进行调节和控制中所采取的手段、方法、机构和制度等一系列活动的总和。

## 第二节　体育教学质量监控的组织机构、原则与过程

### 一、体育教学质量监控的组织机构

（一）学校

在体育教学质量监控中，学校是最高的教学监管机构，其主要职责为对有关教学及管理的指导思想、长远规划、重大改革措施以及重要政策措施进行探讨并制定。

（二）教务处

在学校中，教务处是负责教学管理的职能部门，是监控全校教学质量的责任单位，也就是说全校教学质量监控的各项具体工作都由教务处负责开展。

（三）督导组

督导组是教学质量监控活动的专家主体，是教学管理系统中的“智多星”，具有参谋的作用。督导组主要通过听课、座谈等方式获取监控信息，并将信息进行分析、加工、处理，汇报给上级领导，从而方便领导对监控中发现的问题及时进行决策，使影响教学质量提高的各种阻碍得到及时排除。

（四）教研组

教研组是对教学活动进行组织和管理的基层单位，教学质量监控制度的实施离不开教研组对任课教师进行指导和管理。因此，在教学质量监控过程中，充分发挥出教研组的主体地位，加强任课教师的教学各环节中教学质量的管理。教研组在教学质量监控中发挥出的相应作用是学校提高教学质量监控的根本保证。

（五）监控主体与客体的关系

在体育教学质量监控的过程中，监控的主体、客体并不是绝对固定的，有的角色在一定范围内是主体，但是在另一个范围内就有可能作为客体。比如，督导组作为监控的“智囊团”，在主体对教研组的教学情况进行监督，但是教务处作为全校教学管理的职能部门又对督导组的督导工作进行监督。除此之外，实际监控过程中存在着一个严重的问题，即

教研组在教学质量监控中的这种受到督导组监督的地位，反而导致其失去了其监督主体的地位。在实际监控过程中，要充分发挥监控主体的多元化，确保监控有效得到实施。

## 二、体育教学质量监控的原则

教学质量监控的原则是指进行教学质量监控活动的指导思想和行为准则。在进行教学质量监控的过程中需要遵守以下几个原则。

### （一）以教育方针政策为依据的原则

根据教学质量监控的基本思想，教学质量监督活动的开展依据是国家的教育方针政策。国家教育方针政策的制定是依据我国现阶段的实际情况，具体包括教育事业的发展方向和教育活动的准则两方面内容。

### （二）科学性原则

在体育教学质量监控工作中，要始终坚持实事求是的态度，从体育教学的实际情况出发，采取科学方法获取数据，整理数据，并对数据进行全面、系统的分析。除此之外，也要遵循教育和管理活动的相关规律，对教学质量监控中所遇到的问题进行剖析，从而进一步解决。

### （三）民主性原则

在体育教学质量监控中，民主性原则主要针对监控人员和被监控人员之间的关系而言。在质量监控的过程中，监控人员与被监控人员要做到互相尊重，互相帮助，团结协作。监控人员的角色是被监控人员的勤务者和服务者，并且要重视被监控人员提出的意见和建议，被监控人员积极配合监控人员的工作，积极参与到调查问题和解决问题的相关工作中。而和谐、民主的氛围是监控活动收到良好效果的保证。

### （四）促进性原则

从体育教学质量监控活动的出发点和结果来看，之所以要进行监控，就是要进一步促进监控对象的工作与生产效率。促进性原则要求监控对象及时、有效地解决监控人员在监控过程中发现的问题，并在解决问题后进行深刻总结，将其归纳到教学管理之中，避免今后再出现这样的问题，提高教学质量监控。

## 三、体育教学质量监控的过程

教学质量监控活动作为教学质量管理过程中的一个不可缺少的环节，作为教学管理的一个重要手段，它是一个系统而且正式的过程。教学质量监控活动主要包括监控计划、计划实施和监控结果的解释与利用这三方面。体育教学质量监控活动的进行要严格依据体育教学质量监控的目的要求，将这三个部分的顺序、衔接和搭配进行合理的安排，使运作程序平稳有序地进行。

（一）监控计划

1. **编制监控活动计划**

编制监控活动计划是体育教学质量监控体系的准备工作，是准备工作的核心和重点内容。监控活动的计划包括为完成活动而采用的规则和方法等，具体来讲包括确定活动内容、活动时间、活动地点、参与人员以及活动方法等方面。所以，监控活动计划的制订在内容上应包括监控活动的目的与要求、监控的组织领导、监控的人员安排及分工、监控的时间安排、监控的内容、监控的步骤方法等。编制体育教学质量监控的计划时，要注意始终以国家教育方针政策为依据，充分考虑学校体育教学的实际情况。

2. **组织和培训监控评估人员**

目前，通常情况下，体育教学质量监控主体主要由学校教务处或其他部门来承担，体育教师在更多时候处于“监控”的对象，而作为影响教学质量关键因素的监控主体地位却总是被忽视。监控人员组织在确保监控主体不单一的前提下，还要确保监控人员成员在能力、知识和个性上具有互补性，形成一个完整的、搭配合理的监控队伍。

体育教学质量监控组织成立后，就要对监控人员进行组织培训，培训内容主要包括以下几点。

（1）研讨本次监控活动计划，确保每个监控团队成员明确本次监控活动的目的、要求和实施程序。（2）深入学习有关体育教学质量监控、体育教学质量评估等的理论以及相关的政策和法规文件，掌握收集数据、处理数据和与他人沟通的方法。（3）在监控组织内部进行工作分工，明确每个人的任务和职责。（4）编制调查、收集监控所需材料的问卷和数据统计表。

3. **下达教学质量监控通知书**

现代教学质量监控活动中有一个明显的趋势就是强调被监控方全面、全程、全员参与监控活动；要求监控双方都要为监控活动的有效展开做出积极努力和贡献。为此，为了确保体育教学质量监控活动顺利进行，在对部分监控指标进行监控之前，尽早向被监控方下达教学质量监控通知书。通知书的内容包括以下几个方面。

（1）本次监控工作的目的要求。（2）监控评估的指标体系。（3）该次监控的时间安排及主要活动方式。（4）对被监控方的要求。（5）下发的作为通知附件的相关调查问卷。

（二）计划实施

计划实施是体育教学质量监控活动的核心部分，是决定本次监控活动效率的关键。计划实施包括调查收集资料和分析处理资料两个部分，下面分别进行阐述。

1. **调查收集资料阶段**

收集到数量充足、可信度高的信息资料是做好监控评估的基础。针对教学质量监控对

象的复杂性，为确保收集到的信息资料是充分可靠的，监控活动能以多种方式进行。在我国，体育教学质量监控实践的常用方式主要有以下几个方面。

（1）阅读或听取被监控方的自评报告

自评也就是自我评价，在自评中被监控方充分阐述自己的看法和观点，使监控的结论更加贴近事实，更加公平、客观、准确。因此，监控组织应该做好被监控方的自评工作，要认真阅读或听取报告。

（2）查阅资料

查阅资料主要是对该监控内容相关的文字资料进行查阅。比如学校的体育教学规章制度、师资队伍现状、体育场地器材设施、体育教学方案、学生成绩档案、家长的反馈意见、学校的各项工作总结和经验总结等。

（3）实地观察法

实地观察法是获取直接信息的有效方法，具体操作形式有听课、观察课外活动以及检查学校场地器材设备。

（4）问卷调查法

问卷调查法是一种以书面形式从监控对象身上获取信息的方法，在有效体育教学质量监控活动中十分常见。

（5）个人访谈与座谈会

访谈与座谈的方法是非常传统且切实有效的获取信息的方法。

**2. 分析处理资料**

运用各种方法收集信息，可以获取大量关于学校体育教学监控现状的信息资料，但是这些资料尚未进行加工处理，所以它们此时还是一种原始资料，是粗糙、分散和无序的，如何将这些原始信息开发出更高的价值，首先要做的一项重要工作是处理资料，其次，制定评价标准也相当重要。

### （三）监控评估结果的解释、处理和利用

**1. 监控评估结果的解释**

从三方面来对监控评估结果进行解释，分别是监控对象的基本情况、监控对象的主要成绩和存在的问题、对监控对象提出的意见和建议。

**2. 监控评估结果的处理**

监控评估结果的处理，具体来说是将监控评估的结果反馈给学校相关领导，以便于领导对学校体育教学的监控结果进行掌控，以便于解决相应的问题。

**3. 监控结果的利用**

监控结果出炉后不要仅仅看一眼就结束，要对体育教学中的现存问题进行处理，制订解决方案与措施，提高教学质量的监控。

# 第三节　体育教学质量监控评价体系的构建

## 一、评价指标体系的构建原则

对学校体育教学质量监控现状做出准确评价，是提高有效体育教学质量的前提，因此，建立一个较为完善的体育教学质量监控的评价体系是各学校亟待解决的问题。学校体育教学质量监控评价指标的构建需遵循下列原则。

### （一）实事求是原则

实事求是，就是明确界定评价指标的统计范围，以学校实际情况为准，选择客观、简明的统计指标。指标是对事物或现象的量化描述，但并不是所有的事物或现象都可以用一个数字来描述，所以应采用定性与定量相结合的方式。

### （二）导向性原则

所有体育教学质量监控的评价工作都要遵循“以评促建，以评促改，评建结合，重在发展”的导向性原则。体育教学工作者要知道评估不是目的，评价指标对学校体育发展具有导向作用，要能准确反映出今后学校体育发展的方向，以促进学校体育教学质量的提高。

### （三）可操作性原则

设计的评价指标体系既要对被评对象进行实际的度量，又要在实际评价工作中易于操作。所以各指标都要有明确的含义，选用的指标要有案可查，以确保评价的客观公正。对于管理和宏观方面的指标，这些指标难以量化，所以可通过其他相关指标进行间接的反映。

### （四）简明科学性原则

学校体育教学质量监控的评价指标的选择要适宜，避免将层次划分得过于细致，避免完全相同或含义相近的指标反复出现，要确保指标具有代表性，在能基本反映学校体育整体功能的前提下在所有变量中选取尽可能少的数目。除此之外，在数据的准确性和处理方法上也要坚持科学性原则，否则在指标的获得以及时间、资金、人力资源上都会遇到困难。

## 二、评价指标体系构建的具体步骤

### （一）评价指标的构建

根据教育学、体育教学评价、体育教学管理、系统科学等理论，通过互联网上的相关

信息，查阅相关资料，对构建学校体育教学质量监控指标体系的现实基础进行确立。就“构建学校体育教学质量监控的指标体系要考虑哪些方面”与相关的学校体育教学者、专家和研究者进行探讨，进行商议和座谈后，获取可测的初选备择指标。在指标的制定阶段，对备择指标进行分类，进行问卷调查。

为确保调查问卷具有较高的效果和可信度，以及使问卷的调查结果的统计更加方便，对指标调查问卷的设计和编制工作进行研究，要对体育教师进行实地走访，收集他们的反馈意见。

### （二）指标构建的理论模型

建立科学的体育教学质量监控的评价体系要确立相关的理论模型，在相关的理论模型的框架下，选择、判断、串联、集合起那些经验性的指标，使评价以理论模型的方向进行。

在体育教学质量监控的评价中，建议使用“教学条件—教学过程—教学结果”理论模型，来构建学校体育教学质量监控体系的总体框架。

## 三、体育教学质量监控评价指标设计结构

### （一）教学条件

#### 1. 教学规章制度

教学规章制度能充分反映出学校的要求和规划，所以建立健全、合理的规章制度是保持教学秩序和提高教学质量的重要措施。学校教学规章制度的合理性与可操作性是学校保持可持续、健康、稳定发展的前提。

#### 2. 师资队伍

体育教师是学校开展体育教学的首要资源，师生比蕴含着每个学生在教师那里可能得到的潜在帮助机会的多少，教师的质量严重影响着学生的质量。

#### 3. 场地器材设施

场地和器材是提高体育教学质量的物质基础，所以学生的平均体育场馆面积代表着学生活动空间的大小，体育器材的满足程度与先进性则反映了体育活动工具条件的状况，场地设施与器材是体育教学不同于其他学科教学的一个重要标志。

### （二）教学过程

#### 1. 课程建设

体育教师编排体育教学、上好体育课的依据有体育课周学时数的规定、教学内容的合理性、体育教材的实用性、教学计划的可操作性、教学方法、手段的可行性等。

2. 教学组织管理

学校对学校体育的重视程度在一定程度上通过教学组织管理来体现，具体包括教学组织机构的合理性程度、决策科学化程度、管理制度的落实程度和管理制度的规范化程度等方面。

3. 教学评估与反馈

学校对教学评估的规范程度由评估时间规定性、反馈处理的及时性以及评估方案的可操作性来反映，做好体育教学的评估与反馈才能及时发现教学活动中的问题，并及时解决。

4. 考试管理

检测教师教与学生学的最直接、最常见、最简单的方法就是考试。通过考试，能充分了解学生的学习情况与表现，以及教学目标的完成度，同时可以发现学生学习中出现的不足及原因，便于教师教学的改进和教学质量的提高。考试制度的规范化程度、考试改革的先进性程度、考试方案的可行性程度和成绩分析的科学化程度是反映考试管理的程度的指标。

（三）教学结果

1. 学风状况

学校的学风状况能在一定程度上反映出学生在学习上的自觉程度，而学生上课出勤率和学校学生每天锻炼超过一小时人数比例就是学校体育学风的充分反映。

2. 育人效果

体育教学对学生思想道德修养和心理素质的影响是独特而深刻的；体育考试成绩总体提高率反映出学生体育成绩的总体进步程度。以上三项指标是反映体育教学效果的最直接表现。

3. 教学满意度

教学满意度有三种情况，分别为毕业生满意度、家长满意度以及在校师生满意度。这种划分的原因是毕业生已完成学业、离开学校，他们的评价往往能更加真实地反映学校体育教学的实际情况，而在校师生由于受到各方面压力，往往会“装模作样”，不敢发表内心的真实看法。家长们对学校的满意程度则代表着社会对学校体育的认可程度。

# 第四节　体育教学质量监控保障体系的构建

## 一、建立结构合理、高素质的监控队伍，完善学校监控组织机构

监控队伍是监控工作的操作者，在监控组织机构中担当重要角色。监控人员在体育教

学监控实践中的工作态度、办事能力、学术水平、个性品德和监控动机等，都会对监控的结果产生影响。监控人员在推动地方各级政府依法行政，重视基础教育的加强，教育教学的实施，扫除文盲，贯彻教育方针，提高教育质量中都发挥出自身作用。尤其是长期从事基础教育工作的教育者，以他们扎实的业务基础，丰富的工作经验和较高的政策水平，在教育监控岗位上不断开拓进取，为我国教育教学监控做出积极贡献。

随着我国教育事业稳步跨入全面依法治教的轨道，中等及中等以下教育的改革与发展，以及教育行政机构管理职能的转变，教育监控队伍存在的一些问题逐渐不适合教育教学监控工作发展的需要，具体问题如下所示。

(1) 依旧有地方没有设立教学监控机构，没有相关人员从事教育监控工作。在已设置监控机构的地方，存在监控人员年事已高，难以完成繁重的监控工作任务等情况。(2) 有些地方存在选拔监控人员不够严格的现象。(3) 在现有的专职监控中，尚有一半以上的人员未接受过监控岗位培训，监控能力与监控素养有待提高。

针对上述问题，各学校要采取相应的措施对监控队伍进行改善，提高学校监控的质量。

## 二、建立和健全监督制度，确保监控的严格执行和落实

建立和健全监督制度，是有效开展教学质量监控的前提保证。教学监督制度是对学校的教学工作及教学管理工作的监督、检查和指导，促进体育教学目标的实现，提高学生人才的培养质量和教学管理水平，推动学院教育教学改革持续发展所遵循的教育制度。

在教学督导制度中，应明确指出以下元素的具体安排，以确保教学质量监控的严格执行和落实。

(1) 教学督导组的地位及人员组成。(2) 教学督导组员的职责和日常工作。(3) 教学督导组的监督方式。(4) 通过查课、听课等方式对教学进行检查，通过教师座谈会和学生谈会等方式及时发现问题。(5) 教学督导在履行职责过程中享有的权利。(6) 被督导单位按照监督要求进行自查、自评，并且根据院教学督导室的反馈意见进行整改与调整。

## 三、确保监控信息及时反馈，有效实施

教学质量监控中的信息的反馈，就是要把在教学质量监控中得到的信息真实、全面、快速地反馈给教学管理部门、教学管理部门的决策者以及实施教学的参与者等，以便及时发现问题并如实地解决问题。教学质量监控信息的收集和反馈是教学质量监控体系中重要的一环。在反馈教学质量监控的相关信息中，要求督导者在教学质量监控过程中全程参与，对所有教学活动进行系统的真实检测，从而使教学行政管理部门掌握真实的教学质量监控情况，为提高教学质量打好基础。

## 四、在监控过程中发挥每个人的作用，实行激励机制

教学质量的监控并不是对单独的一类人群进行监控，它是一项需要全校所有人员参与的质量管理活动，包括广大师生、管理人员和教辅人员。参与人员的积极性有利于教学质量监控体系的良好运行。

激励作为使人们心理始终保持激进、亢奋状态的两在动力，鼓励人们朝着期望达到的目标而采取行动。换句话说，激励在本质上就是激发、鼓励和努力调动人的积极性的过程。激励在管理活动中作为重要手段之一，通常是指管理者采取的各种管理手段，利用人的需要的客观性和满足需要的规律性，激励刺激被管理者的需要，使其动机被激发出来，形成积极性和创造性，促使满足需要的行为朝着实现组织目标的方向运动。

在监控过程中运用的激励手段，赋予了管理活动主动性的特征。因此，在体育教学质量监控体系的运行之中，要对做出有利于该体系良好运行的行为的人员实施积极鼓励并实行物质奖励或精神嘉奖，这有利于教学质量监控体系的运行。

## 五、根据具体情况，对教学质量监控体系进行适当修改

由于观察视角和研究的侧重点等方面的不同，教学质量监控的指标体系也会产生相应的变化，而且在实际的实践过程中，由于每个学校的实际情况不同，所以相应地，体育教学质量监控指标的评价标准也要进行适当的改变。

# 第五节　体育教学质量监控体系的发展对策

## 一、建立体育教学质量监控体系的基础监控模式

### （一）建立教育、行政部门共同的监控目标，准确下达任务

体育教学质量监控的组织部门依据区域内提高教学质量的总目标来制定监控目标，并对总目标进行分解，形成各层次、各部门的一系列可操作的具体目标，建立起宏观的目标体系。要明确指出的是，由于教学质量自身会随着相关需求与时俱进，所以监控组织制定的目标也是动态的，随着时代发展而不断调整。因此，应遵循总体监控目标在宏观上的指导性，结合学校自身情况，开展富有至校特色的体育教学质量监控体系。

### （二）加强体育教学质量监控过程的监督和评审

主要由教育行政部门检查各普通高校开展体育教学质量监控程序的运行情况，以及在实施过程中是否真正为提高体育教学质量服务。采取措施如下。

第一，设立分组轮换制的专家质量评审小组，不定期地进行抽查。

第二，按学校分类，制定具体质量监控的措施，提出不同的质量要求。

第三，鼓励和发展社会中介评估组织积极参与到体育教学质量监控体系的评审活动中。

### （三）加强宏观、微观监控组织间的相互协调

强调高校内部以及二级学院的监控机构，形成上、下级组织间纵向、平级组织间横向以及交叉组织间斜向的互动，做到相互信任、共同协商，实现信息共享。针对国家高等教育行政管理部门，设置相应的省级组织机构，依次设置高校内部信息接收机构、传递机构等，将发布的体育教学质量监控相关信息源逐一下达；在每级组织内部建立信息共享平台进行信息的传递和交流；各高校必须通过委派信息员接收上级信息等形式，迅速接收信息、并准确地传达到基层组织，便于工作的开展。

## 二、充分发挥体育教学质量监控主体的主观能动性

### （一）从质量意识入手，培养监控主体的监控能力

监控主体的监控能力需要在长期教学活动中逐渐形成与培养，所以监控能力具有可塑性，监控力的培养应注重长期性、持续性。

在监控能力的培养上，通过加强教育培训，提高教师的监控意识和监控热情；设置教学场景，对教师在教学过程以及学生学习反应的敏感性进行锻炼，提高他们的自我反馈能力和评价能力；以哲学、心理学等基础学科作为校本培训内容，培养监控主体的辩证思维和反思思维能力，同时加强反思、检验、改进、再反思一系列过程的引导工作。

### （二）约束监控行为，促进体育教学质量监控主体监控能力的

监控行为体现出监控能力，是监控能力的外在表现。因此，在具备一定质量意识的基础上，通过对监控行为的约束来促进监控主体养成监控能力。通过行为规范的制定、监督制度和约束机制的建立，对领导、督导、教师、学生各监控主体之间的监控行为进行自我约束和相互约束。约束行为具体体现在对体育教师的教学准备、手段与方法的运用、课堂组织与管理、语言或动作交流沟通等具体环节的监控行为，通过体育教学效果来衡量。

### （三）监控主体要有诚信意识，确保监控行为的有效性

首先，通过签订监控过程诚信度保证书，确保监控主体具有诚信意识；定期对管理及服务人员进行诚信调查、诚信记录和诚信考核评估；加强教育与宣传，营造良好的体育教

学质量监控诚信氛围；建立学生诚信等级评价标准，将其纳入学生个人档案，监督学生重视教学过程的信用记录。通过上述手段营造体育教学质量监控的诚信氛围，确保教学质量监控的准确性、有效性。

## 三、营造体育教学质量监控体系全面实施的环境

### （一）创建校园体育文化环境

首先，从管理手段理念的优化、课程设置与教学方式改革、丰富课余生活、组织各项目体育协会等方式促进校园体育文化的形成；其次，在体育教学中融入体育观念和体育意识，通过设立校园体育指导员或开设体育社团，使学生形成体育行为习惯；此外，还可通过校电视台、校广播、校报等媒体传播体育精神、加大校园体育文化的宣传力度。将校园体育制度文化和体育精神文化相结合，促进二者协同发展，从而使校领导更加重视体育教学，体育教师的价值得到提高，学生的体育文化素养不断加强，从而奠定体育教学质量监控体系实施的坚实基础。

### （二）加强体育物质环境建设

通过各类体育活动与各类体育赛事的开展与承办，充分提高体育场馆设施的利用率，举办体育学术交流会议等方式筹集资源，加大体育科研的投入力度，引进含科学因素的体育产业来促进校园体育文化的物质基础建设。不断积累和丰富物质文化建设中的文化创收工作，将物质创收作为资本，持续提高校园体育物资环境。

### （三）转变传统管理理念，营造体育教学质量监控体系的人本化工作环境

首先，将“理解”作为教师人本化管理的前提，根据这个基础，尊重教师的劳动、成就以及自主意识等，将关注教师的生活列入该体系的职责范围中，使教师感受到信任，提高学校的凝聚力；之后，对教师的监管逐步转变为教育帮助，采取激励的琮调动教师的积极性，通过目标激励法、薪酬奖励激励法、岗位聘任激励法等对教师形成助推力；最后，通过专家引领、合作互补、交流互动等方式来填补教师在技能、科研领域的不足，达到互利共赢的局面。

## 四、调控体育教学质量监控体系运行子系统的协作关系

### （一）建立体育教学质量监控体系运行的保障系统

根据体育教学特点，以明确质量目标为导向，建立保证体育教学质量监控体系有效运行的保障系统。在保障系统的构建中，重点针对运行过程中组织机构设置、功能划分、责任和权利分工来进行，以创新理念与完善制度相结合共同调控监控力度，保障体育教学质

量监控体系的有效实施。

（二）转变传统运行机制，突出子系统运行优势

改变以前单一、固化的运行机制，在保持原有的竞争机制的基础上尝试将具有开放性、连锁性的激励与约束相结合。将目标激励、情感激励、期望激励与教师的教学行为和道德行为约束机

制与学生道德行为和学习行为的约束机制有机结合，重点打造健全的教学质量信息反馈与评价子系统的运行机制，通过该系统的实施效应带动体育教学质量监控体系其他子系统提高运行效率。

（三）把握运行要素之间的契合点和子系统之间的链接点

体育教学质量监控体系的运行需要各要素、各系统之间进行相互协作和促进，因此，运行过程中的关键是要素之间的契合点和子系统之间的链接点。所以，将体育教学中的教学因素、管理因素与监控因素各项内容相互交叉、融合，按各自的功能与作用分配在各子系统中；在子系统独立运行的基础上，结合这些因素的关联性，找准子系统间的链接点进行合理组合，从而形成体育教学质量监控体系顺畅的、闭合的运行程序。

## 五、扩展体育教学质量监控体系校际交流与合作空间

（一）增强学校间体育教学质量监控体系交流，开拓思路

首先，学校要建立体育教学质量监控体系相关知识和信息的数据库，实现各校间的资源共享；其次，搭建交流平台，进行校际间的访谈、交流，可以通过举办座谈会、知识竞赛等多种形式进行；最后，根据学校的性质、特点等，将学校进行分类（如普通高校可按照研究型大学、教学型大学以及专业型大学进行分类），在同层次的基础上根据学科进行二次分类，建立相关学科或专业的小群体长期交流空间。

（二）拓展学校间体育教学质量监控体系合作空间，形成优势互补

首先，对体育教学专家、教学经验丰富的体育教师等实行跨校聘任岗，通过体育教学建立合作关系，借鉴或引进其他学校的相关理论和方法；或通过加深课题学术交流以及校际间科研人员的合作程度，提高学术研究的水平；通过返聘高水平优秀体育教师，与本校督导专家进行合作，创新改革思路。

## 六、多方筹措，共建体育教学质量监控体系网络支持系统

（一）配备硬件设施

学校在基础设施建设上相对重视重点学科的教学设施配备，但随着素质教育不断提出

新的要求，学校领导要加强观念的转变，进而加强在体育教学过程中学生体质的增强以及终身体育习惯的培养。因此，以提高教学效果为出发点来看，加大㈣络硬件设施投入是必要和重要的。同时，各级领导通过承办体育赛事、大型交流会议、体育活动，提高体育场馆利用率，通过申报科研课题以及自主研发多媒体课件等方式筹措体育资金，打造一个全面的体育教学网络支持系统。

教学网络支持系统除用于体育教学质量监控体系，还可以同步用于体育教学、教务管理、科研等多项工作的开展，提高资源利用率。此外，还可与学校网络工程中心、计算机学院等部门实现资源共享，这是解决网络硬件设施投入不足的有效途径。

（二）增强技术支持

如今，多媒体辅助教学已经普及到各个学校之中，要求体育教师必须掌握计算机的基本操作技能，能通过多媒体软件进行体育教学。因此，对相关一线教师进行计算机数据库建库、网络建站、系统维护等专业的培训，这对他们提升教学能力具有促进意义；通过引进专业人才或外聘专业技术人员进行多媒体的研究与开发，对体育教师进行日常管理和维护工作进行培训。通过专业技术人员培训、学校内部交流学习以及提供资源自主学习多种方法，提高体育教师对网络支持系统功能模块的运用能力。

需要说明的是，体育教学质量监控体系网络支持系统的开发研制必须要求相应的开发人员具有一定的计算机综合能力，还要对体育教学理论具有充分的理解与认知，培养体育工作者对计算机操作环境的熟练应用能力；借助计算机领域的研究成果为解决体育领域中的问题提供切实可行的方案，在体育教学质量监控与计算机专业知识相结合的基础上进行相关内容的整合，为实现体育教学质量监控体系网络支持系统的实用性提供保障。

## 第六节　有效体育教学效果的测评探析

### 一、测评指标体系的构建

（一）指标体系的筛选

在体育教学测评体系中，按照某一种合理方式，选择其主要指标加以处理，形成合理的评价指标体系，才能在合理的成本范围内对体育教学质量进行评价。教学效果测评在内容上应遵循公正性、科学性、方向性、客观性的原则，反映出教学质量的本质特征。

（二）指标体系的建立

通过对影响体育教学效果的指标体系进行筛选，最后测评指标体系设置出 6 个一级指

标，23 个二级指标，具体如下。

**1. 教学准备**

（1）教具是否齐备。（2）准备是否充分。（3）是否遵守学校纪律，按时上下课。

**2. 教学内容**

（1）目的是否明确、内容充实。（2）教学内容是否熟悉、运用自如。（3）条理是否清楚、系统性强。（4）是否融科学性和思想性为一体。

**3. 教学方法**

（1）是否符合学生的心理特点。（2）是否适合学科自身特点。（3）多种方法是否灵活运用。（4）是否富有启发性。（5）学生是否主动参与。（6）是否保证师生间的互动。

**4. 教学语言**

（1）普通话语音是否纯正。（2）语言表达是否准确、精练。（3）音量大小是否适宜。（4）语速快慢是否适宜。

**5. 教学风范**

（1）教态是否大方。（2）仪表是否端庄。（3）是否富有情感。

**6. 教学效果**

（1）学生是否基本掌握技术。（2）课堂气氛是否活泼。（3）生理、心理曲线指标是否合理。

## 二、体育教学效果模糊综合评价模型

### （一）测评指标集的建立

依据学校体育课程教学效果指标体系，定义主因素集 $U=\{U_1, U_2, U_3, \cdots, U_6\}=\{$教学准备，教学内容，教学方法，教学语言，教学风范，教学效果$\}$，定义子因素集 $U_k=(u_{k1}, u_{k2}, u_{k3}, \cdots, u_{kn})$。

### （二）测评评语集的确定

对各指标的评价分为四个等级，以判定评价项目在该指标上的位置。评语集为“优”“良”“中”“差”，取中间分值，分别为 95 分、80 分、65 分、30 分。

### （三）指标权重的确定

指标权重的确定可通过层次分析法与专家调查法来实现。指标权重的分配要能够反映各指标在指标体系中的地位，以提高评价工作的正确性和评价结论的客观性。

### （四）数据整理

测评者（通常是体育教师）按因素集 $U$ 中确定的 $n$ 个测评因素，通过测评后对被测评者（通常是学生）的 $n$ 方面分别确定其等级，即每个测评者通过测评后，对学生在 $U_1$，

$U_2$，$U_3$，…，$U_6$ 等方面，分别给出相应的等级评分。

（五）因素测评矩阵的确立

对所有学生进行测评后，将测评结果进行统计，得到学生的因素测评矩阵 $R_{n\times m}$。矩阵的“行”对应测评因素，即第 $i$（$1\leqslant i\leqslant n$）行表示第 $i$ 个测量因素的测量情况；“列”对应测评结果，即第 $j$（$1\leqslant j\leqslant m$）列表示某测评因素的测评结果中认为等级为巧的测评者比例。

## 三、模糊数学综合评价法在有效体育教学效果的测评上的优点

（1）采取模糊数学综合评价法，构建学校体育教学效果测评模型，结构更加清晰、合理、有说服力，又没有违背体育教学的基本特征，是一种可操作的方法。（2）模糊数学综合评价模型解决了教师教学效果评价定量的问题，尤其对学校选拔能力出众教师参加教学评比竞赛具有实际意义。（3）在构建多层次评价体系的基础上，确定各层级指标的权重，有效减少人为因素的影响，有助于提高教学效果测评的合理性、全面性、有效性。（4）从评价结果看，基本反映了体育教学的实际效果，证明了本模型对教师教学效果进行综合评价的准确性和直观性，较之直接调查统计更加有效，具有一定的参考价值。

# 第十二章　体育教学方法创新发展

# 第一节　多媒体网络教学模式在高校体育教学中的应用

## 一、多媒体网络教学的内涵及特点

### （一）多媒体网络技术的内涵

“多媒体”（Multimedia）是指“与计算机控制有关的领域，该领域包括文本、图形、静态和动态的图像、动画以及任何能够将各种类型的信息数字化的再现、储存和处理的其他媒体”。“网络”（Network）是指“将地理位置不同且有独立功能的多个计算机系统，通过通信设备和通信线路连接起来，在网络软件的支持下实现彼此之间的数据通信和资源共享的系统”，又叫“计算机网络”。“多媒体网络环境”指的是在广域网（即 Internet）中可以进行文本、图形、图像、动画、音乐、声音等各种信息处理和组合的数字化环境。

### （二）多媒体网络教学的优点

**1. 直观性**

能突破视觉的限制，多方位地观察对象，并能够根据需要突出要点，有助于理解和掌握，如高等职业学校的机器设备课，当某些设备无法看到内部构造时，可以制作或下载相应的课件，给学生演示，增强感性认识，提高教学效果。

**2. 图文声像并茂**

多媒体技术所具备的声、形、光、色这种特质，在课堂教学中可以启迪学生的智慧，激发他们的奇异想象，多角度调动学生的情绪、注意力，提高学习兴趣。

**3. 动态性**

有利于反映事物的发展过程，能有效地突破教学难点。

**4. 互动性**

借助多媒体网络环境，实现了灵活的“人机对话”。能让学生更多地参与，学习更为主动。

**5. 信息量大**

教师不用当堂课板书，所讲内容基本都体现在多媒体上，节约了空间和时间，提高了教学效率。

**6. 可重复性**

多媒体中的教学内容可以重复播放，不仅可以减少教师工作量，还有利于突破教学中的难点。另外教师还可把课件通过网络传给学生，便于他们课下消化和复习。

**7. 针对性**

使针对不同层次学生的教学成为可能。

（三）多媒体网络教学的缺点

第一，因为教学过程不仅是传授知识、发展能力的过程，而且也是情感交流和学生人格形成的过程，网络教学主要是人机交流，学生面对的是没有情感的电脑，教师的言传身教、人格力量被削弱了，在情感培养人格的塑造方面，网络显然无能为力。

第二，思维空间变小，多媒体课件在体现容量大、速度快、易操作、效率高的长处的同时也存在着问题。若画面的切换太快，没有充分考虑学生的思维水平和思维速度，像电视或电影画面那样一闪而过，不容学生细看和思考，那将极大地影响教学效果。

第三，屏幕面积小，每一屏的容量有限。企图用屏幕来代替黑板的所有功能，缺乏板书、演算的做法，将会事与愿违的。

第四，缺乏真实感。虽然许多科目可以利用计算机实现仿真环境，但还是不如让学生实际动手操作效果好，所以能有条件让学生“真枪实刀”练的机会，就不要“仿真”，以增强学生的动手能力、实物操作能力。

第五，教学成本高。对于教师来说，要做到因课制宜，追求低成本和高效益的最佳结合，教师必须在备课时认真钻研教材，根据教学目标的需要来确定采用何种教学资源。

（四）发展趋势

**1. 多媒体网络系统通过先进的“媒体技术”功能促进向“系统技术”的目标转化**

多媒体网络本身属于“媒体技术”范畴，具有承载和传播信息的一般媒体功能。但多媒体网络是一种特殊的“媒体技术”，其特殊性主要表现在一是其承载和传播的信息形式是多种类的，包括文、图、声、像多种媒体信息，覆盖教学系统的各种要素信息，具有全面性二是提供了各个部门、各类人员、各项工作、各个环节和各种要素信息之间联系的信息通道，而且这种联系是多向的、交互的三是信息传递的高效性，多媒体网络是高带宽、高速率网络，是典型的信息高速公路，保证了联系的快速沟通四是形成了系统整体结构，全方位要素信息及其高效联系，形成了系统整体。多媒体网络运用于教学，通过各种教学信息资源的检索、设计、处理和传递，有利于教学过程和教学资源的设计、开发、利用和管理，促进“媒体技术”功能向“系统技术”目标转化，实现教学过程的优化，这正是多媒体网络不同于以往任何媒体技术的重要特征。

**2. 基于多媒体网络的教学模式呈现出多样化特征**

多媒体网络的出现和运用于教学的时间虽然不长，但由于其强大的功能，广大用户迅速开发和应用，使基于多媒体网络的教学方式已出现多种模式。

按照教学的基本组织形式分，多媒体网络教学可分为课堂讲授模式和自学交互式模式。前者以辅助教师的课堂讲授为主，所开发的软件一般称为“讲授式”课件后者以辅助学生的自主学习为目标，所开发的学习软件一般称为“自学交互式”课件。自学交互式模式亦称为个别学习模式。

按照教师在实际中使用的多媒体网络技术来教育学生的方式划分，多媒体网络教学有教学呈现、模拟演示、交互性视频、探索与发现、项目制作等模式。教学呈现是通过视听材料的呈现，增强和丰富学习者正确观察和解释事物相互关系的能力。这些视听材料包括动态录像、动画、照片和彩色的课文或对话，这样可以把课程中枯燥的概念和信息用图片或视频来展现，以简化问题、增强说服力。模拟演示是通过多媒体，把视频、声频和动画结合起来，进行逼真的模拟，这对于一些在现实生活中很难出现或不易观察的现象可进行方便的模拟学习。在网络上还可以进行模拟数据的实时传输，进行大规模模拟学习训练。交互性视频教学是通过增强教师与多媒体计算机的交互作用来提高教学效果。发现与探索教学是通过选择一个学生们感兴趣且又和教材有一定联系的主题，编制成学习问题清单和对学习过程进行调控的问题，然后指定学生自行学习，鼓励学生进行发现和探索。项目制作是让学生制作有关教学内容的多媒体项目来完成学习作业，这是多媒体在教学中最具挑战性的应用。

按照学习者在网络上的学习情景来划分，可分为讲授型、个别辅导、讨论学习、探索学习、协作学习等模式。网络上的讲授型模式突破了传统课堂教学的人数及场地限制，只要是能上网的用户都可以参与学习，网上的学习者可在同一时间聆听教师讲授，并可进行师生间一些简单的交互。个别辅导模式是通过网络上的自学式多媒体课件以及教师与单个学生之间的密切通信来实现，学习者自由下载课件库中的课件，根据自己的兴趣和基础进行个别化学习，并可通过电子邮件得到教师的个别指导。讨论学习模式是利用网络上的电子布告系统，在专职教师监控下，学生自由参加讨论和发言，进行讨论学习。探索学习模式是由某教育机构设立一些适合由特定的学习对象来解决的问题，通过网络向学生发布，要求学生解答，同时提供大量的、与问题相关的信息资源供学生在解决问题过程中查阅，并设有专家给予适当启发和提示，促进学生探索学习。协作学习模式是指利用网络和多媒体技术，由多个学习者针对同一学习内容彼此交互和合作，以达到对教学内容比较深刻的理解和掌握。协作学习模式又分为竞争、协同、伙伴与角色扮演等，协作学习是基于网络的一种很有发展前途的学习模式。

**3. 多媒体网络教学向交互式、智能化、全球化方向发展**

交互式是多媒体网络教学发展的必然结果。一般来说，多媒体只是多种媒体的结合，是对多种视、听成分的线性结合和显示，交互性差，因此难以满足教学过程中复杂的教学交互关系的需要。随着多媒体网络教学不断深化，必然要求多媒体向交互式、非线性方向发展，其直接的初步成果是超媒体和虚拟现实技术的出现。超媒体是指以多种媒体形式呈现信息，并以某种非线性方式进行控制。教育技术学家把超媒体看成是以非线性方式来呈现符号的一种结构。他认为超媒体是一种外部关联记忆，由技术帮助其组织和获取信息。

超媒体是计算机和多媒体的集成，可产生交互式、非线性的超环境，代表着多媒体的交互式发展方向，有时我们把超媒体就直接理解为交互式多媒体。虚拟现实是多媒体向交互式发展的更高层次，是多媒体技术最终发展的趋势。虚拟现实，是一个高度交互的、以计算机为基础的多媒体环境，使用者在其中成为"虚拟真实"世界的参与者，从而使计算机从用户的头脑中消失，只能体验到由多媒体计算机产生的像现实一样的环境。虚拟现实有多媒体的许多特点，例如高度集成了多种媒体，信息表征具有高度交互性、多样性、灵活性，要求学习者的积极参与因此，与一般教学媒体相比，虚拟现实的优点是不言而喻的，它具有成为课堂教学强有力的新工具的潜力。

智能化是多媒体网络教学向深层次发展的客观要求。尽管多媒体网络教学迅速发展，大量多媒体课件和多样化的教学模式被开发使用并取得较好成果。但人们在开发使用中发现，这些系统始终存在这样一些缺陷学生的学习仍然是被动的，学生无法回答深层次的问题，回答有错时不能准确确定原因，个别化指导的针对性不强等。因而需要未来系统能够做到第一，实现友好和自然的人机对话，能够通过人类的自然语言来进行人机对话，更深入地了解。学生的理解状态，学习环境更自然，学习能较方便地学习知识和规律，并表达自己的认识和要求。第二，能检测和判断学生犯错误的原因并给予适当的指导和纠正。第三，对未预期的提问和错误能给出合理的反馈，包括理解学生的反应、评价学生的猜测是否合理等。第四，不断积累教学经验，并能针对具体情况及时调整系统的教学策略等。

全球化是多媒体网络教学发展的必然趋势。在互联网已连通世界各地、Internet 站点遍布全球的当今时代，无论是校园网、多媒体教室局域网，还是单台多媒体计算机，不与广域网连接、不利用 Internet±无限丰富的信息资源，是不可思议的。基于 Internet 的新型教学，突破了局域网多媒体教学在资源、距离、规模上的限制，将多媒体网络教学推向全球，"开放大学""虚拟学校""全球教室"等一批新型的教育教学系统迅速发展。

（五）关于合理使用多媒体网络教学的几点看法

多媒体网络教学因有着许多显而易见的优点，所以近些年被广泛使用，但其中不乏滥用现象。多媒体网络教学本身不能提高教学质量，它不是万能的，不能完全取代传统的课堂教学，它只是一种教学辅助手段，如何利用好这个工具，为我们的教学服务，个人有以下几点看法：

首先，要根据教学内容确定是否采用多媒体进行教学。在实际中往往有些教师习惯于使用多媒体，不管讲授什么内容，堂堂课都采用这种方式；还有些教师为了偷懒、省事，制作一些简单的课件，照着念或多轮使用，而不是本着提高教学效率的目的去认真思索所授内容是否适合使用多媒体。另外要打破一些固有的观念，不要认为多媒体教学有诸多优点，就堂堂课用或整堂课用，何时应该采用多媒体教学，关键是要因内容而定。当然还可以根据授课内容在一堂课中把多媒体与其他教学手段结合使用。

其次，如果确定在课堂中要使用多媒体了，那就要潜心研究大纲、教材，把握好重点、难点，领会教材意图，当然还要考虑学生的实际水平，对能反映教学内容的媒体进行择优或精心制作，千万不可胡乱选择、粗制滥造，更不能弄个“教材搬家”的 PPT 来糊弄学生。

## 二、多媒体网络教学系统的含义及其构成要素

### （一）多媒体网络教学系统的含义

一般而言，系统是指由若干要素以一定结构形式联结构成的具有某种功能的有机整体。系统有三项是普遍的、本质的东西：其一是系统的整体性：其二是系统由着相互作用和相互依存的要素所组成；其三是系统受环境影响和干扰，和环境相互发生作用。现代通信技术、计算机网络技术和多媒体技术的快速发展，与教育的融合，孕育了新型的教学方式——多媒体网络教学。而优化的多媒体网络教学系统是有效进行多媒体网络教学的基础和保证。

本文认为多媒体网络教学系统是指：基于网络系统的，以学习者为中心的，支持教学、学习活动的静态和动态要素的总和，它与教师、学习者构成一个整体，处于不断变化、发展之中。多媒体网络教学系统中，静态要素和动态要素彼此相互影响、相互依赖、构成不断运动的整体。静态要素是系统中可见的一切物质要素构成，是一种物化要素。它包括系统中的空气、噪音、光线等自然性要素，也包括网络、计算机、教学设备、学习资源库等可见的有形的人为性要素。而教师个体的知识水平、教学经验，学习者个体的观念、学习动机、情感、意志等心理因素，人际交互（包括自我交互）以及蕴含在教学、学习活动中的教学策略、学习策略等成为影响教学、学习的无形因素，我们称之为动态要素。

### （二）多媒体网络教学系统的构成要素

#### 1. 基于网络的静态构成要素分析

在多媒体网络教学系统中，优化的静态要素是实现多媒体网络教学的物质基础，可分为两大类物质性要素：一是硬件要素，二是软件要素。

（1）硬件要素是实现多媒体网络教学的支撑平台，是整个多媒体网络教学的物质基础

目前的多媒体教学系统的硬件要素还多以地网（Internet 和学校校园网）为主，采用地网与天网相结合的方式来实现网络的功能。天网主要由地面卫星接收系统和卫星接收机组成，确保及时接收某波段的视频课程信号，以及保证视频信号质量稳定。地网是多媒体网络教学系统的重要静态构成要素，主要由接入模块、交换模块、服务器模块等构成。

（2）软件要素可分为保证多媒体网络教学系统正常运行的基础软件和网络学习系统两

部分

基础软件包括系统平台、Web 程序开发工具等。系统平台为用户提供了一个良好的交互界面并有效地控制和组织着计算机内各种硬件、软件资源，起着连接计算机与用户的接口作用。

网络系统由网络教学系统、基于网络的资源库系统、网络学习评价系统、交流与协作系统、辅助工具和网络学习管理系统等几个部分构成。第一，网络教学系统提供了不规则的实例变化的情境，多种的知识表征方式以便于学习者理解和应用非良构领域的知识，解决实际情境中的问题。第二，资源库系统提供了为支持学习活动专门设计的网络课程、优秀的教案、媒体素材、网络图书馆等。第三，网络学习评价系统包括各类题库及非测验性的评价体系等，按某些标准对学习者某一学习阶段的绩效作价值判断。第四，交流与协作系统，实现网上的实时或非实时的沟通。第五，辅助工具包括了文字处理工具、网页编辑工具、信息搜索引擎等，通过多种常用工具的组合运用，实现特定的功能，促进学习者对知识的有效建构。第六，网络学习管理系统是一套自动管理学习活动的软件，学习管理系统可采用 B/S 体系结构，利用 WWW 上的应用系统，实现实时或非实时交互学习模式下的管理功能，为学习者提供了通过网络进行报名、注册、选课、预约考试、答疑、辅导、成绩查询等自动管理功能。

2. 基于网络的动态构成要素分析

在多媒体网络教学系统中，人们的价值观念、态度、情感、个性倾向等条件是促进学习者健康成长、勇于探索的关键因素。在基于网络的教学环境中，主要的动态要素有交互环境、学习氛围、教学策略、学习策略等。

（1）交互环境

基于网络的动态构成要素的交互与传统面授的口头语言交流或肢体语言交流不同，主要有三种形式：第一，学习者与学习内容的交互。学习者与学习内容的交互导致了个体性知识的建构。第二，人际交互。人际交互是学习者与学习伙伴、指导者等之间的社会性互动。学习者与学习伙伴交互，共同讨论学习问题，倾诉体验，分享学习群体的智慧。人际交互导致学习者社会性知识的建构。第三，学习者在网络的自主学习中，产生自我评价、自我激励、自我调整学习行为的心理活动，由此而形成自我交互。

（2）学习氛围

网络教学系统是学习者学习和探索的园地，是一种培育人的环境，教学系统中的主题（内容），学习者间不同的信念、学习风格、行为，指导者细心的引导等综合因素形成的学习氛围、学习导向是激励学习者学习的重要条件。因此，教学设计者在设计网络课程的界面、内容导航、布局等的时候，借助于网络技术使人人都有机会通过 BBS、聊天室、电子白板、视频会议等表达自己的观点，分享学习群体的智慧，营造了一个更公平、更民主、更和谐的学习氛围。良好的学习氛围有利于学习者之间进行协商、探究、分工合作，呈现自己的观点，开展协作性的学习活动，共同分享各自的见解，从不同的角度看待问题以达到对所学内容全面、深层的理解。

（3）教学策略

教学策略，即以一定的教学目标为导向，在某个教学情境中对教学活动进行调节和控制的一系列措施和行为执行过程。在网络教学中，教学策略、学习策略是学习者在知识、能力建构过程中内在化的进程与方式，涉及学习者如何与学习资源交互，构建自己的知识体系，从而实现认知结构改变的问题。它影响着学习者学习活动的决策，引导其进行自主、协作学习，促进学习者主动完成意义的建构。目前，在基于网络的教学环境中主要的教学策略有三大类：主动性策略、社会性策略和情境性策略。多种行之有效的教学策略、学习策略保证了不同学习者针对特定的学习内容选择适合于自己的有效的学习策略学习，有利于每一位学习者都能顺利达到既定的学习目标。

在研究基于多媒体网络的教学系统中，静态和动态要素都要涉及，不能只顾其一。一般来说，在硬件、软件设施都不完备或网络传输出现技术故障的时候，动态要素对网络教学活动的影响占据主要地位。当物质环境比较完善的时候，那更值得注意的便是动态要素对教学的影响。静态要素和动态要素是一个问题的两个的方面，它们是既相互联系，又有区别的事物的整体，正因为二者的相互联系，才构成了网络学习环境的多样化、复杂化和无限生机。

## （三）多媒体网络教学系统的主要功能

### 1. 多媒体网络教学系统在技术层面上的功能

主要包括：（1）多媒体集成：录音机、录像机、投影仪 VCD 播放机等多种教学媒体可以方便地与教师用机挂接，也可以方便地播放多种媒体集成的教学软件。（2）“H 远程”监控：监控系统能够实现教师对学生机的全功能的远程操作。（3）多向交流：系统结构可实现多路视频和语音信号的实时传送，使教师和学生之间、学生和学生之间任意交换信息，构成多种信息通道并存的多媒体网络系统。（4）同步和异步通信：系统兼具同步通信和异步通信的可能性。学生一方面可以同步与教师交流，另一方面也可以按个人需要选择不同时间进行交流。（5）资源支持和信息获取：系统通过服务器与国际互联网相连。具有使用权限的使用者只要掌握各个信息资源部门的网址，便可轻松点击，上网浏览。加上检索技术提供的支持，更可迅速查到有关信息。（6）安全使用：基本系统实现零内存占用，在整个教学过程中，毫不影响本机系统的正常运行。教师或多媒体网络教学系统管理人员可以通过远程命令一次实现对多台机器的统一设置、文件传输、远程运行、远程关机等操作，减轻了因学生误操作、软件复制、系统升级等带来的维护工作的负担。技术层面的功能将通过精心设计的教学活动得以体现，并进一步实现多媒体网络教学系统在教学层面上的功能。

**2. 多媒体网络教学系统在教学层面上的功能**

主要包括：(1) 方便实现多媒体教学，使教学内容更加丰富。(2) 教师灵活监控，高效地完成教学任务，提高教学质量。(3) 易于现代教学理论的具体实现，使得教学设计更加丰富，利于学生素质的培养”。(4) 灵活的交互，便于学生进行个别化学习。(5) 方便地实现网络练习和测试，及时了解学生的学习情况。(6) 便于教师进行电子备课。

## 三、多媒体网络教学平台在高校体育教学中的应用

在高校教育体系中，体育教学具有十分重要的地位，开展体育教学有助于学生的身心健康发展，但是由于传统的教学理念的影响，导致高校学生对体育课程的重视限度不高，兴趣度较低。兴趣是影响学生学习积极性的重要因素，学生的学习积极性往往以他们的学习兴趣为转移，当学生对某个学科的知识产生兴趣的时候，家就会积极主动，带着愉悦的情绪去学习，反之，学生对带着负面情绪去学习，学习水平较低。影响学生对体育课程的兴趣爱好的因素有很多，比如教学方法比较陈旧，教师的综合水平较低等，这些都会导致学生在学习的时候渐渐失去兴趣。多媒体网络教学是现代化教学模式的重要体现，在教学过程中应该要积极加强对多媒体教学平台的应用，借助多媒体平台和互联网资源，开展有针对性的教育，培养学生的体育精神。

### （一）多媒体网络教学的重要性

体育锻炼可以有效地提高学生的身体素质，而且能够对学生的心理进行塑造，对于学生来讲十分重要，尤其是对于一些心理和精神压力较大的学生，通过体育训练可以发泄情绪，宣泄压力，让负面情绪消失。体育教学在高校教育体系中具有更加重要的意义，因此开展体育教学创新也势在必行。多媒体网络教学平台是开展网络教学的重要渠道，开展网线教学也是未来高校教育创新的一个具体方向。多媒体网络教学在体育教学中应用的重要性体现在以下几个方面：

**1. 突破传统教学的限制，提高教学灵活性**

计算机网络的快速发展，在教育过程中出现了新的教学模式，即多媒体网络教学平台的应用，彻底改变了传统的教学模式，以计算机网络为基础，以互联网的巨大功能为教学辅助，学生的学习过程中不受时间和空间的限制，提高了教学的灵活性，能够有效提高教育教学质量。多媒体网络教学在高校体育教学中的应用，真正打破了传统的单一的教学模式，为学生提供了开放性的学习环境和更加丰富的资源，无形之中增强了学生独立思考问题和探索问题的能力。

**2. 促进高校发展**

多媒体网络教学平台的应用对于高校教学发展以及教学质量的提升有异常重要的作

用，因为体育是以锻炼身体为主的学科，其教学目标是为了增强学生的身心健康。在体育课上，最关键的就是要不断运动，开展实践练习，如果没有体育运动，就失去了体育课程的本质与精髓，当然，传统的体育课堂教学模式还是有一定优点，网络教学不可能发展成为一种独立的教学方式，而是对传统教学的一种补充和辅助，多媒体网络教学是现代教学体系中不可或缺的内容，通过多媒体网络教学和传统教学的有机融合，可以给学生更好地体验，让学生在课堂上学习到更多有用的知识，这也为高校现代化教学发展奠定了基础。

**3. 拓展学习资源**

多媒体网络教学平台最大的特点就是学习资源十分丰富，学生可以从中获得大量学习信息和虚席资源，使学生的视野变得越来越开阔。网络教学还有效地解决了学生学习过程中的时效性问题，当学生掌握了信息之后就在无形之中增加了学生自主学习的能力，提高了自己的知识水平。另外，网络教学平台上的资源共享，也为高校体育教学开辟了新的道路，给学生提供了汇集信息的资料库，而且资料的种类很多，包含了各种各样的体育新闻信息、体育产品、体育课件等，而且学生还可以在网络上选择其他的学习内容，这也是传统的教学模式不能达到的。

### （二）多媒体网络教学平台在高校体育教学过程中的应用

**1. 建立体育教育专业网站**

传统的体育课程教学虽然有明显的优势，但是在新时期，单纯地应用传统的方法进行教学并不能达到良好的效果，开展网络教学并不是对传统教育教学的否定，而是在积极探索新的教学模式。多媒体教学平台将会满足现代教学的需求，在高校体育教学过程中可以运用一系列的知识理论为基础，在学校内部建立体育多媒体网络教学平台，让学生可以从网络上收集到更多有用的学习信息，通过多媒体网络教学平台，使学生教育进入新的阶段。同时，学校应该要注重教育信息的完善，对各种相关的体育教学软件进行应用，建立全国性体育网站，并且在网站之间实现互联，形成全国性的教育网络，真正改变学生的学习习惯。另外，从学校的角度来讲，学校应该要就建立自己专门的体育交往，建立自己的体育教育主页，在网站内容方面，应该要提倡所有的体育教师都积极参与进来，让网站的内容更加丰富，涉及更加广阔的范围。为了激发学生的学习积极性，还可以定期组织体育成绩比较不错的学生发表更多与体育相关的文章，通过老师筛选，选出一些比较优秀的文章放在网站上，供更多学生学习、参考。

**2. 创新教学方式**

高校体育教学过程中教师应该要根据学生的个体实际情况开展教学，让学生明白体育课程的独特性、趣味性，从而不断提高学生在体育课程学习过程中的热情和积极性。在多媒体时代，体育教学模式也可以不断创新，利用多媒体网站开展创新教育，教学平台中的核心模块主要是为了辅助高校教学过程，在本模块中应该要包含对于本课程的介绍、课程

安排、教案设计、课件下载、教学视频直播等子模块，每一个子模块都具有不同的作用，教师可以根据教学进度、教学需求选择教学平台中的不同的子模块开展教学，比如对于教学过程中的一些难度比较高的战术动作，可以采用视频方式进行展示，让学生能够更加直观地看到这些动作的细节，学生可以更好地掌握各种动作要领。再比如在教学过程中可以开展微课教学，教师将教学过程中的一些重点和难点内容制作成为微课视频，让学生对体育课程的重点和难点内容有所了解，并且能够在课后对这些难点与重点内容进行学习，真正提高学习水平。

3. 提高体育教师的网络信息化能力

互联网是一种新颖的高科技产品，在教育教学过程中，教师对互联网技术、计算机技术的掌握能力将会直接影响教学质量，有的教师对计算机和网络知识比较熟悉，也能够更加熟练地进行各种网上操作，利用电脑实现人机、人与人之间的有效沟通，但是有的教师的信息技术水平较低，对这些新技术的掌握不到位、不熟练。因此必须要加强对教师的培训教育，不断提高教师的网络信息化能力，运用网络技术，在网络教学中突出学生的主体作用，让学生能够更加主动地学习。同时，网上的体育教学信息可能会发生无序化情况，这也需要教师要具备较高的信息化能力，对网络中的信息进行整合、分类，让学生能够一目了然地了解这些网络信息，给学生提供正确的学习方法、学习资源，提高学生的自学能力。

4. 改善传统的评价模式

在高校体育课堂教学改革过程中，要形成配套的考核与评估体系，对传统的考核评价模式进行改进。游戏教学法的应用，使得体育教学模式发生改变，课堂氛围发生改变，因此也必须要转变传统的评价模式，开展综合评价，对学生的综合能力进行考评，尤其是在互联网教学背景下，学生的学习环境发生了改变，在对学生进行考核的时候，也不能完全按照传统的方法进行考核，必须要契合新时期的教学特点，比如多考核学生在日常实践练习过程中的表现，对学生的组织能力、团队协作能力等进行考核，不能只是看期末的考试成绩，实现对学生的全面考核与评价。

5. 加强交互

在多媒体网络教学平台应用过程中，多媒体平台为学生的学习奠定了坚实基础，也给学生提供了交流与沟通的渠道。学生与学生之间、学生与教师之间可以通过互联网平台、社交软件等进行实时交互，教师可以对学生进行答疑，学生之间相互交流也能拓展学生的思维和眼界，从而有效提高学生学习水平。

综上所述，学习兴趣是学习的基础，高校体育教学对学生的发展至关重要，传统的体育教学理念陈旧，方法单一，对学生的学习积极性有很大限制。在体育教学过程中，应该要不断培养学生的学习兴趣，从改变教学模式、设计课堂情景、改变教学评价模式等方面着手，加强对多媒体教学平台的应用，真正改变学生的学习模式，让学生能够从网络中获得更多的学习资源，有效提高体育学习水平。

## 四、现代教育技术在高校体育教学中的应用

随着知识经济时代的到来和信息社会的飞速发展，计算机和网络通信已涉及和深入到现代社会每一个领域，同时由于社会对高等教育需求的增加和计算机的普及，现代教育系统面临严峻的挑战和机遇。基于计算机网络教学具有强大的信息资源共享性能，可为学校体育教学提供丰富的教学资源和无比灵活的教学形式，提高学生学习的主动性和灵活性，能够满足个性化和个别化教学的需求。网络教学、远程教育及现代教育技术的运用已成为学校体育教育改革的趋势和方向。因此探讨和研究现代教育技术在体育教学中的应用具有重要的现实意义。

### （一）现代教育技术的概念

所谓的现代教育技术，就是运用现代教育理论和现代信息技术，通过对教与学过程和教学资源的设计、开发、利用、评价和管理，以实现教学优化的理论和实践。包括以下几个方面：(1) 教育教学中运用现代技术手段，即现代教育媒体；(2) 运用现代教育媒体进行教育、教学活动的方法，即媒体教学法；(3) 优化教育、教学过程的系统方法，即教学设计。因此现代教育技术是以计算机为中心的通信网络、多媒体技术等各种高新技术与现代教育心理学、哲学和经济学等学科的有机结合。利用现代教育技术能够使得教学过程具有媒体的多样性、媒体的集成性、操作的交互性、信息组织的非线性、内容的动态性、时空的开放性等特点，它已成为一个新的学科领域和一种新兴产业。国际上的许多著名跨国公司都在建设和研究基于互联网络的“全球校园二在信息科技突飞猛进的今天，传统的“教室”“、图书馆”等教学时空的概念，已经悄然发生了令人惊叹的变化。现代教育技术是“应”知识经济时代之“运”而生，成为适应知识经济人才培养和教育模式的重要特征之一。

### （二）现代教育技术在高校体育教学中的应用对策

#### 1. 体育教师教学的转变

一是要求教师加强现代教育技术理论知识的学习。在现实的高校体育教学中，教育技术理论往往不被予以重视，仅仅是片面地和低层次地加以现代教育技术应用，至于如何展现体育运动变化过程来激发学生对体育运动的兴趣，进而提高学生学习体育运动的效率却持有消极态度，导致这一现象出现的根本原因是高校体育教师缺乏体育技术理论的指导，甚至对待体育技术理论漠不关心，这样必然导致学生仅凭自我兴趣来领悟体育运动的内在原理。因此就有必要要求高校体育教师在应用现代教育技术教学时加强理论知识的学习。

二是要求高校体育教师利用现代教育技术进行灵活组织教学。在以往的传统体育教学

中，体育教师只能依赖体育设备和黑板粉笔进行讲解，而在现代教育技术介入体育教学过程中，体育教师就可以借助多媒体教学平台突破传统教学手段的限制，创造出动静结合和图文并茂的教学效果，从而借助多媒体的视频、图像、动画和声音等媒介进行教学来激发学生学习体育运动的兴趣，这样就大大突破了体育教学空间和教学时间的限制，为体育灵活组织教学提供了多种选择。

三是要求高校体育教师积极树立现代体育教学观念。俗语说得好，思想决定行动，有什么样的思想观念就有什么样的行为活动。对于体育教学而言，什么样的体育教学观念就会有什么样的体育教学活动。因此，高校体育教师对现代体育技术的关注和观念的树立对于提高高校体育教学活动质量与教学效果有着不可忽视的意义，因此体育教师要树立正确的现代教育技术观念。

**2. 建立和完善现代教育技术环境**

（1）加大硬件设施的投入

一是加大校园网的建设。校园网并不仅仅是满足学校宣传和行政管理事项，也要注重校园网的教学服务功能和学习功能，创建相关的体育教学网页鼓励教师学生参与网络教学，这样才能充分发挥现代教育技术的强大效能。但是这一目标的实现就需要加大硬件设施的投入，以改变目前现代教育设备不足应知的问题。

二是建立体育信息交流平台。体育信息交流平台可以提供为学生与老师进行沟通与教学反馈，也可以为老师与相关学者进行学术交流，更可以通过这一信息网络交流平台提供高校之间的合作并进行互通有无和共享资源。

三是增加多媒体教室数量。多媒体教室是进行多媒体教学的基础设施，而多媒体教室则是由诸多液晶投影机、中央控制系统、计算机、数字视频展示台、音响设备和投影屏幕等现代教学设备组成的。而限于高校资金投入不足，往往使得多媒体教室数量有限，因此需要加大多媒体教室建设的力度。

四是增加体育场馆及与场馆配套的现代教育技术设备。良好的体育场馆是充分保证体育教学质量提升的一个有效途径，而在现实的现代教育技术设备中，场馆建设和与之配套的系列设备建设存在供给不足的状况，这就需要高校根据自身条件，有计划地加强体育场馆等设施的建设。

（2）提高现代教育技术软件环境

一是丰富多媒体教学资源库。多媒体教学资源库主要包括相关课件、比赛数据资料、各种竞技视频、体育相关图片、电子教材等。而多媒体资源库的建立需要通过多种渠道进行，最主要的是学校老师和学生积极主动地对有关体育资源进行搜集整理，并建立专人管理机制进行资源库的管理。另外，也要加强本校与国内外先进教学资源库的合作关系，以便更好地实现资源共享。

二是加强教师多媒体课件的制作能力。高校要有计划地加强本校多媒体课件库的建设，将课件库进行整合分类。需要各高校配备一定数量的专业课件制作人员，同时体育教师掌握几种课件制作软件，以便能够独立制作简单教学课件。

三是加强开发网络体育课程。网络体育课程具有共享性和交互性的特点，能够突破传统体育教学的时空限制，有助于学生自学和创新能力的培养。当然，这一前提是网络体育课程的开发能够满足高校需求。但是现实情况却不容乐观，往往由于资源瓶颈而限制了网络体育课程的开发力度。因此，需要高校加以重视网络体育课程开发，设立固定资金来建立固定的网络课程开发队伍，从而使得网络体育课程开发能够满足学校需求。

**3. 加强现代教育技术在体育教学中的应用**

一是有效促进体育教育内容的转变。以身体练习、体育表演和运动竞赛为形式的体育教育内容需要应用现代教育技术加以充实和更新，并渗透其他教学方面的知识，以便满足不同学习需求。同时，丰富体育教学内容的储存方式和教学表现形式，如电子教科书和武学教学课件等，使得学生在近似的模拟环境中，有效拓展学生的观察经验，从而提高学生的自主性。

二是积极探索建构主义学习理论指导下的教学模式。在建构主义模式下，主张建立“教师为主导、学生为主体”的教学模式，而传统教育模式却突出老师为中心，学生被动吸收知识，显而易见，这两种教学模式的教学效果会截然不同，建构主义相比传统教学模式的教学效果会得以有效提升，学生可以利用现代教育技术在老师的指导下主动学习，从而提高教学质量。

现代教育技术的应用重在教育思想、教育模式和教学手段等的变革，而其应用也是体育教学改革的催化剂。因此需要加强现代教育技术在体育教学中的应用限度，以便推动体育教学的改革和发展，满足现代体育教学信息化，网络化、智能化的需要。

# 第二节　分层教学模式在高校体育教学中的应用

## 一、分层教学的内涵及理论依据

### （一）“分层教学”概述

**1. 分层教学的含义**

分层教学是指教师在尊重学生学习主体性及认知规律的基础上，结合学生实际知识水平（知识水平、学习态度等）、具体的学习目标以及学习的可能性，根据学生在学习中存在的差异性，而把一个班级或几个班级中的学生按其原有的知识水平和学习能力，分成若

干层次，提出相应的教学要求，设计不同的教学内容和方法，并采取相应的激励机制，促进不同层次的学生都能得到最优的发展，感受到成功的愉悦，实现“利用个体差异，促进全体发展”的目的。

### 2. 分层教学的指导思想

教师的教要适应学生的学。学生是有差异的，教也要有差异；教育要促进全体学生的发展。教育要以人为本，包括学习困难学生在内的每一个学生都是有充分的发展潜能的，在教育中特别是在课堂教学中要促使全体学生在原有的基础上有所收获，有所提高。不能以牺牲一部分人的发展为代价而求得另一部分人的发展；学生之间的差异是一种可供开发、利用的教育资源，为了开发利用这种差异资源，要在课堂上努力创设一种合作学习的氛围。在这一思想指导下分层教学应做到以下几个方面：一是符合学生的学习心理。分层教学的立足点是面向全体学生，因而必须使教学要求适合每一个层次学生学习的“最近发展区”，使学生在学习中获得成功与自信。二是符合学生在发展中客观存在的需要。每个人都受到不同的遗传因素、家庭因素及社会环境等方面的影响，这必然使学生的发展存在着客观差异，分层教学必须针对学生的“个体差异”，做到有的放矢，区别对待。三是符合课堂的教学原则。在教学过程中，针对不同层次的学生，教学目标分层、教学环节分层等应符合“因材施教”原则。四是符合有利于发挥教师主导作用的要求。因为检验教师发挥主导作用如何的重要标准就是能否使学生积极主动地参与教学。所以分层教学必须使教师的“教”适应各个层次学生的“学”，学生才能真正地发挥主体作用，促使“教”与“学”互应。

## （二）“分层教学”的理论依据

### 1. 孔子的因材施教理论

在国内，分层教学是一个古老而又崭新的话题。其思想渊源最早可追溯到春秋时期的孔子关于“因材施教”的思想。孔子是我国古代伟大的教育家，他之所以有三千弟子、七十二贤才这样令人称羡的业绩，除了他本人具备良好的素质外，主要得益于他因材施教的教学思想。关注兴趣，分层优化，孔子对这一问题的认识是相当高明的，他明确提出自己的主张：中人以上，可以语上也。中人以下，不可以语上也。在学习上，何者为“中人以上”，何者为“中人以下”，孔子认为：“知之者不如好之者，好之者不如乐之者。”看来，应以兴趣为区别其层次之第一要素，而知识结构、认识水平等为次。通过这样的区分，学生的兴趣、爱好、才情等的不同就相对符合他应受教育的实际情况，更便于从不同层次、不同角度对他进行教育，更易于最经济地发挥教育之优势，收到更好地教育效果。因材施教的核心是在发现其兴趣、优势后正确引导，扬长避短。俗话说，各有所长，各有所短。顺着这个“长”发展下去，其能力就会得到很好的展示。但可以肯定的一点是，让他在自己所“短”的方向上做出成绩，是绝对不可能的。由于每个人的“长”“短”不一，因此，他们绝对不可能成为同一类型的人才。分层优化这种做法，远比一刀切的大锅饭的教育更适于学生的发展和提高。对不同的受教育者施以不同的教育，这是孔子因材施教思想的精髓，也是这一思想得以实施的保障。它既应成为我们实施教育的指导思想，也应是学生才能有效培养的捷径。

**2. 布鲁纳（Bruner）的“学科基本结构理论”**

布鲁纳运用结构主义的方法原理，借鉴其认知心理学的研究成果，提出学科基本结构理论，围绕“教什么，什么时候教，如何教”阐述了其基本观点。布鲁纳认为，教学活动的程序会影响学生获得知识和发展能力。因此，教师在教学过程中应该注意设计和选择最佳教学程序，这种程序要考虑学生认识的发展，学生个别差异等。他强调，教学既要探求向优秀学生挑战的计划，同时也不要“破坏那些不很幸运的学生的信心和学习意志”。他还指出：任何学习的首要目的，应该超过和不限于它可能带来的兴趣，而在于它将来为我们服务。在教学方法上布鲁纳主张“发现学习”。分层次教学“分层施教、整体提高”的思想也符合布鲁纳关于优生差生都要重视其教学的观点。

**3. 巴班斯基（Babanski）教学过程的最优化理论**

教学过程最优化是巴班斯基教育思想的核心。他指出：“教学过程最优化是在全面考虑教学规律、原则、现代教学的形式和方法、该教学系统的特征以及内外部条件的基础上，为了使过程从既定标准看来发挥最有效的（即最优的）作用而组织的控制。”分层教学要体现素质教育的精神，使全体学生既要学得好，又不感到负担过重，就要探索教学过程最优化的方法，以使学生在有限的教学时间里获得最大的发展。

（1）评价最优化的基本标准

可以把教学过程最优化的评价标准规定为：第一，在形成知识、技能和技巧的过程中，在形成某种个性特征、提高每个学生的教育和发展水平方面可能取得的最大成果；第二，师生用最少的必要时间取得一定的成果；第三，师生在一定的时间内花费最少的精力取得一定的成果；第四，为在一定时间内取得一定的成绩而消耗最少的物资和经费。

（2）教学过程最优化的方法体系

教学过程最优化的方法体系是指相互联系的、导致教学最优化的方法的总和。这一方法体系强调教学双方最优化方法的有机统一，它既包括教学过程的五个基本成分（教学任务、教学内容、教学方法、教学形式、教学效果），又包括教学过程的三个阶段（准备、进行、分析结果）；既包括教师活动，又包括学生活动，强调师生力量的协调一致，从而找到在不加重师生负担的前提下提高教学质量的捷径。

巴班斯基提出要研究学生实际的学习可能性。包括个人接受教学的能力、思维、记忆等基本过程和属性的发展限度；学科的知识、技能和技巧；个人的学习态度等内部条件；包括家庭、教师、学生集体等影响的外部条件。根据具体情况选择最合理的教学方法。巴班斯基认为，每种教学形式和方法都有自己的优点和不足，有自己的适用范围，实施教学

过程最优化必须根据具体情况选择合理方法。而且教学方法具有辩证统一性，各种方法互相渗透，师生从各方面相互作用，因此教师应该根据相应教学阶段的任务、教材内容的特点、学生的可能性以及教师运用各种方法的可能性来选择教学方法，并对教学方法进行最优组合，配合运用。采取合理形式，实行区别教学，对学生进行区别教学是教学过程最优化的一个重要办法，为此，必须把全班的、小组的和个别的教学形式最优地结合起来。区别教学绝不是简化教学内容，而是对学生进行有区别的帮助。

巴班斯基的教学过程最优化理论，具有兼收并蓄的特点。巴班斯基从辩证的系统结构论出发，使发展性教学的所有研究成果都在教学过程最优化理论体系中占据恰当的位置，通过教学过程最优化体现出发展性教学的最优效果。

（3）教学过程的最优化理论与分层教学

教学过程的最优化理论，从教学目标上提出使全体学生得到最大可能的全面发展，这对全面实施素质教育有极大的启示作用，巴班斯基提出的两条最优教学标准，有利于减轻师生的教学负担，有利于优质完成教学任务和提高教学质量，最大限度地促进学生的身心发展。分层教学正是按照教学过程最优化的理论对教学的各个环节、要素进行优化，本着“照顾差异，分层提高”的原则，使得目标确定、内容安排、教法选定，反馈评价等都有所区别，使之适合不同层次学生的“实际学习可能性”，根据教学过程最优化理论的方法体系，优化最基本的教育活动，并把全班的、小组的和个别的教学组织形式最优地结合起来，推动教学过程的整体优化，谋求全体学生的最优发展。

## 二、实行分层教学的必要性及实施策略

### （一）高校体育课实行分层教学的优越性和必要性分析

**1. 分层教学进入普通高校体育课堂的优越性**

21世纪学校体育的目标应该更加注重开发学生智力，完善学生的人格。“分层教学”的体育教学模式在实施过程中依据以下目标进行。即：促进学生的生长发育，增强学生体质：传授知识，掌握一些基本的运动技能；培养运动兴趣和爱好，发展学生的基本身体活动能力；体育教学中渗透思想品德教育，培养良好心理品质：养成良好的体育锻炼习惯，形成健康的生活方式。“分层教学”的体育教学模式是基于“快乐教育”“终身教育”“成功教育”这三大理论产生的。它在教学上重视学生的个性发展，可以打破过去的“一刀切、一锅煮”的格局，一切从实际出发，满足不同层次的需要，体现区别对待的原则，让学生在自己的学习领域里，享受成功的喜悦，充分发挥长效性。

**2. 科学的体育课程体系的要求**

要全面推进素质教育体育是实施素质教育的重要组成部分。在实施面向21世纪教育

振兴行动划的进程中，努力构建适应素质教育需要的大中小学相衔接的、较为科学的体育课程体系，据调查，目前我国新入学的大学生，受应试教育的影响，其体育素质很不理想，他们在进入大学以前。已经接受了十二年的体育学习，但已经掌握了一项运动项目的基本技术的人却占不到总人数10%。甚至有一少部分学生很少上过正规的体育课，大部分时间都是放羊式的自由活动。传统的教学方式很难完成这些参差不齐的中小学体育教育与大学教育的接轨。

3. 分层体育教学有利于面向全体学生

素质教育的一个重要特点是面向全体学生，有要使全体学生都得到发展的原则。随着教学活动层次化由低到高的发展，学生学习和探究能力也得到了相应的提高，使各层次的学生都在自己的邻近发展区“跳一跳，摘果子”。分层教学适应学生多极化的差异，并使处于不同水平或者类别的学生能得到充分的发展。

4. 分层体育教学有利于发挥学生课堂教学中的主体作用

教学活动是师生的双边的活动，学生是教学活动的主体，因此考虑教学过程一定要符合学生认识事物的规律，分层教学的特点之一是尊重学生的需求和重视学生的情感体验。注意教师在教学活动种的主导作用的同时强调体现学生的主体地位，以充分发挥学生的学习潜能，提高学生的体育能力。分层教学改革了传统的教学手段和授课形式，促进教学过程的“个别化”，“个性化”，以学生独立的、自主的活动来代替班级呆板、统一的活动，给学生更多的适应个性的机会。尊重学生在知识、技能、兴趣、个性等方面客观存在的差异，努力实现“个别化”与“集体化”的最优组合以弥补传统教学单一、呆板和僵死的严重的缺陷。这是主体性教育思想对当前体育教育的迫切要求，也是体育课实施分层教学的优势。

5. 分层体育教学有利于提高学生的兴趣树立终身体育的观念

学校体育是终身体育的基础，大学体育是学校体育的最后阶段，大学时期的体育教育对终身体育观念的树立有着重要的意义。在学校实施终身体育关键是要培养学生锻炼身体的兴趣，养成习惯，持之以恒。学生对参加学校体育的兴趣、爱好和习惯的形成，是奠定终生体育基础的重要标志之一。因此，在学校体育教学中应该培养学生对体育的兴趣、爱好，要求和促使学生养成体育锻炼习惯的观念。实施分层教学，就是根据学生原有的知识和技术水平，把学生分成相应的组别为其设定相应的学习目标，这些目标对每个学生来说都不是渴望而不可及的，也不是不努力就可以达到那么简单，而是经过一定的努力过程才会得到的收获。这种方式使学生感受到成功的快乐，从而提高学习兴趣，对能力较高的学生而言，难度可以设置的更大一些让他们享受到挑战的快乐。在每一个学生心中种下自信的种子，促使他们发挥积极性、主动性。

分层教学使每位同学可在教师的引导下，根据自己的水平和能力从低层次目标开始逐步升级，这样每一个学生的水平和能力都得到提高，做到真正意义上的因材施教、循序渐

进，由浅入深、有一定的梯度，学生根据自己的限度，通过自己的努力，实现在自己最近发展区的运动能力，从而不断地有所进步和发展。分层教学是以“问题探索——问题解决”为主线，以学生自主探索活动为主体，以教师点拨为主导，以培养学生学习兴趣和能力为中心，以优化课堂教学、培养学生学科素质和大面积提高教学质量为目标的课堂教学模式作为学习的主体，学生虽然处于不同的认知和能力发展阶段，但是他们作为教育对象从本质上来讲没有优劣之分，只有不同层次之分，不同层次的学生所获得的相同甚至不相同限度的进步，对于教师来说本质上是相同的。分层教学注重发展每一个学生的潜能，为不同的学生创造各种尝试、探索、发现和发展的条件和机会。在分层教学过程中，不同层次的学生通过努力，能在各自学习的“最近发展区”获得最佳发展，人格受到尊重，个性得以发展，素质得到提高。分层教学符合教学规律和学生实际，对学生发展有利，符合学生愿望，实施分层教学是必要而又可行的。

### （二）高校体育课分层教学的实施原则与策略

#### 1. 普通高校体育课分层教学的实施原则

在普通高校体育课分层教学的实施过程中必须遵循六个教学原则，即因材施教可接受原则、多元性原则、层次性和整体性原则、递进性原则、隐蔽性原则、反馈性原则。

（1）因材施教可接受原则

全面深入地了解学生，如果教育学要在一切的关系上培养一个人，它就该首先了解人的一切关系。了解学生之重要，它是“因材施教”的基础。要全面深入地了解学生，就应坚持全面和发展的观点，科学地分析其个别差异与可变因素，引导其向好的方向发展。有针对性地“对症下药”，把“因材施教”真正地落实到每个学生身上。在教学中，既要从绝大多数学生的需要出发，又要考虑到个别需要。无论什么样的学生，肯定有其特殊的一面，要“对症下药”，采取有效措施发挥学生的特长，使其得到充分发展。应该认识到每个学生都有自己特有的长处。苏联教育家巴班斯基指出；可接受原则要求教学的安排要符合学生实际学习的可能性，使他们在智力上、体力上、精神上都不会感到负担过重。教学要求应该是学生学习可接受的，学生通过努力可以达到的，使每一个学生充分地发展。层次的选择也应该是学生可接受的。

（2）多元性原则

体育课分层教学的层次划分不能简单地通过身体素质水平测试高低、运动技能掌握情况，而应该提倡尊重学生的自我意识、兴趣、爱好、个性、特长等方面的区别等因素。分层体育教学的形式也应该是多元化的，不应该拘泥于班级内分层、年级内分层、运动项目分层等单纯某一个形式。坚持多形式包容贯穿。

（3）层次性和整体性原则

教师要充分考虑各层次学生的实际，包括其基础知识、学习方法、学习能力等多方面的实际情况，分层设计教学目标、教学内容、课外锻炼、测试与评价、矫正一调节一提高几部分形成的完整体系，虽然对学生进行分层教学但学生的发展应该是完整的，让全体学生通过自己的努力都能得到最佳发展才是整体的目标。

（4）递进性原则

层次的划分要公正、客观，充分考虑学生的实际情况，同时要用发展的观点看待问题。经过学习，学生的学习情况是不断变化的，所以层次和目标也应是动态的。教师通过各种渠道，及时，调整层次及教学计划，加强个别指导，使低层学生能大步跟上，少数优生能脱颖而出。对学生的分层划块是非固定的。教师要根据学生的学习和发展情况进行阶段性调节。做到“有进有出”，“有上有下”。其目的是如何始终把学生置于最有利他们发展的环境中。

（5）隐蔽性原则

教学中从各层次学生的实际出发，尊重学生的人格和创新精神，在分层次教学的过程中不断增强他们的内驱力，使有着差异的学生都能自觉地、积极地、主动地参与到整个教学活动之中，参与实现教学目标的全过程，学生分层的具体情况教师应清楚地掌握，做到心中有数。但又不能将某个层次定义为差、中、优、良等内容。不将其作为评价学生的依据。这是因为：分层不是一种针对学生学习成绩的终结性评价。其目的也不是一种对学生能力的测验，而是为了学生的发展。具体操作时应注意保护学生的自尊心。尽量减少由于分层对学生造成的心理负担。

（6）反馈性原则

无论采取何种形式的分层，都要注意保护学生的自尊心。在实施教学策略的过程中，要加强反馈，及时补救。对中下层学生的一点一滴的进步也给予充分的肯定，激励他们努力向上，挑战自我，享受成功的喜悦。分层教学过程中，对教学内容和学生的掌握限度要评估准确，对项内容分层效果评价要细致、科学并设计或调整下一步教学。

**2. 普通高校体育课分层教学的实施策略**

为了推动普通高校体育课的分层教学，在贯彻好分层教学的实施原则的前提下，我们必须采取若干有效的策略。本研究结合理论研究与以往的实践归结，提出实施分层体育教学的两种主要策略，即在体育教学中始终把握“以人为本”的教育理念；分层教学的方式及系统性。

（1）始终把握“以人为本”的教育理念

人的全面发展是教育追求的最高目标。当代世界教育思想发展的核心是以人为本。分层体育教育应贯彻以人为本的教育观念。在实行体育教学实践中，确立学生的主体地位，增强学生的学习自信，营造良好的教育氛围，发掘学生的发展潜能。人本主义教育认为，教育的核心目标就是挖掘学生的潜能，促进每个人内在潜能的发展；重视培养受教育者的完整人格。人本主义教育主张培养“完整的学生”，追求“人的能力的全域发展”；学生是

学习的主体。人本主义教育从“以学生为中心”的教育原则出发，十分重视在教育过程中调动学生的积极性，发挥学生的主体作用；要求尊重学生的个体差异。人本主义教育认为，不论是发展的限度还是发展的方向，每个人的潜能是各具特色的，在教育过程中应承认差异，尊重差异。

（2）关于分层教学的方式及系统性

在分层方式上，有些学校对分层教学盲目分层，或是分层标准单一，简单地按身体素质，或运动技能的掌握限度将学生分成高、中、低班，这种单一地按某一个因素分班的方式，可能给学生带来了沉重的心理负担，失去自信心。同时低层班级的学生通常不能获得足够的教学资源和激发学习兴趣的课程。分层教学的方式可以依据学生的身体素质、运动技能掌握情况、学生的兴趣爱好、学生的自我倾向等关键因素通盘考虑由学生自己选择，在对学生分层的基础上，在教学上要做到有针对性地进行分层备课，分层授课，分层训练，分层辅导、分层评价，使得整个分层系统完善，建立新的考核评价制度，创新评价工具。以做到教学有的放矢，区别对待，最大限度地调动各层次学生的学习积极性，使每个学生在原有基础上得到尊重和发展。教师根据实际情况对学生提出较高要求、一般要求、和最低要求，把原来统一的教学内容变为不同层次的教学内容，让不同层次的学生自主选择适宜自己的目标要求，并在学习中表现为达成目标所做出的积极行为。使得面向全体与注重个别差异既辨证又统一，既突出群体水平的提高，又照顾了个别学生的一些特殊要求。激发了学生积极学习的竞争心理，贯彻激励原则，动态式的层次管理的方式，随时肯定和帮助一些学生。作为教师还应该认真地研究各种不同层次学生的特点、教学内容的安排、教法与学法的选择多方面的问题，更好地完成分层教学的目标。

## 三、高校体育教学中分层教学模式的构建

随着高校体育课程改革的全面推开，重新审视和评价原有的教学模式，是摆在广大体育教师面前的重要课题。传统的教学模式是以教师为中心构架的，教学目标的制定、教学方法的选择都是教师设计，学生始终处于被动的执行状态，每一道教学程序都是学生按照教师的“命令”运作的。分层教学模式强调在教学过程中发挥学生主体作用，注重学生参与教学过程的积极性和能动性，重视对学生能力的培养，以适应未来社会对公民素质的要求。在新的历史时期体育课被赋予了更多的价值和使命，因此，需要对传统体育教学模式进行多方面的改造，改变学生被动学习的方式，在体育教学中融入新方法、新观念、新技术，注重借鉴和创新的有机结合，这是推动体育课程改革向理想方向发展的必然趋势。

### （一）分层教学模式的概念

教学模式是选择教材、构成课程和指导教学活动的一种计划或范型。分层次教学是基

于学生有差异的前提下，教师依据学生的实际情况，以学生为主体，根据教学目标、教学内容采用的分层次方式，并在课堂教学中对不同层次的学生提出不同层次的教学要求，创立评估体系，从而使学生均能得到最充分的发展与提高的教学过程。分层次教学模式是面向全体学生，全面提高整体素质，促使每个学生在最适合自己的环境中求得最佳发展的一种计划或范型。

（二）分层教学模式的理论渊源

**1. 因材施教思想**

分层教学模式的思想渊源最早可追溯到春秋时期的孔子关于“因材施教”的思想。“因材施教”的教育思想的实质就是在共同的培养目标之下，根据教育对象的性格、意志、能力等方面的差异，有针对性地进行教学，使每个学生都能扬长避短，获得最佳发展模式。孔子非常关注学生的兴趣，注重分层优化。他明确提出：“中人以上，可以语上也。中人以下，不可以语上也。”在学习上，何者为“中人以上”，何者为“中人以下”。孔子因材施教的基本内容是在发现其兴趣、优势后扬长避短，正确引导。孔子因材施教思想的精髓就是对不同的受教育者施以不同的教育，它既应成为我们实施教育的指导思想，也应是学生才能有效培养的捷径。

**2. 教学过程最优化理论**

巴班斯基教育思想的核心就是教学过程最优化。他指出：教学过程最优化是在全面考虑教学规律、原则、现代教学的形式和方法、该教学系统的特征以及内外部条件的基础上，为了使过程从既定标准看来发挥最有效的（即最优的）作用而组织的控制。他认为教学方法具有辩证统一性，各种方法互相渗透，师生从各方面相互作用，因此教师应该根据相应教学阶段的任务、教材内容的特点、学生的可能性以及教师运用各种方法的可能性来选择教学方法，并对教学方法进行最优组合，配合运用。分层教学要体现素质教育的精神，使全体学生既要学得好，又不感到负担过重，就要找到一种教学过程最优化的方法，使学生最大限度地获得全面发展。

**3. 学科基本结构理论**

外国教育家布鲁纳认为，教学活动的程序会影响学生获得知识和发展能力。因此，教师在教学过程中应该注意设计和选择最佳教学程序，这种程序要考虑学生认识的发展，学生个别差异等。老师必须充分考虑学生个体的不同技术水平和学习能力，对课堂上出现的具体情况做出有针对性的分析。老师要坚持因材施教，要遵从教学的统一要求，既有利于大多数学生达到培养目标的要求，又有利于造就一批优秀人才，并使学生的个性得到全面而充分的提高。

**4. 最近发展区理论**

“最近发展区”简称 ZPD，又译为“潜在发展区”，是维果茨基在 20 世纪初创立的一

个重要概念。他认为，教学必须符合学生的年龄特征，必须以学生的成熟或准备性为基础，这是“可接受性原则”的基本要求。维果茨基指出必须了解两种发展水平，一种为“现有发展水平”，指已经完成的儿童发展周期的结果和由它而形成的心理机能的发展水平；第二种发展水平为“最近发展区”，意指儿童正在形成、正在成熟和正在发展的过程。这就要求教师要了解教学的最佳期限，了解学生目前对于知识的掌握限度，从而合理安排教学内容，采取灵活多样的教学形式，培养学生创新性学习能力，充分地体现了学生的主体作用和教师的主导作用。

### （三）分层教学模式在高校体育中运用的必要性

分层教学模式具有不同于传统教学模式的功能和价值。首先，该模式是从承认学生个性差异的角度，在尊重学生个性的基础上，依据学生的不同特点，因材施教地进行各种教学活动，使教学的目标和方法尽可能符合学生实际，从而避免教育的盲目性。分层教学不但体现差异性，尊重学生的个性化特征，也注重全面发展，在教学过程中能够最大限度地消除智力歧视，能够被大部分学生所接受，成为一种较为理想的教学模式。其次，该模式强调的是在教学的过程中，通过促使学生积极主动地参与，顺利完成既定的教学目标和任务。通过教师的正确引导，提高学生的学习积极性，为学生营造一个有利于发挥自己才能的良好环境。再次，该模式更加注重学生创新意识的培养。分层教学实施过程中，对学生的个性差异、知识结构、认知能力、综合素质等进行深入的调查研究，能够比较全面地了解学生的各方面素质，并根据学生的特长和个性特征，做到因材施教。最后，分层教学模式更加重视学生非智力因素的培养。非智力因素包括毅力、习惯、兴趣、态度等，是影响学生学习质量的外在因素。分层教学模式重视培养学生顽强的毅力、良好的学习习惯、正确的学习方法、浓厚的学习兴趣、严谨的学习态度等，能够充分挖掘学生内在的潜能，塑造良好的个性。

在传统的高校体育课教学中，过分强调教师的权威和授业功能，不把学生当成学习和发展的主体，仅看成是被动接受教育的客体。部分老师运用机械灌输与强制训练的方法，把自己的知识和观念强加给学生，按照教师既定的模式去塑造学生，而不是从学生的身心出发，努力促进其能力和人格的发展，以致严重地遏制了学生的主体能动性。实施分层教学模式，就是要求教师在教学过程中，强调学生“主体参与”的必要性和可能性，承认在整个学习活动中学生是学习和发展的主体，从而树立起“以学生为主体”的观念。另外，由于学生具有能动性、自主性和创造性，因此，在学习活动中学生是学习和发展的主体。但是，学生要真正成为学习的主体，必须具有对学习活动和学习所要达到的目标有强烈的兴趣，从而愿意学习、乐于学习。体育课教学中，要采取有效的措施来提高学生的学习动机和学习兴趣。教师不但要完成教学任务，还要在教学中清醒地认识到自己的“导演者”角色。“分层次”教学法以学习者为中心，根据不同的学习者制定不同的学习目标、教学计划和教学手段，使基础接近的各层次学生有共同的努力目标，克服教学流程中出现的一些负面影响，从而有利于建立一个优化的学习环境。

### （四）分层教学模式在高校体育课中的构建原则

#### 1. 以人为本的原则

以人为本是现代教育理论的重要方面，它强调以人尤其是个人的兴趣、价值观和尊严作为出发点，主张发展学生的个性和追求自我价值的实现。分层教学贯彻了以人为本的原则，根据不同学生的能力制定不同的教学计划，使能力相近的学生有共同的奋斗目标。学生的学习过程不应是被动灌输的，而是一个主动的过程。以人为本是现代教育理念的重要方面，分层教学正是根据主体的实际情况，以人为本，面向全体学生，调动每一个学生的主动性和积极性，增强学生的自信心和责任感，减轻学生的思想负担和心理负担的一种教学方式。通过在教学实践中以学定教，使每个学生都获得适合自身特点的教育，得到全面和谐健康的发展，让他们逐步从被教育转变到主动获取知识。

#### 2. 区别对待的原则

无论是先天遗传的，还是后天培养的，人的个体差异是客观存在的。学生身心发展，在一定年龄阶段具有一定的稳定性和普遍性。但因每个人的生理素质、环境和教育的影响，以及主观努力诸方面的差异，使处于一定年龄阶段学生的身心发展水平又表现出其特殊性和差异性。在体育教学的实践过程中，教师要充分考虑学生在各方面的差异，因人施教、因材施教。也就是在认真分析学生差异性的基础上，教师选择适合不同发展层次学生的教育方式，使学生在各自隶属的层次上，最大化实现个性的发展。教师在备课时必须精心设计教学方案和程序，按不同层次学生的特点选择合适的教学方法，有区别地进行教学活动。

#### 3. 隐蔽与递进的原则

高校体育课教学中从各层次学生的实际出发，尊重学生的人格和创新精神，在分层教学过程中不断增强他们的内驱力，使有差异的学生都能自觉地、积极地、主动地参与到整个教学活动之中，参与实现教学目标的全过程。教师应清楚学生分层的具体情况，不能把学生简单分为优、良、中、差等层次，不能把这看成评价学生的依据，尽量不对学生透露分层信息，减少由于分层对学生造成的心理负担。高校体育课实践性较强，学生层次的划分要公正、客观，充分考虑学生的实际情况。同时要用发展的观点看待问题。经过学习，学生的学习情况是不断变化的，所以层次和目标也应是递进的。教师要通过各种渠道，及时调整层次及教学计划，加强个别指导。对学生的分层划块是非固定的，教师要根据学生的学习和发展情况进行阶段性调节。

### （五）高校体育教学中分层教学模式的构建策略

#### 1. 立足教学实际和学情，对学生进行合理分层

高校体育教学中分层教学模式的构建，需要以教师对学生的充分了解为基础和前提，

所以高校体育教师在制订体育教学方案时，一定要先对教育对象进行充分了解，根据大学生的身体素质、运动基础、锻炼习惯、兴趣爱好等对学生进行合理分层，做到对学生学情的准确把握，并且以此作为体育分层教学的重要依据，对学生进行合理分层。在此基础上，体育教师可以对不同水平的学生进行分层教学，但是在对学生进行分层时，必须考虑到大学生的自主意愿，当学生自身的能力与所处层次不太相符时，要允许学生进行调整，这样才能保持学生对体育学习的积极性。

**2. 制订富有层次的体育教学目标**

高校体育教师在对学生进行合理分层的基础上，体育教师需要针对不同层次学生的特点制订差异化的教学目标。一方面，体育教师要制订长期目标和短期目标，长期目标要面向全体学生，而且要尽量保持一致；短期目标则应当有所差异，对于高层次的学生不仅要有基础性的体育教学目标，还应当有提高性、拓展性的教学目标，低层次学生则应当以基础性的教学目标为主。另一方面，体育教师对教学目标的制订要有针对性，坚持递进性原则，教学目标的制订要具有可操作性和较强的执行力，这样才能确保分层教学目标的顺利实现。

**3. 丰富教学方法，提高分层教学效果**

由于不同层次学生在身体素质和运动能力等方面的差异，体育教师在选择教学方法时也应当有所区分，这样才能确保各个层次学生的体育学习效果。对于高水平层次的学生，由于学生基本具备了良好的基础素质和能力，所以教师可以多采取集体性的教学方法，如以赛代练的教学方法，可以充分调动学生的参与热情，让学生在实际的竞争与对抗中激发学习潜能，促进学生技战术素质的提升。对于中等层次的学生，教师可以多采取一些启发式的教学方法，让学生对技术动作的连贯性和技战术等进行更加深入的掌握和理解，使学生的体育综合素质能够再上一个台阶。而对于低层次的学生，教师则可以多采取示范讲解法、多媒体教学法、快乐教学法等，以激发学生的体育学习热情，提高学生的知识感知能力和领悟能力。

**4. 完善评价机制，实施分层评价**

由于不同层次学生之间的素质差异，所以体育教师在制订教学评价机制时，要根据不同层次学生的特征制订差异化的评价策略，高评价标准应该适用于高水平层次的学生，低评价标准应该适用于低水平层次的学生。同时，高校体育教师要坚持过程性评价与终结性评价的有机结合，要考虑到学生的学习态度、体育情感、进步情况等，并对学生实施及时的鼓励和表扬。此外，体育教师要鼓励学生开展自我评价和相互评价，营造出互帮互助、共同进步的良好学习氛围。

总之，高校体育教师需要在“因材施教”理念的指导下，充分了解学生的身体素质和体育学习需求，制订差异化的体育教学目标、教学内容和评价标准，充分调动不同层次学生对体育课程的学习兴趣，让学生真正认识到体育运动的价值和魅力，在课外养成良好的体育健身习惯，促进学生终身体育意识的培养，最终实现学生身心素质的同步改善。

# 第三节　俱乐部教学模式在高校体育教学中的应用

## 一、高校体育俱乐部教学模式应用的可行性分析

### （一）我国高校体育俱乐部教学模式的发展现状

早在 17、18 世纪体育俱乐部就成为欧洲国家所进行体育教学的一种形式。1608 年英国就已经出现了高尔夫球俱乐部。而在如今，俱乐部形式已经成为各国发展自身体育事业的一个非常重要的选择。

在新时期，高校的体育教学与传统教学有着不同的特点。在教学课程设置方面会对学生的爱好与运动项目自身的特点进行很好地结合，来考量是否有利于大学生身心健康的发展。在我国高校的体育教学中，大学一年级和二年级一般都是将体育课作为必修课程来学习，在教学内容方面不仅要使得学生能够相对提高自身的身体素质也能够通过体育课堂学习到某项体育运动的技能。因此，在很多高校中都在体育教学的内容上安排了篮球、足球、排球等一些传统的球类项目，还有体育舞蹈、健美操、网球、跆拳道以及太极拳等深受学生喜爱的健身运动项目。高校俱乐部活动的开展大都是依托于高校的体育教学以及俱乐部的社团形式而存在，而各种各样的体育协会很多都是由学生自发的组织进行的。但是由于种种原因，体育运动开展的水平其实并不高。但是体育俱乐部因为会有专业人士的辅导，并且在学习与锻炼的时候能够保证有充足的场地且运动器材也能够很好地得到保障，因此，学生的参与积极性会比较高。

### （二）高校体育俱乐部教学模式的可行性分析

#### 1. 体育俱乐部教学模式的主要特征

在教学指导思想方面应该培养起学生学习体育的兴趣并在体育学习中提高其体育能力。在教学形式上的特点主要是，由于年级不同，可以针对学生的不同兴趣来开展一些形式多样的体育俱乐部课程。这首先需要改变以往的传统观念，改变体育教学中以教材、教师以及技术技能为中心，在体育俱乐部教学模式的引导下，需要以学生的健身活动为主，教师应当转变自身的教学方式辅导学生进行练习，而不是主导整堂课程的讲解活动。这样教学模式的开展与实施会使得学生与教师的自由空间会大大增加，使得彼此对于教学或者是学习都能够减少大量的压力与负担，从而使得学生能够养成一种自觉锻炼的习惯。其次，体育俱乐部模式需要能够充分发挥学生的主体作用，对学生自主学习的能力应当作到

足够的重视。最后，还需要能够对学生的个性发展予以足够的尊重。强化学生的特长，培养学生进行体育运动的兴趣，这样能够对传统体育教学中只重视技术的弊端进行有效克服，使学生个性得到发展，不断培养起学生的终身体育意识和行为。

2. 高校体育俱乐部教学模式的优势

将高校体育俱乐部归入到体育的教学管理体系之下，能够使得大学生根据自己的兴趣爱好以及特长在这一俱乐部里进行基本知识、技能以及技术的学习，同时也能够不断提高学生进行体育运动以及锻炼身体的积极性和自觉性。通过俱乐部的形式来有计划、有目的地开展各项体育活动，不断地对大学生的体育活动进行规范与引导，这样能够使得高校在体育教学方面能够很好地与学生课余的体育活动进行有效的结合，以保持两者之间的同一性和连贯性。关于高校体育俱乐部的设置形式，可以对高校体育课程的课时限制进行突破，将大学生的体育教学这一过程延伸到这一高等教育的全过程之中。可以将终身体育设立为一个主线，让学生能够在这样的系统体育教学过程中不断地了解自己，使学生自身能够养成锻炼的良好习惯，并因此而受益终身。

这种教学模式的优越性在于它能够很好地发挥出学生在体育学习中的主观能动性。这种教学模式对学生的兴趣与特长十分重视，因此能够成为我国如今在普通高校中比较理想的一种体育教学的模式。

3. 对高校体育俱乐部建设要有明确的目标

通过不同形式的体育形式来调动学生进行体育运动的热情，培养起大学生对于体育的热爱与兴趣，这就是在高校建立体育俱乐部的目标。而这一目标同时也成为高校采用体育俱乐部这一教学模式的主要原因。高校开展体育俱乐部教学模式应当能够实现以下目标，即，使大学生对体育运动产生兴趣并培养学生的终身体育的意识。不断提高学生的体育知识，不断推动学生进行体育锻炼这一良好习惯的养成来提高学生的身心健康。对学生的合作精神以及体育道德和竞争意识进行有意识地培养。

4. 学校需要因地制宜里发挥自身优势开展体育俱乐部教学

在开展体育俱乐部教学时，学校应当充分考虑到自身学校所具有的特点。对于学校自身的长处应当作好保护以及发扬的工作，在体育教学内容的设置上，也需要将社会化以及生活化的体育运动项目不断地引入进来。在体育俱乐部的教学中以及项目的设置上应当能够很好地体现“终身体育”这一目标。除此之外，需要发挥学校的一些自身优势因地制宜地来开展体育俱乐部模式的教学活动，对学校的体育设施、场地以及体育器材的安置，都需要能够得到高效率的运用。同时，对于体育馆、体育场以及健身房等活动场所的活动时间也需要安排得合理、科学，以促进校内的体育资源能够最大限度地被利用。

5. 对高校体育俱乐部组织管理的进一步完善

为了能够使得高校体育俱乐部教学模式的效率发挥到最大值，就需要建立起组织严密、运行有序且职能明确的组织管理机构，以此来加强对体育俱乐部的管理。这是能够推动高校体育俱乐部发挥出最大效用的一个必要的前提。这一组织机构不仅需要能够为各个单项的俱乐部的运行以及发展来提供必要的指导和支持，而且还通过监督职能以及自身管理来发挥对各个单项体育俱乐部进行购置设备，筹措经费以及组织运行的监督和管理工作。

通过一系列的分析，不难看出高校体育教学采用俱乐部的模式是一种比较理想的体育教学模式。体育作为大学一、二年级的必修课无论以哪种形式来进行教学，都需要场馆设施。而在采用体育俱乐部教学模式之后，学生倾向于选择室内的课程会增加，这样就需要场馆的设施能够得到最大化地利用。同时，也需要加强教师队伍的建设，对于教师而言，采用体育俱乐部的教学模式会对教师的业务素质以及专业水平提出更高的要求。因此体育教师也应当进行定期的培训学习以积极主动地适应在教学上的新要求。尽管这一模式还有很多有待提高的方面，但体育俱乐部模式的教学能够在具体教学实践中具有很大的可行性。

## 二、高校俱乐部型体育教学模式的构建实施

在全面推行素质教育，以学生为主，教师为辅，注重培养学生独立思维能力和创新能力的今天，高校体育教学模式的改革必须要顺应教育的基本理念，要注意社会的需要和个体需要和谐发展。传统的体育教学模式过分注重学生“三基”的掌握情况，片面强调用“分数”来衡量学生运动水平，从而忽视了学生的情感、兴趣和爱好，影响了学生上课的积极性和思维创造能力，不利于学生养成良好的体育锻炼习惯和形成终身体育思想。高校体育俱乐部教学模式的建立，大大增加了学生主动参与体育学习和锻炼的意识，使不同个性、不同爱好、不同身体条件的学生都有机会参与体育锻炼，实现自己的体育目标和理想；也给学生提供了更多的交流平台，使学生之间相互理解，相互帮助，团结协作。因此，高校建立体育俱乐部教学模式是必要的。

### （一）高校体育俱乐部教学模式的界定

体育俱乐部教学模式，是根据高校人才培养的目标，结合大学生对体育教学的需求，以培养和建立学生终身体育意识，掌握 1～2 项长期从事锻炼身体的技能和方法，充分发挥个人的体育才能、兴趣与爱好，为终身健康奠定基础的一种以俱乐部形式组织进行的体育课教学。体育俱乐部教学模式的采用应该以学生的个体需要、社会适应和学生心理的全面发展为目的。学校体育的主要形式是体育教学，学生根据个体需要，有自由的选择所学项目、任课教师，在教师的辅导下，围绕某一运动项目，以俱乐部的形式完成教学内容。

### （二）高校体育俱乐部教学模式的特点

#### 1. 教学内容设置更注重以人为本

传统的体育教学模式牺牲了学生的个性、兴趣、情感、爱好、才能等特性，课程内容

设置单调、乏味，为完成教学任务进行教学。而与传统的体育教学模式相比，体育俱乐部教学模式极大地满足了学生的个性要求，采用一种多类型、多层次的组织教学形式，充分发挥了学生与教师在教学中的整体互动功能。此外，体育俱乐部教学模式下设立的教学内容和体育运动项目多以丰富性和多样性为主，能充分满足学生对体育课多元化的选择需求，调动了学生上课的热情，拓宽了学生自主活动空间。

**2. 教学内容设置具有针对性**

大学阶段，学生的身体和心理发育都到了相对完善阶段，由于个体的差异性显著存在，学生对体育兴趣和爱好也就存在着明显不同。俱乐部教学模式的产生，针对学生对体育不同的需求，设置不同的学习内容与考核标准，以提高体育专项运动能力为目标。这种教学模式充分发挥了学生的主观能动性，为学生树立终身体育思想打下基础，使他们养成运动习惯，为学校体育与社会体育接轨奠定基础。

**3. 学生对所学内容选择的灵活性**

传统体育教学模式统一安排课时计划，以传统的教学为主，强调教师的主导地位和教学计划的执行情况，注重技术动作的掌握限度和教学的计划性与统一性相结合。而体育俱乐部教学模式可以利用当今信息传播方便、快捷的特点，将学期内的教学计划、任务、任课教师的简历、教学指导思想、教学方法以及如何考核等教学资料以公告或网页等形式提供给学生。学生可根据自己的身体条件、兴趣等自主选择学习的内容和任课教师。这种教学模式有利于学生大致了解体育运动的项目，根据自身的特点选择感兴趣的学习内容，从而能很好地配合教师共同完成教学目标，使体育教学能够按照其发展规律进行。

### （三）高校实施体育俱乐部教学模式的意义

**1. 符合新型的教育特征的要求**

高校体育俱乐部教学模式与现代体育的时代特征相适应，充分发挥了学校体育在素质教育中的作用。现阶段我国教育是素质教育，其目标就是要教会学生做人，强调提高学生的心理素质和对社会的适应能力。随着科学技术的发展和对体育认识的深入，运动方式以温和的、循序渐进的体育锻炼取代了不科学的大运动量练习。高校体育俱乐部教学模式作为身体文化和社会文化的一部分，在修身养性、育德教化等方面有其特殊的功能，是其他教育所无法代替的。它从以往单纯的健身与传技中解放出来，以学生为本位，关注学生主体的全面发展和个体的健康成长。

**2. 将“健康第一”的指导思想放在首位**

健康的体魄是青少年为祖国人民服务的基本前提，是中华民族旺盛生命力的体现。世界卫生组织最新界定健康的标准是：健康不仅是没有疾病和衰弱，而且包括身体、心理和社会适应的完好状态。高校采用体育俱乐部教学模式，其体育教学的直接目标已不单单是增强体质，而是以增进学生的身心健康为主要目的，以身体锻炼为主要的练习手段，教学生如何利用体育手段调节日常生活，调节心理和行为，影响和干预自身的心理品质，让心理和行为朝着健康方面发展。

3. **符合大学生心理发育和生理发育的需要**

大学生正处在身体成长发育的关键时期，在身体形态机能、素质、内分泌诸方面的发展，标志着人体全部器官走向成熟。但同时由于性别、年龄、环境、营养及体育锻炼等因素的影响，每个人都有较大的个体差异，因而表现出身体素质、运动机能等方面的显著差异。大学生的心理特征尤其是个性心理特征已趋于稳定，已初步掌握某些体育运动技能、技巧知识，积累了一定体育锻炼经验，对体育活动认识逐步加深。大学生体育俱乐部就是根据学生身体素质的差异、不同兴趣爱好，设立多种单项俱乐部，在时间、场地上给予一定保证，通过多种锻炼内容和方法，引导学生积极参与，满足学生的需要。

4. **提高了学生的体育兴趣**

体育俱乐部教学模式在教学形式和教学方法等方面进行了更新和变化，有效地激发了学生的求知欲和表现力。学生通过在学习活动和竞赛活动中充当不同的角色，体验不同的乐趣，感受成功的快感。在快乐的体育学习氛围中既掌握了知识又锻炼了能力，在教学活动的安排上，适当地让学生自主安排练习方法，设定考核标准，有利于培养学生的逻辑思维能力，让学生主动积极地参与到体育教学活动中，互帮互助，自我完善。从“要我锻炼”转变为“我要锻炼”的自觉行为，有效地培养了学生终身体育的观念，对学生体育健身意识的形成产生了非常积极的影响。

5. **培养了学生良好的个性心理**

体育俱乐部教学模式承认了学生存在的差异，对每一位学生区别对待，努力让每一位学生在最适合自己的环境中寻求好的发展。在教学过程中，教师对每一位学生的成绩予以及时的肯定与鼓励，这对学生来说是一种动力，学生就会在学练的过程中克服遇到的困难，更加认真地去完成练习，这就促使学生要不断地进行思考，从而培养了学生发现问题、分析问题和解决问题的能力。由于俱乐部教学模式是以学生的爱好为依据形成的团体授课模式，在教学活动中，教师和学生之间的关系会更加融洽，学生之间通过相互交流、相互帮助、相互协作，从而增强了团体的凝聚力，优化了俱乐部的内部环境。

6. **增强了学生的社会适应性**

高校体育教育是学校体育的最后一个阶段，也是学校生活与社会生活的交替阶段，此阶段学到的知识、技能，养成的习惯最能影响到人的一生。体育俱乐部教学模式采取在教师的指导下，通过俱乐部组织的各项活动，比如学生竞聘负责人、自我设计锻炼方法、课制教学、俱乐部考勤、自创自编动作进行比赛等，这种运作方式一方面培养了学生积极上进、开拓创新的精神，同时也培养了学生吃苦耐劳、团结协作的良好品质，使学生具有积极的人生态度、开拓创新精神、沉着应变能力、团队合作精神、敬业精神等。俱乐部时常请一些学有成就的学生与其他学员交流分享学习心得，提高了学生的语言表达能力和人际

交往能力，为学生之间的交流与增进感情，强化个体的社会化限度提供了机会和平台。

### （四）体育俱乐部教学模式构建与完善分析

我国高校体育俱乐部的构建主要分为四个部分：决策系统（从宏观角度主要指教育部体卫司、群体司，从微观角度主要指各普通高校体育教学领导小组）执行系统（从宏观角度主要指体育卫生处以及各高校体育教学领导小组，从微观角度主要指各高校教务处、各院系体育教研组以及体育俱乐部的教学老师等）反馈系统（宏观角度主要由省市专人和部分高校校长组成，微观角度主要由高校指派专人组成）监督系统（宏观角度由教育部体卫司、群体司指派专人，微观角度由高校体育领导小组指派专人）决策系统发出指令，执行系统进行落实，反馈系统对信息进行处理后反馈至决策系统，对指令进行修改或发出新指令，监督系统对过程与结果进行监控督促。

#### 1. 解决经费筹措问题

开展体育俱乐部教学的绝大部分高校都面临着经费缺乏的问题，而俱乐部的正常运作离不开经费支撑，因此在俱乐部开展的初级阶段最好的方式是政府拨款投资办学，拉动民营资本进入，剩余不足部分由高校予以补充；在运营阶段高校可通过向社区民众开放俱乐部收取费用以及部分项目向学生收取合理费用来维持运营。

#### 2. 促进场地器材达标

针对高校普遍存在的体育场地、器材不达标的情况，决策系统应当进行统筹考虑设计，资金不足可对硬件设施进行分阶段、分批次进行开发建设，拉动赞助商进行相关器材赞助，同时对外开放获取盈利来加大场馆建设和器材购置与维护。

#### 3. 加大俱乐部师资队伍建设

一是与社会人才资源库进行联网，加强市场引导，并注重体育俱乐部相关人才引进时的数量与质量保证；二是注重人才引进之后的职后教育，包括技能培训、思想道德素质提升等，不断完善他们的知识与素质教育，方能带动教学素质的提高。此外，高校更应该在扩大教学内容，丰富体育俱乐部教学形式上不断与时俱进，结合自身实际需要，不断完善不断进步，建设有中国特色、有地区特色、有高校特色的体育俱乐部教学模式。

建设和发展体育俱乐部教学已经是体育改革势在必行的趋势和手段，各高校应当正确认知，及时改变传统观念，加大体育俱乐部教学的教学力度，加快建设与完善进程，不断吸取国内外先进经验，探索出一条符合我国国情的体育俱乐部教学发展道路。

# 参考文献

[1]常德庆,姜书慧,张磊.高校体育教学与运动训练研究[M].长春:吉林出版集团股份有限公司,2020.

[2]孙静.高校体育教学与训练研究[M].北京:现代出版社,2020.

[3]江俊.高校体育教学与训练发展研究[M].延吉:延边大学出版社,2020.

[4]李鹏举.高校体育教学创新与运动训练研究[M].长春:吉林出版集团股份有限公司,2020.

[5]王振中.现代高校篮球教学理论与实践研究[M].长春:吉林大学出版社,2020.

[6]钟贞奇.大学生体育健康与体育运动[M].长春:吉林人民出版社,2020.

[7]杨京.足球运动训练方法与技巧精要[M].长春:吉林人民出版社,2020.

[8]张红玲.高校学术文库体育研究论著丛刊乒乓球教学与训练[M].北京:中国书籍出版社,2019.

[9]段胜霜,付杰.高校体育教学与训练[M].长春:吉林出版集团股份有限公司,2019.

[10]赵健.高校体育教学与大学生体能训练[M].延吉:延边大学出版社,2019.

[11]李松华.高校体育教学与训练方向的研究[M].西安:西安交通大学出版社,2019.

[12]迟小鹏.体能训练在高校公共体育教学和训练中的应用方法与指导[M].长春:吉林大学出版社,2019.

[13]鲁长春.高校田径教学与训练实践研究[M].沈阳:沈阳出版社,2019.

[14]孔宁宁.高校竞技健美操体能训练与健康教育[M].延吉:延边大学出版社,2019.

[15]温娇.高校乒乓球运动教学创新与运动队建设研究[M].中国原子能出版社,2019.

[16]李纲,张斌彬,李晓雷.高校户外拓展运动教学与心理拓展实践[M].郑州:黄河水利出版社,2019.

[17]李志伟.现代高校体育与健康教程[M].天津:天津大学出版社,2019.

[8]余丁友.现代篮球运动教学与训练研究[M].北京:冶金工业出版社,2019.

[19]严美萍.高校健美操与校园体育文化的协同发展研究[M].长春:吉林大学出版社,2019.

[20]邹毅超.体能训练的理论与实践研究体能训练对大学生体质健康的影响[M].成都:电子科技大学出版社,2019.

[21]马鹏涛.高校体育教学改革创新与科学化训练研究[M].北京:新华出版社,2018.

[22]畅宏民.我国高校体育拓展训练的教学体系构建与模式创新研究[M].沈阳:东北

大学出版社,2018.

[23]蒋艺.高校体育教学与训练研究[M].北京:中国国际广播出版社,2018.

[24]李胜楠,李洁.高校体育科学教学训练策略研究[M].长春:吉林大学出版社,2018.

[25]王彦林,秦浩,申明.高校体育教学训练方案设计与科学管理研究[M].北京:中国原子能出版社,2018.

[26]冯斌,王一乐,郭华帅.现代高校体育教学与运动训练方法研究[M].长春:吉林大学出版社,2018.

[27]齐红梅,吴宏江.新时期高校体育教学理论与科学化训练研究[M].哈尔滨:东北林业大学出版社,2018.

[28]付栋.高校学术文库体育研究论著丛刊艺术体操的发展与技能训练探究[M].北京:中国书籍出版社,2018.

[29]吉丽娜,李磊.高校体育教学与训练理论实践探究[M].北京:地质出版社,2017.

[30]王伟思.高校体育教学与科学训练[M].长春:吉林大学出版社,2017.

[31]曾理,王樑,郭昱漾,程雄,闫斌,李猛,杨宪文,潘义田.高校体育课程教学与训练[M].长春:吉林大学出版社,2017.

[32]马玲.高校体育教学探索与训练研究[M].长春:东北师范大学出版社,2017.

[33]姜汉瑾,武斌.体育训练与健康教育[M].长春:吉林文史出版社,2017.

[34]董波.高校体育管理研究[M].西安:西安交通大学出版社,2017.

[35]罗玲,温宇,蓝芬.体育教育教学改革研究[M].北京:民族出版社,2017.

[36]朱岩,刘涛,赵玉珩.大学体育教程[M].上海:上海交通大学出版社,2017.